Blumberger/Hülsmann (Hg.)
Menschen Zwänge Denkmaschinen

Technik- und Wissenschaftsforschung Band 7
Hrsg. von Arno Bammé, Peter Baumgartner,
Wilhelm Berger, Ernst Kotzmann

Walter Blumberger, Heinz Hülsmann (Hg.)

Menschen Zwänge Denkmaschinen

Zur technologischen Formierung der Gesellschaft II

PROFIL

Anschrift der Herausgeber:
Walter Blumberger, Heinz Hülsmann
Institut für berufsbezogene Erwachsenenbildung an der Johannes Kepler Universität
Hamerlingstr. 4
A-4020 Linz

Anschrift der Reihenherausgeber:
Arno Bammé
Peter Baumgartner
Wilhelm Berger
Ernst Kotzmann
Interuniversitäres Forschungsinstitut für Fernstudien
der österrreichischen Universitäten
Sterneckstr. 15
A-9020 Klagenfurt

CIP-Titelaufnahme der Deutschen Bibliothek

Zur technologischen Formierung der Gesellschaft / Walter
Blumberger ; Heinz Hülsmann (Hg.). - München : Profil,
[1] Hrsg. von Walter Blumberger ; Wilhelm Steinmüller
NE: Blumberger, Walter [Hrsg].]
2. Menschen, Zwänge, Denkmaschinen. - 1989
(Technik- und Wissenschaftsforschung ; Bd. 7)
ISBN 3-89019-216-5
NE : GT

Diese Veröffentlichung wurde durch folgende Institutionen gefördert: Stadt Linz, Institut für berufsbezogene Erwachsenenbildung an der Johannes-Kepler Universität Linz, Bank für Arbeit und Wirtschaft

Gesamtherstellung: WB-Druck 8959 Rieden
Printed in the Federal Republic of Germany
ISBN 3-89019-216-5

INHALTSVERZEICHNIS

Der Germanist befindet sich in einem Buch über Technologie begreiflicherweise in der Rolle des Fußnotenschreibers. Dennoch: Literatur hat mit Technologie mehr zu tun, als auf den ersten Blick angenommen wird. Der Schriftsteller, der die gesellschaftliche Wirklichkeit zum Gegenstand seiner Sprache macht, muß auch die technologische Seite dieser Wirklichkeit wahrnehmen. Die Skala der Auseinandersetzung reicht von der Verteufelung des technologischen Fortschritts über vorsichtig-kritisches Interesse bis zu fanatischer Begeisterung. Abgesehen von dieser inhaltlichen Seite erfolgt auch die Literaturproduktion im Zusammenhang mit technologischen Möglichkeiten. Die Erfindung des Buchdrucks hatte auf die Literaturentwicklung mehr Einfluß als Schillers gesammelte Wallensteine, und auch die Auswirkungen moderner Medientechnologie auf die Literatur sind unübersehbar.

Anhand eines geschichtlichen Abrisses wird gezeigt, daß die literarische Utopie eine formative Tradition der Science Fiction darstellt. Das utopische Denken hat sich immer mehr in ein dystopisches verwandelt: Nicht die Konstruktion von Paradiesen, Alpträume möglicher Gesellschaftsformen stehen seit der Jahrhundertwende in seinem Mittelpunkt. Düstere Extrapolationen der Auswirkungen des naturwissenschaftlich-technischen Fortschritts sind auch in der anspruchsvollen Science Fiction ein zentraler Topos.

Ich gebe zunächst eine situative Skizze des kontroversen Diskurses um KI (AI), um sodann in einem zweiten Abschnitt das archaische Grundmuster an Ovids Pygmalion-Erzählung zu demonstrieren. Beides gemeinsam gibt den Blick auf unsere technologische Situation frei und gibt Anlaß, den sozialen Konflikt als Ort der technologischen Metamorphose zu erfassen.

Der Beitrag spannt einen weiten Bogen von der einseitig ökonomisierenden neuzeitlichen Konzeptualisierung der Arbeit zu möglichen künftigen Korrekturen der damit verbundenen Zwänge industriell formierter Gesellschaften. Scheinbar unverrückbare Entwicklungslogiken geben Gestaltungschancen nur zu erkennen, wenn die Analyse nicht auf die Beobachtung immanenter Bewegungen beschränkt bleibt, sondern auch die Begründung ihrer Beständigkeit untersucht. So sind zwar fortschreitende Technisierung und "Vollindustrialisierung" zweifellos temporär zwangsläufig; unter Bedachtnahme auf die Funktionsweisen epochenübergreifender "formativer Prinzipien" treten jedoch mögliche Eckpunkte für neue gesellschaftspolitische Leitideen zutage: Eine soziale Aufwertung der Arbeit, Einsatz fehlertoleranter Technik, Mitenscheidung über Produktionsziele und selbstbestimmte Verwendung von Arbeitszeitbestandteilen aus Rationalisierungsgewinnen könnten verhindern helfen, daß der bislang historisch konsistente Fort-Schritt zur Diktatur des technischen Systems der Arbeit in einer "technologisch" formierten Gesellschaft umfassend zur Geltung kommt.

Wissen und Macht über die Natur garantieren nicht per se auch gesellschaftlichen Fortschritt, gesellschaftliche Sicherheit oder gar Glück. Diese Feststellung gehört heutzutage schon fast zum Allgemeinwissen, das als solches aber eher diffuses Unbehagen denn wirkliches Wissen des Gesellschaftszusammenhanges ausdrückt. Der Aufsatz versucht zu verdeutlichen, wie Marx seinerzeit eine allgemeine Aneigenbarkeit des gesellschaftlich relevanten Wissens denkt. Eine bloße Neufassung der Eigentumstitel reicht hierzu keinesfalls hin. Die von Marx angedeutete andere gesellschaftliche Formation des Wissens figuriert zugleich als Maßstab der Kritik an Entfremdung. Was sich bei Marx explizit nicht findet, was aber aus seiner Methodik hervorgeht, ist ein radikaler Begriff von 'Sozialverträglichkeit', der auch bei der Diskussion bestimmter Techniken in An–

schlag zu bringen wäre. Marx' anthropologische Annahmen, die erst in einem ökonomisch durchaus auch ineffektiven Demokratisierungsprozeß verifizierbar wären, sind in Erinnerung zu rufen.

Die Autorinnen zeichnen nach, wie sich die Dominanz der Männer in Naturwissenschaft und Technik auswirkt und wodurch es zu einer weitgehenden Ausgrenzung von Frauen aus diesem Bereich kommt. Frauen werden nicht nur als Berufstätige, sondern in besonderer Weise auch als Hausfrau und Mutter von der technologischen Entwicklung, die immer mehr in Reproduktionsprozesse eingreift, getroffen. Von Frauen, die qua Geschlecht für Haushalt und Kindererziehung sowie das "häusliche Klima" verantwortlich sind, wird durch Technologisierung, nicht zuletzt aber auch aufgrund sozialpolitischer Maßnahmen und "Ökofeminismus" ein Mehr an "typisch weiblichen" Tätigkeiten und Fähigkeiten verlangt. In die Kerbe der Resakralisierung der Natur der Frau kann ganz gut auch der "andere Zugang zu Technik" schlagen.

Wie kaum ein anderer Bereich gesellschaftspolitischer Gestaltung sind heute Medizin und Gesundheitspolitik dazu aufgefordert, in ein neues Verhältnis zur Technik zu treten. Gerade die Medizin steht heute im Spannungsfeld zwischen Technisch-Möglichem und Menschlich-Notwendigem. Die naturwissenschaftlich-technische Entwicklung ist für die Großartigkeit einerseits und die Fragwürdigkeit der Medizin andererseits mitverantwortlich. Der wissenschaftlich-technische Fortschritt mit all den heute deutlich spürbaren Konsequenzen hat den naiven Glauben zerstört, daß wissenschaftlicher Fortschritt auch zugleich humaner Fortschritt sei. Technik wird in der Medizin oft zum Machtinstrument über das Leben selbst; im Arzt-Sein konzentrieren sich auch viele Momente der Technikkritik. Arzt-Sein heißt dann auch Entscheidungen zu treffen über den Einsatz und die Sinnhaftigkeit technischer Möglichkeiten.

In allen Industrienationen wachsen die Ausgaben des Gesundheitssystems besorgniserregend. So nimmt es nicht Wunder, daß auch hier verstärkt Hoffnungen in die Rationalisierungspotentiale der EDV gesetzt werden. Flankierend dazu sind neue finanzielle Anreizsysteme im Gespräch, die sparsameren Einsatz von Mitteln und kürzere Liegezeiten belohnen sollen, die aber auch die Gefahr noch höherer Arbeitsüberlastung, vor allem in der Pflege, bringen. All dies verhindert jedoch den Blick auf das grundlegende Problem, daß unser Gesundheitssystem eigentlich ein "Krankheitssystem" ist, das immer mehr Kranke heilt, weil es nicht in der Lage ist zu verhindern, daß Gesunde krank werden. Es wird daher versucht, anhand einiger gebräuchlicher Funktionen eines Krankenhaus-Informationssystems zu untersuchen, welche Hoffnungen in sie gesetzt werden, welche neuen Belastungen sie bringen können und wie sie sich sozial verträglich zum Ziele einer primärpräventiven Gesundheitsvorsorge gestalten ließen.

Die neue Technologie wird von allen Mächten als eine Macht anerkannt. Auch als die Macht, die die Veränderung der Arbeitstätigkeiten erzwingt und damit den Berufstätigen neue Leistungen abfordert. Das ist jedoch nur bedingt richtig. Die sozio-ökonomischen Veränderungen, die Verwertungsgrenzen des Kapitals sind es nämlich, die die Arbeitsanforderungen stellen und die über den Einsatz technischer Arbeitsmittel bestimmen. Auf der Grundlage von zwölf Fallstudien werden diese "neuen" Anforderungen diskutiert und mit den Begriffen "anders", "konvergent" und "flexibel" zusammengefaßt. Vor dem Hintergrund der Theorie der technologischen Formation der Gesellschaft werden sie als technologisch formierte Qualifikationsanforderungen interpretiert, die gegenwärtig noch bestehende Disparitäten zwischen sozialen und technischen Systemen überbrücken.

In der technologischen Formation, wie der Philosoph Heinz Hülsmann unser Gesellschaftssystem genannt hat, spielen, wie in jeder gesellschaftlichen Formation, jene Prozesse und Strukturen eine besondere Rolle, die die Menschen in die Gesellschaft integrieren sollen. Dazu gehören neben den eher von außen einwirkenden *Formen* der gesellschaftlichen Produktion und Reproduktion auch auf das Bewußtsein zielende *Informationen*. Gerade in der technologischen Formation, die Hülsmann ja einmal durch die neue Dreifaltigkeit "Atom, Gen und Bit" charakterisiert hat, sind die neuen Medien, die neuen Informationstechnologien von ausschlaggebender Bedeutung. Eine innere Formierung der Menschen, In-Formation, findet durch immer vielfältigere Information statt.

Der Beitrag versucht, in beabsichtigtem Gegensatz zu technikdeterministischen Auffassungen, einige allgemeine Entwicklungstrends zu skizzieren, welche für die gesellschaftliche Konstruktion dieser systemischen Technik wesentliche Bedeutung besitzen.
Die weltweiten telematischen Vernetzungsmöglichkeiten bringen nicht lediglich verbesserte Kommunikationskanäle oder Informationsübermittlungen (mehr, rascher, integriert, global), insbesondere für die transnationalen Akteure. Sie schaffen zugleich einen neuen Markt wie eine neue "Fertigungsstraße" für die "informatisierte" Produktion und eine integrierende technologische Struktur oder Formation aller gesellschaftlichen Bereiche und Handlungsdimensionen. Auf diesem Hintergrund wird die Telematik als die Technologie einer fortschreitenden Universalisierung der Marktvermitteltheit menschlicher Existenz verstanden.

Mit dem zunehmenden Einsatz der sogenannten neuen Informations- und Kommunikationstechniken verändern sich auch die Bedingungen kommunalen Denkens. Kommunales Denken ist an Träger lokaler Kommunikationsinfrastruktur geknüpft. Diese bilden den Kern von Handlungsmustern, die sich als technikresistent oder -rezeptiv erweisen können. Dort, wo sie technisiert werden, erweisen sie sich kurzfristig als gestaltbar, bevor sie technisch formiert unflexibel werden.
Diese Gestaltungschance gilt es für die Betroffenen zu nutzen. Mit Objektinterview und Planungswerkstatt wird hierfür ein Verfahren vorgeschlagen.

Die "ökologische Kommunikation" (Luhmann) charakterisiert die gesellschaftliche Entwicklung der letzten Jahre wie kaum eine andere. Nach wie vor gelingt es ihr aber nur bedingt, die gesellschaftlich relevanten Wirkungsbereiche zu beeinflussen. Es gelingt ihr nur dort, wo ökologische Orientierungen naturwissenschaftlich-technologisch überformt werden. Sie, die aus Angst vor der Zerstörung der Natur und aus dem Gefühl der Ganzheitlichkeit des Lebens eine ökologischen Verantwortungsethik begründet haben, lassen sich häufig nur dann konkret vertreten, wenn sie in naturwissenschaftlich-technische Kategorien verpackt werden. Nur insofern ist die technologisch formierte Gesellschaft fähig, sie zu berücksichtigen.
In der Ökologiediskussion wird mit ideologischen und technologischen, metaphysischen und naturwissenschaftlichen, letztlich subjektiven und objektiven Argumenten "kommuniziert". Vieles spricht dafür, daß sich nur die technologische, die vorgeblich objektive Argumentationsebene durchsetzen kann. Auf diese Weise erlangen ökologische Aspekte nur Bedeutung, wo sie unverzichtbar, ökonomisch verwertbar oder technologie"immanent" sind. Führt uns dies in ein technologisches Ökotopia, in eine synthetische Ersatzwelt?

Religion und Technik werden oft als Gegensatz gesehen, indem Natur- und Sozialwelt nach dem Modell der Maschine interpretiert und dadurch "entzaubert" werden. Religion ist so reduziert auf die letztlich "irrationale" Privatwelt von Individuen. Bezieht man jedoch Religion nicht auf die metaphysische Ebene eines heiligen Kosmos, sondern auf die funktionale Ebene der Formulierung transzendenter Bezugspunkte des Alltagslebens, werden technologische Formierungen von Transzendenz sichtbar, die religiöse Sinnstiftung leisten. Eine solche Formierung ist die magische Inanspruchnahme technischer Produkte und Kalküle als Erfolgsgarantie. Auch die Technologie der tertiären Massenmedien formiert eine Ebene der Transzendenz, auf der Grenzen der Lebenswelt der Menschen überschreitbar werden. Schließlich ist auch die Fundierung von Ethik und Moral ein Kernbereich traditioneller Religion, durch die Formulierung der Idee der Vernunft als Bezugspunkt einer Diskursethik technologisch begründbar.

MENSCHEN, ZWÄNGE, DENKMASCHINEN ....

Die neue Technologie wird von allen Mächten als eine Macht anerkannt, vor allem als die Macht, die die Veränderung der Arbeitstätigkeiten erzwingt und damit den Berufstätigen neue Leistungen abfordert.

Die in den einzelnen Beiträgen dieses Bandes beschriebenen Veränderungen betreffen aber längst nicht nur die Arbeitswelt im engeren Sinn, sondern die gesamte Lebenswelt, das soziale System in allen seinen Ausprägungen. Dies verdeutlicht die immense Reichweite der technologischen Formation als einer gesellschaftlichen, die Literatur und Religion, Medizin und Ökologie ebenso umfaßt und gestaltet wie die Ökonomie; die in der Telematik Wege und Formen der Kommunikation revolutioniert und in der Künstlichen Intelligenz (KI) sogar "Denkmaschinen" hervorbringt (an diesem Beispiel wird sichtbar, daß auch die Sprache der technologischen Formation nicht entgeht).

Menschen-Zwänge-Denkmaschinen: Bieten da vielleicht Gestalten der griechischen Mythologie Orientierung, wie Prometheus, der die Macht der Götter herausfordert (und entsprechend auch bestraft wird), oder Pygmalion, der - auf der Suche nach Vollkommenheit, nach Perfektion - als Techniker ein quasi-menschliches Wesen erschafft, das schließlich von den Göttern zu realem Leben erweckt, also auch "von oben" legitimiert wird?
Oder genügen Superman und Commander Mike, der Raumranger, oder der "Große Bruder" und sonstige Repräsentanten einer "schönen neuen Welt", weil an ihnen sichtbar wird, was auch das Schicksal des "modernen Menschen" zu sein scheint, nämlich, daß kühne Träume und gewagte Entwürfe von der Realität mehrfach überholt und bedrängend aktualisiert werden?
Daß beispielsweise auch eine Marxsche Utopie obsolet erscheint, in der arbeitende Menschen die Fähigkeit (wieder)erlangen, ihre Lebenswirklichkeit zu gestalten und statt dessen eine technologisch geprägte Entfremdung Handlungsspielräume mehr und mehr vernichtet?

Dem Empfinden von Ohnmacht und der Versuchung zur Resignation stellen aber die Autorinnen und Autoren des vorliegenden Bandes nicht nur eine Vielzahl von Informationen und Denkanstößen entgegen, sondern auch die Aufforderung und Ermutigung, im Verlauf gesellschaftlicher Transformation bestehende Spielräume wachsam zu erkunden und geschickt zu nutzen und zeigen mögliche Perspektiven auf, die zur Entscheidungsfindung in den immer mehrdeutigen und oft auch ambivalenten Prozessen technologischer Formation beitragen.

Die Herausgeber danken Christine Köhler und Michaela Rehberger für die Herstellung des Manuskripts, Friedrich Alton für Beistrichkorrekturen und besonders Maria Prieler-Woldan für die redaktionelle Betreuung dieser Publikation.

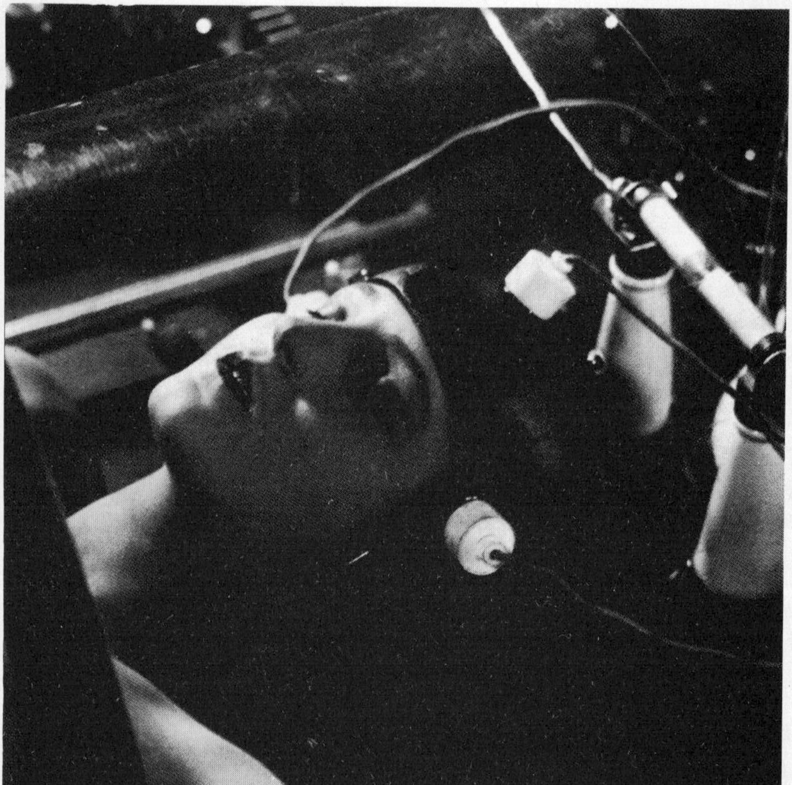

Fritz Lang, Metropolis, 1926

Christian Schacherreiter

LITERATUR UND TECHNOLOGIE

Anlegeversuche an einem uferlosen Thema.

Caput I: Schüchterner Prolog oder Ich bin nur eine Fußnote des Diskurses

Als ich Professor Hülsmann als Germanist vorgestellt wurde, wies er mir lächelnd - halb Mitleid, halb Spott - die Position des rührenden Sonderlings am Rand des technologisch-ökonomischen Diskurses zu: "Da können Sie ja Mittelhochdeutsch", sagte er untertönig. Ich hätte zu meiner Entschuldigung anführen können, daß ich die mittelhochdeutsche Sprache nicht besonders gut verstehe, weil ich gelernter Neugermanist bin, aber die trotzige Solidarität mit dem altgermanistischen Kollegen verbot mir diese Demutsgeste. Wer das Mittelhochdeutsche lernt und lehrt, versaut wenigstens nicht seinem Nachbarn den Ackerboden! Und außerdem weiß ich, daß der herrschende Nützlichkeitsgeist nicht nur dem wackeren Interpreten der Nibelungen, sondern dem Literaturwissenschaftler generell das Existenzrecht streitig macht.
Nun ja, damit wären wir beim Thema und dessen Schwierigkeit: Technologie, ökonomischer Zweck auf der einen, die sogenannte "schöne" Literatur, das freie, zwecklose Spiel auf der anderen Seite; gibt es eine Brücke über diesen Abgrund, und wenn ja, handelt es sich um eine jener vielen Brücken, die nur gebaut werden, damit Panzer darüberrollen können?

Caput II: Zwischen Skepsis und Neugier oder Wie Ausgelieferte ihre Auslieferung beschreiben

Hülsmann sagt, man könne eine gesellschaftliche Formation nur begreifen, wenn man die technologische Formation begreife, die ihr an einem bestimmten Ort, zu einer bestimmten Zeit entspricht, und von der ihre Struktur geprägt wird. Die Literatur kann sich diesem Prozeß nicht entziehen, weil sie sich der Gesellschaft nicht entziehen kann. Gewiß, der Schriftsteller kann sich bewußt verweigern. Er kann dem Beispiel des

Romantikers Novalis folgen, der für seinen Poeten Heinrich von Ofterdingen nur die Wirklichkeit des Traumes gelten lassen wollte. Das Leben - und mit ihm die langweilige Technologie - wird zum bloßen Traum, der Traum aber wird zum eigentlichen Leben, und in diesem Traumleben sind die Naturgesetze aufgehoben. Zur Überwindung von Raum und Zeit müssen keine komplizierten Technologien erfunden werden; Phantasie und Mystik, Verwirklichung durch Entwirklichung - sie tun das Ihre. Die wahren Weltgeschichten sind in diesem Phantasie-Reich die Märchen; die angeblich Tiefgelehrten, die meinen, die Welt in Zahlen ausdrücken zu können, wissen nichts, umso mehr wissen die Singenden und Küssenden, die Poeten also und die Liebenden. Ihnen fliegt aller technologische und rational-analytische Wirklichkeitsplunder fort:

Wenn nicht mehr Zahlen und Figuren
sind Schlüssel aller Kreaturen,
wenn die, so singen oder küssen
mehr, als die Tiefgelehrten wissen,
wenn sich die Welt ins freie Leben
und in die Welt wird zurückbegeben,
wenn dann sich wieder Licht und Schatten
zu echter Klarheit wieder gatten
und man in Märchen und Gedichten
erkennt die wahren Weltgeschichten,
dann fliegt vor einem geheimen Wort
das ganze verkehrte Wesen fort.

(Novalis)

Die Skepsis gegen das quantifizierende Prinzip, gegen die naturwissenschaftliche Erkenntnismethode, gegen die ökonomische Ausbeutung der Natur war und ist bei Schriftstellern relativ verbreitet. Gegenwärtig trägt die Alternativbewegung das Ihre dazu bei.

Eine neue Naturlyrik entsteht. Und die Romanhelden fliehen mit Vorliebe aus einem alltäglichen Normalleben, das von den angezweifelten Segnungen der neuen "Formation" beherrscht wird. Verweigerung, Ablehnung, Ausstieg - das ist also *eine* Seite der Medaille. Auf der *anderen* Seite erkennen wir aber die Neugier. Die Möglichkeiten der Technologie, besonders die *Möglichkeiten*, das ist ein geistiger Raum, in dem sich die

Phantasie breitmachen kann. Nicht ohne Grund entstanden die ersten Sciencefiction-Geschichten in einer Zeit, in der naturwissenschaftliche Erkenntnis und technologischer Fortschritt ökonomische und gesellschaftliche Auswirkungen zeigten. Im 18. Jahrhundert veränderte die erste industrielle Revolution das europäische Gesicht ganz erheblich. Neue Arbeitsverhältnisse, neue Marktverhältnisse, neue gesellschaftliche Klassen, neue Technologien, das Bürgertum greift nach der politischen Macht. Die alte Welt sieht's teils mit Schrecken, teils mit Hoffnung, je nach Standort. Die Literatur reagiert teilweise erschrocken, teilweise aber auch mit jenem Schaudern, das uns die Neugier verursacht. Mary Shelley erfindet ihren Frankenstein. Wäre er ohne Fortschritt der Medizintechnologie denkbar? Besonders die Engländer sind es, die nun Geschichten über Mesmerismus, Raum-Zeit-Maschinen und ähnliche Phänomene verfassen. Natürlich sind die Engländer vorneweg, in der ökonomischen Entwicklung und in der SF-Literatur. Die Franzosen folgen mit einigem Abstand; Jules Verne wurde erst 1828 geboren. Und Deutschland?

Im Jahre 1828 sitzt der 79jährige Goethe in Weimar. Deutschland ist ökonomisch äußerst rückständig. Die Fürsten regieren kleinstaatlich, absolutistisch und - kleinkrämerisch. Aber selbst des Herzogs Geheimem Rat weht ein Lüftchen um die Perücke. Seine Schaffenschronologie gibt deutliche Aufschlüsse: Im ersten Teil des Faust, der 1775 als Urfaust entstanden ist, bezweifelt der zweiseelige Alchimist noch die Möglichkeit sinnvoller und zielführender wissenschaftlicher Naturerkenntnis. Er sieht bloß immer, daß wir nichts wissen können. Seine Schüler gehen ihm auch gehörig auf die Nerven. Also ergibt er sich der Magie; er beschwört den Erdgeist und schreckt selbst vor einer geschäftlichen Vereinbarung mit dem mittelalterlichen Teufel nicht zurück, und das alles, um ein naives Mädel namens Gretel zu verführen. Wenige Jahrzehnte später sieht die Sache allerdings schon anders aus: Im 5. Akt des zweiten Teils der Faust-Tragödie ist der Teufel zum armen Teufel geworden, denn er ist nicht viel mehr als ein ewig gehetzter Vorarbeiter eines lächerlich irdischen und normalen Unterfangens: Es gilt, einen Damm zu bauen, einen Sumpf zu entwässern, zu kolonisieren. Immerhin, Faust aus dem rückständigen Deutschland braucht für seine ökonomischen Unternehmungen noch den Teufel, die Engländer hatten zu dieser Zeit schon ordentliche und seriöse Maschinen. Dafür haben sie andererseits keine Faust-Tragödie! Es hat eben alles Vor- und Nachteile.

Übrigens gibt es der alternde Goethe in anderem Zusammenhang auch schon etwas nüchterner: Im Roman "Wilhelm Meister Wanderjahre" beschreibt er - ganz höllenlos - die Technologie des Webens und die Umwälzungen, die dieser Sektor am Beginn des 19. Jahrhunderts erlebte.

Von der Technologie lebt heute ein ganzes literarisches Genre, und dies nicht nur im Hinblick auf die Produktions- und Vertriebstechnologie, sondern auch in inhaltlicher Hinsicht: Ich meine die heutige SF-Literatur. Die widersprüchliche Anziehungskraft zwischen Technologie und poetischer Phantasie bringt mehr und weniger geglückte Produkte hervor: Stanislaw Lem in literatur-wissenschaftlichen Seminaren und Perry Rhodan am Zeitungskiosk. Die Antithese bleibt allerdings nicht aus. Die Fantasy-Welle holt am Buchmarkt gegenüber der traditionellen SF-Literatur enorm auf: Zurück zu Muttern Natur, zu Gralsrittern und Hexensabbat. Romantik (im weitesten Sinn des Wortes) verkauft sich wieder gut, und trüge sie auch nur die dümmlich-sentimentalen Initialen der Marion Zimmer Bradley: Mut zum Blödsinn.

Caput III: Der zerlegte Held oder Äußerst fragmentarische Beiträge zur technologischen Seite der Romandeutung

Daß der technologische Standard einer gesellschaftlichen Formation zu den Inhalten der jeweiligen Literatur Zugang findet, mag keine besonders originelle Entdeckung sein. Daß aber formale Verfahrensweisen von Schriftstellern Reaktionen auf einen gesellschaftlichen Zustand sind, der maßgeblich von technologischen Faktoren mitgeprägt wird, bedarf möglicherweise einer exemplarischen Erläuterung. Als Beispiel möge uns die sogenannte "Krise" des herkömmlichen Romans dienen, die um die Jahrhundertwende zu einer radikalen Veränderung der epischen Schreibweise geführt hat.

Das Zeitalter der Aufklärung gilt mit Recht als ein Zeitalter, in dem das abendländische Ego zum Bewußtsein seiner selbst findet. Die Kantsche Frage, wie der einzelne Mensch den Ausgang aus der selbstverschuldeten Unmündigkeit finden könne, beantwortet die Literatur inhaltlich in vielfältiger Weise, formal antwortet sie in eindeutiger Weise: Der Bildungs- und Entwicklungsroman entsteht, die bürgerliche Epopöe. Wieland schreibt die "Geschichte des Agathon", Goethe schreibt "Wilhelm Meisters Lehrjahre"; und die Tradtition wird im 19. Jahrhundert fortgesetzt: Stifters "Nachsommer", Kellers "Der grüne Heinrich"; etliche Epigonen schließen sich an:

Der wackere Wilhelm Holzamer läßt seinen "armen Lukas" nach den stürmischen Irrungen der Jugend den teleologisch geplanten Hafen seriöser Entsagung und Bescheidenheit finden. Andere freilich setzen ihre Nase bewußt dem eisigen Wind der offenen See aus. Den Hafen gesicherter deutscher Erzählkunst suchen sie nicht mehr.
Bei Franz Kafka bildet sich niemand mehr im organischen Sinne der Weimarer. Wenn Entwicklung stattfindet, dann die des Menschen zum Käfer. Döblin, Musil, Joyce und Broch kämpfen mit ähnlichen Problemen. Ihre Romanhelden sind keine mehr; in einer komplexen, unüberblickbar gewordenen Welt besteht kaum mehr eine Chance auf organische Entfaltung des Individuums. Das Wahre, Gute und Schöne ist zu einer läppischen Formel beschränkter Gymnasialdirektoren verkommen. Der Autor selbst scheitert an der Unduchschaubarkeit der Bezüge, der tatsächlichen oder möglichen Zusammenhänge, er kapituliert vor der Fragwürdigkeit des völligen Wertrelativismus. Ist die Welt noch erzählbar, wie sie von den großen Realisten des 19. Jh. erzählt worden ist? Die stringente Handlungsführung zerfällt. Die Gefährdung des Helden findet ihre Parallele in der Gefährdung des traditionellen Erzählens, der realistischen Beschreibung und der (meist psychologisch motivierten) Handlungskausalität.

Die Krise des Erzählens hält bis heute an. Sicher, Simmel und Konsalik sind ungebrochen, aber kommt es darauf an? Wichtiger ist der Anti-Roman der fünfziger und sechziger Jahre, der ein besonders radikales Stadium markiert. Ob die jüngste Tendenz zur Postmoderne die Krise im dialektischen Sinne "aufhebt", wird sich erst zeigen.

Das eben beschriebene Phänomen hat die Literaturwissenschaft zu einer "Soziologie des Romans" provoziert, die nach den sozioökonomischen Bezügen der Erzählkrise gefragt hat und fragt. Von Lucien Goldmann (Pour une sociologie du roman, Paris 1964) bis Peter V. Zima (Roman und Ideologie, München 1986) wird - bei aller Unterschiedlichkeit - ein vom Tauschwert beherrschtes Gesellschaftsgefüge zur Erklärung der neueren Romanentwicklung herangezogen. Der Identitätsverlust des Helden und die Krise des Erzählrealismus ereignen sich im Kontext einer unentwegt produzierenden und konsumierenden Massengesellschaft. In einer Gesellschaft, deren einziger Gott der Profit ist (Werner Schneyder), sind nicht nur Güter und Werte austauschbar, sondern auch Individuen. Die Funktionalisierung des einzelnen entfremdet ihn von seiner Arbeit, von seinen Bedürfnissen, von seiner Identität. Er sucht sich irgendwo im Getriebe zu erkennen. Was ist er? Rädchen? Schräubchen? Oder einfach nur Abfall? Wer weiß es schon! Die Atomisierung einer unüberblickbar gewordenen Welt zerlegt auch die schöne fiktive Weltenharmonie der bürgerlichen Epopöe. Die zentrale Rolle der technologischen Formation innerhalb der aufgezeigten Prozesse ist wohl kaum abzuleugnen; sie im Detail auszuführen, kann nicht Aufgabe dieses Essays sein.

Caput IV: Wie kann der Seher Leser werden? oder Die Literatur in der Ära der Bildmedien

Wer von Literatur spricht, darf vom Leser nicht schweigen. Heute nicht und vermutlich nie mehr kann man vom Leser sprechen und von der Macht der Bildmedien schweigen.

Der *mögliche* Leser ist frühzeitig Konsument der Bildmedien, und als solcher wird er fast nie zum *wirklichen* Leser. Die allgemeine Schulpflicht hat den Analphabetismus bei der Vordertür rausgeschmissen, durch die Hintertür ist er in Gestalt eines Fernsehapparates wieder hereingekommen. Das Fernsehen zerstört die Lesefreudigkeit und damit auch die Lesefähigkeit. Man mag einwenden, dies sei mittlerweile eine Platitüde geworden. Ja, leider, es ist eine Platitüde geworden, weil es offensichtlich ist. Der amerikanische Medienwissenschaftler Neil Postman weist nach, daß die Schriftkultur mehr und mehr von einer Bildkultur abgelöst wird. Die Folgen sind kulturfeindlich und demokratiegefährdend. Sowohl der rationale Diskurs als auch der Diskurs menschlicher Phantasietätigkeit geht verloren. Was bleibt, ist sogenannte Unterhaltung. Alles ist Unterhaltung, die Show sowieso (ihr steht es auch zu), aber auch die Nachrichten, die Wettervorhersage und natürlich die politische Diskussion. Die Amerikaner wählen keine Präsidenten mehr, sondern Entertainer und deren Maskenbildner. Die letzten österreichischen Nationalratswahlen zeigten ähnliche Tendenzen. Glücklicherweise geht aber bei uns alles dilettantischer und unbeholfener über die ewig defekten Bühnen. Auch wenn Alois

Mock etwas zu sagen gehabt hätte, der Maskenbildner hätte ihm keine Chance gelassen.

Wer sich von der Einführung des Privatfernsehens ein vielfältigeres und daher qualitativ besseres Angebot erwartet, ist ein unverfrorener Lügner oder ein dämlicher Optimist. Die amerikanischen Erfahrungen zeigen, daß das Gegenteil der Fall ist. Der Konsument wird von wenigen Medienkonzernen mit einem anspruchslosen Unterhaltungsprogramm verwöhnt, das ihm komplexere Denkvorgänge erspart. Die deutschsprachigen Sender SAT 1 und RTL plus, die für geistig genügsame Kabelfernseher auch in Österreich zu erreichen sind, schwören auf ein ähnliches Rezept: gute Laune ist Trumpf - auch wenn die Welt in Scherben fällt. Hauptsache, immer schön happy bleiben.

Leider läuft auch der Rundfunk immer hörbarer diesem Trend nach. Der norddeutsche Privatsender RSH hat die Wortsendungen zugunsten ununterbrochener Musikberieselung auf ein Minimum reduziert und dem anspruchsvollen NDR prompt 20 % Zuhörer abgeknöpft.

Das gute Buch verkommt bei so viel Konsumentenfreundlichkeit zum armen Hund der Medienlandschaft, zum Aschenbrödel. Der gestandene US-Amerikaner läßt sein Fernsehgerät pro Tag 420 Minuten laufen. Für Lektüre verwendet er maximal dreißig Minuten; für *welche* Lektüre, wissen wir nicht, und das ist wahrscheinlich auch besser so. Man sollte ja noch einen Funken Hoffnung bewahren.

Ernst Reinhard Piper meint dazu: "Das Medium Buch, das in den letzten Jahrhunderten den sozialen Diskurs geprägt hat, ist nur für denjenigen reizvoll und von Interesse, der längere Texte mühelos lesen kann, über Konzentrationsfähigkeit verfügt, die Sprache gut beherrscht, in der das Buch geschrieben ist, über die Fähigkeit des abstrakten Denkens verfügt, der Phantasie und den Willen zur Auseinandersetzung hat und eine gewisse Allgemeinbildung mitbringt. All dies ist in der linken Gehirnhälfte beheimatet, die durch Fernsehen verkümmern kann, jedenfalls nicht aktiviert wird." (Industrialisierung des Bewußtseins, München 1985)

Die hohe Kunst des Verweilens und Innehaltens ist es, die den Leser vom Nicht-Leser grundsätzlich unterscheidet. Der Literaturabstinenzler ist daran gewöhnt, mit rasch aufeinanderfolgenden spektakulären Ereignissen versorgt zu werden, die ihm eine eigenständige gedankliche und emotionale Auseinandersetzung ersparen. Es würde wohl einer aufwendigen Therapie bedürfen, aus dem passiven Bild-Konsumenten wieder einen aktiven Schriftrezipienten (und damit auch einen aktiven Bild-Rezipienten) zu machen. Wahrscheinlich könnte nur eine Nulldiät Erfolge bewirken: Die Patienten werden in einem klosterähnlichen Kurhaus isoliert, denn nur so können die einschlägigen Suchtmittel wie Fernsehshows oder action-stories der Boulevardpresse mit hundertprozentiger Sicherheit ferngehalten werden. Der Kurtag beginnt um sechs Uhr mit gymnastischen Übungen und einem nahrhaften Frühstück. Der Vormittag dient der Auseinandersetzung mit wissenschaftlicher Prosa in unterschiedlichen Schwierigkeitsgraden und aus unterschiedlichen Fachgebieten. Die Patienten haben das "Erlesene" mit eigenen Worten (schriftlich und mündlich) wiederzugeben. Nach der Mittagsruhe ist eine Stunde "Handlungsarme Erzählprosa" angesagt sowie die eigenständige Interpretation hermetischer Lyrik. Der Abend dient dem Gespräch, der Meditation, der Betrachtung (gemalter!) Bilder, dem Schreiben persönlicher Briefe.

In einem weiteren Kuraufenthalt müßte den Patienten schrittweise wieder das Leben beigebracht werden, denn auch davor bewahren sie die neuen Medien mit immer deutlicherem Erfolg. Selbst wenn das Abenteuer auf RTL plus einmal Pause macht, auf SKY Channel ist sicher was los. Die Welt der laufenden Bilder schützt uns vor der Wahrnehmung der eigenen Lebensrealität und verhindert damit gezielt die Ausbildung der individuellen Erlebnisfähigkeit. Wir leben und erleben nicht mehr, wir schauen uns an, was andere erleben. Wo lassen Frau Baronin leben? Bei Denver? Bei Dallas? Oder hätten wir's gern ein bisserl konservativer? Heinzi Rühmann und Hans Albers? Wir haben alles, was das Herz (?) begehrt. Alles ist verfügbar. Die Privaten senden eben hörerorientiert. Leider ist es so. Die Mehrheit will es nicht anders: Bequemlichkeit, Ablenkung, Unterhaltung - semper et ubique. Damit der hoffnungsvolle Jüngling nicht auf die Konserve verzichten muß, wenn er einmal nicht vor der heimatlichen Glotzkiste sitzt, führt er immer seinen Walkman mit sich herum. So trägt er den hohlen Kopf kuhäugig durch hohle Gassen; und ich warte nur darauf, daß ihm dort eines Tages ein cleverer Unternehmer auflauert, der ihm einen Ganzkörper-Walkman verkauft. Schließlich soll sich der Nachwuchs nicht nur akustisch verwöhnen lassen, sondern auch optisch, geschmacklich, geruchlich, gefühlig ... Wir brauchen nicht mehr die Wirklichkeit der tristen Städte ändern, wir ändern lieber unsere Wahrnehmung und gaukeln uns eine Walkman-Wirklichkeit der Vierviertaltakte vor. So können wir die unangenehmen Risken der Wahrnehmung, der Reflexion, der Kritik gezielt vermeiden. Vermeide das Risiko der Kritik! Das ist die Botschaft der neuen Medientechnologie. Sie trägt Kants Botschaft vom Ausgang des Menschen aus der Unmündigkeit endgültig zu Grabe.

In diesem Getriebe will die Literatur Sand sein. Hier liegt derzeit vielleicht ihre vornehmste Aufgabe: Sich einzulassen auf die Wirklichkeit, die jedem von uns gegeben ist. Sensibel zu bleiben für das Unmittelbare, das uns widerfährt, um dann das lustvoll, schmerzvoll, leidvoll, schamvoll, schamlos usw. Gelebte wahrhaftig zur Sprache zu bringen. Insofern der Schriftsteller diese Haltung einnimmt, kann er nur ein erbitterter Gegner der neuen Medientechnologie sein. Sein einsamer Kampf um den Leser läßt ihm keine andere Wahl.

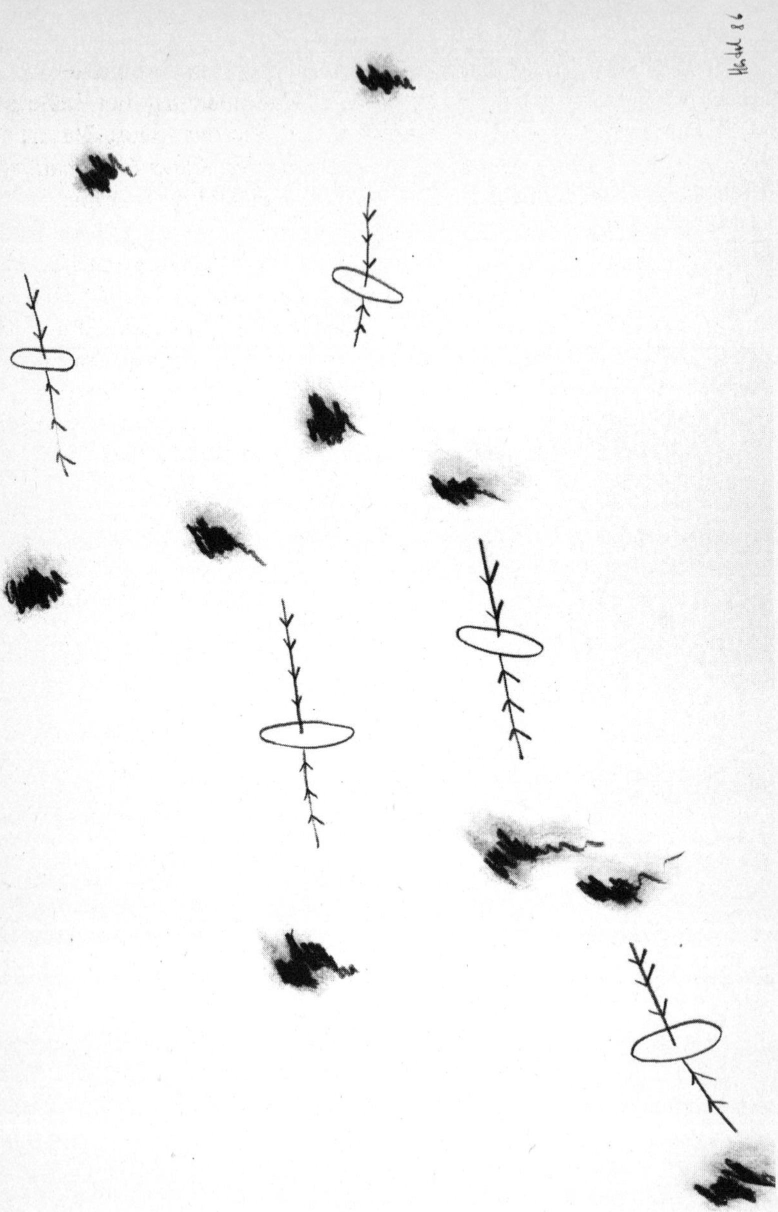

Henk Stolk, Verstörung VII, 1986

Joachim Nemella

VON UTOPIA NACH MORGENWELT

Utopie und Science Fiction - vom Bauplan des Paradieses zu den "Maps of Hell"

Große Gedanken, Bürger Bazillus?
Aufwachsen durftest du mit Wissen und Bildung,
Dich rüsten zum Ergreifen von Initiativen.
Aber die technologische Gesellschaft fordert,
daß du Dich verhältst wie ein Statist.

Werke, Bruder Bazillus?
Keineswegs ist's unwahrscheinlich,
daß du besitzt Fertigkeit und Geschick.
Aber eine Spule in der chemischen Pilieranlage
garantiert Präzision bis zum Moleküldurchmesser.
(Brunner, 1980:121)

I.

Der Titel dieses Beitrags mag Ambivalenz erzeugen: das utopische Denken hat eine klassische Tradition, lohnt mithin einer Analyse - aber Science Fiction? Ist das nicht jenes Genre, in dem sich z.B. Commander Mike - seines Zeichens Raumranger - während des tausendjährigen Krieges des galaktischen Imperiums gegen die mörderischen Xerks gerade im Hyperraum auf Patrouille befindet, als plötzlich ...? Konnte besagter Held die Invasion der reptilienähnlichen Aliens nicht letztendlich nur mit Hilfe eines mutierten (mithin telepathischen) Säuglings glücklich abwenden, wobei er zuvor den Androiden, der den Zentralcomputer der Erde bediente, im letzten Moment als solchen enttarnte? Sagt sich das nicht einfacher, als es ist, wenn man bedenkt, daß unser Ranger darüber hinaus den politischen Intentionen einer Vielzahl von Paralleluniversen Rechnung zu tragen hatte?

Derartige Assoziationen weckt in der Regel die Nennung des Reizwortes "Science Fiction" (in der Folge mit dem einschlägigen Kürzel SF bezeichnet) auf jeden Fall bei den Leuten, die diesem Genre aufgrund seiner (überwiegend zu Recht) vermuteten Trivialität ablehnend gegenüberstehen. Auch die Leser dieser Literaturgattung (zu denen sich der Autor dieses Beitrags, ohne zu erröten, zählt) werden ohne weiteres zugeben, daß das eingangs skizzierte Szenario für eine Vielzahl von SF-Produkten nicht untypisch ist, vor allem wenn man der Vielzahl an erbärmlichen Groschenromanen à la "Perry Rhodan" gedenkt, deren Auflagen in die Millionen gehen. Daneben existieren andere Grundmuster, die dem des obigen in puncto Abstrusität nicht nachstehen (1). Wenn sich daher Wissenschaftler überhaupt mit SF beschäftigen, stehen vor allem Fragen der Wirkungen trivialer Massenliteratur im Mittelpunkt des Forscherinteresses: Welche Wertbilder werden transportiert (Militarismus, Rassismus), wo lassen sich Rechtfertigungsversuche bestehender sozialer Ordnungen ausmachen, welche Leserschichten werden angesprochen? (Dazu etwa Nagl, 1972; Schröder, 1978)

Andererseits ist zu vermerken, daß zumindest zwei Romane, die von ihren Denkanstößen her anerkannterweise zu den bedeutendsten dieses Jahrhunderts zählen, dem Genre SF zugeordnet werden: Aldous Huxleys "*Brave New World*" (1932) und George Orwells "*1984*" (1949). Besonders der Titel des letzten Romans ist im alltäglichen Sprachgebrauch längst zum düsteren Synonym für eine menschenverachtende totalitäre Herrschaft geworden. Auch wer dieses Werk nie gelesen hat, verknüpft mit dem Namen des Autors Orwell sowie dessen Figur des "Big Brother" eindeutige Vorstellungen.

Freilich kann man weder Huxley noch Orwell als SF-Autoren bezeichnen, haben doch beide ihren literarischen Ruhm außerhalb der SF gewonnen. Nichtsdestoweniger werden aber gerade die *erwähnten* Romane üblicherweise (Literaturwissenschaftler seien ausgenommen) mit den Namen der beiden Autoren verbunden. Beide Werke haben herausgefordert, wurden verdammt und gepriesen, wirken nach: das eine als bittere Persiflage des "American Way of Life", dessen Konturen sich in den 30er Jahren dieses Jahrhunderts immer deutlicher abzuzeichnen begannen, das andere als düstere Extrapolation einer totalitären Herrschaft, die auf

Entbehrung und Terror fußt, abgeleitet von der Sowjetunion stalinistischer Prägung.

Es ist in diesem Rahmen nicht zielführend, die den beiden Romanen zugrundeliegenden Gesellschaftsbilder zu analysieren, da dies an anderen Stellen bereits ausführlich geschehen ist (vgl. dazu etwa Walsh, 1962; Adorno, 1969; Plank, 1983; Flechtheim, 1988). Es soll in der Folge vielmehr dargestellt werden, daß es auch *innerhalb* der SF eine Reihe von Autoren gibt, deren beste Arbeiten denen Orwells und Huxleys hinsichtlich der scharfsinnigen Extrapolation sozialer und politischer Tendenzen ebenbürtig sind. Als Beleg seien etwa - ohne Anspruch auf Vollständigkeit - Namen wie Aldiss, Ballard, Bradbury, Disch, Kornbluth, Pohl, Miller Jr., J.W. Haldeman, Merle, Brunner, Dick, Lem, Sheckley und Le Guin genannt.

Der Titel dieses Beitrags lautet "Von Utopia nach Morgenwelt" und impliziert, daß das utopische Denken *eine* formative Tradition der SF darstellt. Es sei nicht verhehlt, daß diese Annahme nicht unumstritten ist (dazu etwa Nagl, 1972). Es würde aber sowohl den Rahmen der gebotenen Kürze sprengen als auch von der Intention der Ausführungen ablenken, wollte man den diesbezüglichen Diskussionsstand darstellen.

II.

Seit alters her (präziser formuliert: seit Platons "Politeia") fristet die literarische Utopie ein Zwitterdasein im Niemandsland zwischen verschiedenen Disziplinen. Den Literaturwissenschaftlern ist diese Gattung ob ihres oft dröge formulierten sozialen Anliegens zu wenig "künstlerisch", Sozialwissenschaftler wiederum stört die Romanform, in die in der Regel utopische Entwürfe eingebettet sind ("zu literarisch"). Was ist nun als literarische Utopie zu bezeichnen? Krysmansky (1972:54) definiert diese als eine "... Erscheinungsform der spielerischen Zusammenschau von Mensch, Gesellschaft und Geschichte in einem variablen, bildhaften Denkmodell von raum-zeitlicher Autonomie, das die Erkundung von Möglichkeiten, losgelöst von der sozialen Wirklichkeit, jedoch mit Bezug auf sie, erlaubt".

Den Begriff *Utopia* prägte 1516 der englische Lordkanzler Thomas Morus, der damit eine ferne Insel bezeichnete, auf der sich ein ideales Gemeinwesen befand. Zwischen Platon und Morus hatte das utopische Denken ein chiliastisches Interim durchlebt: Die Wertvorstellungen des Mittelalters transferierten Utopia in den Himmel, Utopien verkamen zum religiösen Hoffnungsdenken: "Dieser Glaube war ... den Verhältnissen der feudalen Abhängigkeit sehr angemessen. Die Gleichheit vor Gott mußte die Ungleichheit zwischen den Menschen kompensieren. Die Religion forderte die Respektierung der irdischen Hierarchie. Indem sie die Leibeigenen zur Anerkennung ihres Loses führte, wurde die Abhängigkeit durch eine innere Fessel befestigt" (Krauss, 1972:27).

Mit dem Beginn der Aufklärung - schon in den frühen Exempeln eines Morus, Campanella oder Bacon erkennbar - wird die Utopie immer deutlicher zum Instrument einer verschlüsselten Zeitkritik. Es würde an dieser Stelle zu weit führen, dies näher zu belegen (dazu Krauss, 1972; Krysmanski, 1972; Schwonke, 1957; Nemella, 1984; Flechtheim, 1988). Wichtig ist an dieser Stelle, in welcher *Form* diese Zeitkritik erfolgte: Immer wurden gesellschaftliche Mißstände gedanklich dadurch aufgehoben, daß sie nach einer Spiegelung der sozialen Realität um 180 Grad plötzlich zum Idealzustand geronnen. So eröffnete etwa 1753 Morelly seine utopische Dichtung "*Basiliade*" mit den Worten: "Dieser glückselige Ort war der Wohnsitz eines Volkes, das die Unschuld seiner Sitten dieser reichen Besitzung wert erscheinen ließ: der unerbittliche Begriff des Eigentums, die Quelle aller die übrige Welt verheerenden Verbrechen, war ihnen unbekannt: sie sahen die Erde als ihre Nährmutter an, die jedem ihrer Kinder, wenn es Hunger hat, die Brust reicht" (zit. nach Krauss,1972:39 f.).

Welcher soziale Mißstand auch angeprangert wurde, stets wurde ihm ein komplementärer Idealzustand gegenübergestellt. So stand über Jahrhunderte die Darstellung idealer, von menschlichen und sozialen Unzulänglichkeiten freier Gemeinwesen im Mittelpunkt utopischen Denkens. Man setzte große Hoffnungen auf die Entwicklung von Naturwissenschaften und Technik, auf den Sieg der Vernunft: "Solange der Kapitalismus selbst erst angelegt war, solange die Manufaktur noch nicht der mechanischen Industrialisierung ganz gewichen war, solange man die Maschinerie gesellschaftlich für ein Glücksgut hielt und als solches zu vervollkommnen trachtete - solange war Utopie, ... die Erfindung wohliger Orte und einer heilen Zukunft, möglich" (Scheck, 1972:260).

Folgerichtig unterscheidet Williams (1979:52) vier Typen von Utopien:

(1) das *Paradies*, in dem eine glücklichere Lebensart beschrieben wird, die einfach irgendwo existiert;
(2) die *von außen* veränderte Welt, in der durch ein unvorhergesehenes Naturereignis eine bessere Lebensform möglich wurde;
(3) die *gewollte Transformation*, in der eine bessere Lebensform durch menschliche Anstrengung geboren wurde;
(4) die *technologische Transformation*, in der aufgrund einer technischen Entdeckung eine neue Lebensform entstand.

Selbstverständlich gibt es bei einer derartigen Klassifizierung Überlappungen, insbesondere die Typen (3) und (4) lassen sich - was geradezu symptomatisch erscheint - häufig in ein und derselben Utopie ausmachen. Symptomatisch deshalb, weil der aufklärerische Glaube an die prinzipielle Humanität der Ratio zumeist mit der Überzeugung gepaart war, daß der naturwissenschaftlich-technische Fortschritt nur zu einer Verbesserung der sozialen Verhältnisse führen könnte.

Fichtes "*Der geschlossene Handelsstaat*" schließt die lange Reihe aufklärerischer Utopien ab und leitet gleichzeitig zu einer Ära utopischen Denkens über, in deren Mittelpunkt der *philosophische Entwurf* - der Bauplan der Gesellschaft auf wissenschaftlicher Basis - steht: "So wie der Glaube an den Fortschritt den Fortschritt auslöst und beschleunigt, so fördert der Glaube an die Machbarkeit sozialer Gebilde die Versuche, aufgrund der neu gefundenen Wissenschaft von der Gesellschaft soziale Gebilde im sozialen Experiment herzustellen" (Krysmanski, 1963:24).

Die bürgerlichen Revolutionen des 18. und 19. Jahrhunderts und die Enttäuschung über den Verrat der Ideale von Freiheit, Gleichheit und Brüderlichkeit münden in der Entstehung des *utopischen Sozialismus*, der mit Namen wie Babeuf, Saint-Simon, Fourier, Cabet und Owen verbunden ist. Vereinfacht formuliert: der oben skizzierte Utopietyp (3) gewinnt an Bedeutung - ein Umstand, den Engels 1891 scharf kritisierte: "Hatten die besitzlosen Massen von Paris während der Schreckenszeit einen Augenblick die Herrschaft erobern und dadurch die bürgerliche Revolution ... zum Siege führen können, so hatten sie damit nur bewiesen, wie unmöglich ihre Herrschaft unter den damaligen Verhältnissen auf die Dauer war. Das sich aus diesen besitzlosen Massen eben erst als Stamm einer neuen Klasse absondernde Proletariat ... stellte sich dar als unterdrückter, leidender Stand, dem in seiner Unfähigkeit, sich selbst zu helfen, höchstens von außen her, von oben herab, Hilfe zu bringen war. Diese geschichtliche Lage beherrschte auch die Stifter des Sozialismus ... Die Lösung der gesellschaftlichen Aufgaben sollte aus dem Kopfe erzeugt werden. Die Gesellschaft bot nur Mißstände: diese zu beseitigen war Aufgabe der denkenden Vernunft" (1980:53 f).

Engels apostrophiert diesen Sozialismus abwertend als "utopisch" und meint damit, daß die Annahme falsch sei, die Gesellschaft könnte mit humanitären Appellen zum Besseren gewendet werden. Die Entwicklung des historischen Materialismus führt zu einer einschneidenden Zäsur: Wenn die Entwicklung der Gesellschaft durch objektive Prozesse determiniert ist, machen utopische "Phantastereien" wenig Sinn - Marx selbst hatte es strikt abgelehnt, "Rezepte für die Garküche der Zukunft" zu liefern.

Die bürgerliche Utopie verlor - was kaum verwundern mag - in dem Maße an "oppositioneller Qualität", in dem sich das Bürgertum als führende politische Klasse etablierte. Der Inhalt der Utopien verlagerte sich immer deutlicher in Richtung einer technologischen Phantasterei, während die sozial-politischen Anliegen mehr und mehr in den Hintergrund traten und bald - wenn überhaupt - nur mehr in Form "pflichtgemäßer Schlenker" (Nagl, 1972:39) auftraten.

Nun läßt sich bereits bei frühen aufklärerischen Utopisten wie Morus und Campanella der technisch-naturwissenschaftliche Fortschritt als Faszinosum ausmachen: In *Utopia* werden Eier in künstlichen Brutapparaten ausgebrütet, sind die Städte von verkehrsreichen Straßen durchzogen, während für die Bewohner des *Sonnenstaates* die Kunst des Fliegens eine Selbstverständlichkeit darstellt. Die zentrale Bedeutung von Naturwissenschaft und Technik kommt allerdings nicht von ungefähr, was eine Argumentation Nagls verdeutlichen mag: "Die 'materialistischen' Naturwissenschaften ..., die sich synchron mit dem Emanzipationsprozeß des Bürgertums entwickelten, bildeten nicht nur als Basis für die technisch-industrielle Produktionsweise eine wesentliche Voraussetzung für die ökonomische Führungsposition des Bürgertums; sie boten sich auch als wirk–

sames ideologisches Kampfmittel gegen die Autorität der Kirche, die Hauptstütze des traditionellen Feudalsystems, an" (1972:23).

So reizvoll es wäre, diesen Umstand soziologisch und historisch näher auszuleuchten, muß im Rahmen dieses Beitrags darauf verzichtet werden. Halten wir aber fest: Die Entwicklung von Naturwissenschaft und Technik trug wesentlich zum ökonomischen und politischen Aufstieg des Bürgertums bei. Begreift man literarische Utopien daher als "Oppositionsliteratur" gegen eine feudale Sozialordnung, so wird die starke Betonung des potentiell emanzipatorischen Charakters naturwissenschaftlich-technischen Fortschritts verständlich. Lange Zeit diente dieser Umstand primär dem Transport sozialreformerischer Anliegen. Nach der Konsolidierung des Bürgertums als herrschender Klasse erübrigte sich letzterer Effekt nicht nur, er war fortan sogar ausgesprochen unerwünscht, hatte doch der Verlauf der Französichen Revolution gezeigt, "... daß die Prozesse, mit denen sich das Großbürgertum ökonomisch und politisch inthronisierte, ihm zugleich im Proletariat einen neuen spezifischen Gegner beschert hatten, der sich mit dem bloßen Revirement der politischen Führungsgruppe ... nicht zufrieden geben wollte" (Nagl, 1972:24).

Spätestens die Arbeiten der Frühsozialisten, die mit den Mitteln der literarischen Utopie arbeiteten und Ansätze für reale politische Bewegungen beinhalteten, mußten dem Bürgertum daher gefährlich erscheinen. Utopien wurden als phantastische Hirngespinste bezeichnet - und waren dies bald auch tatsächlich, da die erste industrielle Revolution gleichzeitig eine ungeheure Technikeuphorie ausgelöst hatte. Alles schien fortan machbar zum Segen einer aufgeklärten Menschheit. Die technokratischen Phantastereien eines Jules Verne faszinierten ab der zweiten Hälfte des 19. Jahrhunderts ein Millionenpublikum (1863 erschien dessen erster Roman "*Cinq semaines en ballon*").

Ein derart großes Publikum hatten seine "Vorgänger" nicht, der technische Fortschritt hatte auch hinsichtlich des Verbreitungsgrades von literarischen Produkten allerhand verändert. Beide Aspekte - technologische *Phantasterei* ohne ernstliche soziale Anliegen in *Massenauflagen* - machen Verne zum Ahnherrn eines Genres, das man später als "Science Fiction" bezeichnen sollte. Man verstand es geschickt, "... die Verwirrung der Menschen über die revolutionierte Umwelt und den daraus wachsenden

Glauben an die prinzipielle Wunderkraft der Technik" (Alpers, 1972:245) zu nutzen.

Es wird nun zunehmend schwieriger, die weitere Entwicklung darzustellen, ohne den Rahmen dieser Ausführungen zu sprengen. Die veränderten Produktionsbedingungen im Druckereiwesen führten - wie ausgeführt - zur Massenliteratur, was eine breite Auffächerung der Unterhaltungsliteratur nach sich zog. Auch die Science Fiction (damals noch nicht so genannt) differenzierte sich: Neben den ausschließlich auf Spannung und Unterhaltung ausgerichteten "*Dime Novels*" (=Groschenromane), die den Mainstream der phantastischen Literatur ausmachten, entstanden auch literarisch und intellektuell ansprechende Werke. Dabei sei etwa an H.G. Wells gedacht, den die Technik stets weniger interessierte als etwa Verne und dessen Adepten. Schon in seinen frühen Romanen (wie "*The Time Machine*", 1895; "*The First Men in The Moon*", 1901) stand der Mensch im Mittelpunkt des Interesses. Wells' Spätwerk (etwa "*Men Like Gods*", 1923; "*The Shapes Of Things To Come*", 1933) kann geradezu als eine Synthese aus Unterhaltung und den Belehrungen eines kämpferischen Sozialdemokraten bezeichnet werden (2).

H.G. Wells gilt heute als die zentrale "Gründerfigur" der SF - zurecht, da seine kreative Intelligenz eine Vielzahl von "Standardideen" schuf, von denen (und deren Abwandlungen) das Genre bis heute zehrt (Zeitreisen, außerirdische Invasionen etc.). Von der literarischen Qualität und der Ernsthaftigkeit sozialer Anliegen her war (und ist) er aber keineswegs repräsentativ für diese literarische Gattung: Schon zu Wells' Zeiten nämlich "... begann die SF immer mehr Domäne billiger Massenpublikationen zu werden. 'Pulp Magazines', großformatige Magazine, die sich vornehmlich durch schlechtes Papier (pulp) und schlechten Druck auszeichneten, und Groschenromane wurden zu ihrer Hauptpublikationsform" (Alpers/Fuchs/Hahn/Jeschke, 1988:33).

Ein Vorurteil gegenüber der SF scheint sich zu bestätigen. Wird nicht sogar die Gattungsbezeichnung "Science Fiction" dem Herausgeber (H. Gernsback) eines derartigen Pulp-Machwerkes ("Amazing Stories", 1926) zugeschrieben? Gilt nicht auch heute noch ein nach obigem Herausgeber benannter Preis - der "Hugo Gernsback Award" - als ein Oscar in der SF-Branche? Auf beide Fragen lautet die Antwort "ja". Ist damit der Paradiesvogel der bürgerlichen Utopie endgültig zum Raumschiff verkommen, das im fernen All von einem Abenteuer zum anderen hetzt? Auch dies könnte man bejahen, wäre da nicht auch ein gerüttelt Maß an anspruchsvoller SF, das sich wohltuend vom Mainstream trivialer Phantastereien abhebt.

Nicht jede anspruchsvolle SF kann (will auch sicher gar nicht) den Anspruch erheben, daß sie der formativen Tradition des utopischen Denkens entspringt. Das ist nicht abwertend gemeint, sondern bezieht sich auf das Eingangsaxiom, wonach die bürgerliche Utopie nur *eine* (wenn auch wichtige Wurzel) der SF darstellt. Wir wollen aber - dem Titel dieser Ausführungen entsprechend - nur jenen Zweig verfolgen, der von Morus zu Brunner führt, d.h., als *zeitgemäße* Ausformung der literarischen bürgerlichen Utopie angesehen werden kann. Das mag als eine sträfliche Verkürzung der Vielfalt und Geschichte des SF-Genres ausgelegt werden (3). Auch kann in diesem Rahmen nicht auf das spezifisch "Bürgerliche" an der SF eingegangen werden (4). Die in den Anmerkungen enthaltenen Literaturhinweise mögen über dieses Manko hinweghelfen.

III.

Kehren wir zurück zu Wells: "Noch während Wells an seinen Utopien schrieb, begann bereits die Reaktion auf sie. Man parodierte ihn und seinen Optimismus." Mit diesem Satz leiten Alpers/Fuchs/Hahn/Jeschke das Kapitel "Dystopien" in dem von ihnen herausgegebenen "Lexikon der Science Fiction Literatur" (1988:51) ein. Was war geschehen? Die zweite industrielle Revolution zog einen sich immer rascher vollziehenden sozialen und kulturellen Wandel nach sich, was eine Wendung des utopischen Denkens bewirkte: Anstelle des *Wunsches* nach einer *besseren* trat der *Alptraum* einer *möglichen* Gesellschaft. Die *Dystopie* - die Darstellung von alptraumartigen sozialen Auswirkungen der naturwissenschaftlich-technischen Formierung der Gesellschaft - war geboren.

Die ersten Dystopien entstanden - was ihre Autoren anlangt - außerhalb der phantastischen Literatur. 1907 erscheint Jack Londons Roman "*The Iron Heel*", in dem eine Gesellschaft geschildert wird, in der sich der Monopolkapitalismus auf dem Höhepunkt befindet. Man kann diese Darstellung als eine romanhafte Ausformung der Marx'schen Verelendungstheorie begreifen. In farbigen (wenn auch manchmal arg pathetischen)

Bildern skizziert der amerikanische Sozialist London das Elend der breiten Massen, brutale Repressionen seitens des Kapitals, das Fehlen jedweder sozialstaatlicher Elemente sowie schließlich das blutige Scheitern einer von anarchistischen Idealen geleiteten revolutionären Bewegung. Ein literarischer Kunstgriff des Autors relativiert allerdings die scheinbare Aussichtslosigkeit des Schreckens, da sich die Geschehnisse nur in Aufzeichnungen widerspiegeln, die im letzten Drittel des 21. Jahrhunderts in einem Versteck entdeckt werden. Über die Gesellschaft zu diesem Zeitpunkt wird der Leser nur insofern informiert, als der dort angesiedelte "Herausgeber" die Erzählung mit 120 erläuternden Fußnoten versieht, aus denen gefolgert werden kann, daß die Zukunftsgesellschaft, in welcher der Herausgeber lebt, ein sozialistisches Paradies sein muß (5). Insofern ist die "Eiserne Ferse" (damit bezeichnet London die zermalmende Macht der Plutokratie) ein Grenzfall zwischen Utopie und Dystopie, als sie nur eine Übergangsphase beschreibt.

Als erste genuine Dystopie wird allgemein Forsters "*The Machine Stops*" (1909) angesehen, wo bereits mittlerweile "klassische" antiutopische Issues aufscheinen: "... mechanisierte Superstaaten, die dem Individuum jede Freiheit nehmen, eine Kommunikation der Menschen untereinander kaum zulassen und sie von ihrer Geschichte abschneiden" (Alpers/Fuchs/Hahn/Jeschke, 1988:51). Die Menschen leben unterirdisch in winzigen Parzellen und haben kaum noch Kontakt zueinander. Ihre Existenz ist in jeder Hinsicht von einer gigantischen Maschinerie abhängig - als diese zusammenbricht, erlischt jedes Leben. Botschaft: Der bedingungslose Glaube an den Primat der Technik schafft Abhängigkeiten, die - nicht nur im Extremfall (= "The Machine Stops"), dann aber jedenfalls - irreversibel sind. Dieser Roman wird vielfach deshalb gepriesen, weil er hinsichtlich der technisch-sozialen Extrapolationen seiner Zeit (1909) weit voraus war. (Wie wir noch sehen werden, haben es jüngere Dystopien diesbezüglich schwerer - sie werden immer schneller von der Rasanz der technischen Entwicklung und den daraus resultierenden sozialen Folgen eingeholt.)

1920 beschreibt der Russe Samjatin in seinem Roman "*Wir*" die rationale Gesellschaft des "Einzigen Staates", über deren "mathematisches Glück" der "Große Wohltäter" herrscht - als Verwalter der seelenlosen Ordnung einer technischen Welt: "Worum haben die Menschen von Kindesbeinen an gebetet? Daß irgendeiner ein für allemal sagte, was das Glück ist und sie mit einer Kette an dieses Glück schmiede" (Samjatin, 1958:243). In dieser glücklichen Situation befinden sich die Mitglieder dieses Staates, allerdings hatten sie für das materielle Wohlergehen ihre Freiheit opfern müssen: "Glück ohne Freiheit, Freiheit ohne Glück - eine andere Möglichkeit gibt es nicht" (ebenda: 243).

Samjatin (1884-1937) war ein überzeugter Kommunist, der bereits 1905 an der legendären Meuterei der Besatzung des Panzerkreuzers "Potemkin" beteiligt war. Bis zum Erscheinen von "*Wir*" spielt er eine zentrale Rolle in den literarischen Kreisen Moskaus. Der Roman ist in der Sowjetunion nie erschienen, wird aber in der Moskauer Literaturenzyklopädie 1929/30 als eine niederträchtige Schmähschrift auf die sozialistische Zukunft gebrandmarkt. 1931 geht Samjatin ins Exil (6). Sicher kann man diesen Roman auch als eine Abrechnung mit kollektiven Gesellschaftsordnungen begreifen, wenn man Passagen wie die folgende herausgreift: "Zu ein und derselben Stunde beginnen wir, ein Millionenheer, unsere Arbeit, zur gleichen Stunde beenden wir sie und zu einem einzigen millionenhändigen Körper verschmolzen, führen wir in der gleichen, durch die Gesetzestafel bestimmten Sekunde die Löffel zum Mund, zur gleichen Sekunde gehen wir spazieren, versammeln uns zu den Taylor-Exerzitien, legen uns schlafen" (ebenda: 18 f).

Damit ist ein zentraler Punkt angesprochen: Den "bürgerlichen" Autoren (andere gibt es ohnehin nicht) von Dystopien (in der sowjetischen SF z.B. nicht existent) wird von linker Seite immer wieder vorgeworfen, daß deren extrapolierte Zukunftsängste zwar um die negativen sozialen Auswirkungen technischer Entwicklungen kreisen, gleichzeitig aber eine (bewußte?) Ausblendung des Umstandes stattfindet, daß es sich dabei um Höllen handelt, die nur unter kapitalistischen Produktionsverhältnissen entstehen könnten. Diese Ausblendung kaschiere in Wirklichkeit nur die kleinbürgerliche Angst vor kollektivistischen Gesellschaftsordnungen.

In der Tat ist der "*ant-heap*" (Williams, 1979:53), das negative Bild einer Gesellschaft ohne Individualität, ein zentraler Topos in den Dystopien. Kann daraus bereits geschlossen werden, daß es den Autoren, die soziale Folgewirkungen der technologischen Formierung der Gesellschaft düster ausmalen, letztlich nur darum geht, (im Sinne der "Umwegrentabilität") kollektivistische Gesellschaftsordnungen als Alptraum zu denunzieren? Hatte nicht bereits Engels sinngemäß festgestellt, daß der naturwissenschaftlich-technische Fortschritt grundsätzlich emanzipatorischen Charakter hat und nur unter kapitalistischen Produktionsverhältnissen mit deren immanenter Tendenz zu Ausbeutung und Zerstörung negative Auswirkungen haben könnte?

Die erste Frage kann nicht mit einem klaren "Nein" erledigt werden, da die Furcht vor der Auslöschung der Individualität (und damit vor dem Kollektiv?) ein wichtiges Merkmal des kulturkritischen Pessimismus der liberalen bürgerlichen Intelligenz der ersten Hälfte dieses Jahrhunderts ist. Dieser Umstand fand auch in den Dystopien dieser Zeit ihren Niederschlag. Huxley, der Verfasser der berühmten "*Brave New World*" (1932), beschrieb diese Furcht 1959 ("*Brave New World-Revisited*") wie folgt: Das traditionelle ethische System, wonach dem Individuum und dessen Freiheit die größte Bedeutung zukomme, werde immer mehr durch eine Sozialethik ersetzt, deren Schlüsselworte "Anpassung", "sozialgerichtetes Verhalten", "Erwerb sozialer Fähigkeiten" u.ä.m. seien. Er folgert daraus, daß in unserem Jahrhundert "... der Termitenstaat ein verwirklichbares und in manchen Augen sogar erstrebenswertes Ideal" (Huxley, 1959:240) geworden sei.

Dies kann aber nicht so ohne weiteres als politische Kampfansage an sozialistische Gesellschaftssysteme gewertet werden. Was nicht nur Huxley ängstigt, ist die wachsende Organisierung des gesellschaftlichen Lebens, dessen zunehmende Komplexität das Individuum mehr und mehr zum bloßen Funktionsträger degradiert, für den gesellschaftliche Zusammenhänge in dem Maße undurchschaubar werden, in dem seine Fremdbestimmtheit zunimmt. Das Ausmaß dieser Fremdbestimmtheit wird wesentlich vom Grad der technologischen Formierung einer Gesellschaft bestimmt. Dies führt uns zur zweiten Frage.

Sind die negativen Auswirkungen der technologischen Formierung der Gesellschaft *primär* auf kapitalistische Produktionsverhältnisse zurückzuführen? Darüber wurde (und wird) eine Vielzahl von Büchern geschrieben, werden politische Diskussionen zum aufreibenden Marathon. Es wäre vermessen, im Rahmen dieser Ausführungen eine schlüssige Antwort auf diese Frage geben zu wollen: Fest steht aber, daß die ökologische Situation in den osteuropäischen Ländern katastrophal ist, daß Tschernobyl "passiert" ist, daß Osteuropa (siehe Temelin) trotzdem an der Atomkraft festhält, daß die 3. Welt-Politik des Ostblocks ungebrochen an den "Idealen" der Modernisierungstheorie festhält usw. Diese Liste ließe sich fortführen und auch um andere Dimensionen (z.B. Rüstungspolitik) erweitern, was aber allzuweit vom Thema wegführen würde. Halten wir lediglich fest: Der Primat des Segensreichtums des technischen Fortschritts lebt in Ost und West ungebrochen fort.

Nach Samjatins "*Wir*" erschienen 1932 Huxleys "*Brave New World*" und 1948 Orwells "*1984*". Beide Romane sind Klassiker, die weit über das Genre SF hinaus Bedeutung erlangten. Die beiden Arbeiten beleuchten den Januskopf des "industriellen Totalitarismus": Huxley beschreibt das "sanfte" (westliche) Antlitz, dessen Credo in der Betonung von Komfort, Glück und Harmonie seine Ausformung findet: "Der abgefeimt ausgewogene Zustand wird extrapoliert aus gewissen Symptomen eines Wegfalls des ökonomischen Kräftespiels unterm Spätkapitalismus" (Adorno, 1969:116). Orwell - ein resignierter Linker - beschreibt die andere (östliche) Variante: "Wenn Sie sich ein Bild von der Zukunft malen wollen, dann stellen Sie sich einen Stiefel vor, der in ein Menschenantlitz tritt - immer und immer wieder" (Orwell, 1974:244 f). Beide Varianten machen betroffen.

IV.

Anfang der 50er Jahre ermöglichte das Anlaufen der Taschenbuchproduktion der SF den Ausbruch aus dem Getto der Pulp-Magazine, was zu einem Anstieg dystopischer Szenarien führte. Gleichzeitig lieferte in den USA der McCarthyismus allen Anlaß zu düsteren Visionen. 1952 erschien mit K. Vonneguts "*Player Piano*" ein dystopischer Klassiker, der sich gegen den Computerstaat wendet. Die USA werden vom monströsen Computer Epicac XIV kontrolliert, dessen Einsatz zwar eine Vielzahl von materiellen Problemen beseitigt hat, andererseits aber die Gesellschaft deformiert hat: "The elite minority who rule the country are managers and engineers; they are the machine - inventors and machine-programmers who do not realize that they also have become the tools of their tools" (Rhodes, 1977:67). Als nach einer gelungenen Revolte der Computer zerstört wird, ist es zu spät: die Menschen machen sich umgehend daran, ihn wieder zu reparieren - the beat goes on (7).

Ein Jahr später schildert R.D. Bradbury in "*Fahrenheit 451*" (1953) einen totalitären Zukunftsstaat, in dem der Besitz von Büchern bei Strafe verboten ist, da dem Regime, das darum bemüht ist, Denken und Handeln seiner Bürger zu kontrollieren, Druckwerke als Risikofaktor erscheinen. Wo Bücher auftauchen, werden sie vom staatlichen Sicherheitsdienst, den "Feuerwehrmännern", mit Flammenwerfern verbrannt (der Titel des Romans bezieht sich auf jenen Hitzegrad, bei dem Papier Feuer fängt). "*Fahrenheit 451*" ist nicht nur ein Plädoyer für die Geistesfreiheit, sondern auch eine Warnung vor dem (damals erst im Entstehen begriffenen) TV-Zeitalter. Quasi als kulturellen Ersatz liefert Bradburys Staat TV-Familiensendungen, die in jedem Haushalt über wandgroße Bildschirme flimmern, vor denen die Bevölkerung mehr und mehr verblödet.

Im gleichen Jahr erscheint mit "*The Space Merchants*" (Pohl/Kornbluth, 1953) ein weiterer Klassiker, in dem zynisch die amerikanische Konsumgesellschaft beschrieben wird: "Wer die amerikanische Science Fiction (besonders die der frühen fünfziger Jahre) kennt, wird kaum glauben, wie forsch Pohl und Kornbluth in diesem Buch den Kapitalismus aufs Korn nehmen" (Reclams Science Fiction Führer, 1982:329). Riesige Werbeagenturen, neben denen die politischen Institutionen längst bedeutungslos geworden sind, beherrschen gegen Ende des 21. Jahrhunderts eine überbevölkerte Welt. Die Konsumenten werden nach allen Regeln der Kunst auf Verbrauch konditioniert und dabei brutal verschaukelt. Anläßlich einer Vorstandssitzung einer dieser Agenturen berichtet deren Chef über die Markteinführung eines neuen Getränkes namens "Coffiest": "Wir verteilen Proben in fünfzehn Schlüsselstädten. Unser normales Angebot - dreizehn Wochen kostenlos Coffiest, tausend Dollar in bar und ein Wochenendurlaub an der Ligurischen Riviera für jeden, der mitmacht. Aber ... jede Coffiestprobe enthält drei Milligramm einfaches Alkaloid. Nicht schädlich. Aber auf jeden Fall besteht Gewöhnungsgefahr. Nach zehn Wochen haben wir den Kunden lebenslänglich" (Pohl/Kornbluth, 1971:8). Vor diesen Ausführungen hat sich der Sprecher vergewissert, ob der Raum auch abhörsicher sei, und zu seiner Beruhigung erfahren: "Absolut sauber. Nur die üblichen Abhörmikrofone vom Auswärtigen Amt und vom Repräsentantenhaus. Für die spielen wir natürlich frisierte Playbackaufnahmen ab" (ebenda).

Die Werbestrategen sind nicht etwa zynisch, sondern können sich einfach nicht mehr vorstellen, daß die Interessen von Erzeuger und Verbraucher divergieren könnten. Wie denn auch - sie gehören einer privilegierten Kaste an und haben niemals am eigenen Leibe erfahren, daß die Mehrzahl der Bevölkerung ein menschenunwürdiges Dasein führt und für Nutzlosigkeiten ihre Arbeitskraft auf Jahre verpfändet. Pohl variiert das Thema "Konsumterror" auch in seinen späteren Arbeiten, am verblüffendsten vielleicht in der berühmten Kurzgeschichte "*The Midas Plague*" (1954): In einer Welt des absoluten materiellen Überflusses ist der Konsumverzicht zum Privileg der "Reichen" geworden, während die Mehrheit der "Armen" zum hemmungslosen Konsum verpflichtet ist.

V.

Ab Mitte der sechziger Jahre fällt auf, daß die Dystopien immer konkreter werden, einen immer direkteren Bezug auf Probleme der Gegenwart nehmen. Sie handeln auch in einer sehr viel näheren Zukunft, man spürt häufig die Angst der Autoren, von extrapolierten Zuständen eingeholt zu werden. Man denke dabei an Arbeiten wie "*Clockwork Orange*" von A. Burgess (1962; Thema: Gewalt im Wohlfahrtsstaat), H. Harrisons "*Make Room! Make Room!*" (1966; Überbevölkerung und Gewalt in New York von 1999), "*Camp Concentration*" von T. Disch (1969; vom Umgang des Staates mit kritischen Intellektuellen), C. Priests "*Fugue On A Dark Island*" (1972; Rassenhaß und Bürgerkrieg), "*Flow My Tears, the Policeman Said*" von P. Dick (1972; die USA als Polizeistaat) oder C. Platts Abgesang auf die Stadt ("*Twilight Of the City*", 1977).

Zum Einholen durch die Realität eine Anmerkung: Am 17.11.1971 fand der Schriftsteller P. Dick seine Wohnung verwüstet vor. Es war eingebrochen worden, doch die Täter hatten nicht gefunden, was sie suchten: das Manuskript des oben erwähnten "Flow My Tears". Die Ermittlungen der Polizei verliefen im Sande, man empfahl Dick sogar, das Land zu verlassen. Alle Anzeichen sprachen (undementiert) dafür, daß das FBI den Einbruch veranlaßt hatte. Wurde in Dicks Roman tatsächlich "eine andere Welt" (so der deutsche Titel des Romans) beschrieben (8)?

Die eindringlichsten Dystopien dieser Zeit entstammen aber der Feder des Briten J. Brunner: "*Stand On Zanzibar*" (1968; deutsch: "Morgenwelt",

1980) und "*The Sheep Look Up*" (1972; deutsch: "Schafe blicken auf", 1978).

Es ist außerordentlich schwierig, die Beklemmung, die beide Werke auslösen, zu beschreiben: "*Morgenwelt*" hat über 600 Seiten, "*Schafe blicken auf*" mehr als 400. Dazu bedient sich der Autor eines multiperspektivischen Erzählstiles in der Tradition eines Dos Passos, was eine Inhaltsangabe nicht eben erleichtert. In beiden Fällen ist die Erde des frühen 21. Jahrhunderts der Protagonist des Romanes - sie wird (mit jeweils unterschiedlichen Schwerpunkten) in Form eines erschreckenden Kaleidoskopes skizziert. Zeitungsmeldungen, Gedichte, soziologische Erörterungen, Kurzerzählungen, Latrinenparolen, Psychogramme u.ä.m. umrahmen einen "Roman im Roman".

In "*Morgenwelt*" wird eine überbevölkerte Welt geschildert, die voll struktureller Gewalt ist, was Brunner "emotionslos" durch die bloße Gegenüberstellung von Agenturmeldungen mit alltäglichen Handlungen dokumentiert: "Eine aufgebrachte Menschenmenge, die gegen die vor kurzem eingeleitete Sprachreform protestierte, die dem Zweck dienen soll, das Brasil-Portugiesische dem Spanischen anzunähern, das im übrigen Lateinamerika gesprochen wird, setzte heute am Stadtrand von Brasilia eine Reihe von Gebäuden in Brand. - Er packte ihre Fußknöchel, und ehe sie bloß mit Überraschung reagieren konnte, riß er sie empor und kippte ihren Körper vorwärts übers Fensterbrett ... Als er hinab blickte, lag sie mit ausgebreiten Gliedern am Boden. Er nickte mit grimmiger Befriedigung. Sie hatte ihn zum letzten mal hereingelegt" (Brunner, 1980:283).

Die Lebensumstände (Überbevölkerung, Rassenhaß, Ausbeutung, Entbehrung) haben der Gesellschaft auch noch "Mocker" beschert - Amokläufer, die alles töten, was sich ihnen in den Weg stellt. Wer noch nicht durch Drogen zerstört ist, kommt zum Militär, und wer der militärischen Tretmühle mit heiler Haut entrinnt, wendet seine dort erworbenen Fähigkeiten als sogenannter "Partisan" an, indem er systematisch öffentliche Einrichtungen zerstört. Die Stellung der Frauen hat sich nur insofern geändert, als sie sich jetzt offiziell als "Klunten" an Männer vermieten dürfen, die für ihren Lebensunterhalt aufkommen.

Obwohl die Rohstoffressourcen der Welt längst aufgebraucht sind, hat der militärisch-industrielle Komplex nach wie vor das Sagen, werden Kriege gegen den kommunistischen Erzfeind geführt und Länder der Dritten Welt von Konzernen aufgekauft. Die eigene Bevölkerung ergeht sich derweil auf ausschweifenden Parties, genießt psychedelische Drogen und konsumiert TV-Shows ("Kosmorama"), die an Dämlichkeit kaum zu überbieten sind. Morgenwelt?

Das nur vier Jahre später entstandene "*The Sheep Look Up*" (1972) rundet das Bild ab, sein Thema ist die Umweltzerstörung. In eindringlichen Bildern schildert Brunner darin eine Zukunft (?), die durch Luftverschmutzung, ölverpestete Küsten, Giftfässer im Meer, verstopfte Straßen, explodierende Tankzüge, unbewohnbare Großstädte etc. gekennzeichnet ist: "Und allenthalben Politiker, die bestenfalls ratlos sind, oder unbedarft, in der Regel jedoch gewissenlos und korrupt, geschmiert von den Lobbys einer profitgeilen 'Wachstums'-Industrie, die mit Dreistigkeit und Zynismus absahnt" (Klappentext der deutschen Ausgabe, 1978). Morgenwelt?

Anmerkungen

(1) J. Sladek, Verfasser satirischer SF, macht -neben dem skizzierten Plot - folgende andere aus: 1) das telepathische Überkind; 2) der Roboter (oder schleimige Außerirdische), der ein Leben rettet; 3) des Helden Zeitmaschine trägt ihn in das Jahr ...; 4) 1984, re-revisited; 5) die stahlgrauen Augen des Helden sehen die Lösung eines technischen Problems, die das Mädchen, das Raumschiff oder gar die Erde retten wird; 6) die Fremden herrschen grausam über die Erdlinge, bis der Held ihre geheimgehaltene Verwundbarkeit entdeckt; 7) der große Zentralcomputer macht einen einzigen kleinen Fehler; 8) der letzte Mensch auf der Erde; 9) neuer Feudalismus nach dem großen Atomkrieg; 10) Erwachen nach hundertjährigem Kälteschlaf, der Held wird dringend gebraucht; 11) Sprung in ein Paralleluniverum (zusammenfassend zitiert nach Nagl, 1972:10).

(2) Vgl. dazu die Abhandlung von Alpers "Verne und Wells - zwei Pioniere der Science Fiction?" in Barmeyer, E. (Hrsg.), "Science Fiction", 1972:244 ff).

(3) Dieses Manko kann fürs erste durch die Lektüre folgender Werke beseitigt werden: Reclams "Science Fiction Führer" (Stuttgart 1982), Heynes "Lexikon der Science Fiction Literatur" (München 1988), Aldiss "Der Millionentraum - die Geschichte der Science Fiction" (Bergisch-Gladbach, 1980), Suerbaum/Broich/Borgmeier "Science Fiction - Theorie und Geschichte" (Stuttgart 1981).

(4) Dazu etwa Schröder, 1978. Dem geeichten SF-Leser mag bei der Lektüre dieses Werkes die oftmals bemühte Überinterpretation des Autors aufstoßen. Dennoch: Prädikat "lesenswert".

(5) Vgl. dazu eine deutsche Ausgabe "Die eiserne Ferse" (Frankfurt 1984) und deren Nachwort von H.W. Franke.

(6) Zur Lebensgeschichte Samjatins sei auf das Nachwort einer deutschen Ausgabe von "Wir" (Köln, 1958) verwiesen, das J. Rühle verfaßte.

(7) Im Herbst 1988 ist eine deutsche Neuauflage erschienen. Titel: "Das höllische System" (Goldmann).

(8) Näheres dazu im Nachwort einer deutschen Ausgabe ("Eine andere Welt", München 1984) und in Reclams SF-Führer (1982:127). Dick selbst verarbeitete diese Erfahrung in seinem Roman "Radio Free Albemuth" (1985).

Literatur

Adorno, Theodor W., 1969: "Aldous Huxley und die Utopie" in: Prismen, Kulturkritik und Gesellschaft, Berlin (Neudruck 1969) S. 112 ff

Alpers, Hans Joachim, 1972: "Verne und Wells - zwei Pioniere der Science Fiction" in: Barmeyer 1972, S. 244 ff

Alpers/Fuchs/Hahn/Jeschke, 1988: "Lexikon der Science Fiction Literatur", München

Barmeyer, Eike (Hrsg.), 1972: "Science Fiction", München

Blumberger, W./Steinmüller, W. (Hrsg.), 1988: "Arbeit - Menschen - Informationen. Zur technolgischen Formierung der Gesellschaft", München

Brunner, John, 1978: "Schafe blicken auf", München

Brunner, John, 1980: "Morgenwelt", München

Clareson, Thomas (Hrsg.), 1977: "Many Futures, Many Worlds", The Kent State University Press

Engels, Friedrich, 1980: "Die Entwicklung des Sozialismus von der Utopie zur Wissenschaft", 21. Auflage, Berlin (Ost)
Flechtheim, Ossip K., 1988: "Orwell oder Huxley" in: Blumberger/Steinmüller 1988, S. 235 ff
Huxley, Aldous, 1959: "Schöne Neue Welt - dreißig Jahre danach", München
Krauss, Werner, 1972: "Geist und Wiedergeist der Utopien" in: Barmeyer 1972, S. 23 ff
Krysmanski, Hans Jürgen, 1963: "Die utopische Methode", Köln
Krysmanski, Hans Jürgen, 1972: "Die Eigenart des utopischen Romans" in: Barmeyer 1972, S. 47 ff
Nagl, Manfred, 1972: "Science Fiction in Deutschland", Tübingen
Nemella, Joachim, 1984: "Die literarische Utopie. Überlegungen zu ihrer Geschichte, Funkton und Eigenart" in: Österreichische Zeitschrift für Soziologie, 9. Jg. 1+2/84, Wien, S. 74 ff
Orwell, George, 1974: "1984", 22. Auflage, Zürich
Parrinder, Patrick (Hrsg.), 1979: "Science Fiction. A Critical Guide", London und New York
Plank, Robert, 1983: "Orwells '1984' - eine psychologische Studie", Frankfurt
Pohl, F./Kornbluth, C.M., 1971: "Eine Handvoll Venus und ehrbare Kaufleute", München
Reclams Science Fiction Führer, 1982, Stuttgart
Rewitsch, Wsewolod (Hrsg.), 1982: "Prüffelder der Phantasie. Sowjetische Essays zur Science Fiction", Berlin (Ost)
Rhodes, Carolyn C., 1977: "Tyranny by Computer: Automated Data Processing and Oppressive Government in Science Fiction" in: Clareson 1977, S. 66 ff
Salewski, Michael, 1986: "Zeitgeist und Zeitmaschine. Science Fiction und Geschichte", München
Samjatin, Jewgenij, 1958: "Wir", Köln/Berlin
Scheck, Frank Reiner, 1972: "Augenschein und Zukunft - die antiutopische Reaktion (Samjatin, Huxley, Orwell)" in: Barmeyer 1972, S. 259 ff
Schröder, Horst, 1978: "Science Fiction Literatur in den USA", Giessen
Schwonke, Martin, 1957: "Vom Staatsroman zur Science Fiction", Stuttgart
Walsh, Chad, 1962: "From Utopia to Nightmare", New York
Williams, Raymond, 1979: "Utopia and Science Fiction" in: Parrinder 1979, S. 52 ff

Digital Equipment Corporation - Werbeprospekt

Heinz Hülsmann

KÜNSTLICHE INTELLIGENZ UND ARBEIT

I. Künstliche Intelligenz (KI)

Künstliche Intelligenz ist ein Ausdruck, den wir benutzen, um seine englische Entsprechung, nämlich artificial intelligence, zu übersetzen. Der englische Ausdruck ist offenbar weniger mystischen oder auch metaphysischen Fehlinterpretationen ausgesetzt. Deshalb gibt es auch andere Versuche, ihn zu übersetzen oder seinen Gebrauchswert festzulegen. Das erweist sich jedoch als schwierig. Wenn es im wesentlichen um die Verarbeitung von Informationen geht, so liegt es nahe, von einer informationsverarbeitenden Maschine zu sprechen. Das ist nur scheinbar eine Frage der Übersetzung, weil jede Übersetzung schon eine Art von Interpretation mitteilt.

Aber nicht nur der Übergang von einer Sprache in die andere, hier vom Englischen ins Deutsche, bleibt zu bedenken. Nicht weniger Beachtung verdient der Übergang von einer Terminologie in die andere, also jene interdisziplinäre Begriffsübertragung und -verwendung, die dadurch noch komplizierter wird, daß eben diese Wissenschaften, wie Forschung und Entwicklung im ganzen sich in einem Prozeß der Veränderung und fortschreitender Erkenntnis befinden, der bei einem solchen Unternehmen beständiger Kontrolle bedürfte. Diese Bedingungen hängen aber auch mit den inhaltlichen und den personellen Kontexten zusammen.

Es ist darum kaum ohne Grund, daß wir in der alltäglichen Sprache all diese Varianten und Assoziationen als irgendwie präsente Grundmuster wiederfinden können. Die ordinary language und der common sense bleiben ein vielbeschworener Hintergrund, der eine soziale Metonymie verwirklicht, deren beständiger Symboltransfer auch seine theoretischen Ausläufer und Reflexe vorweist. Da erinnern wir künstliche Intelligenz als soft-ware der Computer. Wir verbinden damit auch einen umfassenden Prozeß der Veränderung, den die Technologie in der Produktion und Konsumtion und Distribution bewirkt. In ihrem Band "Arbeit Menschen Informationen" haben Walter Blumberger und Wilhelm Steinmüller eine umfassende Darstellung herausgegeben, die mit sehr vielfältigen Beiträgen davon ein deutliches Bild vermittelt. Rationalisierung der Produktion, Automation im Büro, das besagt Verlust von Arbeitsplätzen, das deutet auf einen grundlegenden Wandel in der Welt der Arbeit hin.

Und wenn wir sagen, daß die Maschinen arbeiten und die Nachtschicht übernehmen, warum sollten wir nicht und in Analogie dazu sagen können, die Maschinen denken? Vielleicht reflektiert diese Art von Empfindlichkeit zugleich eine soziale Hierarchie, dergemäß dem Denken ein höherer Rang zukommt als der Arbeit.

Denker zu sein hat eine höhere Aura denn Arbeiter zu sein. Aber die Arbeit wird von Fr. Naumann als etwas gesehen, was die Würde des Menschen ausmacht. Analog wird die Vernunft als die differentia specifica angesehen, die das Wesen des Menschen bestimmt. Es geht um eine Auszeichnung des Menschen. Es geht um eine anthropozentrische Differenz, die einerseits gegenüber der Natur und zu allen anderen Lebewesen gesetzt wird, die wiederum als Differenz des Menschen zum Menschen, also innerhalb der species, auftaucht, die nun wiederum den Streit um die Differenz zur Maschine motiviert. Wir verstehen "arbeiten" auch als denken. So gibt es keine Trennung von Hand und Kopf als soziale Hierarchie, in der sich der Denker und der Arbeiter recht unterschiedlich ausnehmen.

Der metonymische Transfer von der Arbeit ins Denken, den die Sprache und das Sprechen anzeigen, anonymisiert leicht den sozialen Widerstreit der Interessen. Peter Ruben hat die Wissenschaft als allgemeine Arbeit definiert. Darin liegt der Hinweis, daß die Organisation menschlicher Arbeit im Wissen eine Allgemeinheit erreicht, deren abstrakte Gewalt im wissenschaftlichen Wissen sich reflektiert. Der Zusammenhang bleibt unabweislich, aber der Widerstreit unübersehbar. Das Interesse daran, die Maschine könne nicht denken, wohl aber arbeiten, ist keineswegs ein schlicht semantisches. Die Herrschaft des Denkens ist keine des Denkens, sondern die herrschenden Gedanken sind immer noch die Gedanken der Herrschenden. Die Definitionsgewalt des Denkens ist keineswegs harmlos und allein in der Theorie zu Hause. Und es ist kaum zu verkennen, daß sich dieser Zusammenhang in dem Diskurs über die KI auswirken muß.

Wenn Arbeitskraft auf Maschinen übertragen werden kann und unsere Produktion über maschinelle Energie organisiert werden kann, so ist das kostensenkend und verdrängt menschliche Arbeitskraft, indem sie den Menschen entlastet, vielleicht von einer sehr ungesunden Arbeit, die seine Lebenszeit kürzt. Zu fragen ist allerdings, wessen Arbeit wird entlastet und wem sie da nützt. Der Konflikt gehorcht einer sehr anonymisierenden Dialektik, die auf einem abstrakten Niveau den metonymischen Symboltransfer reflektiert, der zugleich soziale Metamorphosen bewirkt.

Die Analogie nämlich, daß das Denken oder die Erkenntniskraft oder der Theorieprozeß einer Maschine implementiert werde, beunruhigt das Denken viel weniger abstrakt als vielmehr jene, die im Theorieprozeß arbeiten. Wissenschaftliche Arbeit hat in der technologischen Formation ihre Exklusivität verloren. Das luxurierende theoretische Bewußtsein will dies kaum zur Kenntnis nehmen. Die Transformation des Wissens durch Technologie ist aber unverkennbar. Das wissenschaftliche Bewußtsein ist gezwungen, sich selber in anderer Weise wahrzunehmen. Insofern das theoretische Wissen seine soziale Substanz in der Technologie realisiert hat, die auf diese Weise zu sozialer Form geworden ist, wird die Form des Wissens sich ändern, weil das Wissen sich aus der technologischen Formierung heraus entwickelt. Forschung und Entwicklung haben eine Dynamik, in welcher dieses Bewußtsein sich selber als Moment erfährt. Das wissenschaftliche Wissen vollzieht sich in gewisser Weise immanent zur technologischen Formation der Gesellschaft. Der Diskurs um die KI reflektiert genau diesen Sachverhalt.

Der sprachliche Prozeß folgt sehr genau dem sozialen Prozeß. Metonymie meint hier also den Übergang, den Trend und die Verschiebung der Worte. So wenig es ein letztes Wort gibt, so wenig einen letzten Satz, so wenig eine letzte Theorie. Die Organisation von Worten und Sätzen reflektiert jene von Arbeit und Leben und Überleben. Diesen Strukturen entspricht das Denken, folgen die Formen von Grammatik, Rhetorik und Logik. Die Kategorien des Wissens, eigens die des wissenschaftlichen Wissens resultieren, wie vermittelt auch immer, aus diesen Mustern.

Wenn die Organisation der Arbeit in der Gesellschaft, in den verschiedenen Kulturen die menschliche Lebenszeit als Arbeitszeit bestimmt, so nicht weniger die des Denkens und Erkennens, die der Organisation von Theorie und theoretischen Prozessen. Insofern die Arbeit durch Werkzeuge und Maschinen erleichtert und verbessert werden kann, was den Lebensstandard und die Lebensqualität der modernen Industrienationen ermöglicht, so gibt es eigentlich keinen Grund zur Aufregung darüber, daß auch das Denken und die Sprache in diesen Prozeß einbezogen sind - und nicht erst werden. Das ist eine Vernetzung und Wechselwirkung, der wir nicht entgehen.

Daß Hubert Dreyfus und auch Stuart E. Dreyfus diesen Prozeß akzeptieren, wird in ihrem wertvollen Buch deutlich genug. Auch Joseph Weizenbaum akzeptiert letztlich den Prozeß, demgegenüber er ethisch so überzeugende Bedenken formuliert. Aber es ist irreführend, aus diesem Prozeß in einen ethischen Diskurs überzuwechseln, der ihn gar nicht beeinflußt. Die so erfahrene ethische Problematik, die zumeist unter dem Terminus Verantwortung diskutiert wird, anonymisiert die Zustimmung, die der Mensch und die Gesellschaft und jeder einzelne in ihr lange vollzogen haben und die sie konkret leben. Der ethische Diskurs folgt schlicht einem technologischen Diktat und ist von daher dominiert. Die Ethik ist so gesehen unfähig, jene Antworten zu geben, die sie geben möchte, die aber ihre eigentümliche Echostruktur keineswegs verleugnen können.

Dreyfus argumentiert sehr viel näher an der Sache und auch fundamentaler. Er stellt sich geradezu in die Turing-Situation und versucht zu zeigen, daß der Computer eben nicht kann, was der Mensch, nämlich der Experte, doch kann. Dem Experten den exklusiven Status zu erhalten, den er hat und den er in der Gesellschaft genießt, macht empfindlich, daß es um ein anderes Problem geht. Der Versuch, den Menschen von der Intuition und dem Verstehen her zu definieren, um die anthropozentrische Differenz zu behaupten, verrät zugleich dieses Interesse, die Hierarchie von Wissen und Können, von Vernunft und Verstehen zu behaupten, die im Grunde schon in dieser Argumentation preisgegeben ist. Wenn Dreyfus das naturwissenschaftliche Weltbild oder das naturwissenschaftliche und mathematische Wissen - also das, was ich einmal die mathesis universalis nennen möchte - für seine Verteidigung der Intuition in Anspruch nimmt, so anonymisiert er den eigentlichen Konflikt und widerspricht sich. Die Basis seiner Argumentation und die Strenge seiner Beweise basieren alle auf den Resultaten jener Wissenschaft, jener mathesis universalis, die er als Essenz des Humanen nicht will auszeichnen. Das Wesen des Menschen liegt nicht dort, wo das Denken dem Syllogismus, Algorithmus folgt, sondern gerade da, wo es durch den Computer nicht simuliert werden kann. Die Sorge, der Computer könne denken oder gar verstehen, ist die Sorge um den Rang des Menschen als Experten mit Intuition. Dieser Experte aber, der das Beispiel sein soll, verdankt seine intuitive und exklusive Fähigkeit jenen Voraussetzungen, die Ratio und Methode bereitstellen.

Die KI ist darum eigentlich ein Alibi dafür, die Transformation des wissenschaftlichen Wissens durch die technologische Formation nicht zur Kenntnis nehmen zu müssen. Das endet damit, dem Computer nützliche Arbeitsfelder und Aufgaben zuzuweisen, die den instrumentalen Charakter behalten und für den Menschen und dessen Menschlichkeit ohne Risiko scheinen. Das ist aber nur Schein. Die Frage der Herrschaft über die Technik ist eine Pseudofrage; denn es ist keineswegs die Frage der Herrschaft über die Technik, um die es in der Technik geht, sondern die Frage der Herrschaft des Menschen über den Menschen. Das ist auch genau die Essenz des Konfliktes um die KI. Und diese Frage ist nicht durch die Zuweisung der Intuition an den Menschen als dessen uneinholbare Würde und dessen Wesen zu entscheiden. Der metonymische Charakter der Worte, Begriffe und Argumente, diese Täuschung, als gäbe es zwischen ratio und intuitio eine Grenze und eine Differenz, wie sie in Anspruch genommen wird, zeigt und reflektiert eine soziale Auseinandersetzung, deren Substanz selber gesellschaftlich ist. Der Forschungsprozeß ignoriert diese Argumentation, diesen Diskurs in seiner Weise; denn es sind vielfach anregende Argumente und Einsichten, welche die Kognitionsforschung dem Diskurs verdankt, die sich keineswegs als ahuman versteht, sondern genau das, was Dreyfus intendiert, verwirklicht, nämlich diese anthropozentrische Differenz, die dem Menschen in der Technologie und durch diese wirklich geworden ist.

Das intuitive Verhalten, das aus der Sicherheit des Gewohnten und Vertrauten kommt, wie z.B. das der Experten, entspricht dem rationalen Verhalten, das diese Sicherheit in die Zukunft projiziert und in der technischen Organisation realisiert. Der Versuch des Menschen, im Prozeß der Metamorphose er selber zu bleiben, kann kaum bedeuten, daß er derselbe bleiben könne und bleiben werde. In der KI wird der Versuch realisiert, eine Konstante dieses Prozesses zu konstruieren und zu realisieren, die dem Menschen die Gewißheit geben soll, daß er seine anthropozentrische Setzung bewahren möge. Es ist dieselbe Form der Selbsterhaltung und

eine Überlebensstrategie, wie sie in Ethik und Theorie zugleich sozial praktiziert worden ist.
Die technologische Form ist eine humane Form und eine Möglichkeit, in welcher der Mensch versucht, seine soziale Realität in einer wirklichen Selbstaneignung zu vollenden. Daß dazu insbesondere seine intellektuelle Natur gehört, daß also die Struktur des menschlichen Erkennens und Wissens darin wiederkehrt und technisch wirksam wird, erscheint als konsequentes Resultat, insbesondere der Naturwissenschaften und der Mathematik, aber ansonsten des wissenschaftlichen Wissens überhaupt.

Der soziale Transfer von Arbeit und Denken, der stets in der Maschine sein eigentümliches Vehikel gehabt hat und darin seine materielle Vermittlung gefunden hat, wird in dem, was der Computer zu leisten vermag, und dem, was die Kognitionsforschung experimentiert, intensiviert. Darin kommt der allgemeine Charakter des Denkens ebenso zum Zuge wie jener der Arbeit. Das Allgemeine des gesellschaftlichen Handelns und dessen Überlebensorientierung gewinnt darin eine präzise und konkrete Qualität und Intensität. Der normative Charakter der technischen Intelligenz ist jener der wissenschaftlichen, der theoretischen Intelligenz. Dieser normative Charakter ist der soziale Charakter, ein sozialer Habitus, der sich auch ethisch realisiert, da Ethik aus ihm resultiert. Die KI ist nicht nur technologische Intelligenz, sondern das Resultat, in welchem Ethik und Theorie koinzidieren.

II. Der Pygmalion-Effekt

So läßt Kunst nicht sehen die Kunst.
Ovid, Metamorphosen X

Das Eliza-Programm des Joseph Weizenbaum hatte zunächst den Namen Pygmalion, bevor es zu den anderen kam wie Eliza oder Doktor. J.W. hat es bei diesem Hinweis gelassen. Aber es bleibt ein bedeutsames Symptom, das zu beachten sich lohnt. Robert Tschiedel hat mich darauf hingewiesen, daß diese Pygmalion-Erzählung des Ovid vielleicht doch jene große Erzählung sein könnte, von welcher Jean-Francois Lyotard meint, daß es sie nicht mehr gebe und auch nicht mehr geben könne. Danach wäre es die große Erzählung, mit welcher die humane Evolution zu deuten ist, die

insbesondere in Europa sich bestätigt. Sie hat einen Namen, und es ist der Name einer Metamorphose.
In dem gleichnamigen Werk des Ovid kommt in Buch X die Geschichte des Pygmalion vor, der beschließt, die Frauen zu meiden:

zurück durch die Fehler geschreckt, die dem weiblichen Sinne
zahlreich gab die Natur.

So wollte er denn ohne Gefährtin ehelos bleiben. Aber er schuf sich alsbald aus Elfenbein die Gestalt eines Weibes, so vollkommen, vollendet und schön, wie die Natur sie nicht zu geben vermochte. Zu seinem Werk, zu dieser künstlichen Frau, entbrennt er alsdann in heftiger Liebe, und er umfaßt ihren Leib, ertastet erneut die Gestalt. Seine Begier ward so groß, daß zur Genossin des Bettes er sie erkor. So verhält er sich zu ihr, als sei sie lebendig.

Sodann am Feste der Göttin Venus, von den Griechen Aphrodite genannt, opfert er reichlich und bittet verschämt und verschlüsselt, jene möge diese Gefährtin aus Elfenbein ihm zum Leben erwecken, mit Leben begaben. Diese Verwandlung geschieht. Die Göttin gewährt ihm das Weib, das er sich erschaffen. Brauchbar durch den Gebrauch wird die Gestalt und erweist sich lebendig.

Pygmalion ist ein Künstler, ein Handwerker und ein Techniker, einer, der das Können besitzt, solche Gebilde zu schaffen, ein solches Werk, das die Natur übertrifft. Die vollkommene Wirklichkeit ist nicht jene, in der du dich findest, eine Natur, so wie sie ist. Diese hat Fehler, wie hier das Weib ja bezeugt. Die vollkommene Natur wird allein durch die Kunst und den Künstler, durch seine Technik erreicht. So wird das, was ist, allererst zu dem, was es sein kann. So allein gelangt das Wirliche zu seiner vollendeten Wirklichkeit. Indem Pygmalion die Natur durch seine Kunst vollendet, übertrifft er diese Natur. Nun erst kann in der Kunst er die Natur, die Frau, die er schuf, als das Weib, das ohne Fehl, auch vollkommen lieben. Ihm zu Gebrauch und zu Nutzen ist sie gestaltet.

Täuschungslos wirklich ist erst, was aus dem Können des Künstlers als dessen Werk besteht. In seinem Werk und als sein Werk wirkt der Künstler das, was ist. Er wählt die Natur zum Material, woheraus er das Wirkliche schafft, herstellt, erzeugt - als die wirkliche Wirklichkeit, die allein von ihm ihre täuschungslose Perfektion erhält. In seinem Werk liebt er die Natur als jene Natur, die als Werk seiner Hände über die Natur hinaus zu seinem Gebrauch sich schickt, geformt durch ihn, durch seine Technik. Er ist der Schöpfer einer wahrhaft vollkommenen Wirklichkeit. Und so - als Werk seiner Hände - liebt er die Frau als sein Werk, liebt die so geschaffene Natur als die seine. In dieser liebt er sich selbst als die vollendete Möglichkeit dessen, was ist. Der Schritt über eine fehlsame Natur hin zur täuschungslosen Form vollkommener Transparenz ist und bewirkt die Metamorphose des Seins zum Werk und als Technik, die aus den Händen, aus Geschick und Gelingen, aus Wissen und List hervorgeht. Dies ist genau jenes Geschehen, das der Chor der Antigone des Sophokles verkündet in seinem Gesang, den Martin Heidegger gerade in Hinblick auf diesen Zusammenhang interpretiert hat.

Für unsere Überlegung ist es bedeutsam, daß in dieser Erzählung - und wir können gemäß der griechischen Herkunft des Wortes hier stets den Techniker mitdenken, was metonymisch unausweichlich bleibt - der Künstler also, der Techniker, ein Werk schafft, mit dem er den Schritt vom Eros zum Ergon tut. Nicht um darin den Eros zu verlassen, sondern um ihn im Werk und durch das Werk - hier durch die Erschaffung einer Frau - zu genauem und fehllosem Gebrauch sich zu eigen zu machen. Ich kann hier den mythischen Verzweigungen und den Deutungsmöglichkeiten nicht umfassend nachgehen. Mir kommt es vor allem darauf an, diesen Schritt, dieses Ereignis zu beachten, das aus dem Eros den Eros in die Arbeit verläßt, um so bei ihm zu bleiben, wenngleich in völlig veränderter Weise. Der Weg in die Arbeit, in das Werk, ist zugleich der Weg in den Logos, der hinüberführt in die technisch erzeugte und verfügte Welt. Auch hier, im Sinne der Diotima des Platon, eine Welt der Armut, die zum Reichtum hinstrebt. Eine Welt des Begehrens, die zu Erfüllung und Gebrauch, zu Fülle und Vollkommenheit hinstrebt. So erst gewinnt das Geschlecht - das menschliche, seinen Sinn, seine Vollkommenheit in der Technik, durch das Werk. Die technisch gelungene Perfektion der humanen Beziehung zu sich selber, das ist das Werk der Technik.

Indem Pygmalion in dieser aus Elfenbein gestalteten Frau sein sexuelles, sein erotisches, sein männliches und menschliches Geschlecht erfüllt, befreit er sich aus Fehl und Täuschung, bewahrt sich vor Schande. Er befreit sich zu sich selber in und durch sein Werk. Das Werk seiner Hände ist diese Befreiung und Verwandlung der Welt. Und es ist die Verwandlung in eine technische Welt, die eine andere und neue Intimität und Intensität hat, die vordem der Welt, der Natur und dem Sein nicht zukam, nicht zukommen konnte. Erreichbar ist dies allein über solches Können, über die Kunst, die Technik, und das besagt über den Künstler, über den Menschen. Die Schöpfung durch den Menschen ist so zugleich die Erschaffung eines Menschen im Werk und durch das Werk des Menschen.

Solch eine Schöpfung und solch ein Werk sind Ereignis einer Mimesis, einer Wiederholung, die zugleich eine Steigerung und Vollendung ist; denn indem der Mensch als Frau durch den Menschen als Mann in diesem Material, im Elfenbein, zu einem vollkommenen und brauchbaren Menschen für den Menschen wird, gelingt in solcher Wiederholung eine neue und eine höhere Qualität, der Sprung als Ursprung in eine Übernatur, die technische Realität ist. Das ist die eigentliche Metamorphose, in welcher der Mensch die menschliche Welt allererst gewinnt. Die Welt wird perfekt aus ihrem technischen Gelingen.

Nun ist es sicherlich Venus, die Göttin, die dem Künstler Pygmalion den Wunsch erfüllt, seinem Werk das zu geben, was diesem fehlt, nämlich nicht nur imago/Bild, sondern Leben/Sein zu besitzen oder zu haben. Das Entscheidende, die Metamorphose wird also durch das Opfer und durch die Göttin ermöglicht. Aber das Opfer schon ist eine Technik, ein Ritual, das Pygmalion findig benutzt. Es ist deutlich genug, daß die Göttin dem Manne gewährt, worin er diese Verwandlung des Eros zum Ergon begehrt und vollbringt. Daß die Göttin solchem Begehr folgt, bedeutet auch, daß diese Metamorphose zugleich das Verlassen dieser Göttin bewirkt.

Ich möchte hier den Hinweis auf den Widerstreit von Patriarchat und Matriarchat nicht vergessen. Er ist wichtig. Die Wandlung des Mythos zu solcher Herrschaft des Mannes, zu solchem Können, stellt eine genaue Herausforderung durch diese Erzählung ins Licht. Zugleich geschieht hier der Schritt, der Arbeit und Werk einen neuen Rang gibt. Das technische Werk zeigt schon in der handwerklichen Form diese verwandelnde Macht, Gewalt und Qualität, selbst dort, wo die sexuelle und erotische Qualität vorherrschend scheinen. Diese sind schuldverstrickt, wie es heißt. Diese Welt mit Arbeit und Technik, der es gelingt, im technischen Werk die erotische Intimität aus sich selber zu gewinnen, gibt im Werk dem Manne eine eigentümlich technische Unmittelbarkeit, aus der heraus die veränderte Gestalt der Wirklichkeit kommt. Das ist allerdings auch eine andere Welt und in ihr eine andere Intellektualität und Intimität, ein Ego, das dem Menschen aus diesem Können und Tun zuwächst.

Das Werk, die Technik, enthüllt das fundamentale Selbstverhältnis des Menschen, der in seinem Werk sich selber wählt und allein darin sich bei sich selber weiß. Dieses Wissen ist Wahl. In seinem Werk geht es um nichts anderes als um ihn. Es ist nichts anderes als ein materialisiertes und so realisiertes Selbstverhältnis. Die Technik ist jene Intimität des Menschen zu sich, in welcher er zugleich die anthropozentrische Differenz setzt. Damit kann deutlich geworden sein, daß in der Technik und mittels ihrer jene etscheidende Selbstaneignung des Menschen geschieht, die das humane Ego zum zentralen Ereignis hat werden lassen. Dieses Ego ist zugleich Echo - eine Echo-imago, die ein strukturelles Muster deutlich macht. Pygmalion erzeugt seine Frau aus seiner vollendeten Entsagung in seinem vollendenden Werk, das die Reinheit seines Begehrens mit der Einzigartigkeit des Ursprunges aus ihm selber verbindet. Diese Beziehung ist als solche Selbstverwirklichung. Die technologische Formierung der Welt - die künstliche Intelligenz insbesondere erscheint als die Selbstverwirklichung des Menschen. Die Metamorphose des Schaffens ist zugleich die Tatsache, daß die Natur Material dieser Produktion und Reproduktion ist. Das Elfenbein scheint das geeignete Material - in diesem Falle - zu sein. Aber das ist gleichgültig; denn es ist keine lebendige Frau, sondern es ist Material, das im technischen Prozeß seine Qualität und den Nutzen erst erhält und gewinnt. Der Prozeß der Herstellung erschafft allererst jene Qualität von Existenz, die dazu befähigt, vollkommener Partner des Menschen zu sein.

So gelangt die Materie in die Intimität und zur Qualität einer humanen Selbstbeziehung. Daß eben dies auch von der Göttin erwählt wird, macht deutlich, wie sehr sie nichts ist als eine Kollaboration mit der Technik. Die Göttin stimmt zu und hilft. Aber das besagt nun nichts anderes mehr, als daß sie anerkennt, daß die Technik die Natur vollendet. Man mag bedenken, daß Pygmalion nie mehr den wirklichen Menschen als Partner gewinnt, daß seine Kommunikation des Partners entbehrt. Die fehlhafte Frau, der sich verfehlende Mensch, sie werden im Vollkommenen der Technik verlassen, und von dorther sind sie nicht mehr zu erreichen. Die Metamorphose hat den Charakter einer gewissen Endgültigkeit. Und es ist eine seltsame Aenigmatik, daß im Vollkommenen das Wirkliche verfehlt werden muß.

Die Faszination des Schönen, des Guten, des Wahren ist diese Faszination, die das Wirkliche allererst aus dem Werk, dem technischen Können, und aus dem Wissen, aus dem Erkennen, aus der theoretischen Praxis zu erreichen versucht. Dieser Versuch ist eine mythische Erzählung, die uns in vielfacher Weise erreicht. Indem sie den Menschen über sein Werk erreicht, wird in eben diesem das Werk selber unsichtbar. Er selber wird sich unsichtbar. Er selber verläßt sich in seinem Werk, in das hinein er lebt und in das hinein er sein Leben opfert - als seine Vollendung und seine ewige Wiederkehr. Darum sagt der Text:

So läßt die Kunst nicht sehen die Kunst.

Damit ist ein Schlüssel gegeben. Das Unsichtbarwerden des Werkes als Werk ist das Unsichtbarwerden des Menschen in seinem Werk, in seinen Geräten und Objekten. Das zeigt zugleich diese perfekte Qualität des Gebrauchtseins, der Dinge und der Ware. Das Sein, dessen imago gerade das Wirkliche, das Sein ist und dessen Wirklichkeit zugleich sein Erschaffen-sein ist, sein Produziert- und Konsumiert-sein, hat schon seine Metamorphose erfahren. Eros als Ergon hat so die Identität von Sehen und Sein, von Sein und Erscheinen, von Können und Sein, von Werk und Mensch. Dem Menschen gelingt in seinem Werk diese vollkommene Identität und diese Ununterscheidbarkeit von Selbst und Werk, von Technik und Ego, von ergon und eidos. In dieser Beziehung anonymisiert sich der Mensch. Dieser Effekt ist immer wieder gesehen worden, sei es bei Bacon in seiner Idolen-Lehre, sei es bei Marx in der Fetischismus-These. Aber diese Ununterscheidbarkeit weist zuruck in die konstitutiven Unterscheidung z.B. von Sein und Erscheinen, von Phainomenon und Noumenon, worin die anthropozentrische Differenz gesetzt ist, die die humane Evolution ermöglicht. Es ist dies ein metonymischer Prozeß, der ein sozialer Prozeß, ein gesellschaftlicher Symboltransfer ist, dessen realitätsformierende Macht und Gewalt in der großen Erzählung der Metamorphosen des Ovid schon vernehmbar geworden ist.

III. KI und Arbeit

Der Diskurs um AI (KI) hat mancherlei Analogie zu jenem um die Gentechnologie. In dem Diskurs um die Gentechnologie fragt man, ob hier der Mensch den Versuch unternehme, seine eigene Evolution zu steuern. Offenbar geht es irgendwie um den Menschen. Aber wer das ist, dieser Mensch, bleibt anonym. Solche Anonymität sollte zu denken geben, um so mehr als dies ein ständig wiederkehrendes Muster ist. In der AI geht es offenbar vielen darum, ob die Maschine den Menschen ersetzen könne, sprich, ob sie denken könne - und ob sie danach in der Lage sei, dem Menschen seinen Rang streitig zu machen als das eigentlich intelligente Wesen. AI erscheint als der Griff des Menschen nach seinem eigenen Wesen als Vernunftwesen. Auch hier bleibt im Dunkeln, wer dieser Mensch sein möge; denn daß in solchen Formeln eine abstraktive Identität konzipiert ist, die wiederum auf und in den Prozeß des wissenschaftlichen Wissens und den der sozialen Organisation von Arbeit zurückverweist, läßt sich kaum übersehen. Und schon indem wir die Tendenz zur Anonymisierung auf diese Weise thematisieren, erliegen wir in etwa dem gleichen Trend.

Daß sich in der Bemühung um AI, in der Kognitionsforschung ebenso wie in der konnektionistischen Vision das naturwissenschaftliche und das mathematische Paradigma des wissenschaftlichen Wissens durchgesetzt hat und als soziale Form ganz konkret in die gesellschaftlichen Prozesse hineinwirkt und diese formiert, ist deutlich genug. AI hat einen gewissen normativen und kategorialen Charakter. In ihm verbindet sich beides zu einem Modell des Handelns, das die Wiederkehr des Wissens in die Organisation der Arbeit empfindlich macht. Was unter dem Problem der Anwendbarkeit der Wissenschaften diskutiert wird, macht selten deutlich, wie sehr eben diese Anwendung gegeben ist. Gerade diese Koinzidenz von Wissen und Können, wie sie in der Arbeit und vor allem auch in der Organisation der Arbeit deutlich ist, bekräftigt, daß es sich um einen Zusammenhang und eine strukturelle Beziehung handelt, die sowohl historisch wie auch systematisch bedingt ist. Der military-industrial-complex macht dieses sichtbar. Die Durchsetzung intelligenter Maschinen ist eine Tatsache, die im Betrieb, im Haushalt wie in den öffentlichen Institutionen beobachtet werden kann. Nicht weniger deutlich ist, daß die I+K-Technologien die sozialen Beziehungen verändern. Das soziale und das individuelle Bewußtsein erfahren eine tiefgreifende Transformation und Metamorphose, die weitgehend undurchschaut bleibt.

Arno Bammé formuliert:

> Die herrschende Technologie trägt den gesellschaftlichen Stempel derer, die sie machen. Die sozialen Auswirkungen resultieren letztlich weniger aus der Technologie der Produktion als vielmehr aus den gesellschaftlichen Entscheidungen, die in dieser Technologie, wie vermittelt auch immer, zum Ausdruck kommen; sie folgen den sozialen Ursachen, die diese Technologie hervorgebracht haben. Die Technologie verfügt über keine in ihr selbst ruhenden Ursachen.

Konsequent muß dann gesagt werden:

> Wenn Maschinen, wenn Technologien als geronnene Sozialbeziehungen interpretiert werden können, dann müssen sich in ihnen auch soziale Herrschafts- und Kontrollmechanismen wiederfinden lassen.

Genau das wäre auf die AI anzuwenden, d.h. von daher kann sie interpretiert werden. In diesem Sinne ist die über die technologische Formierung in den Arbeits- und Lebensprozeß zurückkehrende theoretische Form zugleich eine Intensivierung desjenigen sozialen Konfliktes, der das gesellschaftliche Feld des Handelns bestimmt. Die kategoriale Gestalt des Wissens ist zugleich eine soziale Gestalt des Handelns, ein Muster für soziales Verhalten.

Das macht sicherlich bewußt, daß in der technologischen Formation die Transformation des Wissens keineswegs die Neutralität des Wissens oder der Technik bedeutet. Vielmehr haben wir es mit einer neuen Intensität sozialer Konflikte zu tun, die in und mit der Technik ihre humane und soziale Qualität radikalisieren.

Deutlich wird das z.B. in dem Beitrag von Ingrid Kurz-Scherf "Wem gehört die Zeit?", der in der taz vom 15.10.88 abgedruckt und auf der 13. IGM-Frauenkonferenz vorgetragen worden ist. Sie sagt:
"Das Grundproblem, das wir Frauenfrage nennen, die materielle Basis des Patriarchats, ist die Organisation der gesellschaftlich notwendigen Arbeit,

die nun einmal nicht nur in den Betrieben, sondern auch in den Privathaushalten stattfindet."

Diese Probleme von Zeit und Arbeit haben sich auch Peter Heintel/Thomas Macho in "Zeit und Arbeit" gestellt, die sich als Paradigma auf die Landwirtschaft beziehen. Wir bemerken so, daß der Zwang bzgl. der Neu-Organisation der Arbeit aus dem Wissen aus der technologisch formierten Gesellschaft kommt und sich intensiviert. Die technologische Formierung des sozialen Lebens und Arbeitens hat aber einen globalen Aspekt; denn die Rückkehr des Wissens in den Formen der industriellen Zivilisation hat seine globale Wirkung in den ökologischen Kontexten. Die weltweite Kampagne gegen den Treibhauseffekt zeigt es. Martin Khor, der Vorsitzende des Asia-Pacific Peoples Environmental Network, Penang/Malaysia, bringt das dann auf die lapidare Formel: "Ihr müßt euren verschwenderischen Lebensstil aufgeben." Mit "ihr" sind vor allem die nördlichen Industrienationen genannt und damit der Nord-Süd-Konflikt. Solche Appelle machen zugleich eine gewisse Hilflosigkeit empfindlich, so nämlich, daß sich der Mensch der technologischen Formierung ausgeliefert fühlt.

Wenn aber die technologische Form soziale Form ist, dann steckt darin die Konfrontation des Menschen mit sich selber. Insbesondere in der KI erreicht der Mensch nicht nur seine Simulation oder seine Ununterscheidbarkeit, sondern er ist mit der kategorialen und normativen Form seiner selbst konfrontiert. Die oben vorgetragene Kritik, daß in dieser allgemeinen Form eine wissenschaftliche Anonymisierung der sozialen Handlungs- und Konfliktstrukturen empfindlich wird, zwingt dann dazu, eben diesen Konflikt in der sozialen, und das heißt in der technologischen Formierung aufzusuchen. Das aber ist keineswegs unmöglich, sondern es geschieht.

In diesem Zusammenhang möchte ich auf Robert Tschiedel und Bernhard Hülsmann hinweisen, die innerhalb des Landesprogrammes im Land Nordrhein-Westfalen "Sozialverträgliche Technikgestaltung", ein Projekt, betreiben: "Lokaler Raum und Telematik". Robert Tschiedel hat in sei–

nem Artikel "Empirische Methoden der Techniksoziologie: Das Objektinterview" betont:

> Der Bogen zur Frage nach der Rolle der (Technik-)Soziologie in diesem Zusammenhang schließt sich über das Argument, daß veränderter Umgang mit Technik in der technologischen Formation letztlich über einen veränderten Umgang mit Wissenschaft angeeignet werden muß, daß dieser sozial habitualisiert werden muß und daß dies nur möglich ist in wirklichen (nicht primär didaktischen ...) Prozessen der wirklichen Zukunftsgestaltung, in der die Menschen lernen, mit Wissenschaft und Technik so umzugehen, als ob sie ihnen gehörte.

Er sagt:

> Das Objektinterview liefert die dem Progreß der Technologischen Formation konsequent folgende Analyse der Situation, die ihre Bestandteile der Szenariosimulation zugänglich macht.

In dem Band "Methoden der Betroffenenbeteiligung" hat Bernhard Hülsmann in seinem Beitrag mit dem Titel "Repräsentanz und Kompetenz" formuliert:

> Im Zeichen der Medien und der neuen I+K Technologien dominiert das Wort, diese Form der Vergesellschaftung von Meinung und Verhalten.

So komme es seiner Meinung nach darauf an, Verstehen zu organisieren. Das bedeute die Notwendigkeit der Arbeit an den Verhaltensformen, die Erfahrung von Konflikt und Veränderung, die die Möglichkeit mit sich bringt, soziales Verhalten (Entscheidungen) zum Objekt sozialer Prozesse zu machen. Hier dominiert also nicht die Wissenschaft, sondern es geht im sozialen Prozeß um eine Form der Arbeit, die eine reflexive Struktur kollektiven Handelns erfordert. Das wird an solchen Konzepten wie dem der Planungswerkstatt oder dem Vereinsatlas konkret. Die Betroffenenbeteiligung erscheint selber als soziales Geschehen, dem eine gewisse reflexive Struktur eignet.

Ein ähnliches Unternehmen haben wir in dem Linzer Arbeitskreis "Soziale Verantwortung von Technik und Naturwissenschaft" vor uns. Jürgen Maaß hat in dem Band "Gentechnologie und soziale Verantwortung", den er auch als Herausgeber betreut, eine Einleitung geschrieben, in welcher er die Motive und die Zielsetzungen dieses Arbeitskreises verdeutlicht. Hier geht es um den Erwerb von Kompetenz, um sich so in den Stand zu setzen, innerhalb der technologischen Formierung handlungsfähig und urteilsfähig zu werden. Der Linzer Kreis betont, daß es nicht darum gehe, zum Experten zu werden, daß es aber genau darum gehe, einen neuen und gleichberechtigten, einen demokratischen und kompetenten, einen solidarischen Umgang zu lernen.

Die Rückkehr des wissenschaftlichen Wissens in den sozialen Konflikt ist ein wichtiges Kriterium für die und innerhalb der technologisch formierten Gesellschaft. Die Technologie als menschliche Möglichkeit zu erfassen, über welche der Mensch sich in einer neuen Identität und Intimität erfährt. Es ist nicht nur eine Anstiftung zur Kommunikation, es ist der Versuch, das Konzept Mensch wirklich werden zu lassen.

Literatur

Autorenkollektiv: Mikroelektronik und künstliche Intelligenz, Akademie-Verlag Berlin 1987

Bammé, Arno: Die neuen Technologien kommen schleichend. Und sie fallen nicht vom Himmel, in: Hülsmann, Bernhard (Hrsg.), Methoden der Betroffenenbeteiligung, Workshopbericht zum Projekt "Lokaler Raum und Telematik", Landesprogramm "Sozialverträgliche Technikgestaltung" des Ministers für Arbeit, Gesundheit und Soziales des Landes NRW, Münster 1987

Bammé, Arno: QWERZ, in: Klagenfurter Beiträge zur Technikdiskussion, Heft 13, Klagenfurt 1988

Bammé, Arno/Baumgartner, Peter/Berger, Wilhelm/Kotzmann, Ernst (Hrsg.): Technologische Zivilisation und die Transformation des Wissens, München 1988

Bayertz, Kurt: GenEthik, Reinbek bei Hamburg 1987

Blumberger, Walter/Steinmüller, Wilhelm: Arbeit Menschen Informationen, München 1988

Booß-Bavnbek, Bernhelm: Ethische und politische Probleme der zunehmenden Anwendbarkeit der Mathematik, in: Tekst Nr. 164/1988, Tekster fra IMFUFA Roskilde Universitetscenter
Dreyfus, Herbert L. und Dreyfus, Stuart E.: Künstliche Intelligenz, Reinbek bei Hamburg 1987
French, Marilyn: Jenseits des Patriarchats, Reinbek bei Hamburg 1985
Heintel, Peter/Macho, Thomas: Zeit und Arbeit, Klagenfurter Beiträge zur Philosophie, Wien 1985
Hofstaedter, Douglas: Gödel, Escher, Bach, Stuttgart 1985
Hülsmann, Bernhard: Zur sozialen Entstehung von Bedeutung, Diss. Münster 1975
Hülsmann, Bernhard: Repräsentanz und Kompetenz, in: Methoden der Betroffenenbeteiligung, Bernhard Hülsmann (Hrsg.), Workshopbericht zum Projekt "Lokaler Raum und Telematik", Landesprogramm "Sozialverträgliche Technikgestaltung" des Ministers für Arbeit, Gesundheit und Soziales des Landes NRW, Münster 1987
Hülsmann, Heinz: Die Maske, Münster 1985
Hülsmann, Heinz: Der Mensch, der aus dem Wissen kommt ..., in: Bammé, Arno/Baumgartner, Peter/Berger, Wilhelm/Kotzmann, Ernst, Technologische Zivilisation und die Transformation des Wissens, München 1988
Huning, Alois/Mitcham, Carl: Technikphilosophie im Zeitalter der Informationstechnik, Braunschweig 1986
Kensmann, Bodo: Dialektik der Macht bei Marx, Diss. Münster 1988
Kurz-Scherf, Ingrid: Wem gehört die Zeit?, in: taz 15.10.88
Luhmann, Niklas: Gesellschaftsstruktur und Semantik, 2 Bde., Frankfurt/M. 1980
Lyotard, Jean Francois: Das postmoderne Wissen, Bremen 1982
Maaß, Jürgen: Mathematik als soziales System, Weinheim 1988
Maaß, Jürgen (Hrsg.): Gentechnologie und soziale Verantwortung, München 1988
Matussek, Peter: High Text durch High Tech, in: taz 29.7.88
Ovid, Publius Naso: Metamorphosen (übersetzt von Reinhart Suchier), Wiesbaden 1986
Ranke-Graves, Robert von: Griechische Mythologie, Hamburg 1960
Rose, Frank: Ins Herz des Verstandes, Reinbek bei Hamburg 1986
Tschiedel, Robert: Transformation des Wissens durch Aneignung, in: Bammé, Arno et alii (Hrsg.), Technologische Zivilisation und die Transformation des Wissens, München 1988

Tschiedel, Robert: Empirische Methoden der Techniksoziologie: Das Objektinterview, Vortrag auf dem Gemeinsamen Kongreß Deutsche Österreichische Schweizerische Gesellschaft für Soziologie, Zürich, 4.-7. Oktober 1988

Ullrich, Otto: Technik und Herrschaft, Frankfurt/M. 1977

Wagner, Gerd: Wo bleibt die künstliche Intelligenz?, in: taz 15.10.88

Weizenbaum, Joseph: Die Macht der Computer und die Ohnmacht der Vernunft, Frankfurt/M. 1977

Charlie Chaplin, Moderne Zeiten, 1932-1935

Josef Hochgerner

UMBRUCH DER WECHSELWIRKUNGEN ZWISCHEN ARBEIT UND TECHNIK?

Begriffspaare - wie zum Beispiel "Arbeit und Technik" - verleiten leicht dazu, nach Richtungen und Stärken von Kausalbeziehungen zwischen den voneinander abgegrenzten Gegenständen zu suchen. Das Trennende zu betonen erleichtert die Analyse. Nachträglich stellt sich allerdings nicht selten heraus, daß es sich nur um eine künstliche und letztlich oft auch fruchtlose Vereinfachung gehandelt hat. Dies kann vermieden werden, wenn statt des Trennenden das Gemeinsame in den Vordergrund gestellt wird. Das ist im Fall von Arbeit und Technik deren gemeinsames Eingebundensein in gesellschaftliche Entwicklungen und zivilisatorische Grundmuster.
In diesem Sinn wird hier davon ausgegangen, daß Arbeit bestimmter Techniken bedarf, sowie Technik zugleich als Ergebnis und Bedingung von Arbeit in Erscheinung tritt: Die Beziehung von Arbeit zur Technik ist in ihrer historischen und künftigen Gestaltung geprägt von enormer Vielfalt, fernab einer engen Bedingtheit des einen durch das andere.

1. Die soziale Konstituierung der Arbeit

In den aktuellen Auseinandersetzungen um eine neue Bestimmung der Inhalte und Zielsetzungen dessen, was als "Arbeit" verstanden werden soll, geht es vor allen Dingen darum, neben den ökonomischen auch die sozialen Funktionen und Bedeutungen von Arbeit ins rechte Licht zu rücken. So werden insbesondere in Ansätzen zu alternativen Formen der Produktions- und Lebensgestaltung die Sichtweisen so verändert, daß Arbeit nicht nur als ökonomisches Produktionsmittel, sondern auch als sozial relevant eingeschätzt wird. Arbeit erscheint so als ein mehrdimensionales produktives Potential sowohl für die Herstellung von Gütern und Dienstleistungen wie auch für die Gestaltung von sozialen Beziehungen und zur Aufrechterhaltung von kulturellen Werten.

Demnach können drei hauptsächliche Kategorien zur Charakterisierung der Bedeutung von Arbeit unterschieden werden:

* An erster Stelle steht - in der industrialisierten Gesellschaftsformation - die *Wertschöpfung* durch die Produktion von Gütern und Dienstleistungen. Der produktive Output ("Produkte" im engen Sinn des Wortes) wird zumeist als ausschließlich ökonomische Kategorie betrachtet.

* Zweitens kommt der Arbeit aber auch Bedeutung als *Machtinstrument* zur Gestaltung von Arbeitsbeziehungen zu. Arbeit und Arbeitsplätze sind jeweils mit verschiedenen Kompetenzen und Handlungsmöglichkeiten verbunden. Autoritäten brauchen die Kooperation von Arbeitern, die beschäftigt werden, um bestimmte Funktionen durch Übernahme ihrer jeweiligen Rollen innerhalb der Organisation wahrzunehmen. Dies kann nur auf der Grundlage organisierter Arbeit in spezifizierten Arbeitszusammenhängen geschehen. Die Bedeutung der Arbeit in bezug auf hierarchische Strukturen ergibt sich aus sozialen Unter- und Überordnungen, somit aus dem Prinzip einer ungleich strukturierten Gesellschaft. Diese Ungleichheit kommt in unterschiedlichen Möglichkeiten, Ziele wie auch Mittel und organisatorische Rahmenbedingungen der Arbeit zu definieren, zum Ausdruck.

* Drittens "produziert" Arbeit auch *Sinn* und bedeutet eine wichtige Voraussetzung für die Etablierung von Sinnverständnis für die jeweils eigenen Tätigkeiten seitens der Beschäftigten. Die Zuschreibung von Sozialprestige und Attributen persönlicher Art erfolgt insbesondere während des aktiven Arbeitslebens primär über Elemente, die sich aus den Arbeitszusammenhängen ergeben. Die Bedeutung dieser Komponente wird insbesondere daran sichtbar, daß im Fall von Arbeitslosigkeit als einer der wichtigsten Effekte das psychologische Drama des Bewußtseins von Leere und Nutzlosigkeit gilt.

In der gegenwärtigen Situation sind die Wertmaßstäbe bezüglich der Arbeit besonders auf die Dominanz des ersten dieser drei Merkmale ausgerichtet. Das typische Grundmuster der Bewertung von Arbeit in unserer Gesellschaft bezieht sich darauf, daß neben einer überragenden Bedeutung der Arbeit als wirtschaftlichem Wertschöpfungspotential die Bedeutung von Arbeit als Machtinstrument und die Sinnstiftung durch Arbeit fast generell vernachlässigt werden. Arbeit wird als Produktionsmittel, welches sorgfältige Behandlung erfordert und der Logik ökonomischer Optimierung nicht entkommen kann, betrachtet. Daher erscheint für Arbeiter wie auch für Arbeitgeber steigende Produktion bei weniger Arbeit als das erstrebenswerteste Ziel jeder Art von Arbeitsorganisation, weil beide im Grund dieses ökonomisierende gleiche Verständnis von Arbeit vertreten.

Die Durchsetzung dieses Grundmusters der Bewertung von Arbeit und der danach ausgerichteten Organisation von Produktionsverhältnissen ergab sich im Lauf der Geschichte in einem langwierigen, widersprüchlichen und von unzähligen sozialen Konflikten begleiteten Prozeß. Der Hauptteil der Entwicklung dieser Grundmuster, denen noch heute unser Verständnis von Arbeit folgt, fällt in die Phase der Etablierung der "Industriegesellschaft". Dem in diesem historischen Abschnitt auftretenden Wandel des Arbeitsbegriffs soll daher etwas näher nachgegangen werden.

2. Die industrielle Formierung von Arbeitsgestaltung und Arbeitsorganisation

Der erste Schritt zur industriellen Gestaltung von Arbeit und Arbeitsverhältnissen bestand in zahlenmäßig ausreichender Bereitstellung von Arbeit als Faktor der Produktion, der kalkuliert, geteilt und je nach Bedarf in Betrieb gesetzt werden kann. Dies erforderte zunächst neben objektiv begünstigenden Faktoren im Bereich der demographischen und der generellen wirtschaftlichen Entwicklungen eine "*Moralisierung*" der Arbeit. Moral auf die Einstellungen zur Arbeit anzuwenden schuf das heute oft nicht mehr beachtete Fundament dafür, daß ein hoher Grad an *Disziplin* und Ordnung sowie schließlich Professionalisierung und *Spezialisierung* von Arbeit durchgesetzt werden konnten.

Indem das Arbeiten in arbeitsteiligen Verhältnissen, losgelöst von sonst maßgeblichen sozialen Lebenszusammenhängen, moralisch unbedenklich und ideologisch wertvoll wurde, stieg die Verfügbarkeit von Arbeitskräften. Da die sozialen Beziehungen der Arbeitskräfte nicht mehr maßgeblich sein sollten, wurden auch die im allgemeinen mit Arbeit verbundenen sozialen Fertigkeiten und Implikationen bis zur Bedeutungslosigkeit herabgemindert. Von dieser Voraussetzung ausgehend erfuhr die Bedeutung von Arbeit eine spezifische Form struktureller Reformation, wonach Arbeit und insbesondere die davon abhängigen Arbeitskräfte den Dispositionen von Menschen und Gruppen in ökonomisch machtvollen Positionen unterstellt wurden. Dies förderte die Interessen der wirtschaftlich aufsteigenden bürgerlichen Klasse in den Gesellschaften des 19. Jahrhunderts am besten und verhalf ihnen zu Macht und Einfluß. Mit Hilfe der disziplinierten und in wachsender Zahl verfügbaren Arbeiter konnte die Industrialisierung zu einem allgemeinen Modus der Produktion werden. In weiterer Folge ergab sich daraus die Formgebung der Lebensstile großer Bevölkerungsmassen und eine Prägung von Kulturformen über nunmehr wenigstens zwei Jahrhunderte.

Die industrielle Produktion von Gütern bedarf freilich mehr als nur der Anwendung von disziplinierter Arbeit. Eine Menge an Rohmaterialien, Maschinensysteme zur Be- und Verarbeitung sowie Transportsysteme und andere begleitende bzw. organisierende Regelungen (speziell etwa im Bereich des Rechtswesens) sind dafür erforderlich. Die Reformation von Arbeit im Sinn industrieller Teilbarkeit und willkürlicher Einsetzbarkeit korrespondiert mit einer parallel dazu entwickelten Vorstellung, die die Verbindung von Arbeit und Technik schlaglichtartig beleuchtet: Es war dies die Vorstellung von Natur als einer großen "Arbeitsmaschine" (vgl. H. Breger, 1982). Alle natürlichen Vorkommen sollten danach als "Inputs" des industriellen Produktionsprozesses gelten. Daneben diente die Natur diesem Verständnis nach lange Zeit als riesiger Abfallkorb für Ausschuß- und Abfallprodukte. Erst neuerdings wird langsam "entdeckt", daß die Natur nicht in der Lage ist, alle ihr zugemuteten Reststoffe in einem quasi automatischen Recyclingverfahren wieder zu verarbeiten.

Die Verpflichtung zur Arbeit sowie die Etablierung der Sichtweise auf Natur als arbeitende Maschine legte bereits frühzeitig die Vermutung nahe, Technik bzw. Maschinen könnten prinzipiell immer als arbeitssparende Instrumente betrachtet werden. Die "Karriere" dieser Idee ist bis in das 11. Jahrhundert zurückzuverfolgen (vgl. T.S. Reynolds 1984, W. Stromer 1980). Parallel dazu wandelten sich auch die ökonomischen Betrachtungsweisen von Wertbestimmung und Produktion: Bis weit in das 18. Jahrhundert hinein blieb die Bedeutung der Arbeit als wertbildendes Element wenig beachtet. Als Angelpunkt zur Bestimmung des Tauschwerts wurden die durch den Tausch erzielbaren Bedürfnisbefriedigungen betrachtet: Die Tatsache, daß Waren zur Bedürfnisbefriedigung getauscht werden, rückt die in diesem Prozeß zum Ausdruck kommenden Äquivalenzen zur Stillung von unterschiedlichen Bedürfnissen in den Vordergrund. Danach würde jede Ware ein gewisses Potential an Verlangen, welches von den Eigenschaften des Produktes und der Situation der Tauschpartner abhängt, repräsentieren. Der Wert eines Nahrungsmittels ist dann allerdings mehr oder weniger abhängig von der Zeit seit der letzten Mahlzeit. Jedoch stellt die Fähigkeit, Bedürfnisse befriedigen zu können, lediglich den Grund des Tausches von Gütern und Dienstleistungen dar, ohne daß diese Tatsache sich zur objektiven Bestimmung des ökonomischen Werts einer Ware eignen würde.

A. Smith (1776) schlug vor, als nicht weiter reduzierbares, elementares und objektives Maß zur Tausch- bzw. Warenwertbestimmung die zur Herstellung jeweils erforderlichen Arbeitsstunden zu nehmen. Danach gilt nicht mehr der veränderliche Gebrauchswert, sondern die in den Produkten aufgehobene, "vergegenständlichte" Arbeit und Mühe als ausschlaggebend für die Warenwertbestimmung. An die Stelle eines konkreten Bedürfnisses tritt ein abstrakter "Bedarf", der sich nicht aus der Summe von Einzelbedürfnissen sondern aus Marktmechanismen ergibt.

Für eine Gesellschaft, die das Wachstum ihrer industriellen Produktion zur Maxime ihrer ökonomischen und politischen Struktur macht, wird die Bestimmung konkreter Bedürfnisse sekundär. Die Mangelideologie wird unpersönlich, Unterversorgung mit materiellen Gütern gilt als durch Arbeit und Einsatz anderer Produktionsmittel aufhebbar. Mangelerscheinungen können in einer solchen Gesellschaft nicht mehr problematisiert, sondern nur noch wegproduziert werden. So liefert das Argument, Arbeit sei vor allen Dingen nach ihrer ökonomischen Wertschöpfungspotenz zu beurteilen, einen unbedingten Grund für jegliche Art von Arbeit.

Während die *Moralisierung* der Arbeit deren kulturelle Akzeptanz herstellte, erhöhte die *Disziplinierung* die Arbeitsfähigkeit und führte zu einem generell hohen Produktionspotential. Um dieses über die begrenzten Möglichkeiten einzelner Arbeitskräfte hinaus weiter zu steigern, bedurfte es zusätzlich der *Spezialisierung* der Arbeit. Bei der Spezialisierung von Arbeit in Form moderner, industriell entwickelter Berufstätigkeiten sind zwei wesentliche Arten zu unterscheiden: Die definierte Eingrenzung des Beschäftigungsbereichs kann einerseits "reduktionistisch" weiter verfeinert werden, bis letztlich lediglich einzelne Handlungen in immer wiederkehrender Eintönigkeit übrig bleiben. Im Fall einer "qualifikatorischen" Spezialisierung wird dagegen eine systematische Wissensvertiefung innerhalb eines definierten Gebietes betrieben.

Die Disziplinierung reguliert gewissermaßen das Binnenverhältnis in Arbeitsverrichtungen, während die Spezialisierung das Verhältnis zwischen Arbeitsgebieten organisiert. Diese durch organisatorische Verbindungen erreichbaren Effekte und die dazu erforderlichen Qualifikationen treten in den Vordergrund. Dagegen tritt die Arbeitskraft selbst tatsächlich nur noch in ihrer spezifischen Eigenschaft als Träger von Fähigkeiten und Fertigkeiten in Erscheinung. Das Arbeitspotential wird vom Arbeitenden getrennt. Der *Objektstatus* von beiden erlaubt eine höhere Bewegungsfreiheit für das akkumulierte Kapital, indem es unterschiedliche Quantitäten und Qualitäten von Arbeit produktionsgerecht portioniert in seine Dienste nehmen kann.

"Berufe" fassen spezifische Tätigkeitsmerkmale und soziales Verhalten zusammen. Auf dieser Grundlage begegnen sich die Träger von (Berufs-) Qualifikationen grundsätzlich als Anbieter und Abnehmer von bestimmten Eigenschaften, welche mit ihrem Beruf als Rollenverständnis verbunden sind. Die jeweilige Person bleibt dieser "Warenbedeutung" der Menschen für einander äußerlich. Die Individualität etwa eines Spezialisten erklärt sich daraus, daß diese Art von Arbeit eine zwar begrenzte, aber hohe Sachkompetenz und damit Macht und Gestaltungsmöglichkeiten verleiht, welche letztlich auch identitätsbildend und sinnstiftend wirken kann. Überdies und nicht zuletzt ergibt sie auch eine in der Regel gut meßbare Wertschöpfung. So verfestigt sich die hinsichtlich Konkurrenz und Kooperation vorstrukturierte Arbeitsteilung "zu sozialen Positionen, denen gegenüber die je konkreten Positionsinhaber austauschbar werden. Das System der gegeneinander abgeschotteten Spezialisierungen erhält Dauer und verselbständigt sich gegenüber dem einzelnen ... Diesen Modus der Zuteilung von Arbeitsausschnitten zu Individuen wollen wir die Berufsform der Arbeitsverteilung nennen, sodaß wir sagen können: Der Beruf ist die Form, in der inhaltlich besondere Fähigkeiten als Ware angeboten werden" (Beck/Brater/Daheim 1980, Seite 36 f.).

Die nach Berufen systemisierte Organisation der Industriearbeit etablierte sich als eine neue "Gestalt" der Arbeit im Lauf des 19. Jahrhunderts. Sie erlangte in weiterer Folge nicht zuletzt prägende Vorbildwirkungen für alle anderen Wirtschaftstätigkeiten, sogar für Freizeitaktivitäten. Dieser Bedeutungswandel der Arbeit ist vor allen Dingen gekennzeichnet durch die Auflösung des früheren handwerklichen Zusammenhangs der prozessual miteinander in Verbindung stehenden Tätigkeiten bei der Herstellung eines bestimmten Produkts. Zwar sind Reste dieser Art von Arbeitsorganisation in Teilbereichen landwirtschaftlicher Produktion und im Gewerbe noch erhalten; aber in der Regel sind die meisten der heute bekannten Berufe auf Segmente und oft auch auf sehr abstrakte Teile von Produktionsprozessen - nicht so sehr auf ein Endprodukt - bezogen.

Digital Equipment Corporation - Werbeprospekt

3. Übergänge zum "technischen System der Arbeit"

Das berufliche System der Arbeit, wie es sich im Zug der Industrialisierung entwickelte, war zwar nicht mehr im handwerklichen Sinn ganzheitlich auf zusammenhängende Erzeugung eines Endprodukts ausgerichtet. Sequenziell waren aber doch sowohl die inhaltlichen Anforderungen an einzelne Berufe wie auch die Charakteristik der jeweiligen Tätigkeiten wesentlich von den Produkten mitbestimmt. Auch in industriell fertigenden Brotfabriken etwa blieben Bäcker ein wesentlicher Bestandteil der Belegschaft. Je weiter jedoch die Mechanisierung und Automatisierung in den Produktionsstätten voranschreitet, desto wichtiger werden auch für diese Bereiche die Qualifikationen von relativ unspezifisch orientierten Technikern. Anstelle von Brot und Gebäck werden für die erforderlichen Tätigkeiten der Belegschaften in einer automatisierten Brotfabrik die technischen Systemstrukturen des Produktionsprozesses bestimmend.

Das technische System der Arbeit entsteht aus einer Übertragung von "Qualifikationen" an ein technisches System von Automaten: "Maschinen, Werkzeuge und andere Einrichtungen (werden) zu integrierten technischen Einheiten zusammengefaßt ... Die Fabrik ist nicht mehr eine Ansammlung von individuellen oder kollektiven, qualifizierten oder unqualifizierten Arbeitsplätzen, sondern ein technisches System ... Statt als Resultat individueller Arbeitsvollzüge erscheint die Produktion als ein stabiles System von Beziehungen, das die Beschaffenheit und die Besonderheiten eines jeden Arbeitsplatzes steuert" (A. Touraine 1975, Seite 291).

Selbst bei einem hohen Grad komplexer Arbeitsteilung konnte bisher für einen großen Teil zumindest der qualifizierten Arbeiter die aufgewendete Arbeit in den Produkten "inkorporiert", also vergegenständlicht im wahrsten Sinn des Wortes, wiedergefunden werden. Die Produkte waren für die Arbeit charakteristisch. In ihnen kam zum Ausdruck, welche Arbeit mit welchem Aufwand darauf verwendet wurde. Dagegen werden moderne technische Systeme der Arbeit mehr durch die technologisch vorgegebene Infrastruktur charakterisiert. Um an das obige Beispiel der Brotfabrik anzuknüpfen: Ein Steuerungstechniker in einer automatisierten Produktionsanlage dieser Art muß jedenfalls mehr Computerfachmann und Systemtechniker sein, als über eine Beziehung zu den mit Hilfe dieser Systeme hergestellten Produkten verfügen.

Die Verschiebung von Tätigkeiten, die immer weniger auf das Produkt ausgerichtet werden, bringt eine neue Qualität in die Entfremdungsdebatte. Die klassische Kritik zielte darauf ab, daß den Arbeitern die Verfügungsgewalt über ihre eigenen *Erzeugnisse* entzogen würde. Die im Zeichnen der Technisierung und Automatisierung vor sich gehende Überantwortung weiter Strecken von Produktionsprozessen an technische Systeme bringt es nun mit sich, daß auch die Verfügungsgewalt über die unmittelbare *Produktion* den Arbeitskräften entzogen wird.

Die Arbeit verlagert sich in bezug auf die Produktionsprozesse immer weiter nach vor bzw. wird zu einer begleitenden und kontrollierenden Tätigkeit. Deren Abstraktheitsgrad ist vielfach so groß, daß die Hervorbringungen des technischen Systems selbst schon als konkrete Erlebniswelt betrachtet werden.

Die Möglichkeit, technische Systeme der Arbeit zu vermehrter Selbstbestimmung und demokratischer Kontrolle der Produktionsziele einzusetzen, erfordert eine Rückführung des technischen Wissens in die Köpfe der arbeitenden Kräfte. H. Braverman (1977, Seite 377 f.) fordert daher "die Rückkehr des notwendigen technischen Wissens zu den Massen der Arbeiter und ... die Neugestaltung der Organisation der Arbeit". Für einen Teil der jüngeren und hochqualifizierten Facharbeitskräfte in wichtigen Kernbereichen industrieller Tätigkeiten fanden inzwischen H. Kern/M. Schumann (1984) diese Möglichkeit als gegeben. Sie sprechen daher von "neuen Produktionskonzepten", die es erlauben würden, daß die jeweiligen Beschäftigten die Produktion im eigentlichen Sinn wieder kontrollieren. Die Autoren behaupten sogar, daß diese neuen Produktionskonzepte derartige Rückverlagerungen von Kompetenz an die Beschäftigten geradezu erzwingen würden. Je mehr es aber in automatisierten Produktionsabläufen gelingt, von sogenannten "Insellösungen" der Automation zu integrierten Gesamtsystemen zu kommen, desto mehr werden letztlich derartige Möglichkeiten selbstbestimmter Produktionssteuerung durch die Belegschaften gewissermaßen zu "menschlichen Inseln" innerhalb eines ansonsten allumfassenden technischen Systems der Arbeit.

Die wesentlichste Veränderung der Arbeit gegenüber der von der industriellen Entwicklung hervorgebrachten Berufstypologie besteht darin, daß die Berufszuordnungen von Tätigkeiten selbst mehr oder weniger unscharf werden. Das zusammengehörende Bündel von Qualifikationen und Kenntnissen, das bislang einen handwerklichen oder industriellen Beruf ausmachte, wird in Zukunft nicht mehr nur öfter gewechselt werden, sondern insgesamt immer weniger Konsistenz und Kohärenz aufweisen. Das vom technischen System der Arbeit verlangte "Qualifikationsniveau der Arbeitsplätze hängt ab von der Art der Verwaltung oder Selbstverwaltung im Arbeitssystem ... Das technische System der Arbeit erfordert eine vielseitige Ausbildung neuen Typs, die nicht mehr auf einen bestimmten Beruf ausgerichtet ist, sondern nur auf allgemeine technische Kenntnisse ... Die Trennung der Berufsausbildung und der allgemeinen Schulbildung muß allmählich verschwinden" (A. Touraine 1975, Seite 305 f.). Es verschwinden nicht nur traditionelle Berufe, während neue entstehen. Neue Beschäftigungsmöglichkeiten ergeben kein Berufsbild mehr in dem Sinn, daß daraus lebensprägende Strukturen der Arbeitsgestaltung entstünden.

Abstrakte und vollautomatisierte Maschinerien neuen Typs ermöglichen es nicht nur, schneller und rationeller zu produzieren, was im Prinzip auch mit einfacheren Werkzeugen erledigt werden konnte.
Verschleißfreie Computerprogramme oder Steuerungselemente gleichen anders als ältere Maschinen mehr einem Quantum menschlicher Arbeit als einem Kapitalanteil: Sie können wiederholt eingesetzt werden, sodaß der einmal geschaffene Wert eines "Stücks" Arbeit mehrfach wirksam wird, ohne menschliche Arbeit erneut hinzufügen zu müssen.
Ausschlaggebend dafür ist der Unterschied zwischen mechanischen, allenfalls kybernetischen Steuerungsregelungen und algorithmischen Programmsteuerungen. Erstere funktionieren als geschlossene Regelkreise, für die noch gelten kann, was H.-D. Bahr (1983, Seite 499) für Maschinen als wesentlich hervorhebt: Daß gerade nicht das Automatische, die Selbsttätigkeit, sondern das Autophagische, die Selbstverzehrung, charakteristisch für Maschinen sei. Komplex organisierte Automaten bilden dagegen ein *offenes* Steuerungssystem, welches neue Parameter aufnehmen und zur Gestaltung der Betriebszustände verarbeiten kann. Ihre Bedeutung geht über bloße Rationalisierungswirkungen hinaus. Sie lösen sich von der Notwendigkeit direkter Zufuhr lebendiger Arbeit, nehmen sich gewissermaßen selbst in Gebrauch, ohne sich anders zu "verbrauchen" als eine menschliche Arbeitskraft. Es geht dabei nicht nur um Regulierungen von Gleichgewichtszuständen. Steuerungen für sogenannte "Expertensysteme" basieren auf lernfähigen Programmen mit künstlicher Intelligenz. Sie verwirklichen den Fortschritt *in* der Maschine, sodaß diese

nicht mehr zu Ausgangsgleichgewichten zurückkehrt. Sie strebt ebenso beständig wie eigenständig in Folge interaktiver Informationsaufnahme höhere Standards der Leistungsfähigkeit an; es wird nicht mehr "reguliert", sondern "entwickelt".

4. Die Zukunft des industriellen Zeitalters

Der aktuelle soziale und wirtschaftliche Strukturwandel industrieller Gesellschaftsformationen ist keineswegs unwiderlegbar als Übergang in eine "nachindustrielle" Epoche zu interpretieren. Eine Betrachtung der Ursachen zeigt die Phänomene des Wandels in einem anderen Licht: Sie erscheinen als Ausdruck der Verallgemeinerung und nicht der Überwindung "industrieller" Prinzipien.

Zweifellos ändert die industrielle Gesellschaft derzeit vieles von ihrer äußerlichen Form. Hauptcharakteristikum dieser Veränderung ist jedoch keineswegs das Verschwinden industriell dominierter Arbeitsnormen und Produktionsweisen, sondern vielmehr deren Ausdehnung auf Arbeits- und Lebensbereiche, welche bisher nicht nach den Mustern der klassischen Industriearbeit organisiert waren. Das gilt für die sogenannte Angestelltenarbeit und wissenschaftliche Tätigkeiten ebenso wie z.B. für private "Eigenarbeit". Auch in diesen Bereichen nehmen Technisierung, Ökonomisierung und Rationalisierung zu. Auf dieser Grundlage kann höhere Produktivität in veränderten formellen Wirtschaftsbereichen, aber auch in den bislang sogenannten "informellen" Wirtschaftssektoren zustande kommen und als Zeichen für "Vollindustrialisierung" genommen werden.

Die Zukunft der Industrialisierung wird nicht anders als deren bisherige Geschichte begleitet sein von Hoffnungen und Sorgen ebenso wie von teilweise eingelösten Versprechungen. Konflikte um den technischen Fortschritt waren stets Auseinandersetzungen um Ziele und Wege gesellschaftlicher Modernisierung. Kritische Zeitgenossen beklagten immer wieder den Verlust handwerklicher Fähigkeiten und die Zwanghaftigkeit, mit der die große Maschinerie des aufsteigenden Kapitalismus Arbeiter verdrängte und unmenschlicher Arbeitsfron unterwarf. In diese Klagen (so etwa R. Mohl 1835; F. Engels 1845; B. Hildebrand 1848) mischten sich aber stets auch mehr oder minder explizite Hoffnungen auf eine positive Gestaltung der Zukunft, auf ein goldenes Industriezeitalter. Die unter dem sozialen Druck der Verhältnisse entstandene Arbeiterbewegung setzte nicht nur große Hoffnungen in eine Verbesserung der Produktion durch weiterentwickelte Produktionsmittel, sondern verstand sich selber geradezu als Bannerträger der neuen Entwicklung, welche in kommenden Zeiten, jedenfalls durch die industrielle Entwicklung selbst, eine Besserung der Lebensverhältnisse erwartete. Dennoch muß heute kritisch angemerkt werden, daß den zweifellos gravierenden und positiven wirtschaftlichen Veränderungen in den Industriestaaten eine fast grenzenlose Globalisierung sozialer und ökologischer Probleme gegenübersteht. Die imperialistischen Weltkriege der ersten Hälfte des 20. Jahrhunderts waren nicht zuletzt drastisch-tragische Auswüchse dieser Entwicklung. Diese Tendenz wurde in mehr als 150 Regionalkriegen außerhalb der industrialisierten Metropolen - statt in Weltkriegen durch zahlreiche "Kriege der Welt" - fortgesetzt. In Verbindung damit steht die Erkenntnis, daß die ganz "normale" industrielle Entwicklung selbst zu einer Art von Feldzug gegen die Natur geworden ist, in ständige Kämpfe mit ökonomisch induzierten ökologischen Ungleichgewichten verstrickt.

Die Erweiterung des industriellen Organisationsprinzips von Arbeit durch Technisierung, Modularisierung, Abstrahierung in allen Produktionsbereichen impliziert nicht nur gestiegene "Breitenwirkung", sondern wirkt gewissermaßen auch verstärkt in die "Tiefe": Die Zukunft der Industrialisierung, in der Automaten und technisierte Formen der Informationsverarbeitung für die konkreten Arbeitserfahrungen eine größere Rolle spielen werden als die zunehmend mittelbar hergestellten materiellen Produkte, wird neue Wahrnehmungsformen und psychische Verarbeitungsmechanismen äußerer Veränderungen mit sich bringen. Z.B. fördern die Möglichkeiten, Telearbeit mit Unterhaltungsmaschinen erledigen zu können, industriell normierte Verhaltensweisen im Privatleben. Die Trennlinien zwischen Berufs- und Alltagswelt schwinden.

Hier wird freilich nicht einer kausalen Dominanz etwa in dem Sinn das Wort geredet, daß sich "zwangsläufig" Eigenschaften der Technik in Privatleben und Alltag durchsetzen würden. Sofern eine Technik Eigenschaften und Merkmale aufweist, die gesellschaftlichen Normen und Erwartungsstrukturen nicht entsprechen, kann sie sich nicht durchsetzen. Das bedeutet, daß die "Industrialisierung des Privatlebens" lediglich eine Fortsetzung von bisherigen gesellschaftlichen und dazu komplementären technischen Entwicklungen darstellt. Industriell entwickelte Technik birgt die sozial präformierte Möglichkeit, in allen Arbeits- und Lebensbereichen "tiefenwirksam" auch Empfindungen und emotionale Verhältnisse zu verändern.

Die industrielle Entwicklung und Anwendung der Technik ist nicht auf den Einsatz als Arbeitsmaschine in der Produktion beschränkt. Immer mehr kann sie als "Disziplinierungsmaschinerie" in Erscheinung treten. Darin vollzieht sich die Durchsetzung des industriellen Organisationsprinzips in Sphären der Arbeits- und Lebensgestaltung, welche den bisherigen Phasen der Industrialisierung noch verschlossen waren. Was an Strukturwandel in Industrie, Arbeitsmarkt und Berufen sichtbar wird, ist keine "Revolution", sondern "Kontinuität eines fortschreitenden Rationalisierungsprozesses" (H. Nowotny 1987, Seite 23). Darin besteht die Zukunft des Industriezeitalters. Die gesellschaftliche Formation der Gegenwart ist keineswegs auf dem Sprung in die sogenannte nachindustrielle Epoche - oder gar schon dort angelangt, wie zahlreiche Propheten und Apologeten weismachen wollen.

4.1 Quantitative und qualitative Veränderungen der Arbeitsmarktstrukturen

Die formellen Arbeitsmärkte traditioneller Art werden kleiner. Im Zusammenhang damit ergeben sich für Berufstätige große Schwierigkeiten, Umstiege in andere Berufe und Tätigkeitsbereiche zu bewältigen. Noch drastischer sind die damit verbundenen Schließungstendenzen des Arbeitsmarktes gegenüber neuen Gruppen, welchen der Zutritt besonders erschwert wird: Jugendliche, Frauen beim Wiedereintritt nach Unterbrechungen einer Berufslaufbahn, sogenannte Randschichten, Behinderte und andere benachteiligte Personengruppen (etwa ältere Arbeitnehmer bzw. Bewohner von besonders industrieschwachen Gebieten). Aber ebensowenig wie die Ausrufung der postindustriellen Gesellschaft zutreffend ist, bedeutet dies, daß der "Arbeitsgesellschaft" tatsächlich die Arbeit ausgehe, wie manche voreilig behaupten. Es wird allerdings eine neue Verteilung und auch ein anderer Begriff von Arbeit erforderlich. Die traditionellen Mittel der Arbeitsmarktförderung und Berufsqualifizierungsmaßnahmen werden nicht ausreichen, um die notwendigen strukturellen Veränderungen in sozial zufriedenstellender Weise zu bewältigen. Zentraler Ansatzpunkt einer neuen "Arbeitspolitik" müßte sein, daß Arbeit nicht bloß als betrieblich einsetzbares Produktionsmittel betrachtet wird. Arbeitspolitik würde in diesem Sinn auch nicht wie Arbeitsmarktförderung lediglich auf die "Beschäftigung" von Arbeitskräften abzielen, sondern auch die Frage nach Folgewirkungen der Arbeitsergebnisse einschließen.

Auf die quantitative Seite der Arbeitsmarktentwicklung bezogen sagen nur wenige der einschlägigen Studien einen Anstieg der Nettobeschäftigung voraus. Die meisten Studien für die nächste Zukunft geben ein beständig hohes Defizit an Arbeitsplätzen als wahrscheinlich an. Von den Größenordnungen her ist festzuhalten, daß sich die optimistischen Annahmen lediglich auf einen sehr geringen Nettozuwachs an möglicher Beschäftigung beschränken, während die zu negativen Ergebnissen kommenden Untersuchungen vielfach sehr große Verluste an Beschäftigung für die weitere Zukunft prognostizieren (R. Brainard/K. Fullgrabe 1986, Seite 17).

Direkte Zurechnungen von Arbeitsplatzverlusten auf technische Entwicklungen kommen zu sehr geringen Absolutwerten (vgl. J. Northcott u.a. 1985). Die Beschäftigung ist im produzierenden Gewerbe wie auch in der Industrie und in Büros wesentlich durch andere Faktoren als durch die Technik bestimmt. Einer der Hauptgesichtspunkte, der diesbezüglich zu beachten ist, ist selbstverständlich die Produktnachfrage (vgl. OTA 1986). Allerdings ergibt sich gerade daraus ein besonders wichtiger indirekter Zusammenhang mit technischen Entwicklungen: Die meisten neuen Techniken betreffen Verfahren, welche nicht die Produktnachfrage stimulieren, sondern die Herstellung von Produkten vereinfachen und wenig zu deren Erneuerung bzw. Diversifizierung beitragen. Negative indirekte Beschäftigungswirkungen der neuen Technologien ergeben sich auch aus der Marktsituation von Erzeugerfirmen, die sowohl im Bereich der Mikroelektronikentwicklung wie auch der Mikroelektronikanwendung weitgehend in praktisch geschlossenen Märkten operieren und daher ihre Preise sehr frei diktieren können. Aus diesem Grund braucht daher höhere Produktivität mit neuen Techniken einerseits nicht unbedingt in mehr Produkte umgesetzt werden, andererseits kann auch der Ertrag mit relativ autonom festgesetzten Preisen erzielt werden. Mehrbeschäftigung und Mengenkonkurrenz können unter diesen Bedingungen weitestgehend entfallen (C. Freeman/J. Clark/L. Soete 1982).

Zieht man das Beispiel des amerikanischen Arbeitsmarktes zur Bestimmung möglicher Größenordnungen der bevorstehenden bzw. schon in Gang befindlichen Veränderungen heran, so ergibt sich folgendes Bild: Ausgehend von einer Arbeitslosigkeitsquote um 10 Prozent in den frühen achtziger Jahren ist eine eventuell noch höhere Arbeitslosigkeit bis zum Jahr 2000 nicht auszuschließen, auch wenn sich vorübergehend durch eine große Zahl von schlecht bezahlten Dienstleistungsjobs sowie wegen steigender Anteile von Teilzeitarbeiten die Gesamtarbeitsmarktbilanz der USA verbessert (vgl. B. Bluestone/B. Harrisson 1986). Neben den Arbeitslosen werden beständig Anteile zwischen 5 und 10 Prozent der Arbeitsbevölkerung in Weiterbildungs- und Umschulungsprogrammen erfaßt sein (vgl. M. Cetron/M. Appel 1984). Bis zum Jahr 2000 könnte etwa ein Zehntel der Berufstätigen (nach manchen Schätzungen sogar mehr) ihrer Beschäftigung in Heimarbeit nachgehen. Aus diesen Tendenzen ergibt sich ein Arbeitsmarkt, der gegenüber der früheren Vollbeschäftigungsperiode zu nicht weniger als etwa einem Viertel völlig umgestaltet sein wird. Dazu kommt, daß die verbleibenden Beschäftigten weitgehend andere Arbeitsbedingungen als noch um das Jahr 1980 vorfinden werden. Die optimistischsten Varianten von Arbeitsmarktentwicklungen geben zwar häufig eine Besserung gegenüber dem gegenwärtigen Stand an Beschäftigungsproblemen als möglich an. Ehemalige Vollbeschäftigungsmarken zu erreichen scheint jedoch auf absehbare Zeit nicht wahrscheinlich. Die Arbeitslosigkeitsraten werden im besten Fall etwas reduziert sein, im schlimmsten Fall weiter steigen. Damit bleibt Arbeitslosigkeit als quantitatives Problem der Beschäftigungs- und Arbeitspolitik weiterhin bestehen (vgl. dazu auch W. Klauder/P. Schnur/M. Thon 1985).

In einer Untersuchung über den Zusammenhang zwischen Produktivität und Beschäftigung in sechs EG-Ländern kommen R. Boyer/P. Petit (1981) zu folgendem Schluß: Um möglicherweise im tertiären Sektor eine Aufnahmebereitschaft herzustellen, welche die Beschäftigungsverluste im industriellen Bereich auffangen könnte, wären sehr massive wirtschaftspolitische Eingriffe notwendig, wobei die erhoffte Rückkehr zu einem hohen Wirtschaftswachstum nur eine relativ unwahrscheinliche Möglichkeit darstellt. Neue Bedürfnisse, welche aufgrund der sozialen und wirtschaftlichen Gegebenheiten in einer bestimmten Situation entstehen, führen zu veränderten Dienstleistungen und zu neuen Technologien. Ursprünglich rein auf die Produktion von materiellen Gütern ausgerichtete technische Berufe werden daher immer mehr eine Art von Dienstleistungscharakter für die Instandhaltung, Reparatur und Weiterentwicklung technischer Systeme annehmen. Dabei handelt es sich nicht immer um tatsächlich "neue" Dienste, sondern eher um die Verlagerung und Absonderung von Arbeitsleistungen aus dem unmittelbaren Produktionsprozeß heraus, was neue Organisationsformen der Arbeit bedingt.

Das Verschwinden von alten bzw. das Auftauchen von neuen Berufen kann zwar im Zusammenhang mit technischen Veränderungen beobachtet werden, ist aber nicht eindeutig darauf zurückzuführen. Die Prägung von Arbeitsbedingungen durch technische Strukturen nach der Etablierung eines Berufs ist größer, als vorher der Beitrag des sogenannten "technischen Sachzwangs" für die Entstehung eines neuen Berufes war. Es ist daher nicht nur von Interesse, nach Arbeitsmarktwirkungen von neuen Technologien zu fragen. Ebenso dringlich ist die Frage nach den Folgen neuer Arbeitsorganisationsformen für die technische Entwicklung zu stellen.

Zu den wesentlichsten Merkmalen der Regulierung und Organisation von Arbeit gehört nicht zuletzt die Bemessung der sogenannten Regelarbeitszeit. Durch Verkürzung der Arbeitszeit und alternative Verwendungen von Arbeitszeitanteilen können wesentliche Einflüsse auf die technische Entwicklung ausgeübt werden. Cetron/Appel (1984, Seite 6) legen ihren Prognosen über die Entwicklung der künftigen Berufsstrukturen die Annahme zugrunde, daß unter Einrechnung der Teilzeitbeschäftigung schon 1990 mit einer durchschnittlichen Wochenarbeitszeit von nur 32 Stunden, im Jahr 2000 nur noch mit 25 Stunden pro Woche zu rechnen sei. Mit drastischen Umschichtungen dieser Art in der Verteilung der Arbeitszeit geht auch eine Konzentration des Hauptanteils der Beschäftigten im Dienstleistungsbereich Hand in Hand.

Der Aufbau des technischen Systems der Arbeit betrifft keineswegs die traditionellen Bereiche der Industrieproduktion alleine, sondern auch die anderen Wirtschaftssektoren. Der Abbau der Beschäftigtenzahlen in der Industrie verläuft daher weniger in Folge als vielmehr parallel zur technischen Entwicklung. Die unmittelbar der technischen Entwicklung zuschreibbaren Beschäftigungsverluste im Industriebereich halten sich in Grenzen. Das trifft sowohl für die österreichische (vgl. P. Fleissner u.a. 1984) wie auch für die internationale Situation zu. Allgemein bleibt die aktuelle Verminderung von Beschäftigungszahlen durch Automatisierung mittels Industrieroboter, flexibler Fertigungssysteme und CAD-Systeme oder integrierter computergesteuerter Produktion vorerst quantitativ noch von geringer Bedeutung. Die Steigerungsraten sind allerdings relativ gesehen enorm, werden sich daher im Lauf der nächsten 10 bis 15 Jahre auch in absoluten Zahlen bemerkbar machen. So wird für die Bundesrepublik Deutschland vorausgesagt, daß sich die im Jahr 1985 erst auf 2700 belaufende Zahl von CAD-Arbeitsplätzen in den 5 Jahren bis 1990 um das Achtfache erhöht, was aber immer noch eine relativ kleine Gesamtzahl ausmachen wird (vgl. H.-J. Kruse 1986). Auch die Ergebnisse amerikanischer Untersuchungen über die Beschäftigungswirkungen programmierbarer automatisierter Produktionstechnik laufen darauf hinaus, daß für die Gesamtbeschäftigung derzeit kein signifikanter Nettoeffekt beziffert werden kann. Arbeitslosigkeit erscheint jedoch in regionalen Problemgebieten, wo metallverarbeitende Industrien konzentriert sind, unausbleiblich. Für die generelle Ausbreitung der programmierbaren Automation sind noch eine Reihe von technischen Problemen zu lösen, die zum Teil weit in der Zukunft liegen. Schon jetzt aber ist erkennbar, daß die ersten deswegen von Beschäftigungslosigkeit betroffenen Gruppen Frauen und ältere Arbeitskräfte sein werden (OTA 1984).

Parallel zum Verlust von Arbeitsplätzen sinkt die Eindeutigkeit von Berufsprofilen. Tätigkeiten der Informationsverarbeitung und des Informationstransports, im weitesten Sinn Verwaltungsarbeiten, gewinnen sowohl in der Güterproduktion der Landwirtschaft und der Industrie wie auch auf die Organisation von Dienstleistungen bezogen größeres Gewicht. Dazu kommt die Vermehrung von Teilzeitjobs, die fortschreitende Zergliederung und Abstrahierung der Arbeit von ihren Endprodukten, sodaß sich identitätsbildende Konturen der beruflichen Qualifikationen und Arbeitsanforderungen tendenziell auflösen. Daneben nehmen zahlreiche Formen der Organisation des Alltagslebens und der Eigenarbeit wenigstens in einem halbprofessionellen Sinn Arbeitscharakter an. Qualitative Verschiebungen der Berufsstrukturen sind insbesondere in der Richtung festzustellen, daß Tätigkeitsgebiete im Zusammenhang mit Lehre, Ausbildung und Betreuung (allerdings auch in gegenüber früher vielfach veränderter Form) stärker in den Vordergrund rücken. Dadurch werden einige neue Möglichkeiten erschlossen und höhere Qualifikationen etabliert, während im Bereich der traditionellen Facharbeiterberufe trotz allgemeiner Erhöhung der Anforderungen die Polarisierung zwischen hochspezialisierten Berufen und Anlernjobs weitergehen wird.

Vielfach wird versucht, die Arbeitsplatzverluste der traditionellen Industrien gegen mögliche oder erwartete Zuwächse im Bereich der Hochtechnologieindustrien aufzurechnen. Weltweit sind jedoch die Hochtechnologieindustrien wie auch die sogenannten Hochtechnologieberufe im Verhältnis zu anderen Wirtschaftszweigen grundsätzlich beschäftigungsschwach. Das gilt besonders für Österreich, da es sich beim österreichischen Markt überwiegend um einen Anwendermarkt für Hochtechnologieprodukte handelt. Größenordnungsmäßig ist für die computerbezogenen Berufszweige bis 1996 nur ein Stellenzuwachs von etwa 2,5 Prozentpunkten anzunehmen. Ähnlich werden lediglich bis zu 10 Prozent aller überhaupt neuen Stellen bis zu diesem Zeitpunkt auf sogenannte Hochtechnologieindustrien entfallen. Derzeit liegen die Beschäftigtenanteile für die Hi-Tech-Sparten in allen führenden Industrieländern lediglich zwischen etwa 3 und 5 Prozent, wobei als Hochtechnologieindustrien nicht ausschließlich Elektronikgeräteherstellung oder Bauelementefertigung, sondern auch die Pharmaindustrie, die Luftfahrzeugbauindustrie, Spezialmaschinenfertigung und ähnliches gezählt werden (vgl. R. Brainard/K. Fullgrabe 1986, Seite 26; H. Levin/R. Rumberger 1983; S.E. Shank 1986).

Neben neuen Techniken der Mikroelektronikentwicklung und Mikroelektronikanwendung in Industrie, Kommunikationstechnik etc. spielen in der aktuellen Diskussion insbesondere die *Biotechnik und Gentechnologie* eine hervorragende Rolle. In diesem Bereich werden eine Reihe von hochspezialisierten Berufen entstehen, welche insbesondere medizinische Anwendungen, aber auch technisch-administrative und rechtliche Problemlösungen betreffen. Die ersten Hauptanwendungsgebiete und wirtschaftlichen Einsatzmöglichkeiten für die Biotechnik sind in der Medizin, sodann in der Lebensmittelindustrie und Landwirtschaft zu erwarten. Erst nach dem Jahr 2000 ist damit zu rechnen, daß auch die Rohstoffchemie, der Umweltschutz, Forstwirtschaft, Bergbau sowie schließlich die sogenannte Bioelektronik und die Energiewirtschaft mit gentechnischen Verfahren einem starken Strukturwandel unterzogen werden. Aufgrund des steigenden Bedarfs der Gesellschaft an medizinischen Diensten sind neue Beschäftigungsmöglichkeiten in diesem Bereich zwar zu erwarten, was jedoch mit traditionellen Hierarchien und Arbeitsorganisationsmustern der Krankenhausdienste und der ärztlichen Versorgung in Konflikt geraten kann. Unmittelbar bevorstehende Beschäftigungsprobleme sind diesbe-

züglich am ehesten für medizinische Hilfskräfte, aber auch für einen Teil des pharmazeutischen Fachpersonals, zu erwarten.
Zumindest teilweise an die Biotechnologie angrenzend ist die *Umwelttechnik*. Internationalen Erfahrungen zufolge lohnen sich diesbezügliche Investitionen nicht zuletzt im Sinn einer positiven Arbeitsmarktentwicklung. In den Niederlanden etwa sicherten 1,6 Prozent BIP-Anteil an Investitionen für Umwelttechnik einen ebenso großen Anteil der Gesamtbeschäftigten (A. Nentjes 1986). Auch Erfahrungen aus anderen Ländern zeigen, daß sich positive Beschäftigungseffekte sogar relativ kurzfristig feststellen lassen, während dagegen unter Umständen die Wirkungen solcher Maßnahmen bezüglich der Umweltsituation selbst erst längerfristig bemerkbar werden.

Technische Entwicklungslinien, die sehr eng an traditionelle Industriebereiche anzuknüpfen vermögen, sind die Materialforschung und technologisch fortgeschrittene Bearbeitungsverfahren. *Materialien neuer Art* mit neuen Eigenschaftskombinationen sowie Materialbe- und -verarbeitungsverfahren, etwa auf Basis des Einsatzes von Hochenergielasern, würden auch anders als die mikroelektronischen Verfahrensentwicklungen mehr auf den Markt von Massenprodukten abzielen. Es wären daher aus diesen Entwicklungen relativ starke Impulse in Richtung einer zunehmenden Beschäftigung zu erwarten. Jedoch gibt es gerade in diesem Bereich einen extrem hohen Forschungsbedarf mit finanziellen Aufwendungen, die eine eminente Größenordnungsbarriere für zahlreiche Länder mit relativ geringem industriellen Potential bedeuten. Die internationale Konkurrenz ist gerade in diesem Bereich besonders stark ausgeprägt. Wegen der diesbezüglichen Dominanz der japanischen und amerikanischen Industrie wird daher befürchtet, daß die europäischen Staaten durch daraus erwachsende Markteinbußen in den nächsten Jahren sogar drastische Arbeitsplatzverluste hinnehmen werden müssen (vgl. J. Hochgerner 1987, S. 68 ff).

4.2. Soziale Aufwertung und Reorganisation von Arbeit und Bildung

Der industrialisierte Einsatz von Rohstoffen und Arbeit zur Förderung der ökonomischen Produktion ist bei Strafe des Versagens auf Wachstum des Produktionsvolumens und des Rohstoffeinsatzes angewiesen. Diese ökonomische Maxime droht jedoch unter sozialen, ökologischen und politischen Gesichtspunkten in eine Sackgasse zu führen. Beständig hohe Raten von Arbeitslosigkeit können die Annahme in Frage stellen, die industrialisierten Gesellschaften könnten durch Arbeit als Motor der ökonomischen Entwicklung fortschrittlich weiterentwickelt werden. Es scheint mittlerweile angebracht, den engen ökonomischen Bezugsrahmen zu verlassen und Arbeit gewissermaßen "zwischen" Sozialem und Ökonomie neu zu definieren. Dazu müssen zunächst die sozialen Implikationen von Arbeit gegenüber der ökonomischen Wertschöpfung durch Arbeit "aufgewertet" werden, wenn nicht das "technische System der Arbeit" zu einer Diktatur abstrakter Technik über lebendige Arbeit führen soll.

Die transökonomischen Bedeutungen von Arbeit treten im Zug der sektoralen Verschiebungen von Beschäftigung und der Zunahme von automatisierter Produktion notwendigerweise in den Vordergrund. Denn in diesem Zusammenhang ergibt sich nicht nur ein wachsender Bedarf für Strategien zur Reorganisation von Arbeit, sondern ein ebenso großer Bedarf an Requalifizierung von Arbeitskräften. Der Stellenwert von Weiterbildung in betriebsinternen Schulungsprogrammen steigt, wodurch nicht zuletzt Beschäftigung abgesichert werden kann. Weitreichende Beteiligung der Mitarbeiter wird notwendig und für betriebliche Zwecke unabdingbar, insbesondere was die Nutzung des sogenannten Erfahrungswissens betrifft: Das Know-how der Belegschaften über informelle Betriebsabläufe und Betriebskulturen, das institutionalisierte Gedächtnis der Belegschaften, wird als "sozialer" Produktionsfaktor entdeckt (vgl. J. Rosow/R. Zager 1987).

Neue Formen der Bewertung von Arbeit zu finden bedeutet nicht zuletzt, veränderte Perspektiven zur Frage der Arbeitszeitregulierung und der Arbeitszeitverkürzung zu entwickeln. Es geht dabei darum, eine angemessene Verteilung der ökonomischen wie auch der sozialen Vorteile und Möglichkeiten des technischen Fortschritts zu finden. Als wesentlichste Frage in diesem Zusammenhang ergibt sich daraus jene nach der *Verwendung* von Arbeitszeiten. Auf Basis weiter voranschreitender Automatisierung und Rationalisierung wird diese Möglichkeit zu einer Notwendigkeit. Nicht zuletzt wird es für Arbeitnehmervertretungen auf längere Sicht darauf ankommen, daß sie positive Antworten auf die Rationalisierung finden, die nach einer Regelarbeitszeitverkürzung auf etwa 35 Stunden pro Woche ja nicht zum Stillstand kommen wird.

Die Beschäftigten (ganz zu schweigen von dem beträchtlichen Anteil an Arbeitslosen) verbringen mehr Zeit jenseits der beruflichen Aktivitäten. Die Interessen der Belegschaften und auch deren Bereitschaft, sich zu organisieren, werden sich daher im zunehmenden Ausmaß auf die Freizeit statt auf die Betriebe beziehen. Lokale Beschäftigungsinitiativen und zeitlich begrenzte Formen des Engagements (etwa für spezifische Anliegen in Bürgerinitiativen) werden daher an Prestige und Bedeutung sowohl für die Öffentlichkeit wie auch für die Grundlegung von Selbstbewußtsein und sozialem Bewußtsein gewinnen.

Eine "*soziale Aufwertung der Arbeit*" bedeutet jenseits der Hervorhebung der nichtökonomischen Relevanz von Arbeit eine Problematisierung der traditionellen Abgrenzungen zwischen "produktiven" und "reproduktiven" Tätigkeitsbereichen innerhalb der sozioökonomischen Strukturen: Die Abgrenzungen zwischen beruflicher Arbeit auf der einen Seite und Alltagsleistungen - einschließlich kultureller Aktivitäten, Bildung und Kindererziehung etc. - auf der anderen Seite verlieren im Zug der gegenwärtigen Entwicklungen des Industriesystems an Trennschärfe. Der damit verbundenen sozialen Umgestaltung von *Interessengrundlagen* kann mit Arbeitszeitverkürzung nicht ausreichend Rechnung getragen werden. Viel dringlicher wird sich ab einer gesellschaftlich auszuhandelnden minimalen Regelarbeitszeit die Frage nach freierer Arbeitszeitverwendung stellen: Weitere Arbeitszeiteinsparungen, die infolge technischer Fortschritte und Automatisierung möglich werden, werden es erlauben, nicht nur den Produktions*modus*, sondern auch die Produktions*ziele* zur Disposition zu stellen. Bisher unbezahlte Dienstleistungen und die geschlechtsspezifisch ungleich verteilten Leistungen für Eigenarbeit und Kindererziehung könnten nicht nur ideell aufgewertet, sondern auch real *umverteilt* werden. Alternative Arbeitszeitverwendungen könnten selbstverständlich auch für Bildungs- und Kulturzwecke, insbesondere aber für die Mitentscheidung über die Produktionsziele genutzt werden: "Mit dieser Mitbestimmung können ... die entscheidenden Gegengewichte gegen die Auszehrung von unmittelbar tätigkeitsbezogenen Qualifikationen geschaffen werden. Das Was, Wofür und Wie der Produktion ... muß mitbestimmungspflichtig gemacht werden" (U. Briefs 1987, Seite 282).

5. "Sozio-ökonomischer Paradigmenwechsel" im 21. Jahrhundert?

Die bedeutendsten Folgen des technischen Wandels liegen im Bereich qualitativer Veränderungen von Arbeitsbedingungen; es gibt aber auch beachtliche quantitative Verschiebungen von Beschäftigungs- und Einkommensmöglichkeiten. Technologiepolitische Fragestellungen sind jedoch nicht auf den Zusammenhang zwischen Technikentwicklung und Beschäftigung beschränkt. Es geht darüber hinaus um qualitative und strukturelle Maßnahmen, durch welche die Anwendung neuer Techniken sozial und ökologisch verträglich gestaltet werden soll. Zu den ganz besonders durch die neuen Tendenzen der Vollindustrialisierung akzentuierten Problemen zählt der Umgang mit Mängeln und Gebrechen (vgl. A. Evers/H. Nowotny 1987). Bei der Beurteilung kontinuierlicher Verfahrensprozesse ist das unerreichbare Ideal völliger Fehlerfreiheit keine brauchbare technische Handlungsmaxime: Bei automatisierten Produktionsprozessen besteht nicht zuletzt die Gefahr einer "Automatisierung von Fehlerprozessen" (vgl. dazu die Analyse des Atomunfalls in Three Mile Island, L. Hirschhorn 1984). Es ist daher sinnvoll, statt der Fikton fehlerfreier Technik eine "fehler*tolerante*" Technik zu fordern. Dies aber nicht in dem Sinn, daß die Fehlerkontrolle wiederum technischen Systemen überantwortet wird; Kontrollierbarkeit und Reparierbarkeit durch das Bedienungspersonal soll gegeben sein. Dies schließt die Forderung nach demokratischer Gestaltung technologiepolitischer Entscheidungsprozesse mit ein.

Angesichts dieses arbeits- und technologiepolitisch weitreichenden Handlungsbedarfs ist zu fragen, nach welchen Gesichtspunkten Veränderungen von Arbeit und Technik innerhalb der Gesellschaft reguliert werden und ob sich bezüglich grundlegender "Paradigmen" dieser Art im nächsten Jahrhundert ebenfalls Veränderungen ergeben könnten. Voraussetzung dafür ist die Annahme, daß jegliche technische, ökonomische und ökologische Veränderung sowohl als Bedingung wie auch als Ergebnis menschlichen Lebens und menschlicher Arbeit zu betrachten ist: Einerseits reflektieren soziale und politische Systeme die natürlichen, technischen und anderen "objektiven" Umstände des individuellen und sozialen Lebens. Andererseits aber wird die materielle Welt auch durch gesellschaftliche Strukturen mitgestaltet. In dieser Hinsicht folgen Technologien den gleichen Prinzipien, welche die Dynamik des sozialen Wandels und der gesellschaftlichen Entwicklung für zumeist sehr lange zeitliche Perioden dominieren.

Formgebende Prinzipien dieses Typs schließen Elemente des Wandels ebenso wie der Beständigkeit in einem üblicherweise ausbalancierten Maßstab ein. Diese Balance zwischen verändernden und konservierenden Mitteln ermöglicht die Ausrichtung menschlichen Verhaltens nach bestimmten, relativ konstanten Interessen. Die daran anknüpfende Strategie zur Bewältigung sozialer Konflikte durch Artikulation und Ausgleich von Interessen entwickelte sich zu einem konstitutiven Bestandteil industrieller Gesellschaftsformationen. Die "Entdeckung" der Interessen als organisierendes soziales Strukturmoment hat eine lange Geschichte: Bestimmte soziale Klassen der europäischen Bevölkerung der Neuzeit lernten, komplexe Leidenschaften in relativ grob strukturierte und kommunizierbare Interessen zu transformieren (A. Hirschman 1987). Die Ausrichtung des sozialen und wirtschaftlichen Handelns auf Interessen steigerte die *Selbstkontrolle* der Menschen: Je mehr Arbeiter, Handwerker, selbstverständlich Unternehmer und andere durch die Bedingungen der heraufkommenden Industriegesellschaft geformt wurden, desto mehr mußten sie sich auch der Forderung stellen, "mechanisch" zu funktionieren, um jenen Prinzipien zu entsprechen, die sowohl die sozialen wie auch die technischen Strukturen in dieser Gesellschaftsformation wesentlich regulieren.

Eines der grundlegendsten Prinzipien dieser Art ist die Organisierung nach hierarchischen Differenzierungen. Dieses "*formative Prinzip*" beeinflußt und steuert nicht bloß die Beziehungen der Menschen untereinander. Es wäre nur halb so bedeutend, wenn es nicht auch dazu dienen würde, die Artefakte und materiellen Erzeugnisse menschlicher Individuen und sozialer Organisationen ebenfalls mitzuformen. Tatsächlich stehen praktisch alle Aspekte der materiellen Welt, einschließlich der technischen Hervorbringungen, in einem bestimmten Zusammenhang zu hierarchischen Strukturen der Gesellschaft, von denen sie zum Teil abhängig sind, die sie andererseits selbst stützen. Neben dem Prinzip der *Hierarchie* können zumindest zwei weitere formative Prinzipien angegeben werden: Es sind dies die Tendenz zur "*Objektivierung*" (Vergegenständlichung, einschließlich Tendenzen zur Abstrahierung) sowie das Prinzip des "*Wachstums*". Das Prinzip der Objektivierung berührt Fragen der Entfremdung und der Tendenz zur abstrakten Strukturierung des menschlichen Lebens.

Das Wachstumsprinzip findet seinen klarsten Ausdruck im ökonomischen Bereich.

Diese drei formativen Prinzipien der Hierarchie, Objektivierung und des Wachstums sind zentrale Bestandteile jener sozio-ökonomischen Paradigmen, welche die europäischen Gesellschaften während des Industriezeitalters prägten. Es handelt sich dabei um gesellschaftlich relevante Faktorenbündel, welche aus materiellen Elementen, ideellen Konzepten und handlungsleitenden Sozialnormen gebildet werden. Sie tragen zur Gestaltung spezifischer Epochen von Gesellschaftsformationen (in historisch großen Maßstäben auch zu deren Abfolge) bei. Die jeweilige Gesellschaft anerkennt sie als Regelungen, mit deren Hilfe sie ihren jeweiligen Zustand - etwa die Wirtschafts- und Sozialstrukturen, Machtverteilungen, politische und rechtliche Normsysteme etc. - bewahren und weiterentwickeln kann. Damit garantieren die formativen Prinzipien sowohl Kontinuität wie auch Anpassung. Solange sie selbst bestehen, verbleiben auch die grundlegenden Strukturen der Gesellschaft im wesentlichen in gleichen Zuständen, unabhängig davon, wieviel sozialer Wandel in bestimmten Details vorkommen mag (J. Hochgerner 1986).

Auf Basis dieses Konzepts ist die Frage nach möglichen Veränderungen sozio-ökonomischer Paradigmen (formative Prinzipien in Verbindung mit spezifischen Interessenlagen) für das nächste Jahrhundert in folgender Weise zu präzisieren: Werden sich die bis jetzt dominierenden Prinzipien (Hierarchie, Objektivierung, Wachstum) wie bisher halten oder müssen sie mit anderen Prinzipien konkurrieren? Verlieren sie ihre formgebende Vorherrschaft? Vermutungen und Möglichkeiten dazu werden hier in kurzen stichwortartigen Übersichten abschließend zur weiteren Analyse vorgeschlagen.

Formative Prinzipien, Interessen und mögliche Veränderung:

Formative Prinzipien	Einflußnehmende Interessen	Mögliche Veränderungen
Hierarchie	Macht: Verteidigen und verbessern von gesellschaftlichen Positionen	Weltweite Ausbreitung des Prinzips der Hierarchisierung, leichte Veränderung in den traditionell bereits industrialisierten Ländern
Objektivierung	Rationalität: Verstärkung der Kalkulierbarkeit der menschlichen Umwelt und Materialisierung von Ideen	Konflikte über die Wirksamkeit von Rationalität, Bedeutungsverlust deterministischer Vorstellungen (gesellschaftliche Entwicklung als "offenes Projekt")
Wachstum	Produktion: Überwindung von Knappheiten, Verbesserung des Lebensstandards	Zunehmende Probleme in bezug auf die Gestaltung, Verwaltung und Verteilung von Produktion (Mangel neben Überfluß)

Einige *Indikatoren* der postulierten Veränderungen sind:

* Hoffnungen, Ängste und Mythologien sowie Formen der sozialen Informationsverarbeitung in industrialisierten Ländern verändern gegenüber früheren Phasen der industriellen Entwicklung die Rahmenbedingungen für die Wirkungsweisen der formativen Prinzipien.
* Werthaltungen und soziale Zielsetzungen zeigen wechselnde Orientierungen.

* Die traditionell klaren Unterscheidungen zwischen Berufen, die Grenzen zwischen formeller und informeller Ökonomie, zwischen produktiven und reproduktiven Sektoren werden unscharf.
  Es gibt neue Möglichkeiten zur Gestaltung der Arbeitsbedingungen, der Arbeitsverhältnisse und auch der Arbeitsergebnisse.
* Die soziale Aufwertung der Arbeit, eine konkrete Neudefinition des Werts von Arbeit, kann zu einer neuen gesellschaftspolitischen *Leitidee* werden. Arbeit muß, um die positiven Möglichkeiten der Kontrolle in den Bereich des Realisierbaren zu bringen, mehr sein als nur ein betrieblich nützlicher Produktionsfaktor. Die Zurückdrängung der nur wirtschaftlich als wertbildend anerkannten Bedeutung von Arbeit (gegenüber sinnstiftenden und beziehungsrelevanten sozialen Komponenten) kann einen Ausgangspunkt für wesentliche sozialstrukturelle Veränderungen darstellen.

Unter Voraussetzung einer gesellschaftspolitischen Abstützung derartiger Perspektiven wären sozial verträgliche Technosysteme - selbst unter Einschluß von Maschinerien mit Denkzeugcharakter - ebenso realisierbar wie eine Gesellschaft, die auf Ausstattungselemente dieser Art zu verzichten lernt. Die Gestaltung menschlicher Sozialstrukturen ist gewiß ein "offenes Projekt"; warum sollte dies nicht auch auf die technische Entwicklung zutreffen?

Literatur

Bahr Hans-Dieter, 1983: Über den Umgang mit Maschinen; Tübingen.

Beck Ulrich/Brater Michael/Daheim Hansjürgen, 1980: Soziologie der Arbeit und der Berufe; Reinbek.

Bluestone Barry/Harrison Benett, 1986: The Great American Job Machine; Washington D.C. (US Congress).

Boyer Robert/Petit Pascal, 1981: Employment and Productivity in the E.E.C.; in: Cambridge Journal of Economics, Vol. 5, Nr. 1/81 (Seite 47-58).

Brainard Robert/Fullgrabe Kym, 1986: Technology and Jobs; in: OECD (ed.), STI (Science-Technology-Industry) - Review, Nr. 1/86 (Seite 9-46).

Braverman Harry, 1977: Die Arbeit im modernen Produktionsprozeß; Frankfurt/M. - New York.

Breger Herbert, 1982: Die Natur als arbeitende Maschine; Frankfurt/M.

Briefs Ulrich, 1987: Gesellschaftliche Aspekte der Informationstechnologien: Auswirkungen auf die Arbeitswelt; in: Günter Getzinger/Boris Papousek (Hrsg.), Soziale Technik; Wien (Seite 254-289).

Cetron Marvin/Appel Marcia, 1984: Jobs of the Future. The 500 Best Jobs - Where They'll Be and How to Get Them; New York.

Engels Friedrich, 1845: Die Lage der arbeitenden Klasse in England; in: Marx-Engels-Werke (MEW), Bd. 2, Berlin 1962.

Evers Adalbert/Nowotny Helga, 1987: Über den Umgang mit Unsicherheit. Die Entdeckung der Gestaltbarkeit von Gesellschaft; Frankfurt/M.

Fleissner Peter u.a., 1984: Industrieroboter in Österreich, Wien.

Freeman C./Clark J./Soete L., 1982: Unemployment and Technical Innovation. A Study of Long Waves and Economic Development; London.

Hildebrandt Bruno, 1848: Die Nationalökonomie der Gegenwart und der Zukunft, Bd. 1; Frankfurt/M.

Hirschhorn Larry, 1984: Beyond Mechanization. Work and Technology in a Post-Industrial Age; Cambridge (Mass.)-London.

Hirschman Albert, 1987: Leidenschaften und Interessen. Politische Bedingungen des Kapitalismus vor seinem Sieg; Frankfurt/M.

Hochgerner Josef, 1986: Arbeit und Technik. Einführung in die Techniksoziologie; Stuttgart.

Hochgerner Josef, 1987: Perspektive 2000. Vorschau auf Veränderungen von Technik, Beschäftigung und Berufsstrukturen; Wien.

Kern Horst/Schumann Michael, 1984: Das Ende der Arbeitsteilung? Rationalisierung in der industriellen Produktion; München.

Klauder W./Schnur P./Thon M., 1985: Arbeitsmarktperspektiven der 80er und 90er Jahre; in: MittAB 1/85; Nürnberg.

Kruse Hans-Jürgen, 1986: Neuer Antrieb durch Computer. Computer Aided Industry (CAI) integriert neue und bestehende DV-Losungen; in: Siemens Magazin COM, Nr. 1/86 (Seite 20-25).

Levin H.M./Rumberger R., 1983: The Educational Implications of High Technology; in: Technology Review, Aug.-Sept. '83 (Seite 18-21).

Mohl Robert, 1835: Über die Nachteile, welche sowohl den Arbeitern selbst als dem Wohlstande und der Sicherheit der gesamten bürgerlichen Gesellschaft von dem fabrikmäßigen Betriebe der Industrie zugehen, und über die Notwendigkeit gründlicher Vorbeugungsmittel; in: Archiv der politischen Ökonomie- und Polizeiwissenschaften, Jg. 2 (S. 141-203).

Nentjes Andries, 1986: Environmental Employment Projects in the Netherlands; in: Informationen zur Umweltpolitik, Nr. 38 (Seite 53-65).

Northcott J. u.a., 1985: Microelectronics in Industry. An International Comparison: Britain, Germany, France; Policy Studies Institute and Anglo-German Foundation.

Nowotny Helga, 1987: Innovation und Verschleiß. Zur gesellschaftlichen Kontrolle von Technik; in: Gotthard Bechmann/Werner Rammert (Hrsg.), Technik und Gesellschaft. Jahrbuch 4; Frankfurt/M. - New York (Seite 13-25).

OTA (Office of Technology Assessment), 1984: Computerized Manufacturing. Automation, Employment, Education, and the Workplace; Washington D.C. (U.S. Congress, OTA - CIT - 235).

OTA (Office of Technology Assessment), 1986: Technology and Structural Unemployment. Reemploying Displaced Adults; Washington D.C. (U.S. Congress, OTA).

Reynolds, Terry S., 1984: Mittelalterliche Ursprünge der industriellen Revolution; in: Spektrum der Wissenschaft Nr. 9/84 (Seite 128-137).

Rosow Jerome/Zager Robert, 1987: The Continuous Learning - Employment - Security Connection; Work in America Institute, Philadelphia.

Shank Susan E., 1986: Employment Up - Unemployment Stable in the First Half of 1986; in: Monthly Labor Review, Nr. 8/86 (Seite 3-8).

Smith Adam, 1974 (1776): Der Wohlstand der Nationen. Eine Untersuchung seiner Natur und seiner Ursachen; München.

Stromer Wolfgang, 1980: Eine >industrielle Revolution< des Spätmittelalters?; in: U. Troitzsch/G. Wohlauf (Hrsg.), Technik-Geschichte; Frankfurt/M. (Seite 105-138).

Touraine Alain, 1975: Industriearbeit und Industrieunternehmen. Vom beruflichen zum technischen System der Arbeit; in: Karin Hausen/Reinhard Rürüp (Hrsg.), Moderne Technikgeschichte; Köln (Seite 291-307).

Bodo Kensmann

WISSEN IST MACHT *)

Aspekte der Marxinterpretation

Zunächst ist das naturwissenschaftliche Machtwissen nicht zu übergehen. Es hebt u.a. an mit Francis Bacon (1561-1626). Für ihn bedeutet Wissen Macht über die Natur im Dienste des Menschen, und zwar in mehrfacher Hinsicht:

- Das Machtwissen gewährt eine *Emanzipation von* der Gängelung des Menschen durch den zuvor als schicksalhaft erfahrenen Gang der Natur. Diese Natur wird tendenziell nur noch als Kräftereservoir anerkannt. Ganz strategisch nüchtern muß ihr zwar gehorcht werden, insofern als ihre Gesetze zu beachten sind, aber eingeleitet wird der
- Aufbruch und die *Emanzipation zu* "neuen Naturen", d.h. Schaffung entlastender und allen Glück bringender Gegenstände durch die naturwissenschaftliche Technik. Diese ist dadurch charakterisiert, daß die natürlichen Kräfte zerlegt und zu "neuen Naturen" anders wieder zusammengefügt werden. Hegel bezeichnet dieses Verhalten gegenüber der Natur sehr prägnant als "List" (Jenenser Realphilosophie).
- Schließlich hat die so verstandene Emanzipation bei Bacon in seiner Schrift "Nova Atlantis" ein Beispiel einer Gesellschaftsutopie gefunden. Im "Hause Salomons" - von Bloch als technische Hochschule bezeichnet - werden wissenschaftliche Pflanzen- und Tierzucht betrieben, werden Vivisektionen durchgeführt und Sprengstoffe hergestellt - um "Berge versetzen" zu können. Die Dampfmaschine und das Telephon werden beschrieben, d.h. ihre lebensalltäglichen Vorteile werden ausgemalt - lange bevor eine tatsächliche technische Realisierung möglich sein wird. Die Muskelkraft der Menschen wird tendenziell überflüssig, das Schwinden von Last und Mühsal steht in Aussicht, und der technische Fortschritt hat noch alle Überzeugungskraft.

*) Dieser Beitrag führt Gedanken fort, die der Autor in seiner Schrift 'Zur Dialektik der Macht bei Marx' ausführlicher darstellt. Erscheint im Frühjahr 1989 im Verlag Westfälisches Dampfboot, Münster.

Marx stimmt nicht in allen Punkten mit Bacon überein, obgleich die erwünschten Wissensmächte ähnlich euphorisch dem naturwissenschaftlich-technischen Können zugeordnet werden (vgl. Marx über Bacon allgemein: 2:150): Die "Priorität" der "äußeren Natur" kann ebenfalls ganz nüchtern akzeptiert werden, sie "bleibt bestehen" (3:44). Tendenziell schwindet nämlich die Existenzangst, bis dato hervorgerufen durch Schicksalsschläge der Natur: Erdbeben, Seuchen, Verwüstung, wetterbedingte Zerstörung der Ernten. Die modernen technischen Arbeitsmethoden der Industrie und Agrikulturchemie neutralisieren bzw. überkompensieren die verbleibenden Unverfügbarkeiten oder lassen sie mit dem Erfolg vollständiger Beherrschung verschwinden.

Aber nicht verbesserte Existenzsicherung allein, sondern eine umfassendere kulturelle Selbstbestimmung - emphatisch als gesellschaftlich gestaltbare optimale "Selbstbetätigung" (3:67) aller Individuen auch mit Blick auf die ewig zur Reproduktion notwendige Arbeit apostrophiert - zeichnet sich mit der Aneigenbarkeit der sozialen Welt ab. Die neuen Produktivkräfte, die Verkehrssysteme der Eisenbahn und Dampfschiffahrt z.B. reißen die Menschen aus ihrer Bodenständigkeit. Damit wird die alte feudale Welt mit ihrer gottgegebenen Hierarchie unglaubwürdig: "Alles Ständische und Stehende verdampft, alles Heilige wird entweiht, und die Menschen sind endlich gezwungen, ihre Lebensstellung, ihre gegenseitigen Beziehungen mit nüchternen Augen anzusehen" (4:465). Mit "nüchternen Augen" können dann die leidvollen feudalen sozialen Hierarchien sichtbar werden, wenn die Blicke zum Himmel wie zur Erde nicht länger ängstlich gebannt sind. Marx konstatiert die Emanzipation von jeglicher "Naturidolatrie" (Gr.: 313) oder "Naturreligion" (3:31). Der Mensch ist nicht mehr "Anhängsel der Erde" (Gr.:389). Es ist dies dem zivilisatorischen Einfluß des Kapitalismus (vgl. Gr.:313, 25:827) zu verdanken, der die naturwissenschaftlich-technische Entwicklung aufgrund des konkurrenzbedingten Innovationszwanges vorantreibt. So wird die "rationelle Methode" der Baconschen "Erfahrungswissenschaft" (2:135) auch ausdrücklich begrüßt:

"Die Natur wird erst rein Gegenstand für den Menschen, rein Sache der Nützlichkeit; hört auf, als Macht für sich anerkannt zu werden; und die theoretische Erkenntnis ihrer selbständigen Gesetze erscheint selbst nur als List, um sie den menschlichen Bedürfnissen /.../ zu unterwerfen" (Gr.:313).

Wie bei Bacon werden 'neue Naturen', neue Gebrauchswerte geschaffen, um der Entlastung und Entwicklung "neuer Bedürfnisse" willen (GR.:312, 387; 25:828). Der Mensch tritt selber als "Naturmacht" dem "Naturstoff" gegenüber, und durch die Einwirkung naturwissenschaftlich-technisch gestützter Arbeit auf die "Natur außer ihm /.../ verändert er zugleich seine eigene Natur" (28:192). Dies ständige Verändern der äußeren Natur wie der Bedürfnisnatur ist als Schematismus gelesen worden: Das sei eben so, der Mensch stehe unter dem ewigen Stern des Mangels, und allein der technische Fortschritt werde der Mangelüberwindung gerecht. Bürgerliche Volkswirtschaftslehre (z.B. A. Woll u. E. Schneider, Grundlagen der Volkswirtschaftslehre, München 1974) und jene, die einem Höherentwicklungsautomatismus der Produktivkräfte das Wort rede(te)n (z.B. Ley), reichen sich die Hand.

Solche Argumentationsweisen implizieren: Die Technikentwicklung wird durch einen Bedarf begründet wie umgekehrt. Wie bestimmte Zwecke nach erfolgreichen Ursache-Wirkungs-Verknüpfungen suchen lassen, so eröffnet die akkumulierte Fülle der Ursache-Wirkungs-Relationen neue Wirkungen als mögliche Zwecke. Dies ist jedoch nur in einem allgemeinen Sinne zutreffend: Wie Marx von der Arbeit sagt, daß sie "eine von allen Gesellschaftsformen unabhängige Existenzbedingung des Menschen, ewige Naturnotwendigkeit /ist/, um den Stoffwechsel zwischen Mensch und Natur, also das menschliche Leben, zu vermitteln" (25:57), so ist auch in einem allgemeinen Sinne die Technik ewig wie allgemein (solange die Gattung Mensch existiert); oder anthropologisch gesagt: Der Mensch bedarf "bearbeiteter Arbeitsmittel" als Werkzeuge, und "Franklin definiert daher den Menschen als 'a toolmaking animal', ein Werkzeuge fabrizierendes Tier" (23:194). Um die Spezifika aber der besonderen Menschen, Bedürfnisse, Arbeitsarten, Techniken und 'neuen Naturen' erfassen zu können, müssen ihre jeweils gesellschaftlichen Eigenarten bestimmt und gegebenenfalls nach unterscheidbaren Gesellschaftsformationen typisiert werden. Über eine anthropologische Identität kann die spezifische gesellschaftliche Differenz nur um den Preis einer anonymisierenden Sprechweise ausgeblendet werden.

Ich will jene angedeuteten Positionen indirekt nur kritisieren, wenn ich auf das wichtigste Unterscheidungsmerkmal zu Bacon bezüglich der Wissensmacht gleich zu sprechen komme. Wie sich das (technische) Wissen in der Gesellschaft formiert und formieren sollte, kennzeichnet die Differenz zwischen Marx und Bacon. Dieser entscheidende Unterschied ist näher bereits in einem bestimmten Verständnis menschlicher "Naturmacht" (23:192) wie äußerem "Naturstoff" angelegt: Sowenig wie "der Mensch" (3:44) bei Marx abstrakt betrachtet wird, sowenig die Natur (vgl. EB 1:587). Beide sind nur in und durch Gesellschaft aufeinander bezogen und entsprechend zu deuten, noch wenn von 'unberührter' Natur (vgl. 3:42ff.) gesprochen wird. Gesellschaftlich bestimmt sind ebenso die technischen Produktivkräfte: Marx sieht klar, daß die "Produktivkräfte" unter kapitalistischen Bedingungen eine nur "einseitige Entwicklung" erfahren und daß eine "Menge solcher Kräfte /.../ gar nicht zur Anwendung kommen /kann/" (3:60).

Pointiert kann mit Marx gesagt werden: Wenn über Natur, Technik und Mensch (Bedürfnis) etwas gesagt werden soll, darf über die bestimmte Formation der Gesellschaft nicht geschwiegen werden.
Anders als bei Bacon handelt es sich bei Marx nicht um eine technische, sondern um eine praktische Utopie, die als eine andere "Form" der "Gesellschaft" (1:345) anvisiert ist. Bei Marx ist nicht ausgearbeitet, daß und wie eine bloß "einseitige Entwicklung" z.B. ökologische Schäden hervorruft, gleichwohl die Verwüstungen, die die Agrikulturindustrie hinterläßt, erwähnt werden (vgl. 23:529 f.) und eine unumkehrbare Verwüstung der Erde durchaus als Möglichkeit gesehen wird (vgl. 26.3:303).

Es kann aber nicht einfach um eine Dekretion 'falscher' Techniken gehen, sowenig wie um eine beliebige Dekretion 'falscher' Bedürfnisse. Der vertiefende Blick auf die Bedürfnisproblematik soll zunächst auf Marx' methodisches Konzept aufmerksam machen, das dann wiederum für die Technikerörterung fruchtbar wird.

Vergesellschaftete Bedürfnisse

Die pejorative Schilderung 'falscher' Bedürfnisse geschieht von einem möglichen Stand gesellschaftlicher Entwicklungen und Beziehungen aus, der eine positivistische neutrale Konstatierung beliebiger Bedürfnisse abweist. Die Bedürfnisentwicklung der Menschen ist fremdbestimmt und ungleich orientiert. Der Markt suggeriert bestimmte Bedürftigkeiten, weil eine allgemeine gedankliche und verständige Durchdringung der Wünsche und Arbeitsweisen dem Warenaustausch isolierter und abstrakt freier Warenproduzenten zuwiderläuft: "jedes Produkt ist ein Köder, womit man das Wesen des andern, sein Geld, an sich locken will, jedes wirkliche oder mögliche Bedürfnis ist eine Schwachheit, die die Fliege an die Leimstange heranführen wird - allgemeine Ausbeutung des gemeinschaftlichen menschlichen Wesens /.../" (EB 1:547). Dies "gemeinschaftliche /./ menschliche Wesen" meint die "frei bewußte Tätigkeit" eines jeden als anthropologisch-gesellschaftliches Entfaltungsoptimum universeller Bedürfnisse im rücksichtsvollen "produktive/n/ Leben" als spezifisch menschliches "Gattungsleben" (EB 1:516). In diesem näher zu bestimmenden Gattungsleben entwickelte der Mensch "seine wahre Natur erst in der Gesellschaft /.../" (2:138), genauer: zukünftiger nichtkapitalistischer Gesellschaft.

Nicht die Bedürfnisentfaltung weniger auf Kosten anderer (vgl. EB 1:548), sondern die Entfaltung und Selbstverwirklichung eines jeden als Voraussetzung einer Selbstbestimmung - und Verwirklichung aller (vgl. auch 4:482) - wird als Möglichkeit antizipiert. Das kommunistische "Grundprinzip" wird nicht ethisch abstrakt vorgegeben, sondern ist an realistischen Verwirklichungsbedingungen gesellschaftlicher Umstände orientiert und um die "volle und freie Entwicklung jedes Individuums" (23:618) bemüht. Die gesellschaftliche Möglichkeit gewinnt ihren realistischen Status durch den Entwicklungsstand der Industrie als "*aufgeschlagene/s/ Buch der menschlichen Wesenskräfte*" (EB 1:547). Die fortgeschrittene Überwindung des allgemeinen Mangels durch Naturbeherrschung (vgl. 3:34 f.) wäre gestaltbar als bewußte Aneigenbarkeit von Produktion und Produkt wie der gesellschaftlichen Beziehungen insgesamt (vgl. 3:70 f.). Ein gesellschaftliches Optimum chanceneröffnender Umstände ist immer mitgedacht, wenn von "reiche/r/ Individualität" (Gr.: 231) oder wenn von der "Schöpfung und Befriedigung neuer aus der Gesellschaft selbst hervorgehende/r/ Bedürfnisse" (Gr.: 312) die Rede ist. Antizipiert wird eine Kultur, die sich gegenkulturell (auch wesentlich durch die Partei der Arbeiter) erst noch durchsetzen müßte angesichts der allgemein verbreiteten "rohe/n/, abstrakten Einfachheit des Bedürfnisses" (EB 1:548) und der "Akkumulation von Elend, Arbeitsqual /.../ Unwissenheit", hervorgerufen durch die "Methoden zur Steigerung der gesellschaftlichen Produktivkraft der Arbeit auf Kosten des individuellen Arbeiters" (23:674 f.).

Marx' Kritik ist Kulturkritik von einer antizipierten realistisch möglichen anderen Kultur aus, einer "Kultur aller Eigenschaften des gesellschaftlichen Menschen und Produktion desselben als möglichst Bedürfnisreichen, weil Eigenschafts- und Beziehungsreichen" (Gr.: 312).

Noch wenn Marx - wie nebenbei - von einer eigentlich doch nicht zu überschreitenden Normalitätsschwelle spricht, einer Schmerzgrenze gewissermaßen, die sich darin ausdrücken möge, daß Menschen sich nicht alles gefallen ließen, bezieht er sich implizit auf eine andere kulturelle Identität, die (für Marx) geradezu handgreiflich ist: Des Menschen "normale/r/ Verwirklichung" sind endlich "die Verhältnisse anzupassen" (23:512), bisher war es immer umgekehrt, und es herrschte die versachlichte Beschränkung der Individuen vor (vgl. Gr.: 81). Diese Handgreiflichkeit einer anderen gesellschaftlichen Möglichkeit figuriert als realistische konkrete Utopie (Bloch), als Maßstab der Kritik des Bestehenden, gewußt zunächst nicht von denen, die durch erschöpfende Arbeit und die Vorenthaltung von gesellschaftlichen und betrieblichen Mitgestaltungsmöglichkeiten zur Unwissenheit verdammt sind.

Marx hat bekanntlich seine Utopie/Kritik nicht als eine solche gekennzeichnet. Seiner Hoffnung zufolge würde die "Wirklichkeit /.../ sich" in Gestalt der sozialen Arbeiterbewegung "zum Gedanken drängen" (1:386), durch kulturelle Gegenkräfte. Hat er sich in dem, was diese dann tatsächlich geschichtlich wollten, auch geirrt, so hat er sich des Sozialismus'/Kommunismus' jedoch nicht geschichtsteleologisch versichert (vgl. u.a. 2:93; 3:45).

So tritt denn heute verstärkt in den Blick, daß im Marxschen Werk, wie Althusser sinngemäß (und anders orientiert) sagt, der Autor über seinen Text hinaus ist: die schlummernde Utopie ist um der Kritisierbarkeit empirischer 'Tatsachen', selbstverständlicher reduktionistisch-unzulänglicher Meinungen (Fetischismen) und Ideologien hervorzuheben und in Erinnerung zu halten.

Als möglichst "Bedürfnisreiche/r/, weil Eigenschafts- und Beziehungsreiche/r/" (Gr.: 312) gilt der gegenkulturelle *Gesellschaftsmensch*. Die Komplexität seiner ökonomischen und gesellschaftlichen Ermöglichungsbedingungen ist mitzudenken, um einzelne Bedürfnisse nicht einfach unmittelbar als 'falsch' zu deklarieren.

Bevor auf die Technik erneut zu sprechen zu kommen sein wird, ist darauf hinzuweisen, daß auf dem Hintergrund des bisher Entfalteten hat verständlicher werden sollen, daß auch die äußere Natur nicht unter allen Umständen blind beherrscht wird umwillen einer abstrakten Bedürfnisentfaltung in "schlechter Unendlichkeit" (Hegel), von der die Einzelnen ebenso "nicht wissen woher und wohin" wie von der aggregierten "soziale/n/ Macht" (3:34) insgesamt.

Es läßt sich sogar so etwas wie eine 'Ausgewogenheit' von menschlichen Eingriffen in die Natur und gleichzeitiger Berücksichtigung ihrer und des Menschen 'Normalität' (mit Marx) denken. Interessanterweise gibt es mehrere Textstellen, in denen Marx auf eine nicht zu überschreitende Normalitätsschwelle hinweist bzw. eine solche anzunehmen genötigt ist (vgl. 23:549, 512, 537, 425, 528; 25:549; EB 1:508).

Etwaige Grenzen einer Bearbeitung der inneren wie der äußeren Natur sind - wie gesagt - allemal gezogen durch die Gesellschaft und ihre Definitionsmächte, das heißt für Marx: durch das "Wie" (23:195) bestehender oder anders möglicher gesellschaftlicher Arbeit(sorganisation).

Damit die menschliche Psyche, sein Geist, seine Leiblichkeit und der unorganische Leib (vgl. EB 1:516), als den Marx die äußere Natur faßt, nicht weiter zerstört werden, dazu bedarf es nach ihm einer besonderen Gesellschaftsform, der kommunistischen, in den "Ökonomisch-philosophischen Manuskripten" in die bekannte Formel gefaßt: "/.../ die *Gesellschaft* ist die vollendete Wesenseinheit des Menschen mit der Natur, der durchgeführte Naturalismus des Menschen und der durchgeführte Humanismus der Natur" (EB 1:538, auch 577).

Jetzt klärt sich, was ich mit *Ausgewogenheit* von Naturmacht (menschlich) und 'äußerer' Naturmacht meine: Naturalisierung des Menschen - das wäre die reflexive Akzeptanz von bisher unterdrückten und unerfüllten Bedürfnissen in eins mit der Humanisierung der Natur über Arbeit, das Zurückdrängen ihrer Bedrohungen. Aber weil die *Gesellschaft* die "Lösung" des Dualismus von "Freiheit und Notwendigkeit" (EB 1:536) ist, nur deshalb kann Marx sagen, daß die "Natur ihre bloße *Nützlichkeit* verloren /hat/". Und die Betonung liegt ebenso auf "bloße". Und nur deshalb kann ohne Festschreibung auch für den Menschen gesagt werden: "Das Bedürfnis oder Genuß haben /.../ ihre *egoistische* Natur /.../ verloren" (EB

1:540; vgl. auch Gr.: 388). (Also erneut: nicht moralische Bedürfniskritik, keine kurzschlüssige Kritik falscher Bedürfnisse.) Wieder wird deutlich: Methodologisch ist eine andere Gesellschaft als Verständnishorizont neuer Bedeutungen zu beachten. Die Natur wird bei Marx zwar auch - aber eben nur auch - naturwissenschaftlich-experimentell durch Gehorchen *besiegt* (Bacon), indem ihre Kräfte durch Eingriffe freigelegt und neue Naturen geschaffen werden. Aber dieses 'auch' klärt jetzt anders akzentuiert den Unterschied zu Bacon am entscheidenden Differenzcharakteristikum: Marx vertritt keine technische Utopie, sondern eine praktische, die sich auf die Entwicklung der technischen Produktivkräfte stüzt.

Es sei nochmals wiederholt: Wenn also einseitig - unter welchem weltanschaulichen Vorzeichen auch immer - ein Höher- bzw. Weiterentwicklungsautomatismus von Technik und menschlichen Bedürfnissen behauptet wird, so besteht die Gefahr gleichsam einer Kurzschließung von Technik und Bedürfnisnatur: Die Herrschaft der Wissenden bleibt eigentümlich unsichtbar, wenn von der Gesellschaft nicht geredet wird, weil die Produktivkräfte sich um jeden Preis zu entwickeln haben. Ihr Fortschritt ist das fremde Glück der Menschen in Atlantis.

Aber ist das nicht ein sehr träumerischer Marx, ein Marx der Frühschriften? Und was soll das genau heißen: die Gesellschaft als "Naturalismus = Humanismus"? Es gibt bei Marx in den "Ökonomisch-philosophischen Manuskripten" eine eigentümliche Textstelle, an der die *Gesellschaft selbst* zum Bedürfnis wird. Emphatisch und sicherlich verklärt nimmt Marx die Geselligkeit einer Arbeiterzusammenkunft wahr: "Die Gesellschaft, der Verein, die Unterhaltung, die wieder die Gesellschaft zum Zweck hat, reicht ihnen /den Arbeitern, B.K./ hin" (EB 1:554).

Es mag jetzt hinreichend klar geworden sein, daß diese Vision von einem "Verein" keine bloße Anekdote ist, sondern das Grundprinzip der kommunistischen Gesellschaft figuriert eben auch methodologisch als "aufgelöste/s/ Rätsel der Geschichte" (EB 1:536). Das bleibt denn auch weiterhin leitend für die folgenden Überlegungen. Die Aneigenbarkeit der Lebensverhältnisse steht in Aussicht. Im Kontrast dazu steht die *Entfremdung*.

Marx gelten auch in den späteren Schriften "Naturmacht", "Zufall" und 'Naturwüchsigkeit' als überwindbar und damit auch als praktisch kritisierbar durch den hohen technischen Entwicklungsstand der sachlichen Produktivkräfte. Aber mit jenen Begriffen wird nicht mehr die äußere Natur, sondern die Gesellschaft selbst charakterisiert. Diese ist "naturwüchsig" als eine "fremde gesellschaftliche Macht" (Gr.: 111, vgl. auch 81). Wir würden heute sagen: Sie ist zu komplex und unüberschaubar, versachlicht. In diesem "sachliche/n/ Zusammenhang" der "Zusammenhangslosigkeit" (Gr.:79) hat sich - so Marx - das längst überwunden geglaubte "antike Schicksal" (3:35) eingenistet.
Überwindet der Kapitalismus nüchtern die alte "Naturidolatrie" (Gr.: 313, s.o.) und die feudalen Verhältnisse, so schafft er andererseits eine 'hausgemachte' Naturwüchsigkeit ungeahnten Ausmaßes, bekannt als die berühmt-berüchtigten 'Sachzwänge'.

Vergesellschaftete Technik und Arbeit

Entfremdung bedeutet, verkürzt gesagt, folgendes: Indem die Entscheidungen über die Ziele und Mittel der Produktion von den Eigentümern der Produktionsmittel gefällt werden - sie entscheiden, in was wieviel und wann investiert wird - werden die Nichteigentümer, die Arbeiter, von Entscheidungs-, Beurteilungs- und Planungskompetenzen *entwöhnt*. Die fremde Macht versachlicht sich aber auch in der Maschine wie in der Arbeitsorganisation: Effektiv, also dem hohen Produktoutput in kurzer Zeit gemäß, wird das "Arbeitsmittel" in seinem "stofflichen Dasein" zu einer "dem Kapital überhaupt adäquaten Existenz" (Gr.:584). Wie in der naturwissenschaftlichen Versuchsanordnung werden Kräfte auseinandergenommen, zerlegt und 'von außen' zu einer 'neuen Natur' wieder zusammengesetzt. Die naturwissenschaftliche Wissensmacht, die sich in der 'neuen Natur' = Maschine niederschlägt, ist dem Arbeiter nicht durchschaubar:

"Die Wissenschaft, die die unbelebten Glieder der Maschinerie zwingt, durch ihre Konstruktion zweckgemäß als Automat zu wirken, existiert nicht im Bewußtsein des Arbeiters, sondern wirkt durch die Maschine als fremde Macht auf ihn, als Macht der Maschine selbst" (ebd.).

Der Arbeiter ist also nicht mehr "Anhängsel der Erde" (Gr.: 389), sondern "Anhängsel" eines "tote(n) Mechanismus" (23:445), Anhängsel dieser neu geschaffenen 'Natur'.

Die wissenschaftliche Organisation des Arbeitsprozesses - daß also Naturkräfte zerlegt werden und dem Arbeiter gegenüber 'von außen' wieder zusammengefügt werden - betrifft genauso die (hierarchische) Arbeitsorganisation (vgl. 23:442), die dem maschinellen Bewegungsprozeß angepaßt wird. So wird ein wissenschaftlich ausgeklügeltes integriertes Mensch-Maschine-System (vgl. ebd.) dem Arbeiter gegenüber fremd, wenn der "wissenschaftliche Gedanke/./" sich "objektiviert" (Gr.: 374). Nova Atlantis wird gegen die Menschen als technische Utopie praktisch wahr, als 'Ausdruck' des Kapitals (vgl. auch Gr.: 586). Es ist hier die in Materialität und Stofflichkeit umgesetzte Effektivität des Produktionsprozesses als 'Sachzwang', die den Menschen fremd ist. Hier hebt die gesellschaftliche Formierung von Arbeit und Technik an. Und durch den "logos" des Kapitals wird die Gesellschaft insgesamt "technologisch formiert" (H. Hülsmann).

Nun könnte ja gesagt werden: Jeder kann sich bilden, um diesen anonymen Prozeß spezifischer "Naturmacht" durchschauen zu können.

Marx greift auf die *Gewohnheit* (Aristoteles) als entscheidende Kategorie seines Gesellschaftsmaterialismus' zurück, die gesellschaftstheoretisch die Welt zu begreifen hilft: Insofern der Arbeiter ein Leben lang an stumpfsinnige Detailarbeit gefesselt ist, wird alle "freie körperliche und geistige Tätigkeit" "konfisziert" (23:445), und die Arbeit wird so "vom Inhalt /befreit/" (23:446; vgl. auch 441 und 380-385).

Dies meint Entfremdung für den Arbeiter. Und für Marx ist das "Elend" ausdrücklich auch eines der "Unwissenheit", was bisweilen übersehen wird. Die Phantasie, die Vielseitigkeit (Gr.: 231/313), das potentiell kompetente Wissen, all das ist gefesselt und kann sich nicht entfalten: Und diese ökonomische Gesetzmäßigkeit, die nicht zuletzt auch Arbeitslosigkeit erzeugt, all das "schmiedet den Arbeiter fester an das Kapital als den Prometheus die Keile des Hephästos an den Felsen" (23:674 ff.). Erhalt der Arbeitsplätze, weiter ist oft nicht zu denken. Und das ist nicht überheblich oder besserwisserisch gemeint, sondern ganz nüchtern festzustellen bei Betrachtung der 'Sachzwänge'.

Aber auch der Kapitalist ist entfremdet. Zwar sagt Marx in der "Heiligen Familie" noch, daß der Kapitalist sich in der Entfremdung "wohl" fühlt und diese als "eigne Macht" (2:37) weiß, insofern er es ja ist, der über die Investitionen entscheidet, aber in den späten Schriften beschreibt er die fremde gesellschaftliche Macht (Gr.: 111) klarer als einen Machttypus struktureller Sachzwänge, die auch den Kapitalisten betreffen (vgl. 25:274): Er muß um der Effektivität willen unter Konkurrenzdruck investieren, er selbst unterliegt der "Profitrate" als "treibende/r/ Macht" (25:269). Auf Leib, Leben und vernünftige Zwecke kann im Sinne aufgeklärter Vernunft, wie auch Marx sie versteht (und doch anders bewahrt), keine Rücksicht genommen werden. Das integrierte 'System' - wie heute gesagt wird - wird bei Marx im Ansatz erfaßt in seiner überwältigenden Totalität.
Denken wir nicht nur (und primär) an das Monopolkapital, sondern an die *Durchökonomisierung aller Lebensbereiche* (vom Sex bis zum Abenteuertourismus): Bei "Strafe des Untergangs" muß der Markt "beständig ausgedehnt werden, so daß seine Zusammenhänge und die sie regelnden Bedingungen immer mehr die Gestalt eines von den Produzenten unabhängigen Naturgesetztes annehmen, immer unkontrollierbarer werden" (25:255). Da ist wieder das "Naturgesetz", das Quasi-Naturgesetz und die allgegenwärtige Gewöhnung an dieses.

Aber der Staat greift doch 'regulierend' ein. Eben: reaktiv, immer schneller mit Frühwarnsystemen aller Art. Auch das wäre mit und von Marx her weiter zu entwickeln. Die allgemeine Durchschaubarkeit nimmt eher ab mit der zunehmenden Umlaufgeschwindigkeit der Informationen.

Doch zurück: Schließlich ist für Marx die Entfremdung, der alle unterliegen, auf der höchsten Aggregationsebene der periodischen Krisen, diesem zyklischen Auf und Ab der Konjunktur gegeben. Hier zwingt sich der "Zusammenhang der gesamten Produktion als blindes Gesetz den Produktionsagenten auf/,/" (25:267).

Aber wo und wie sollte diese Schicksalsmacht nach Marx gebrochen werden können, wenn doch die Menschen nach ihm gerade entfremdet sind? Das ist nur dann keine Aporie bei Marx, wenn an die bereits erwähnten kulturellen Gegenkräfte gedacht wird.

Das "Reich der Zwecke" (Kant) wird bei Marx als "Reich der Freiheit" (25:828) von einem stellvertretend antizipierten "assoziierte/n/ Verstand" (25:267) aus begriffen. Er selbst konstatiert damit wieder jene realistische Utopie, wenn er annimmt, daß diese jetzt machbar sei: Aufgrund des Entwicklungsstandes der technischen Produktivkräfte ist mehr als genug Zeit (Gr.: 89; 16:144) für ein soziales praktisches 'Experiment' im gesamtgesellschaftlichen Maßstab vorhanden:

Nicht nur, daß sich die Arbeitszeit für jeden auf fünf Stunden (!) - wie er bereits in den Frühschriften (vgl. EB 1:479) beispielhaft und Schulz zustimmend sagt - reduzieren könnte, auch die Form der Arbeitsorganisation, die Gesellschaft, kann eine befreiende Gestalt annehmen, weil sie diese virtuell schon hat. Erst dann wird die "für alle freigewordene Zeit" zur "künstlerische/n/, wissenschaftliche/n/ etc. Ausbildung" (Gr.: 593) nutzbar. Aber auch in der umgestalteten Arbeitsorganisation, im verbleibenden "Reich der Notwendigkeit" (25:828) soll die Wissenskompetenz aller praktisch wahr werden können. Und dieser Gedankengang findet sich in den späteren Schriften präzisiert.

In der "Deutschen Ideologie" kündigt sich bereits die Utopie von der Aufhebung der Teilung der Arbeit, vornehmlich der von Hand- und Kopfarbeit, an (vgl. 3:32, auch 3:245/273/424), im "Kapital" finden sich drei weitere Merkmale versteckt als Präzisierung dieser konkreten Utopie: Erstens ist ein "technologische/r/ Unterricht" (23:512) für alle durchführbar. Zweitens kann die Arbeit unter "alle werkfähigen Glieder der Gesellschaft verteilt werden" - "gleichmäßig" (23:552) - und schließlich kann - drittens - eine geplante Arbeitsplatzrotation im gesamtgesellschaftlichen Maßstab durchgeführt werden: "/D/as Teilindividuum, den bloßen Träger einer gesellschaftlichen Detailfunktion", gälte es damit zu ersetzen "durch das total entwickelte Individuum, für welches verschiedene gesellschaftliche Funktionen einander ablösende Betätigungsweisen sind" (23:512). Gewinnbar wäre Experimentierzeit für Demokratie, und institutionell absicherbar wären andere Formen der Arbeitsorganisation.

Aufhebung der Arbeitsteilung heißt also nicht, daß alle alles gleichzeitig machen, was unsinnig wäre, sondern Aufhebung der *Rollenfixierungen*, die die Menschen zu bornierten Fachidioten oder zu passiven Körper- oder Denkautomaten zu machen drohen. Das könnte funktionelle Arbeitsteilung genannt werden. Wie und in welchen Zeitabständen und in welchem

Umfange diese "einander ablösenden Betätigungsweisen" zu organisieren wären, darüber schweigt sich Marx konsequenterweise aus, hat er doch niemals eine Zukunftsvision im Detail ausgemalt.

Diese "Aufhebung der alten Teilung der Arbeit" (ebd.) ist für Marx nicht nur aus zeitökonomischen Gründen realisierbar, sondern auch aus organisatorischen Gründen: Die Arbeiter haben schicksalhaft ja bereits ihren Arbeitsplatz zu wechseln, durch gelegentlichen (strukturellen) Rausschmiß. Die gerechtere gesellschaftliche Organisation der Wissensmächte deutet sich damit an:
Wird die Arbeit außerdem noch unter alle gleichmäßig verteilt, ist die Bildungsprivilegierung minimierbar.
Jetzt wird auch Marx' Hinweis auf Hegel erst voll verständlich: "Hegel hatte sehr ketzerische Ansichten über die Teilung der Arbeit. 'Unter gebildeten Menschen kann man zunächst solche verstehen, die alles machen können, was andre tun', sagt er in seiner Rechtsphilosophie" (23:385; vgl. Ph. d. R. § 187 Zus.).

Marx sucht eine praktische, arbeitsorganisatorisch abgesicherte, gesamtgesellschaftliche Gestalt umfassender Bildung für alle. Und jetzt wird ebenso erst verständlich, was hinter dieser Vision steckt: Der "gewordene/./ Mensch/,/", in dessen "Kopf das akkumulierte Wissen der Gesellschaft existiert" (Gr.: 600), dieser tritt als ein "anderes Subjekt/.../ dann auch in den unmittelbaren Produktionsprozeß" (Gr.: 599).

So denkt Marx die Aufhebung der Entfremdung: Daß die Gesellschaft dem Menschen als vielseitigem, gebildetem und leidenschaftlichem 'angepaßt' (vgl. 23:512) wird und nicht umgekehrt.

Aufhebung der Entfremdung heißt bei Marx nicht, daß Mann und Frau sich in der Küche wechselseitig zur Hand gehen, wie ich neulich las, sondern, daß der Mensch unter solchen (allgemein genug gehaltenen) Bedingungen "seine Totalität produziert/,/. Nicht irgend etwas Gewordnes zu bleiben sucht, sondern in der absoluten Bewegung des Werdens ist" (Gr.: 387, vgl. auch 600). Oder: Es ist dies die "*Produktion der Verkehrsform selbst*" (3:70). Wird das naturwissenschaftlich-technische Wissen einerseits der Machbarkeit dieser Utopie vorausgesetzt, so wäre eine blinde Weiterentwicklung bestimmter Entwicklungslinien mit der Minimierung von

Sachzwängen qua praktischer Durchschaubarkeit durch alle nicht anzunehmen.

Die universelle Aneigenbarkeit durch Wissenschaft als "allgemeine Arbeit" (25:114) wäre, sofern nicht länger expertokratisch fixiert, sowenig blind wie ihre Verkörperungen in Maschinerie. Unter anderer gesellschaftlicher Form veränderte sie ihren Inhalt:
"Z.B. in der Wissenschaft kann ein 'Einzelner' die allgemeine Angelegenheit vollbringen, und es sind immer Einzelne, die sie vollbringen. Aber wirklich allgemein wird sie erst, wenn sie nicht mehr die Sache des Einzelnen, sondern die der Gesellschaft ist. Das verändert nicht nur die Form, sondern auch den Inhalt" (1:267).

"Wahrhaft reich eine Nation, wenn statt 12 Stunden 6 gearbeitet werden" (Gr.: 594), so zitiert Marx einen unbekannten Autor. Allein der hohe technologische Entwicklungsstand ermöglichte dies, - mittels genau der Produktivkräfte, die als Arbeitsmittel den Arbeiter erschlagen (vgl. 23:455), nicht durchschaubar sind und deshalb zu "Destruktivkräfte/n/" (3:69) werden.

Soll auf den Gewinn von Zeit durch hierarchische (vgl. auch 18:305-308) und/oder automatisch-maschinelle Arbeitsorganisation nicht verzichtet werden und *gleichzeitig* die allgemeine Aneigenbarkeit der fremden, in der Maschinerie verkörperten Wissensmächte gewährleistet werden, dann eben auch durch jene einander ablösende Betätigung in Arbeitsbereichen, die in ihrer (noch) vorhandenen Belastung von Organismus und Geist wie in ihrer Funktionsweise gleichverpflichtend kennenzulernen wären.
So wie über bestimmte Bedürfnisse nur aus einem (anderen) gesamtgesellschaftlichen Blickwinkel zu urteilen ist, so über bestimmte Techniken. Mit der gesamtgesellschaftlichen Abwägung von Arbeitsaufwand - einschließlich der Beseitigung risikowahrscheinlicher technischer Nebenfolgen, einschließlich der Vermeidung nutzloser Arbeiten (vgl. 23:552) also - und Nutzeffekt (vgl. auch 20:288 Anm.) stünde auch immer die Akzeptanz 'umständlicher', weiter als der Parlamentarismus reichender Demokratisierungsprozesse zur Debatte.

Kapitalistisch-technologische Formation

Das Überwältigende der technologischen Formation der Gesellschaft, wesentlich durch technokratische staatlich initiierte Reparaturleistungen und Konfliktbewältigungsstrategien mitbestimmt, wird allenthalben gespürt. Dagegen wird partikulare Solidarität (Subsidiarität) empfohlen, und es werden kleine Fluchten geübt: in die Therapie, in die Selbsterfahrungsgruppe etc., - einseitig, wenn die umwillen eines Maßstabes von Kritik festzuhaltende methodische Flucht zu anderen Produktionsformen (vgl. 23:90) außer Mode ist. Es ist zwar durchaus verständlich, die guten alten Zeiten zu beschwören und sich in den partikularen und privaten Lebenswelten einzurichten, dennoch hilft pure Nostalgie nicht weiter, wenn an dem durch eine andere gesellschaftliche Formation zu ermöglichenden "Herausarbeiten seiner/des Menschen, B.K./ schöpferischen Anlagen" methodisch festgehalten wird. Wesentlich um gesellschaftliche Bedürfnisse auch nach größerer Gesellschaft wäre es zu tun. Es "erscheint einerseits die kindische alte Welt als das Höhere. Andererseits ist sie es in alledem, wo geschlossene Gestalt, Form und gegebene Begrenzung gesucht wird. Sie ist Befriedigung auf einem bornierten Standpunkt; während das Moderne unbefriedigt läßt, und wo es in sich befriedigt erscheint, gemein ist" (Gr.: 387 f.).

Die Gemeinheit der Moderne besteht in nichts anderem als in der Undurchschaubarkeit des versachlichten überkomplexen Gesamtzusammenhanges, der so prächtig funktioniert (oder auch mal nicht) und so schön bunt ist.

Marx hatte das "freie gesellschaftliche Individuum" (Gr.: 111) als das "universal entwickelte Individuum" (Gr.: 79), den Menschen "als möglichst Bedürfnisreichen, weil Eigenschafts- und Beziehungsreichen" (Gr.: 312), ihn wirklich frei in seiner "absolute/n/ Disponibilität" (23:512) gesehen; annähernd gewährleistet in Gesellschaftsmedien, die durch die Einzelnen besonderbar sind, durchschau- und gestaltbar, vermittelbar 'von unten' erst mit einer Umkehr von der Entfremdung zur Aneigenbarkeit. Und diese ist eben auch durch die Aufhebung der alten Teilung der Arbeit zu gewährleisten. Was Marx mit diesem sehr allgemeinen Prinzip (Praxisstruktur) intendiert haben könnte, sei noch etwas veranschaulicht: Die vorübergehende Gewöhnung an einzelne Praxisfelder mag hinreichen, in diesen Kompetenzen zu erwerben, die bei der planerischen Gestaltung des Ganzen durch alle diese besser mitreden zu lassen vermögen, wäre doch das, was verhandelt würde, nicht gänzlich aus vergangenen, gegenwärtigen und aufgrund absehbarer zukünftiger Erfahrungen unbekannt. Demgegenüber macht der lebenslängliche berufliche Partikularismus (vgl. 3:273 u. 379) empfänglich und ansprechbar für eher oberflächliche Appelle, sich doch bitteschön um das staatliche Ganze zu kümmern, zu sorgen und sich zu engagieren. Die Vermittlungsglieder oder verschiedenste Momente eines gesellschaftlichen oder staatlichen Zusammenhanges sind aber nicht dadurch wirklich einsehbar, verstehbar und begründet akzeptabel, daß politische und/oder (sozial-)technokratische Experten Richtungen vorgeben. Dann werden vielleicht die einzelnen Politiken oder der Staat affektiv bejaht werden können, so wie sich die Fahne, der Präsident, der Tennisstar etc. als Identifikationsobjekte anbieten mögen.

Eine Hyperzentralplanwirtschaft vermag alleine sowenig die fixierte, arbeitsteilige Atomisierung und Bornierung der Individuen zu überwinden, wie die bürgerliche Gesellschaft gleichsam per Dekret in den Staat "aufzuheben" ist oder die partikularen Arbeits- und Lebenswelten einfach auf die Sittlichkeit des Staatsganzen zu verpflichten sind.

Vielfältige und verschiedenste Partizipationsmöglichkeiten wären dringlich, Einmischungen in andere Angelegenheiten erforderlich. Motivierung durch "Learning by doing", höhere Auseinandersetzungsbereitschaft auch bei überschaubareren Repräsentationsverfahren wären wahrscheinlich das Ergebnis. Durch zu institutionalisierende Gewöhnung an verschiedenste und abwechselnde Mitwirkungs- und Mitentscheidungspraxen würde das Interesse am Ganzen eher zu Haltung. So ist - und sei es in entscheidenden Teilbereichen - "die empirische Welt so einzurichten, daß er /der Mensch, Anm. B.K./ das wahrhaft Menschliche in ihr erfährt, sich *angewöhnt*, daß er sich als Mensch erfährt". Dann ist der Mensch unter Bezugnahme auf die Problematik des Machtvermögens im "materialistischen Sinne" frei /.../ durch die positive Macht, seine wahre Individualität geltend zu machen", so wie er im "materialistischen Sinne" unfrei /.../ ist /.../ durch die negative Kraft, dieses oder jenes zu meiden" (2:138, Herv.h. B.K.).

Aber es ist nicht zu unterschlagen: Gesellschaftliche Formationen wirklichen Mitentscheidens und Mitplanens sind gänzlich ineffektiv, stören

'unsere' Konkurrenzfähigkeit auf dem (Welt-)Markt und damit den Absatz von Waren. Würde wirklich mehr Demokratie gewagt werden wollen, wäre die "Systemfrage" nicht länger anonymisierbar.
Ist das kaum Vorstellbare auch nicht im Detail auszumalen und antizipierbar, so ist der Finger weiterhin auf bestimmte und neue Wunden zu legen: Der Kapitalismus wird recht eigentlich erst heute praktisch und allgegenwärtig wahr. Längst ist die Konsumtion - neben der Produktion und der Distribution der Waren - in das 'Systemganze' integriert, das quantitative Zeitverständnis hinter dem Rücken der 'freien' Bürger habitualisiert. Der höhere 'input' von Waren pro Konsumzeit generiert die immer dichtere Ausfüllung der Poren dieser Konsumzeit, charakterisiert die zunehmende Unbrauchbarkeit der Gebrauchswerte. Die irrsinnigen Warenmengen, produziert zum Wegwerfen, haben eine zu geringe Aufenthaltsdauer in der Konsumsphäre, als daß mit ihnen noch recht eigentlich etwas anzufangen wäre. Immer weniger *aneigenbar* sind sie beliebige Erscheinungen fremderer ferner Mächte, so nah jene auch sein mögen. Das Outfit, der Gestus, der Markenpullover mit aufgesetztem Namen - der nur um den Preis der Zerstörung des Gebrauchswertes abtrennbar ist - garantiert jene vorübergehende Identität der Person, zu deren kultureller Reproduktion das Arbeiten immer noch zu 'lohnen' scheint.

Die Produktion ist aber damit nicht mehr die alleinige Sphäre kapitalistischer Formation, in der von einem Begreifen des Gebrauchswertes wie von einem Begreifen der Herstellungstechnik entwöhnt wird, indem Planungs-, Entscheidungs- und damit Beurteilungskompetenzen an der Entfaltung gehindert werden.

Wenn es stimmt, daß die kapitalistisch formierte Technik durch eine andere gesellschaftliche Formation anders orientiert werden könnte, dann scheinen andere Aneignungsfähigkeiten und andere arbeitsorganisatorisch zu gestaltende soziale Verantwortlichkeiten (vgl. 17:544) und nicht der ethische Appell an eine individuelle Verantwortung entscheidender zu sein. Sozialverträglichkeit von Technik suchte dann ihre soziale Praxis. Perpetuiert sich die Chancenlosigkeit einer bedeutsamen gesellschaftlichen Umgestaltung, dann formiert sich immer umfassender und intensiver die Gesellschaft als technologische - informationstechnologische (z.B. Genomanalyse, Überwachungsstaat), gentechnologische (Eugenik) und atomtechnologische (Atomstaat). Diese Techniken setzen ihre eigene

Alternativlosigkeit fort. Die Gegenströmungen sind bis auf weiteres ohnmächtig, sie kommen zu spät.

Noch einmal genauer zurück zu Marx: grundsätzliche Theoreme und Argumentationsweisen wie Denkfiguren tragen immer noch. Marx hat in seiner Schrift "Zur Judenfrage" bereits ausführlich gezeigt, daß das Parlament nicht wirkliches Medium sein kann, 'von unten' vermittelt durch kompetente Staatsbürger:

"Der Staat hebt den Unterschied der *Geburt*, des *Standes*, der *Bildung*, der *Beschäftigung* in seiner Weise auf, wenn er Geburt, Stand, Bildung, Beschäftigung für *unpolitische* Unterschiede erklärt, wenn er ohne Rücksicht auf diese Unterschiede jedes Glied des Volkes zum *gleichmäßigen* Teilnehmer der Volkssouveränität ausruft, wenn er alle Elemente des wirklichen Volkslebens von dem Staatsgesichtspunkt aus behandelt. Nichtsdestoweniger läßt der Staat das Privateigentum, die Bildung, die Beschäftigung auf *ihre* Weise, d.h. als Privateigentum, als Bildung, als Beschäftigung *wirken* und ihr *besondres* Wesen geltend machen. Weit entfernt, diese faktischen Unterschiede aufzuheben, existiert er vielmehr nur unter ihrer Voraussetzung, empfindet er sich als *politischer* Staat und macht er seine *Allgemeinheit* geltend nur im Gegensatz zu diesen seinen Elementen" (1:354).

Und der 'Sachzwang' effektiven Wirtschaftenmüssens will außerdem selbstverständlich nicht das Geringste von demokratischer Mitentscheidung auf Betriebs- oder gesamtgesellschaftlicher Volkswirtschaftsebene wissen (vgl. 23:447).

Das "Privateigentum, die Bildung, die Beschäftigung" "*wirken*" nach wie vor auf "*ihre* Weise" (1:354) in der betrieblichen *und* der staatsbürgerlichen Sphäre, der die Staatsbürger verloren zu gehen drohen. Eine immer undurchschaubarere "Allgemeinheit" macht sich geltend als regulativ eingreifender Staat, z.B. angesichts der ökologischen Krise:

So sehr die kapitalistische Marktökonomie nicht nach gebrauchswertorientierten Kriterien zu planen vermag, denen eine ökologisch verträgliche Langzeitökonomie entsprechen könnte, so sehr müssen regulierende Staatseingriffe primär reaktiv und reparierend sein.

Gewiß ist staatliches Handeln durch die Kompromisse bewegt, die gesellschaftliche und politische Kräftekonstellation zu erzwingen vermögen. Und in Analogie zum damals politisch notwendigen und erfolgreichen Kampf für den 8-Std.-Tag (vgl. z.B. 23:319) ist heute desweiteren mit verschiedensten Gesetzgebungsverfahren, Verordnungen, Auflagen und Abgaben zur Stabilisierung der ökologischen Krise zu rechnen, immer aber nur nach Maßgaben, die das Profitprinzip nicht in Frage stellen. Zu berücksichtigende Amortisations- und Abschreibungszeiten sind die entscheidenden kategorischen Imperative des Wirtschaftens. Die propagierte "ökologische Modernisierung" ist deshalb ökologisch (zu) langfristig angelegt, mit erforderlicher Rücksicht auf das kurzzeitökonomische Basisprinzip. Es wird wohl so sein, daß der Kapitalismus mit einer umgekippten Nordsee weiter zu wirtschaften vermag. Ebenso mögen die gerade noch und jeweils durchsetzbaren Schadensbeseitigungs-, -minderungs- und -vermeidungstechniken vielleicht auch das Schlimmste verhüten (was ist das Schlimmste?); die eine und eindimensionale formierte Gesellschaft produziert, erhält und akkumuliert aber bis auf weiteres bestimmte unvermeidbare Risiken, "normale Katastrophen" (Ch. Perrow).

Die Undurchschaubarkeit der Ökonomie wie der staatlichen Regulierungen verstärken die Ohnmacht.

Die Hauptentwicklungstendenz der technologischen Formation verweist auf die softe Ware, alles wird angeblich leicht oder easy. Die In-Formierung der Gesellschaft, die Informationen als immer schneller umlaufende Waren, verweisen marginal nur auf Notwendiges: Die Umweltfrühwarnsysteme, die vernetzten Datenbanken, die mit Daten über (potentielle) giftige (synergetische) chemikalische Verbindungen etc. mögen hier und da gerade noch rechtzeitig verteilt werden können. In der Flut der Daten kann aber kein Kopf, kein Mensch, der mit beiden Beinen auf der wohlgerundeten Erde steht, mehr Wichtiges von Unwichtigem scheiden. Marx dachte, daß wenigstens das gesellschaftsrelevante Wissen in jedem Kopf zu existieren vermöchte. Auch die EDV ist bis auf weiteres eine dem Kapital adäquate Technologie.

Die Menschen sind und können nicht Herren der Natur werden, wenn sie nicht (mehr) Herren ihrer eigenen Vergesellschaftung werden können (vgl. 20:264 f., 106 f., 452 ff.).

Wenn sich dies alles auch auf absehbare Zeit nicht ändern läßt, so läßt sich doch nicht ausreden, daß eine demokratisch gestaltete allgemeine Verfügung und das kompetente Wissen aller not-wendig wäre.
In der totalitären informierten Gesellschaft wird das Jahr 2000 nicht stattfinden - als *erfahrbares* (J. Baudrillard).
Ohne einen kritischen Rest aber ist die technologisch formierte Gesellschaft nur die gemeinste Postmoderne.
Solches Wissen ist vorab ohnmächtig.

Abkürzungen

Zitiert wird nach der Ausgabe Karl Marx/Friedrich Engels Werke, herausgegeben vom Institut für Marxismus-Leninismus beim ZK der SED, Berlin 1956 ff. Die Ziffern vor dem Doppelpunkt bezeichnen die Bände, danach die Seitenzahl.

EB = Ergänzungsband 1;

Gr.: = Karl Marx: Grundrisse der Kritik der politischen Ökonomie (Rohentwurf) 1857-1858. Nach der Moskauer Ausgabe des Marx-Engels-Lenin-Instituts Moskau von 1939 und 1941, Frankfurt/Wien o.J..

Literatur

Aristoteles: Die Nikomachische Ethik. Übersetzt und herausgegeben von Olaf Gigon, München 1972
Althusser, Louis/Balibar, Etienne: Das Kapital lesen, Reinbek 1972
Bacon, Francis: Neu-Atlantis, übersetzt von Günther Bugge. Durchgesehen und neu herausgegeben von Jürgen Klein, Stuttgart 1982
Baudrillard, Jean: Der symbolische Tausch und der Tod. Aus dem Französischen übersetzt von Gerd Bergfleth, Gabriele Ricke und Ronald Voullié, München 1982
Baudrillard, Jean: Das Jahr 2000 wird nicht stattfinden, in "Spuren" Nr. 6, Juni 84

Butlhaupt, Peter: Zur gesellschaftlichen Funktion der Naturwissenschaften, Frankfurt a.M. 1973
Hegel, Georg Wilhelm Friedrich: Grundlinien der Philosophie des Rechts, Frankfurt a.M. 1976
Hülsmann, Heinz: Die technologische Formation oder: lasset uns Menschen machen, Berlin 1985
Hülsmann, Heinz: Die Maske. Essays zur technologischen Formierung der Gesellschaft, Münster 1985
Kant, Immanuel: Grundlegung zur Metaphysik der Sitten, Theorie Werkausgabe Bd. VII, Frankfurt a.M. 1968 ff.
Kensmann, Bodo: Zur Dialektik der Macht bei Marx, Münster 1989
Perrow, Charles: Normale Katastrophen. Die unvermeidbaren Risiken der Großtechnik, Frankfurt a.M./New York 1988
Pohrt, Wolfgang: Theorie des Gebrauchswerts, Frankfurt a.M. 1976
Tschiedel, Robert: Wissenschaft im Konflikt um die Kernenergie, Frankfurt am Main/New York 1977
Virilio Paul: Fahren, fahren, fahren ... Aus dem Französischen übersetzt von Ulrich Raulf, Berlin 1978
Virilio, Paul: Geschwindigkeit und Politik. Aus dem Französischen übersetzt von Ronald Voullié, Berlin 1980

Henk Stolk, Verstörung VIII, 1986

Elisabeth Katzlinger-Felhofer, Edeltraud Ranftl

FRAUEN IN DER TECHNOLOGISCH FORMIERTEN GESELLSCHAFT

Im folgenden Beitrag wird kurz beschrieben, wie sich die Dominanz der Männer im Bereich Naturwissenschaft und Technik auswirkt und wodurch es zur weitgehenden Ausgrenzung von Frauen kommt (kam). Des weiteren sollen die Folgen der Technisierung vor allem für Frauen behandelt und der diskutierte andere Zugang von Frauen zur Technik problematisiert werden. Trotz Koedukation werden Mädchen und Knaben in der Schule ungleich behandelt. Von Frauen wird (vor allem von ihren Geschlechtsgenossinnen) erwartet, sie mögen den harten Naturwissenschaften weichere Züge verleihen; gleichzeitig sollen sich Frauen wieder auf ihre "Natur" besinnen, was sie jedoch selbst zum Ausschluß aus den öffentlichen Bereichen führt.

Naturwissenschaft und Technik - eine Domäne der Männer, Frauen sind unterrepräsentiert

Die Entwicklung der Neuen Technologien ist vom vorherrschenden Wissenschafts- und Naturverständnis, ja sogar Menschen- und Gesellschaftsbild der traditionellen Naturwissenschaft geprägt. "Technik und Naturwissenschaften, so können wir feststellen, sind in Form und Funktion ein gesellschaftliches Produkt und, so können wir weiter feststellen, es handelt sich um eine ausgesprochene Domäne von Männern" (Woesler de Panafieu 1985:37). *Wie wirkt sich diese Dominanz der Männer aus?* M. Maurer stellt hierzu fest, daß diese eine folgenreiche Begrenzung der Naturwissenschaft darstellt, "und zwar im Erkenntnissubjekt: das Subjekt der wissenschaftlichen Erfahrung wird festgestellt und damit reduziert auf ein männliches. Damit werden aber die Erkenntnissuche, die Erkenntnismöglichkeiten und die Erfahrung selbst in schädlicher Weise begrenzt. Denn durch den Ausschluß der Frauen können ... solche Interessen, deren Träger die Frauen sind ... nicht mehr oder kaum in die wissenschaftlichen Fragestellungen, Methoden und Organisationsformen eingehen. Die patriarchale Begrenzung der (Natur)Wissenschaft im Erkenntnissubjekt führt damit auch zu einer entsprechenden Begrenzung der ins

Auge gefaßten Zielsetzungen der Forschungs- und Entwicklungsprozesse" (Maurer 1985: 249f.). Der Frauen zugeschriebene Reproduktionsbereich und Sinnlichkeit finden hier kaum Platz.

Als Kriterien der Wissenschaftlichkeit gelten - ja Naturwissenschaft und Technik sind der Inbegriff von - Wertfreiheit, Neutralität und Objektivität (1). Instrumentell-technologische Rationalität bestimmt Entwicklung und Einsatz von Neuen Technologien. Woesler stellt fest: "Rationalität ist ein zentrales Konzept in der strukturellen und historischen Verbindung von Männlichkeit und Herrschaft" (Woesler 1985:30). Auch Horkheimer und Adorno ging es in ihrer Kritik am aufklärerischen Denken um das Aufdecken des regressiven Moments patriarchaler Rationalität. (Abendländisches Denken ist vernunftgeleitetes und instrumentelles Denken. Hauptmerkmale dieser instrumentellen Vernunft sind nach Horkheimer die Abkoppelung des Denkens von Sinnlichkeit und Erfahrung sowie seine Zweckgerichtetheit - vgl. Beer 1985:16f.). Instrumentelle Vernunft findet ihre vollkommenste Prägung in der industriell kapitalistischen Gesellschaft. "Diese nimmt instrumentelle Vernunft voll in den Dienst zur Beherrschung von Mensch und Natur" (Beer 1985:19).

Nun aber zur Verdrängung der Frauen. Frauen sind im naturwissenschaftlichen und technischen Bereich unterrepräsentiert. Besonders Voreilige ziehen daraus den Schluß, daß Technik den Frauen ferne liege, sie sogar technikfeindlich seien. Übersehen wird dabei, daß Ausschließungsstrategien nicht einfach von Frauen erfunden werden. Es handelt sich hier vielmehr um kulturell tradierte Vorstellungen von Weiblichkeit, genauer um die gesellschaftliche Organisation der Geschlechterverhältnisse. "Die Grenzziehungen, die in gesellschaftlichen Räumen zwischen den Geschlechtern verlaufen, beinhalten soziale Differenzierungen. Ungleiche Statuszuweisungen, ungerechte Verteilung von Arbeits- und Lebensbereichen und in der Folge ein Gefälle von Aneignungs- und Anerkennungschancen führen geschichtlich zu einer Hierarchie der Geschlechter und tradieren sie" (Becker-Schmidt/Knapp 1987:9f). In unserer Gesellschaft ein bestimmtes Geschlecht zu haben, hat gravierende Folgen. Geschlecht ist eine soziale Strukturkategorie (Becker-Schmidt/Knapp), d.h., Frauen und Männer haben unterschiedliche Lebenschancen. Die Zuweisung von Frauen und Männern zu bestimmten Aufgaben- und Verantwortungsbereichen prägt und kanalisiert klarerweise Fähigkeiten. Die den Geschlechtern zugeschriebenen Eigenschaften unterliegen einer sozialen

Wertehierarchie. Als männlich gilt z.B. abstraktes, analytisches Denken und systematisches Vorgehen, also eher das, was zum Wissenschaftstyp, der sich mit Entwicklung und Konstruktion von Neuen Technologien beschäftigt, paßt.

Gründe dafür, daß Frauen in Naturwissenschaft und Technik unterrepräsentiert sind, liegen also in der gesellschaftlichen Organisation der Geschlechterverhältnisse, damit einhergehend einer geschlechtsspezifisch-hierarchischen Arbeitsteilung und einer unterschiedlichen Zuweisung zu privaten und öffentlichen Räumen. Der spezielle Wissenschafts- und Erfahrungstypus und die Organisation des Bereiches Naturwissenschaft und Technik liegen quer zu Sozialisation und Erfahrungen von Frauen (vgl. Woesler 1985:37). Damit aber nicht genug, die Geschichte der Technik und Naturwissenschaft wurde vorwiegend von Männern geschrieben und Frauen dabei entweder total totgeschwiegen, erwähnt, jedoch in einer vom Mann her definierten Funktion (als Geliebte, Ehefrau usw.) oder herabgesetzt, d.h., ihre Namen scheinen zwar auf, ihre Leistungen werden jedoch unterbewertet oder herabgewürdigt (2). Daß Verdrängungsprozesse eine politische Funktion haben, ist klar. "Totschweigen war schon immer ein probates Mittel der Herrschaftssicherung ... und Technik und Naturwissenschaft gehören ... zu den Medien der Machtausübung; die Verdrängung der Frauen aus deren Geschichtsschreibung hat die reale Vertreibung der Frauen aus diesem Terrain zum Gegenstand" (Maurer 1986:241).

Wo sind die Frauen? Z.B. im Vorwort. "Es gibt kaum ein Lehrbuch, in dessen Vorwort nicht der treuen, geehrten Gattin für moralische Unterstützung, technische Hilfe, Sachregistererstellung und ähnliches gedankt würde" (Maurer 1985:253). Oder zwischen Teflon-Pfanne (nettes, zum Teil krebserregendes Abfallprodukt der Raumforschung), Geschirrspüler, Waschmaschine, elektronischer Schreibmaschine, Videospielen der Kinder und Supermarkt unterwegs. Vielleicht mit Textverarbeitung, Datenerfassung oder als Kassierin an einem super neuen Gerät (das Lagerverwaltung und Bestellwesen z.T. mitmacht) beschäftigt. Möglicherweise ist sie aber (medizinisch)technische Assistentin, technische Zeichnerin, Laborgehilfin usw., also durchaus in technischen Berufen, die aber primär als Frauenberufe bezeichnet werden (3). Selten jedoch, gleiche Qualifikation vorausgesetzt, in gleicher Position wie Männer. Frauen, Ehefrauen, Mitarbeiterinnen "stellen die neue unsichtbare Basis der heutigen Wissenschaft dar, die mit Hilfe des Ausschlusses oder der Vertreibung der Frauen aus den akademischen und/oder höheren Positionen des Wissenschaftsbetriebes erreicht wird, und insofern ist dieser Ausschluß 'konstitutiv'" (Maurer 1985:253).

Folgen der Technisierung, insbesondere der Computerisierung

Die Mikroelektronik durchdringt in zunächst unauffälliger Weise das Arbeitsleben und erfaßt schließlich alle gesellschaftlichen Bereiche bis hin zur sogenannten Privatsphäre. Moderne Technologie ist nicht mehr beschränkt auf Produktionsprozesse, sie bestimmt zunehmend den Lebensprozeß und das Alltagsleben als Ganzes, es findet somit eine Überschreitung der instrumentellen Naturbeherrschung statt (vgl. Scheich 1987:132). Frauen sind daher nicht nur als Berufstätige, sondern auch als Hausfrau und Mutter von den Auswirkungen des Technologieeinsatzes betroffen. Da die Bereiche Beruf und Familie jedoch geschlechtsspezifisch verteilt und gesellschaftlich unterschiedlich bewertet werden, Frauen Berufstätigkeit erschwert wird, Männer im Haushalt und bei der Kindererziehung weitgehend fehlen, resultiert daraus, daß Frauen von Technikentwicklung und den Folgen zumindest einmal "anders" betroffen sind als Männer.
Untersuchungen zur Technologieentwicklung auf dem Hintergrund gesellschaftlicher und sozialer Verhältnisse "fassen die Struktur der technikgestaltenden Herrschaftsverhältnisse überwiegend in schichten- und klassenspezifischen Begriffen. Ökonomie und Profit, Managementkontrolle über den Arbeitsprozeß in der Produktion, staatliche Intervention, gesellschaftliche/politische Interessenkonstellationen erscheinen als wirksame Faktoren, kaum aber das hierarchische Geschlechterverhältnis" (Scheich 1987:127).

Wir diskutieren im folgenden eher weniger die allgemeinen Probleme der Technikentwicklung bzw. deren Folgen, sondern greifen hier vor allem Aspekte heraus, die in unmittelbarem Zusammenhang zu Frauenarbeit stehen. Und Frauenarbeit ist eben nicht einfach Berufsarbeit, sondern immer auch Hausarbeit bzw. jene Arbeit, die im Reproduktionsbereich "traditionellerweise" und immer noch primär von Frauen verrichtet wird.

Kurz zu den *Auswirkungen der modernen Technologie auf die Erwerbsarbeit:*
Durch den Einsatz von neuen Technologien (4) kommt es zu Automatisierung und Rationalisierung von Arbeitsprozessen. Für einen Teil der Erwerbsbevölkerung wird zukünftig durchaus höhere Qualifikation gefragt sein, die Mehrheit jedoch wird weiterhin un- bzw. wenig qualifizierte Tätigkeiten verrichten müssen. Viele Arbeitskräfte werden "freigesetzt" (gut verharmlosende Bezeichnung) oder in Teilzeitbeschäftigungsverhältnisse, Kapovaz u.ä. abgedrängt werden. Wenig qualifizierte und sich immer wiederholende Tätigkeiten wie auch Sachbearbeiterwissen, sollen in Computerprogramme eingehen. Frauen sind verstärkt auf den unteren Stufen einer beruflichen Hierarchie, wo o.a. Tätigkeiten zu verrichten sind, anzutreffen, d.h., sie sind von der derzeitigen Rationalisierungswelle noch stärker betroffen als Männer.

Aber nicht nur die Zahl der Arbeitslosen wird sich erhöhen, auch Arbeitsinhalte und Arbeitsorganisation verändern sich. Und "wir wissen, daß die neue Technologie Belastungen bisher ungewohnter Art mit sich bringt: Reizdeprivation in einem hochtechnifizierten sterilen Arbeitsklima; einseitige Beanspruchung durch Entkörperlichung der Arbeit und Entstofflichung des Arbeitsprozesses; Intensivierung der Beanspruchung durch ein kontinuierlich fließendes Programm und einen ständigen Zwang zur Konzentration angesichts einer Vielzahl von Kontrollaufgaben. Dazu kommen psychische Bedrohungen: Angst und Ohnmachtsgefühle angesichts von Maschinen, die präziser und 'produktiver' zu sein scheinen als ihre Bediener; die Angst, mit der neuen Technologie nicht Schritt halten zu können ..." (Becker-Schmidt 1985:451). Diese subjektiv empfundene psychische Bedrohung entspringt einem objektiven Grund: Das Ergebnis der menschlichen Arbeit (Computer) verselbständigt sich und gewinnt Herrschaft über den Menschen. Der Mensch muß sich an die Maschine, an ihre Erfordernisse anpassen. Durch andere sozio-ökonomische Entscheidungsmuster über Entwicklung und Einsatz von Technologie wäre aber auch eine humanere Arbeitsgestaltung und ein Mehr an qualifizierten Tätigkeiten möglich.

Frauen haben eher mit der Bedienung und Anwendung von technischen Geräten zu tun, nicht aber mit der Entwicklung oder Entscheidung über deren Einsatz.

Entfremdende Prozesse in der Beziehung des Menschen zu seiner Arbeit nehmen entsprechenden Einfluß auf seine gesellschaftlichen und zwischenmenschlichen Beziehungen. Aber auch die Technologie selbst macht nicht halt vor den Wohnungstüren.

Welche Auswirkungen zeigen sich im Reproduktionsbereich?

"Die Einführung von Informations- und Kommunikationstechnologien beginnt die Organisation des Alltages und seine Beziehungsform nachhaltiger zu verändern, als es Fernsehen oder Autos gekonnt haben. Heimcomputer, die die Verbindung zur Außenwelt herstellen - zu Freunden, Warenhäusern, Banken, zur Arbeit -, die ein wohnungseigenes Kommunikationsnetz mit eingebauter Programmierung aller Arbeits- und Lernbereiche ermöglichen, die als Als-ob-Spielkamerad, Lehrer, Therapeut benutzt werden können, sind aus Science-Fiction-Romanen direkt in die Wohnzimmer gesprungen, in diesen traditionellerweise weiblich genannten Bereich" (Woesler 1985:39). Unterhaltungselektronik, Videospiele, Heimcomputer, teilweise Bildschirmtext und elektronische Haushaltsgeräte sind für den privaten Konsum bestimmt und auch in immer mehr Haushalten vorhanden. Jugendliche sind die Hauptabnehmer von Heimcomputern. 80 Prozent dieser Kundschaft sind zwischen 13 und 19 Jahre alt (vgl. Seeland/Strauven 1985:201). Auch Kinder "spielen" schon mit Computern. Kinder lernen durch Erfahrung und durch Kontakt mit der sozialen und natürlichen Umwelt. Das Lernen am Bildschirm, das Sich-Bewegen in einer künstlichen Welt schränkt die Erfahrungs- und Erlebniswelt ein und schwächt auch die Fähigkeit, die Realität einzuschätzen (5). Computersprache ist formalisiert und armselig im Vergleich zu natürlichen Sprachen und zum Sprachverhalten, das immer auch kreatives Verhalten ist.

Aber nicht nur bei Kindern wird sich der Umgang mit Computern negativ auswirken, auch die dauerhafte Beschäftigung von Erwachsenen mit derartigen Geräten führt zu Veränderungen von Sprachverhalten und von Denk- und Wahrnehmungsstrukturen sowie zur Verarmung der Gefühle und zu einem Sinken des Verantwortungsbewußtseins gegenüber Personen (vgl. Turkle 1984). Durch die Anwendung von Bildschirmtext, die derzeit (zumindest in Österreich) zwar noch auf große Akzeptanzprobleme trifft, besteht die Gefahr, daß die direkte Kommunikation verringert wird und soziale Beziehungen verarmen.

Aber was hat dies alles mit Frauen zu tun? Die Hauptlast der Verantwortung für Haushalt und Kindererziehung tragen immer noch die Frauen. Frauen sind in unserer historisch gewachsenen arbeitsteiligen Gesellschaft für das emotionelle Klima im privaten Bereich zuständig. Die Erwerbssphäre nimmt keine Rücksicht auf Aufgaben, die im privaten Bereich zu erledigen sind. Wenngleich auch beide Bereiche wechselseitig aufeinander verwiesen sind, besteht doch eine bestimmte Hierarchisierung, und die Berufsarbeit, die den Einsatz der ganzen Person fordert, hat gesellschaftliche Priorität (Becker-Schmidt). Die Folgen dieser schwer verträglichen Bedingungen der Berufsarbeit sollen in der Familie abgefedert werden. Den Frauen werden noch mehr "typisch weibliche" Fähigkeiten abverlangt. Sie sollen beruflich degradierte und deprimierte Männer aufbauen, ihnen zu neuem Selbstbewußtsein verhelfen. Auf einen spezifischen Erwerbsbereich, der zunächst vor allem für Mütter ganz attraktiv erscheint und der in dieser Form nur durch neue Technolgien ermöglicht wird, sei noch etwas ausführlicher eingegangen. Es handelt sich um

Telearbeit

Telearbeit, Teleheimarbeit, Telefernarbeit bedeutet, daß Arbeitsplätze aus dem Unternehmensbereich räumlich ausgelagert werden, aufgrund der informationstechnischen Ausstattung dennoch in (ständiger oder zeitweiliger) Verbindung mit dem Unternehmen bleiben. Die arbeitsorganisatorische Komponente beschäftigt sich vor allem damit, in welcher Hierarchieebene eines Unternehmens die Aufgaben der Telearbeit angesiedelt sind.

Frauen werden in Büroberufen, die in erster Linie für Telearbeit geeignet sind, am unteren Ende der Hierarchie eingesetzt. Die Aufgaben, die für Frauen ausgelagert werden, verlangen eher niedrige Qualifikation. Einige Beispiele, hier sei nur auf Teleprogrammierung hingewiesen, zeigen, daß nicht nur jene Aufgaben ausgelagert werden können, die am unteren Ende der Betriebshierarchie angesiedelt sind. Bei jenen Projekten, wo der Frauenanteil sehr hoch ist, beschränken sich die Tele-Tätigkeiten meist auf Text- und Datenerfassung (Huber 1987:23f.). In bezug auf den *Führungsstil* überwiegt bei Telearbeit die "Führung durch Zielsetzung". Die gemeinsame Entwicklung von Zielsetzungen zwischen Vorgesetzten und Telearbeitenden über Aufgabenumfang, zeitliche Festlegung der Aufgabenerledigung und den Mitteleinsatz ist für Telearbeit eine sehr häufige Form der Arbeitsgestaltung. Die Arbeitsausführung ist im Sinne von Selbstorganisation und Selbststeuerung dem/der betroffenen Mitarbeiter/in in einem relativ großen Umfang überlassen. Die Kontrollen sind im wesentlichen Ergebniskontrollen, die sich auf den Grad der Zielerreichung beziehen. Für Telearbeitnehmerinnen hat dieser Führungsstil den Vorteil, daß vor allem die Arbeitszeit frei eingeteilt werden kann. Die Ergebnisverantwortlichkeit grenzt die Entstehung der Arbeitsergebnisse aus. Untersuchungen in bezug auf Teleheimarbeit zeigen, daß sich die Arbeitsbedingungen auf Kosten der betroffenen Frauen sehr problematisch entwickeln (vgl. Schiersmann 1987 b). Mütter von Kleinkindern machen die Erfahrung, daß neben dem Kind nicht gearbeitet werden kann. Die Arbeitszeit wird deshalb in die Nachtstunden bzw. in die Schlafstunden des Kindes verlagert. Dabei ist aber zu bedenken, daß dann die Frau bereits einen arbeitsreichen Tag hinter sich hat. Ein Teil der Frauen verlegt die Telearbeit auf das Wochenende, wo der Vater die Betreuung der Kinder übernehmen kann. Ein gemeinsames Familienleben wird nur noch schwer möglich.

Die von außerfamiliären Institutionen angebotene Betreuung, wie Kinderkrippe oder -hort, wird von den befragten Telearbeiterinnen mit Kleinkindern ganz entschieden abgelehnt (vgl. Klein o.J.: 146ff.).

Mit der Telearbeit ergibt sich die Möglichkeit, die Erwerbsarbeit der Frauen an den *Arbeitsort* der reproduktiven Arbeit zu knüpfen. Der Konflikt der Frauen, zwischen Hausarbeit und Beruf zu wählen, wird durch die Verlagerung des Arbeitsortes entschärft, aber nicht gelöst. Hausfrauen und berufstätige Frauen werden gegeneinander ausgespielt, wobei die Hausarbeit vor allem von konservativer Seite her aufgewertet wird, damit die Frauen in den gesellschaftlich so notwendigen Bereich der Hausarbeit zurückkehren und den engen Arbeitsmarkt nicht weiter belasten (vgl. Sichtermann 1987: 11f.). Teleheimarbeit bietet, zumindest auf den ersten Blick, die Möglichkeit, einen Kompromiß im Konflikt zwischen Hausarbeit und Beruf zu schließen.

Der Arbeitsort wird nicht verlagert, er entspricht entweder dem der Hausarbeit oder er liegt in unmittelbarer Nähe des Wohnortes (Nachbarschaftsbüros). Die vertraute Umgebung muß nicht verlassen werden, außerdem erlaubt die örtliche Nähe eine leichtere Verbindung zwischen

beiden Bereichen. Erwerbstätigkeit in Form von Telearbeit läßt eine gewisse zeitliche Flexibilität zu.
Die geschlechtsspezifische Arbeitsteilung in unserer Gesellschaft weist den Männern die Berufsarbeit und den Frauen die Hausarbeit zu. Teleheimarbeit wird vor allem Frauen schmackhaft gemacht, weil eine leichtere Verbindung zwischen Haus- und Erwerbsarbeit möglich zu sein scheint.

In einer Gesamtbeurteilung der Telearbeit für Frauen zeigt sich, daß die individuellen Vorteile momentan ins Auge springen. Vor allem für Frauen mit Kindern ist es oft die einzige Möglichkeit, einer Erwerbsarbeit nachzugehen. Die Teleheimarbeit, die als besonders familien- und frauenfreundlich angepriesen wird, hat aber erhebliche Tücken. Nicht nur, daß sie eben gar nicht so leicht mit familiären Verpflichtungen in Einklang gebracht werden kann, Isolation fördert und die geschlechtsspezifisch-hierarchische Arbeitsteilung fortschreibt, die Teleheimarbeiterinnen genießen meist auch nur eingeschränkteren rechtlichen und gewerkschaftlichen Schutz.

Integration versus Ausgrenzung von Frauen aus der Erwerbsarbeit

Integration versus Ausgrenzung, entweder - oder, ja - nein, auf eine derartig binäre Logik können wir uns hier nicht beschränken, d.h., die Antwort ist nicht von vornherein computergerecht. Frauen sind - das läßt sich historisch verfolgen - stets als industrielle Reservearmee eingesetzt worden. In Zeiten der "Hochkonjunktur" kam es zu einer Mobilisierung und Ausschöpfung des Arbeitskräftepotentials, die Integration von Frauen in den Arbeitsmarkt wurde gezielt gefördert.

Nur, wie sieht es derzeit aus? Was bringen die Neuen Technologien den Frauen im Hinblick auf Berufsarbeit? "Bezüglich der Erwerbschancen für Frauen sind mit den Neuen Technologien sehr widersprüchliche Erwartungen verbunden" (Andresen 1987:13). Während die einen "Vertreibung der Frauen aus dem Büro" (B. Böttger) oder Flexibilisierung in Form von Teleheimarbeit befürchten bzw. prognostizieren, sehen andere in den Neuen Technologien eine Chance zur Veränderung geschlechtsspezifischer Arbeitsteilung. Im Bereich der industriellen Fertigung verschwinden durch moderne Technologien "z.B. all die Anforderungselemente wie Körperkraft, Zupacken können u.ä." (Andresen 1987:13). Dadurch wäre zumindest ein Element, das immer wieder gegen Frauen verwendet wird, weg. Es gibt zwar auch Beispiele dafür, daß es durch Einsatz von z.B. CAD und CAM zu einer Neuverteilung der Tätigkeiten kommt, doch mehrheitlich wird im Bereich der industriellen Fertigung davon ausgegangen "- dies ist auch mit Zahlen belegt -, daß Frauen zu den Rationalisierungsverliererinnen gehören" (Andresen 1987:14).

Wenn von Zukunft der Frauenarbeit die Rede ist, muß der Sektor Büro und Verwaltung beachtet werden. Hier ist der Frauenanteil relativ hoch, "und der Dienstleistungs-Sektor gilt als Erwerbssektor der Zukunft mit enormen Veränderungen, aber auch neuen Erwerbsmöglichkeiten. Kenntnisse im Umgang mit Computern sind eine der wichtigsten Voraussetzungen, um Chancen auf Beschäftigung zu haben" (Andresen 1988:14). Andresen stellt weiters fest, daß derzeit nur wenig Beschäftigte über ausreichende Qualifikation verfügen und sowohl Frauen als auch Männer aufzuholen hätten. Doch Frauen könnten aufgrund von Doppelbelastung nicht so leicht an innerbetrieblichen Weiterbildungsmaßnahmen teilnehmen. "Für die Zukunft zeichnet sich eine zunehmende Formalisierung der Anforderungsstruktur ab, und Arbeitsmarktchancen eröffenen sich denen, die die 'richtige' Berufsausbildung mitbringen. ... Ob Frauen Technologie-Gewinnerinnen oder -verliererinnen sind bzw. werden, hängt grundlegend davon ab, ob und inwieweit sie die erforderlichen Qualifikationen mitbringen" (Andresen 1988:15).

Ein Blick in die gesellschaftliche Realität zeigt unserer Meinung nach jedoch klar, daß Berufschancen nicht einfach nach Qualifikationen verteilt werden, sondern hier Geschlecht auch eine wesentliche Rolle spielt. Durch die herrschende Organisation des Geschlechterverhältnisses sind eben mit gleicher Qualifikation nicht gleiche Berufschancen verbunden. Klar ist Bildung/Qualifikation eine wichtige Komponente, doch sicherlich nicht ausreichend, um gleich von Verliererinnen zu Gewinnerinnen werden zu können.

Zum technologischen Analphabetismus ist zu bemerken, daß die große Anzahl arbeitsloser Frauen oft einseitig auf ihre mangelnde Qualifizierung zurückgeführt wird. Der "Computeranalphabetismus" wird zu einer "funkelnagelneuen Geisteskrankheit" (Weizenbaum) erklärt, jede/r habe sich davor zu hüten.

Auch Andresen sieht die Berufszukünfte von Frauen keineswegs eindeutig postiv. "Hierbei ist allerdings zu betonen, daß die negativen Prognosen keinesfalls als alleinige Folge der Einführung neuer Technologien aufzufassen sind" (Andresen:15).
So verhilft z.B. auch die Werte- und Wendediskussion der letzten Jahre "weiblichen Eigenschaften" zu neuem Ruhm. Die Aufwertung der "inkriminierten Eigenschaften" von Frauen zur angeblich menschlich höheren Qualität hat den Zweck, "Frauen auf ihre alten Plätze zu verweisen und ihnen dabei noch zu vermitteln, dieser Platz sei begehrenswert..."(Thürmer-Rohr 1986:62). "Ökofeminismus" und die "Neue Weiblichkeit" mit ihrer Resakralisierung der Natur, der Magie des Lebens und den okkulten Gesetzen können als "weichere Züge" der Ausgrenzung von Frauen aus der Erwerbsarbeit bezeichnet werden. Es wird versucht, das Weibliche in den Mittelpunkt zu stellen, als Mystisch-Erdverbundenes mit einer Betonung der Körper- und Mütterlichkeit. Der Slogan, Frauen könnten so bleiben wie sie sind, ist "die moderne Version der Ausgliederung von Frauen, die sanfte Eliminierung" (Thürmer-Rohr 1986:3).

Allgemein zu Frauenarbeit sei hier noch angemerkt, daß es sowohl in Österreich wie auch in der Bundesrepublik Deutschland durch sozialpolitische Maßnahmen (Streichen von Sozialeinrichtungen, auch Schließung von Kindergärten usw.) zu einer (Rück)Verlagerung von öffentlichen Aufgaben in den privaten Bereich kommt. Da das Private nicht sinnvoll nach instrumentellen oder zweckrationalen Gesichtspunkten (Woesler) organisierbar ist (was keineswegs wünschenwert wäre), kommt es hier zu unbezahlter Mehrarbeit für Frauen. Für berufstätige Frauen mit Kind(ern) bzw. Familie sind die beiden Sphären Beruf/Familie schwer zu vereinbaren. Die Reduktion auf einen Lebensbereich ist jedoch auch Ausschließung aus einem wichtigen Prozeß sozialer Erfahrungen, und dies gilt für Frauen wie für Männer (Becker-Schmidt).

Geschlechtsspezifischer Zugang zu Computertechnologie?

Da Frauen in naturwissenschaftlichen und technischen Bereichen unterrepräsentiert sind, Mädchen und Knaben scheinbar nicht den gleichen Umgang/Zugang mit/zu EDV haben, Frauen aus reinen Mädchenschulen häufiger naturwissenschaftliche und technische Studienfächer wählen, wird in den letzten Jahren ein möglicherweise "anderer" Zugang von

Frauen zu Neuen Technologien erforscht und diskutiert. Der "andere" Zugang zeichnet sich dadurch aus, daß Frauen einen "ganzheitlichen" Zugang zu Naturwissenschaft und Technik finden, wobei nicht die Technik an sich im Vordergrund steht, sondern die Möglichkeiten des Einsatzes (Schiersmann).

Anwendungsorientierung: Der Zugang zur Technik erfolgt bei Frauen verstärkt durch eine Anwendungsorientierung. Die Technologie wird eingesetzt, um eine bestimmte Aufgabe zu erleichtern. Im Zentrum des Aneignungsprozesses steht eine konkrete Aufgabe, die mit Hilfe einer bestimmten Technologie leichter gelöst werden kann. Die eingesetzte Technik wird nach der Qualität der Lösung beurteilt und angewendet. Frauen geben dem Computer mehr den Charakter eines Werkzeuges, mit dessen Hilfe sie die Arbeitsanforderungen leichter erledigen.

Gebrauchswertorientierung: Frauen werden in ihrer Sozialisation dahin orientiert, den Gebrauchswert einer Sache in den Vordergrund zu stellen; im Gegensatz zu der Tauschwertorientierung bei Männern. Der Umgang mit Informations- und Kommunikationstechnik liefert zur Zeit ein hohes Prestige. Frauen interessiert der Technikeinsatz nicht wegen seines hohen Prestiges, sondern wegen der Nutzungsmöglichkeiten für bestimmte Aufgabenstellungen (vgl. Schiersmann 1987 a).

Wenig Interesse an der Maschine an sich: Das Interesse der Frauen liegt weniger bei der Maschine an sich. Die Technik ist ein Hilfsmittel, mit dem bestimmte Aufgaben gelöst werden können. In Ausbildungsgängen zeigt sich, daß Frauen an der Maschine nur soweit Interesse haben, als es für die Nutzung der Technik notwendig ist. Ein genaues Kennenlernen der Maschine in allen Details ist für Frauen zweitrangig. Die eingesetzte Technik ist als Ganzes und nicht als Summe der Teile von Interesse. Die Teile werden nur soweit betrachtet, als es für das Verständnis des Ganzen erforderlich ist. Der Expertenstatus, der im Umgang mit Informations- und Kommunikationstechnologien vor allem von Männern eingenommen wird, verlangt aber ein Kennen der Technik bis ins letzte Detail.

"Denkstil" der Frauen: Die unterschiedliche Lebenssituation von Männern und Frauen hat zur Herausbildung unterschiedlicher Denkstile geführt (Schiersmann 1987 a: 13).

Bei eher männlichen Denkstilen dominieren figurale Inhalte, Groß-Klein-Relationen, Beziehungen zwischen Objekten und ihren Veränderungen. "Weibliche" Denkstrategien arbeiten vorrangig mit anderen Mitteln der Auseinandersetzung mit der Umwelt. Sie erfassen deren Faktoren, bündeln sie zu Bedeutungssträngen und verarbeiten diese Symbole, um logische Beziehungen zu erfassen. Im Anhören und Aneignen der Erfahrungen anderer werden verschiedene Perspektiven einer Angelegenheit verarbeitet. Dem Gespräch über Probleme und deren Lösungsmöglichkeiten kommt in der weiblichen Strategie eine größere Bedeutung zu (vgl. Schiersmann 1987 b:32).
Typisch für den männlichen Denkstil ist, daß sich das Subjekt bei seinem Blick auf das Objekt eher aus der Sache heraushält. Frauen denken eher assoziativ, praxisabhängig und kontextgebunden. Derartige Unterschiede in Denk- und Handlungsstilen dürften sich auch auf die Umgangsweisen der Frauen mit der Technik auswirken. Der Aufbau von Informations- und Kommunikationstechnologien folgt einer eindeutigen Ja/Nein- bzw. Entweder/Oder-Logik, die eher dem analytischen Denkstil von Männern entspricht.

Was geschlechtsspezifische Programmierstile anbelangt, so sei hier nur darauf verwiesen, daß es nach Turkle (1984) zwar "harte" und "sanfte" Programmierer gibt, ein nach Geschlecht unterschiedlicher Stil kann jedoch nicht als gesichert betrachtet werden (Schiersmann 1987a:13).

Skepsis gegenüber sozialen Auswirkungen: Frauen reflektieren häufiger den gesellschaftlichen Nutzen der Entwicklung und stehen insgesamt der technologischen Entwicklung skeptischer gegenüber (Schiersmann 1987a:16). Bei der Untersuchung des Instituts Frau und Gesellschaft/Brigitte äußerten knapp die Hälfte der Frauen, aber nur etwa ein Drittel der Männer, Angst vor den technischen Entwicklungen der Gegenwart" (Schiersmann 1987a:17).

"Daß 'spezifische Zugangsweisen' der Frauen, die im übrigen bislang nicht für alle Aspekte ... hinreichend wissenschaftlich belegt sind, ihrerseits nicht konstant, sondern veränderbar sind, zeigt die Beobachtung, daß jüngere Frauen im Vergleich zu älteren und erwerbstätige im Vergleich zu nicht-erwerbstätigen Frauen der technischen Entwicklung gegenüber vergleichsweise aufgeschlossener sind ... die Zugangsweisen von Mädchen und Frauen (sind) weder einseitig als defizitär noch ausschließlich als vorbildhaft zu beurteilen" (Schiersmann 1987a:17f.).

Gewarnt sei in diesem Zusammenhang vor einer Idealisierung und Universalisierung der Kategorie Frau!

"Die Popularisierung eines 'anderen' Zugangs zu den Neuen Technologien führt ... immer mehr auch zu einer neuen weiblichen Computer-Mythologie, in deren Zuge Vorstellungen von einer eigenständigen 'weiblichen' Technik und Computerwelt und Visionen einer von Weiblichkeitsidealen geprägten und strukturierten Technologie - normativ gewendet als 'bessere', 'menschlichere' Technik - zur Zielsetzung werden" (Schiersmann:3).

Gleiche Zugangschancen durch Koedukation?

Die Koedukation, also die gemeinsame Erziehung von Mädchen und Burschen innerhalb eines Klassenverbandes, ist in unserem Schulsystem die verbreitetste Form (ca. 90 % der Schüler und Schülerinnen werden gemeinsam unterrichtet). Die Förderung der Mädchen innerhalb koedukativ geführter Klassen im naturwissenschaftlich-technischen Bereich wird vernachlässigt. Die Vorurteile, die gegenüber Mädchen im naturwissenschaftlich-technischen Bereich bestehen, führen zu einem Rückzug auch der begabten Mädchen aus diesen Bereichen (Dick 1988).
Am vierten Bundeswettbewerb Informatik im Oktober 1986 in Bonn haben 1109 Jugendliche teilgenommen, darunter waren nur 23 junge Frauen. Auffallend an der Gruppe der Mädchen ist, daß mehr als die Hälfte aus reinen Mädchenschulen kommen, d.h., sie besuchten nicht koedukativ geführte Schulen (Faulstich 1987:97f). Der Anteil dieser Schultypen liegt in der BRD bei 5 % der Schulen. Eine Analyse des hochschuldidaktischen Zentrums der Uni Dortmund zeigt, daß von den Studentinnen, die Informatik oder Chemie studieren, 40 % vorher ein Mädchengymnasium besucht haben. Aus den USA gibt es Untersuchungen, die zu einem ähnlichen Ergebnis kommen. Aus diesen Untersuchungen kann geschlossen werden, daß Mädchen in reinen Mädchenschulen in den technisch-naturwissenschaftlichen Fächern mehr gefördert werden. Sie müssen sich innerhalb der Schule nicht in dem Maße gegen die Vorurteile der Technikuninteressiertheit zur Wehr setzen wie in koedukativ geführten Klassen.

Der hessische Modellversuch "Mädchen und neue Technologien" (Dick/Faulstich-Wieland 1988) zeigt, daß im Informatikunterricht Mädchen sich nicht so gut artikulieren können und daher von Lehrern weniger beachtet werden. Zeichnungen zum Thema Mädchen und Computer zeigen, daß Buben sich eher negativ zu dieser Problematik äußern. Auffallend ist, daß die meisten negativen Äußerungen von Realschülern (16 von 20) gemacht wurden. Auch der Anteil von Gymnasiasten, die sich negativ zum Thema äußerten, ist relativ hoch (8 von 19), bei den Hauptschülern hatten 6 von 20 eine negative Einstellung gegenüber dem Thema Mädchen und Computer (Dick 1988:20).

Die Äußerungen der Buben waren zum Teil derart massiv, daß es nur verständlich ist, wenn Mädchen in dieser Klasse keine Aktivitäten für den Informatikunterricht zeigten: "Mädchen und Computer - nicht programmiert". "Also, ich meine, daß Computer nur für Jungen sind". "Ein Mädchen am Computer! Ich werd verrückt, die können das doch gar nicht" (Dick 1988:20ff.)

Die Tatsache, daß Frauen aus reinen Mädchenschulen häufiger eine naturwissenschaftliche und technische Ausbildung anstreben, zeigt, daß der Unterricht in solchen Schulen, ohne Konkurrenz zu den Jungen, positive Aspekte beinhaltet. Daraus soll aber nicht vorschnell der Schluß gezogen werden, daß Koedukation schlichtweg abzubauen sei. "Bezüglich des Informatikunterrichts verweisen die Ergebnisse des Colloquiums (Bundeswettbewerb Informatik - e.A.) darauf, die begonnene Diskussion um veränderte Inhalte und andere Didaktik und Methodik fortzuführen, da beides letztlich sowohl im Interesse von Mädchen wie von Jungen liegen dürfte" (Faulstich-Wieland 1987:117f.).

Abschließende Bemerkungen

Frauen sind aus verschiedenen gesellschaftlichen Bereichen - den "typisch männlichen" - tendentiell ausgeschlossen und einseitig auf manch andere - "typisch weibliche", wie z.B. Haushalt, Kindererziehung, Sozialarbeit (oft eben auf ehrenamtliche) usw. - verwiesen. Durch den Einsatz neuer Technologien wird die Tradition der geschlechtsspezifisch-hierarchischen Arbeitsteilung fortgeschrieben, manchmal sogar noch verschärft (z.B. Teleheimarbeit). Die Arbeitsplätze, die derzeit (weg)rationalisiert werden, sind häufig sogenannte Frauenarbeitsplätze. Dem Bedürfnis von (immer mehr) Frauen, erwerbstätig zu bleiben oder zu werden, stehen ein in jeder Hinsicht unzureichendes Arbeitsplatzangebot und wenig institutionalisierte Bemühungen der Eingliederung von Frauen in die Erwerbsarbeit gegenüber (vgl. Ranftl/Volst/Wiederschwinger 1986).

Die technologische Entwicklung dringt in das soziale Leben und die psychische Entfaltung der einzelnen Personen ein; sie zwingt neben vielen Erfahrungen auch Verhaltensweisen auf, die das Leben reglementieren und die Erlebniswelt beschränken. Inhalt und Ausmaß von Frauenarbeit (im Produktions- und Reproduktionsbereich) werden durch technologische Neuerungen wesentlich verändert. Frauen, auch jene, die die Interessen ihrer Männer und Kinder vor alles stellen, die Problemlösungen auf Kosten ihrer eigenen Bedürfnisse suchen und praktizieren, ob sie berufstätig sind oder nicht, haben nicht die Möglichkeit, die Technologisierung erst mal von sich fortzuschieben. Sie sind in jedem Fall Betroffene.

"In Frauen wird die Hoffnung gesetzt, sie mögen den kalten, unheimlichen, zerstörerischen Naturwissenschaften ein menschliches Gesicht geben" (Wagner 1985:215). Wenn der Erfolg der Naturwissenschaften auf jenen Merkmalen beruht, die Frauen ausschließen, weshalb sollten dann genau von Frauen innovative Impulse ausgehen? Salzmann schreibt hierzu: "Es ist naiv, von Frauen Veränderungen der Wissenschaften zu erwarten, wenn Macht und Entscheidung in Männerhand sind" (Salzmann 1985:230). Bisher ist es nicht gelungen, in die "harten" Disziplinen eine frauenspezifische Orientierung einzubringen; Ina Wagner (selbst a.o. Professorin am Institut für Praktische Informatik, Wien) sieht wenig Chancen zur Veränderung von Naturwissenschaft und Technik durch Frauen, solange Frauen Pionierinnen in diesem Bereich sind (vgl. Wagner 1985:219).

Um aus dem Dilemma geschlechtsspezifischer Arbeitsteilung herauszukommen, dürfen Frauen nicht einfach (aktiv oder passiv) die Organisation des Geschlechterverhältnisses akzeptieren. Die Bereiche Beruf/Familie müßten wesentlich umgestaltet werden; Berufsarbeit mit Familienarbeit besser vereinbar sein. Um die geschlechtsspezifische Arbeitsteilung zumindest soweit zu verändern, daß Frauen an der außerhäuslichen Arbeitswelt partizipieren können, müßten folgende Forderungen erfüllt werden:

- Verkürzung, Humanisierung und Umverteilung der Erwerbsarbeit
- Aufhebung der geschlechtsspezifischen Arbeitsteilung in der Familie/im sogenannten privaten Bereich
- institutionelle Entlastung im Bereich der Kindererziehung; Betreuung und Versorgung der Kinder durch die Eltern und nicht vorwiegend oder ausschließlich von der Mutter (Becker-Schmidt 1983).

Frauen können nicht abwarten, bis sich von selbst oder durch die Männer etwas zu ihren Gunsten verändert. Sie können nicht passiv Opfer der Technologisierung oder bloße Bedienerinnen technischer Geräte bleiben. Naturwissenschaft und Technik bestimmen wichtige Lebensbereiche der Menschen. Mit einer zusätzlichen Flucht aus Naturwissenschaft und Technik können Frauen in diese Bereiche nicht mehr eingreifen. Um tatsächlich Einflußnahme auf Entwicklung und Einsatz neuer Technologien haben zu können, ist es unumgänglich, daß Frauen Zugang zu naturwissenschaftlich-technischen Bereichen haben und dort auch auf höheren Ebenen tätig sind. Voraussetzung dafür ist, daß Frauen lernen, Raum einzunehmen und zu ihrem eigenen Selbstbewußtsein zu finden. D.h., Frauen sollen sich "bilden" wo sie nur können. Sie "sollen sich mit ihrer Geschichte, wie sie dahin gekommen sind, wo sie sind, beschäftigen" (Thürmer-Rohr 1986:64). Es geht auch nicht darum, so zu werden wie die Männer!

Neben dieser "Allgemeinbildung" ist es notwendig, daß Frauen, wie o.a., sich Wissen über neue Technologien aneignen und sie sich mit sozialen und gesellschaftlichen Folgen der Technologisierung - jenen Aspekten, die in traditionellen naturwissenschaftlich-technischen "Studien" zu kurz kommen - auseinandersetzen. Ein uns dazu sinnvoll erscheinender Weg sind *spezielle Frauenkurse* in Computertechnologie (was aber nicht bedeuten soll, daß Frauen der Zugang zu gemischtgeschlechtlichen Weiterbildungskursen deshalb verwehrt oder erschwert wird). Derartige Kurse könnten ohne männliche Konkurrenz das Lernen am Bildschirm erleichtern. Weibliche Lehrkräfte könnten die Situation und die Schwierigkeiten der Frauen besser verstehen und auf sie eingehen. Derartige Bildungsgänge bieten die Chance, einen Technik- und Computerzugang aufzuweisen, der die Interessen der Frauen nicht als Defizite begreift, sondern als mögliche Stärke sieht, die ein positives Veränderungspotential beinhalten (Hemmerich 1985).

Es gibt zwar verschiedene Projekte, Bildungsmaßnahmen von Frauen für Frauen anzubieten, die den o.a. Ansprüchen Rechnung tragen, jedoch institutionalisiert bzw. ausreichend finanziert sind, zumindest in Österreich, nur wenige. Die Zielgruppe wird zudem einseitig auf arbeitslose Frauen festgelegt und Voraussetzungen zur Teilnahme starr an einer bestimmten beruflichen Praxis fixiert.

Angesichts steigender Arbeitslosenzahlen und der Tatsache, daß die technologische Entwicklung auch den Reproduktionsbereich stark tangiert, wird es in Zukunft nicht möglich sein, an den "alten Konzepten des 'Normalarbeitsverhältnisses' festzuhalten: Der Begriff der Arbeit muß über seine erwerbswirtschaftliche Begrenzung hinaus erweitert werden. ... Die gesamte gesellschaftlich notwendige Arbeit muß nach sozialen Kriterien umverteilt und Arbeitszeit nach individuellen und kollektiven Bedürfnissen/Notwendigkeiten geregelt werden; die tradierte Arbeitsteilung nach Geschlechtern muß aufgehoben werden. Das ist ein radikal anderes Programm als das Flexibilisierungskonzept, das uns die Unternehmer im Windschatten derzeitiger Regierungspolitik aufdrängen möchten" (Becker-Schmidt 1985:450).

Anmerkungen

(1) Es handelt sich hier selbstverständlich um die spezifisch naturwissenschaftliche Objektivität, die das Wechselverhältnis zwischen Forschungssubjekt und Forschungsgegenstand nicht berücksichtigt.

(2) So ist z.B. kaum bekannt, daß die ersten Programme für Computer (das von Babbage 1833 entwickelte Gerät muß als Vorläufer heutiger Computer bezeichnet werden) von Frau Augusta Ada Lovelands erstellt wurden. Sie wird meist nur als "Übersetzerin" bezeichnet. Eine Programmiersprache ist nach ihr benannt: ADA.
"Oder die Mathematikerin und Physikerin Mileva Maric, die ihren Studienkollegen Albert Einstein heiratete und mit ihm gemeinsam die Publikation erarbeitete, für die später er den Nobelpreis erhielt. Sie hatten diese Aufsätze unter gemeinsamem Namen eingereicht, im Druck erschien jedoch nur der seinige" (Maurer 1985:233).

(3) Mittlerweile ergreifen auch Männer den Beruf des Pflegers oder technischen Assistenten, was sicher wesentlich auch auf die Technologisierung der Medizin zurückzuführen ist.
(4) Neu an den heutigen Technologien ist die besondere Miniaturisierung (Chips) und die Möglichkeit der flächendeckenden Vernetzung dieser Technologie; d.h., "Moderne Technik besteht nicht mehr aus einzelnen Apparaten, sondern wird von vornherein als System gestaltet" (Scheich 1987:131).
(5) Das Bewußtsein verliert zunehmend den Kontakt mit der gesellschaftlichen Praxis, mit der Wirklichkeit. Nicht die wirkliche Welt wird zur Basis des Bewußtseins, sondern die künstliche Welt. Der Bildschirm reproduziert und vertieft die Trennung der Theorie von der Praxis, des Bewußtseins vom Sein.

Literatur

Andresen, Sünne (1987): Frauen, Technik und Neue Technologien, Wissenschaftszentrum Berlin

Beck-Gernsheim, Elisabeth (1986): Der geschlechtsspezifische Arbeitsmarkt. Zur Ideologie und Rationalität von Frauenberufen, Frankfurt

Becker-Schmidt, Regina, u.a. (1983): Arbeitsleben-Lebensarbeit, Bonn

Becker-Schmidt, Regina (1985): Apparate denken - Menschen lenken? Überlegungen zum Verhältnis von Computertechnologie und Arbeitspolitik. In: Frankfurter Hefte, 32. Jahrgang

Becker-Schmidt, Regina/Knapp, Gudrun-Axeli (1987): Geschlechtertrennung-Geschlechterdifferenz, Bonn

Beer, Ursula (1985): Das Zwangsjackett des bürgerlichen Selbst - Instrumentelle Vernunft und Triebverzicht. In: Kulke, Christine (Hrsg.), Rationalität und sinnliche Vernunft, Berlin

Dick, Anneliese/Faulstich-Wieland, Hannelore (1988): Der hessische Modellversuch "Mädchen und neue Technologien". In: login 8(1988) Heft 1, Oldenburg-Verlag München

Faulstich-Wieland, Hannelore (1987): Pionierinnen oder Außenseiterinnen? - Mädchen und Informatik. In: Institut Frau und Gesellschaft (i.J.g.) (Hrsg.), Frauenforschung, Themenschwerpunkt Frauen und neue Technologien, Heft 1 und 2/1987

Hemmerich, Wera (1987): Die Ausgrenzung von Frauen aus Naturwissenschaft und Technik. In: Prengel, Annedore u.a., Schulbildung und Gleichberechtigung, Frankfurt/Main

Huber, Joseph (1987): Telearbeit. Ein Zukunftsbild als Politikum, Westdeutscher Verlag, Opladen

Klein, Barbara (o.J.): Neue Technologien und ihre Auswirkungen auf Arbeits- und Familienwelt. Frankfurt/Main

Krebsbach-Gnath Camilla u.a. (1983): Frauenbeschäftigung und Neue Technologien, Wien-München

Lisop, Ingrid (Hrsg.) (1986): Bildung und Neue Technologien, Anstöße, Band 5, Heidelberg

Maurer, Margarete (1985): Wissenschaft und weibliche Erfahrung. In: Feyerabend, Paul u.a. (Hrsg.), Grenzprobleme der Wissenschaften, Zürich (233-264)

Maurer, Margarete (1986): Die Verdrängung der Frauen aus Naturwissenschaft und Technik. In: Schlüter, Anne/Kuhn, Annette, Lila Schwarzbuch, Zur Diskriminierung von Frauen in der Wissenschaft, Düsseldorf

Ranftl/Volst/Wiederschwinger (1986): Arbeitslosigkeit und Arbeitsmarktpolitik für Frauen, in: ÖZS, 11. Jg., Heft 1 und 2, Wien (82-97)

Salzmann, Myriam (1985): Als Fremdarbeiterinnen in der Männerwelt. In: Feyerabend u.a., a.a.O., 227-231

Scheich, Elvira (1987): Frauen-Sicht, Zur politischen Theorie der Technik. In: Beer, Ursula (Hrsg.), Klasse Geschlecht, Bielefeld

Schiersmann, Christiane (1987a): Zugangsweisen von Mädchen und Frauen zu neuen Technologien. In: Institut Frau und Gesellschaft (ifg) (Hrsg), a.a.O., Heft 1 und 2

Schiersmann, Christiane (1987b): Zugangsweisen von Mädchen und Frauen zu den neuen Technologien - Eine Bilanz vorliegender Untersuchungsergebnisse, In: ifg (Hrsg), a.a.O.

Seeland, Suzanne/Strauven, Claudia (1985): Frauen, ran an die Technik. In: Huber/Bussfeld (Hrsg.), Blick nach vorn im Zorn, Weinheim und Basel

Sichtermann, Barbara (1987): FrauenArbeit. Über wechselnde Tätigkeiten und die Ökonomie der Emanzipation, Berlin

Thürmer-Rohr, Christina (1986): Wendezeit - Wendedenken. In: Bagdadi/Bazinger (Hrsg.), Ewig lockt das Weib, Weingarten

Turkle, Sherry (1984): Die Wunschmaschine, Reinbek bei Hamburg

Wagner, Ina (1985): Frauen in den Naturwissenschaften: Institutionelle und kognitive Widerstände. In: Feyerabend, a.a.O. (215-225)

Woesler de Panafieu, Christine (1985): Zum Übergang von der Instrumentellen zur digitalen Vernunft. In: Kulke, Christine (Hrsg.), Rationalität und sinnliche Vernunft, Berlin (30-54)

Medical Tribune

Franz Wagner

MESSEN UND MASZSTÄBE SETZEN

Zum Verhältnis von Medizin und Technik

Allgemeines

Das tragende Gebäude der medizinischen Wissenschaft ist das naturwissenschaftliche Selbstverständnis. Ein Selbstverständnis, das in seiner scheinbaren Unerschütterbarkeit als Erbe des 19. Jahrhunderts zu betrachten ist; als Erbe einer Epoche also, die wie kaum eine andere politische und soziale Erschütterungen mit sich brachte.

Martin Heidegger nannte sie die dunkelste aller Epochen, und Friedrich Heer sagte, kein einziges der großen Probleme des 19. Jhdts. habe bis heute eine gültige, glaubenswürdige und geschichtsfähige Lösung gefunden. In diesem 19. Jhdt. hat die enge naturwissenschaftliche Fundierung jener Medizin stattgefunden, welcher wir heute in einer äußerst paradoxen Situation gegenüberstehen: Wir müssen feststellen, daß die Medizin leistungsfähig wie nie zuvor geworden ist und gleichzeitig erkennen, daß sie nie zuvor so heftiger Kritik ausgesetzt war.

Einerseits hat die Medizin unseren Lebensraum ständig erweitert, andererseits befällt uns ihr gegenüber immer größere Unsicherheit. Die Funktionsbereiche der Ärzte wachsen ständig, die Medizin geht immer komplexere Verbindungen ein mit einzelnen Bereichen der Gesellschaft, zugleich verlangt diese Gesellschaft eine Reduktion des Handelns der Mediziner auf wenige technische Handgriffe, ja will ihn sogar zum Funktionär der öffentlichen Hand machen. Gewisse Kritik und Distanz gegenüber den Ärzten und der Medizin ist der Geschichte nicht fremd; aber noch nie waren Theorie und Praxis der Medizin selbst derart massiver, fundierter und bisweilen auch aggressiver Kritik ausgesetzt (1).

Im 19. Jhdt. hat die *Medizin* utopische Ansprüche entwickelt und unter der Führung weitschauender Denker und Naturforscher ihre größten gesellschaftspolitischen Entwürfe geliefert: Die naturwissenschaftliche Medizin hatte sich als der treibende Motor einer *Sozialbewegung* verstanden, und als führende Kraft aller Evolutionen wollte die Medizin als Anthroposophie im weitesten Sinne des Wortes versuchen, die Erkenntnisse über physiologische Gesetzmäßigkeiten auf Sozialsysteme zu übertragen und jegliche Politik als Medizin im Großen zu verstehen (2).

Die naturwissenschaftlich-technische Entwicklung ist für die Großartigkeit einerseits und die Fragwürdigkeit der Medizin andererseits mitverantwortlich. Der wissenschaftlich-technische Fortschritt mit seinen heute sehr deutlich spürbaren ambivalenten Manifestationen hat den Glauben zerstört, daß wissenschaftlicher Fortschritt auch immer zugleich humaner Fortschritt sei.

Kritik an Wissenschaft hat es in ihrer Geschichte immer gegeben: Zentrale Kritikpunkte waren immer Einseitigkeit, Abstraktheit und Rechtfertigungsprobleme; ein Blick in die Wissenschaftsgeschichte belegt dies. Wissenschaft hatte sich immer damit gesellschaftlich legitimiert, daß sie letztlich eine Verbesserung der Lebensbedingungen des Menschen zu bringen imstande sei. Wissenschaftliche Tätigkeit genießt unter allen menschlichen Tätigkeiten eine Sonderstellung, weil sie den Menschen in besonderem Maße befähigt, seine Geschichte und seine Umwelt zu verstehen.

Wissenschaft ist immer eingebettet in den praktischen Lebensvollzug. Wissenschaft und ihre Entwicklung können nicht als Selbstzweck von den Lebenszusammenhängen abstrahiert werden. Wenn wir heute das eigenartige Verhältnis von Wissenschaft und sozialer Lebenswelt betrachten, dann müssen wir eingestehen, daß die Wissenschaft heute zu einer alle Bereiche der menschlichen Zivilisation dominierenden Macht geworden ist.

Die intensive und extensive Entwicklung der technisch-mechanisch orientierten Naturwissenschaften hat zu einem Eigenleben geführt, welches heute schärfer denn je die Frage nach der *Funktion von Wissenschaft* fordert. Wir wissen heute, daß die Fragen der Atomenergie oder die ökologische Debatte ein geeignetes Beispiel dafür geben, daß sich die technisch-wissenschaftliche Entwicklung den sozialen Kontext ihrer Verwendung gleichsam erzwingt und den Spielraum sozialer Gestaltung entscheidend einengt.

Wir leben heute im Spannungsfeld zwischen Faszination und Ergebenheit einerseits und Ängsten und Abhängigkeiten andererseits, wollen wir unseren Standpunkt zur Technik ganz allgemein beschreiben.

Im alltäglichen Handlungsfeld erleben wir die Vorteile und Vorzüge der naturwissenschaftlich-technischen Entwicklung und spüren zugleich immer deutlicher die Zwangsstrukturen hochentwickelter Großtechnologien.

Auf diesem allgemeinen Hintergrund möchte ich einige Gedanken vorbringen, die den Leser anregen mögen zum Nach-denken oder zum Vordenken. Gedanken über einen Teilbereich der Gesellschaft, mit welchem jeder Mensch in seinem Leben zu tun hat: Gedanken über die Medizin bzw. die Probleme der Technisierung der Medizin. Die Medizin ist ein Konzentrationspunkt von Krise, Kritik und Spannungsmomenten gegenwärtiger Veränderungen. In der Medizin geht es um Gesundheit, Leib und Leben - Medizin wird damit erst recht zum Prüfstein des wissenschaftlich-technischen Fortschritts.

Medienberichte über Herztransplantationen sind heute keineswegs sensationell. Viel mehr Aufmerksamkeit als die funktionierende Technik vermag heute die nicht-funktionierende Technik auf sich zu ziehen. Wir haben uns an die täglichen Berichte über neue Fortschritte aus Naturwissenschaft und Natur gewöhnt. Mehr alltägliche Faszination übt, wie gesagt, das Unerklärbare, das Nicht-machbare, das technisch Nicht-gestaltbare aus; möglicherweise aufgrund der Erfahrungen, daß Technik zwar immer mit dem Anspruch der Verbesserungen zwischenmenschlicher Lebensbedingungen angetreten ist, aber die tatsächlichen Gestaltungsmöglichkeiten der Interaktionen als technisches Diktat und fast ausschließlich unter den technischen Vorgaben erlebt werden.

Ebenso muß die Frage nach der Bedeutung und der Rolle der Technik in der Medizin gestellt werden. Gerade in der Medizin wird die Technik generell und jeder technische Fortschritt auch unmittelbar körperlich spürbar, und die Frage, ob mit den technischen Möglichkeiten auch die *zwischenmenschlichen Möglichkeiten* entwickelt werden, ist zentraler Ansatzpunkt vieler medizinkritischer Arbeiten. Operationstechniken mit Laser, neue Techniken auf den Gebieten der Hormon- und Genforschung sowie Computertechniken im Diagnosebereich befähigen die Mediziner zu immer mehr Höchstleistungen; medizinisches Wissen wächst exponentiell, und die einzelnen Spezialdisziplinen nehmen entsprechend zu. Im Zusammenhang mit Technikkritik in der Medizin wird immer wieder festgestellt, daß der Wandel in der Medizin sich nicht nur aus technischem Fortschritt rekrutiert, sondern auch ein geistiges Umdenken in der Medizin gefordert wird bzw. zu erkennen ist.

Mit der Zunahme technischer Möglichkeiten wird der subjektive Urteilsspielraum des Arztes immer mehr eingegrenzt; mit der fachlichen Spezialisierung wächst die Gefahr der Verdrängung der menschlichen Anteilnahme durch die medizinische Technik. Bei Hans Schäfer ist aus der "Sprechstunde" eine "Apparate-Stunde" geworden, und Krankheit wird zur Summe von Meßdaten reduziert; die Behandlung ist folglich eine Bestrahlung oder Beschallung. Die technisch-apparative Faszination läßt bei Arzt und Patient eine gewisse Sinnlichkeit verkümmern: Der Arzt übt weder bei Diagnose noch bei Therapie seine "ärztlichen Sinne", und der Patient verlernt den sinnlichen Umgang mit sich selbst; auch der Patient lernt quasi über das medizinisch-technische Verständnis des menschlichen Körpers ein ganz beengtes Selbstverständnis. Die Mittel und Erkenntnismöglichkeiten in Diagnose und Therapie auf der Grundlage einer technologisch-naturwissenschaftlichen Medizin konzentrieren sich auf einen beschränkten Teil der Wirklichkeiten, und im Zuge der drastischen Wandlung des Selbstverständnisses der Wissenschaften vom Menschen werden die Grundelemente neuer Konzeptionen für veränderte Bedingungen wissenschaftlichen Denkens und Handelns geschaffen. Zu diesem neuen Selbstverständnis gehört das Nachdenken; die *Reflexion* wird *als konstitutives Element* der Wissenschaft selbst begriffen (3) (4).

Es ist also notwendig, einige wesentliche Zusammenhänge zwischen naturwissenschaftlicher Entwicklung, einseitiger technischer Orientierung der Medizin und generellem Fortschrittsdenken in den Wissenschaften zu sehen. Vertraute Strukturen und Orientierungen beginnen sich zu wandeln, und das Schlagwort von der Paradigmenkrise fällt gerade in der Medizin auf fruchtbaren Boden, geht es doch bei der "Verwaltung" von Gesundheit und Krankheit um einen auch gesellschaftspolitisch sehr sensiblen Bereich.

Technik im medizinischen Handlungsfeld

Heidegger spricht davon, daß die Wissenschaft gegenüber ihrem eigenen Tun blind sei, und Scheler bzw. Marcuse charakterisieren den Wissenstyp der eingeschränkten neuzeitlichen Naturwissenschaft als Herrschaftswissen; Horkheimer sieht in der Überbewertung des rein instrumentellen Wissens eine Verkürzung der Vernunft auf den Verstand.

Naturwissenschaften schaffen Wissen über die Natur. Genauso wie man über einen Menschen erst gesicherte Aussagen machen kann, wenn man vorher mit ihm gesprochen hat, werden Wissenschaften nicht umhin können, über ihr Verhältnis zum Objektbereich nach-zudenken und in einen *Dialog mit dem Gegenstandsbereich zu treten*. Immer mehr wird das wissenschaftsphilosophische Element des Nach-denkens, die Reflexion als konstitutives Element der Wissenschaft selbst begriffen. Der bloße Umgang mit technisch-instrumentellem Wissen, die reine Anwendung wissenschaftlicher Methoden allein ist noch keine Wissenschaft. Naturwissenschaftliches Denken ist ohne Nach-denken *über* Naturwissenschaft durchaus möglich.

Gerade die Medizin steht heute im Spannungsfeld zwischen Technisch-Möglichem und Menschlich-Notwendigem. Medizin ist eine Wissenschaft, die sich mit Eid bei der Produktion und bei der Anwendung von Wissen auf das Gute verpflichtet, und hat deswegen die Grundlagen ihres Tuns dauernd zu prüfen und muß sich den Grundsatzentscheidungen im praktischen Handeln dauernd stellen. Mittel und Erkenntnismöglichkeiten einer technologisch ausgerichteten medizinischen Wissenschaft lassen bloß partikuläres Erkennen und Verstehen eines Teils der Welt der Wirklichkeiten zu. Der klassische Universalitätsanspruch der Wissenschaften hat sich aufgelöst; das sich wandelnde wissenschaftliche Selbstverständnis konstituiert sukzessiv auch die Grundelemente neuer Konzeptionen und Theoriekonstrukte für veränderte Bedingungen des wissenschaftlichen Handelns.

Medizin als Naturwissenschaft, als Wissenschaft von der *Natur des Menschen*, ist heute in vielen Bereichen reduziert auf einen technisch-apparativen Handlungsvollzug. Die medizinhistorische Aufspaltung der Wissenschaft vom Menschen in Fachbereiche mit bloßem Organbezug oder gar nach spezifischen Tätigkeitsbereichen belegt deutlich das Organisationsprinzip einer technisch-industrialisierten Gesellschaft. Luhmann sagt über die Medizin, sie sei selbst der Vollzug der Gesellschaft.

Jegliches Handeln hat seine Grundlagen in einem bestimmten Denken; sowohl was die Entstehungsbedingungen als auch die Bewertungskategorien von Handeln betrifft. Wissenschaftliches Forschen und Tun hat seine Rechtfertigung in einzelnen Theorien, und diese selbst werden wiederum reformuliert durch die Praxis. Medizin kennzeichnet eine enge und beispielhafte Theorie-Praxis-Einheit, wie sie in dieser Form nirgends gefunden wird. Medizin ist hauptsächlich angewandte Wissenschaft; das Spezifikum: Medizin ist direkt am Menschen angewandte Wissenschaft, und das Objekt medizinischer Wissenschaft ist ein Subjekt - ist der Mensch.

Medizinische Theorie ist deshalb auch immer *Theorie über das Mensch-Sein*. Medizin verwaltet zentrale subjektive und gesellschaftliche Werte: Gesundheit, Krankheit und Überleben. Medizinkritik hat es allemal schwer, denn oft ist die Unantastbarkeit dieser Wertorientierungen für die Legitimation jeglichen medizinischen Handelns verwendet worden. Die medizinische Wissenschaft spürt den Auflösungs- und Verweichungsprozeß des naturwissenschaftlich-technischen Paradigmas am deutlichsten, weil theoretische Defizite nirgends so heftig spürbar werden wie in praktischen Bezügen zur Lebenswelt. Der Arzt als direkter Vertreter, als Handelnder, aktualisiert die Medizin und ihre gesamtgesellschaftliche Situation im zwischenmenschlichen Umgang. In der Arzt-Patient-Interaktion wird die Medizin lebendig - und all ihre Krisenmomente werden das auch.

Viele Momente sind es, welche das Mißverständnis Medizin und Technik mitbegründen: ungeahnte technische diagnostische und therapeutische Möglichkeiten, die im wesentlichen *ohne kommunikative Gestaltung* vollzogen werden können; die Antwort der Ärzte auf der Verhaltensebene, denn der Technik wird mehr vertraut als dem Menschen. Der objektive *Befund*, ein labortechnisch gewonnenes Abstraktum, zählt oft mehr als die subjektiv vermittelte *Befindlichkeit*. Diagnose und Therapie haben primär in unmittelbarem Kontakt mit dem leidenden Menschen zu geschehen und sind Hilfsmittel bei der Bewältigung einer bestimmten Lebenssituation. Das ist entscheidend anders als der operative Vollzug von

Diagnose und Therapie, bei dem sozusagen die mitmenschliche Kommunikation als Abfallprodukt anfällt. Kommunikation ist ein Wesensmoment des Sozialen und hat als Qualitätsmerkmal des ärztlichen Tuns, als soziales Handeln, einen zentralen Stellenwert; Lüth formuliert es drastisch: Stumme Ärzte heilen schlecht.

Die Frage ist nicht Kommunikation oder Technik, sondern es geht um jenen Modus des Einsatzes beider Bereiche, der den anderen jeweils unterstützt. Im Zeitalter der Kommunikationstechnik sind solche Entscheidungen klar zu treffen, und die Illusion ist aufzugeben, daß Technologien quasi neutral seien. Eine Änderung des Technikgebrauchs ist mitbestimmt von der Bedeutung, welche wir der Technik beimessen. Jede Technologie beinhaltet im Prinzip die Machtfrage und damit auch die Verpflichtung, darüber nachzudenken, wie wir damit umgehen. Technik in der Medizin wird oft zum *Machtinstrument* über das Leben selbst.

Medizintechnik ist deshalb eine große Herausforderung, unsere Beziehung zur Technik neu zu definieren. Eine Neudefinition ist nicht zuletzt deshalb notwendig, weil sehr lange die Vorstellung vorherrschend war, daß Technik bzw. Instrumente an sich wertfrei seien und nur die Werte ihrer Verwender oder Benutzer annehmen könnten. Auf vielen gesellschaftlichen Ebenen werden solche Fiktionen heute klar erkannt; am deutlichsten im nuklearen Rüstungszirkel, wo man mit Technik gegen die Folgen der Technik erfolgreich zu sein glaubt.

Anwendung von Technik bedeutet immer eine systemische Veränderung; sei es die Änderung des Gleichgewichts im ökologischen Sinne oder sei es die Verschiebung der individuellen biologischen Grenzen in medizinischen Teilbereichen. Der idealtypische Zweck jeglicher Technik - insbesondere der Medizintechnik - ist die Steigerung des Wohlbefindens des Menschen. Jede Steigerung oder Vermehrung auf der einen Seite führt aber auf der anderen Seite zu einer Abnahme oder Einbuße. Die Erfahrungen solche Gesetzmäßigkeiten und die Erkenntnis, daß Hochtechnologien unabhängig von einem bestimmten politischen Kontext funktionieren, verschieben heute die Diskussion um Bedingungen und Konsequenzen des Umgangs mit der Technik: Es ist nicht mehr die vordergründige Frage, ob sich Technik demokratisieren, steuern oder unter Kontrolle halten läßt, sondern es geht um die Entscheidung darüber, ob bestimmte Technologien überhaupt eingesetzt werden sollen. Es geht somit letztendlich auch um die Frage der *Sinnhaftigkeit* von Technik. Grenzgebiete der Medizin, wie die Gentechnologie, widerspiegeln sehr deutlich diese Situation.

Arzt und Patient entwickeln gegensinnige Mentalität; Entfremdungserfahrungen lassen den Patienten das Hauptaugenmerk auf die Nachteile der Technik richten, während Ärzte vor allem die Vorzüge im Sinne von Erleichterung der eigenen Aufgaben unterstreichen. Die Grundzüge dieser Ambivalenz finden wir unschwer auf der Makroebene im Verhältnis Technik und Gesellschaft wieder.

Technik stellt heutzutage die gesamte menschliche Tradition in Frage. In Fragen der Abstraktion, der technisch-mathematischen Modellbildung haben wir ungeheure Fertigkeiten entwickelt, während wir bei der simplen Bewältigung von Alltagsproblemsituationen im zwischenmenschlichen Bereich kläglich scheitern.

Mumford spricht im Zusammenhang mit den Defekten der Megatechnik vom "Kult des Anti-Lebens", und es gibt in der Tat wenig vergleichbar Paradoxes wie in der Medizin: Nach der Promotion zum Doktor der gesamten Heilkunde ist jener vielfach unfähig, einen einfachen Gips anzulegen oder einem Sterbenden die Hand zu halten - aber es gibt Alarm- und medizinische Versorgungspläne für den Tag nach der Atombombe.

Medizin ist zuständig für Gesundheit, hat allenfalls aber nur eine sehr begrenzte Theorie von Krankheit. Medizin ist eine Wissenschaft vom lebendigen Menschen, und Medizintheorie könnte somit zu einer umfassenden Theorie über das menschliche Leben schlechthin werden.

Wissenschaft neigt dazu, sich bestimmten Ausschnitten des menschlichen Lebens zuzuwenden, und Theorien funktionieren wie Brillen, durch welche festgelegt wird, was man sieht und was nicht gesehen wird. Ein Blick in die Medizingeschichte zeigt, daß gerade Medizin um das Selbstverständnis einer umfassenden Lebensordnungslehre ständig gerungen hat und die abendländische Medizin wie keine andere die politischen, sozialen, psychischen und metaphysischen Aspekte des Arzt-Seins seit jeher stark reflektiert hat. Medizin ist wie keine andere eine synoptische und integrative Wissenschaft vom Mensch-Sein.

Ein Spannungsmoment in der aktuellen Medizinkritik ist darin begründet, daß Technik als Faktor gedeutet wird, der die Verwirklichung des Mensch-Seins eher erschwert, weil der technisierte Handlungsablauf im medizinischen Geschehen zwischenmenschliche Begegnung auf das Technisch-Funktionale beschränken kann - und das scheint auch auszureichen; eine gesundheitliche Störung wird als rein lokal begrenzter organisch-materieller Defekt gesehen. Die Tätigkeit des Arztes war seit jeher (gleich ob Priesterarzt oder Partnerarzt) die Heilung des Menschen. Die besondere Situation, in der sich die Medizin und die Medizinkritik heute befinden, liegt im naturwissenschaftlichen Selbstverständnis begründet. Medizin, das zeigen alle Hochkulturen, war immer auch *Philosophie und Spekulation* über den Menschen, das Wesen des Menschen und die Natur des Menschen. In diesem umfassenden Sinne könnte ein neues Selbstverständnis von Medizin als Natur-Wissenschaft begründet sein.

Die Entwicklung von Medizin unter dem naturwissenschaftlichen Paradigma hat den Arzt primär als naturwissenschaftlich denkenden Experten definiert und ihn zum technischen Sachwalter von Gesundheit bestimmt. Ausgangspunkt der hippokratischen Medizin war die "leibseelische Physis"; diese hat sich gewandelt in ein technisch-organisches Maschinenmodell des Menschen. Wie Räder ausgewechselt werden, stehen heute Organtransplantationen auf der Tagesordnung. Da ist für "philantropia", "philosophia", "philotechnia" oder "caritas" wenig Platz. Für die naturwissenschaftlichen Fortschritte der "Heiltechnik" muß die "Heilkunde" einen hohen Preis bezahlen (Heilkunst - sinnigerweise bedeutet ja dieses Wort "Techne" (g.): Kunst). Diese naturwissenschaftliche Sozialisation läßt den Arzt nicht nur zum perfekten und damit einseitigen Experten werden, der viele subjektive Momente des Krank-Seins aus dem Auge verliert, sondern beraubt ihn auch der Partnerschaft mit dem Patienten. *Partnerschaftliche Begegnung* ist die Grundvoraussetzung zur Bewältigung individuellen Leidens und zum Abbau sozialer Isolation. *Technische Qualifikation* kann diese nicht ersetzen.

„Wozu die Handschuhe?
Sie haben wohl Angst, Fingerabdrücke zu hinterlassen?!"

Die ökologische und paradigmatische Krise ist gekennzeichnet von spekulativem Ringen um das Humanum und von der Wiederentdeckung des teleologischen Denkens. Die Maximen ärztlichen Tuns sind ganz eng mit Bildern von der Natur der Welt und des Menschen verbunden. Mit einer Veränderung des Menschenbildes in den Wissenschaften, d.h. einer wissenschaftstheoretischen und wissenschaftspolitischen Neuorientierung, wird ein Wandel des Verhältnisses zur Technik und ihres gesellschaftlichen Stellenwertes einhergehen. Auch hier wird die Medizin als am Menschen direkt angewandte Wissenschaft eine Vorreiterrolle spielen. Im medizinischen Einsatz ist die Technik für den Menschen am direktesten und intensivsten körperlich und seelisch spürbar und erfahrbar; es wird auch der medizinische Bereich einer der ersten sein, wo der Mensch in seinem Lebensalltag den Einsatz der Technik sanft und beziehungsfördernd erlebt. Dieses Erleben hängt auch von denen ab, die mit der Technologie professionell umgehen. Zum professionellen Umgang gehört ebenfalls die Reflexion über die Grundlagen und Konsequenzen des Tuns selbst. Bei dieser Reflexion können die Sozial- und Geisteswissenschaften ihren wertvollen Beitrag liefern und ihr Instrumentarium zur Verfügung stellen. Medizin ist allemal angewandte Wissenschaft und als solche eigentlich Sozialwissenschaft. Medizinisches Handeln hatte seine Grundlagen eigentlich immer in einem bestimmten Denken über das Mensch-Sein. Wie keine andere Wissenschaft ist die Medizin in ihrer eigenen Grundlegung dazu berufen, den paradigmatischen Wandel zu vollziehen und eine wissenschaftliche Weltanschauung, welche fast ausschließlich einseitig technische Errungenschaften anpreisen kann, in ihre Grenzen zu verweisen. In der Medizin spüren wir sozusagen die Möglichkeiten der Technik hautnah - nirgends sonst sind aber auch die Grenzen und Unmöglichkeiten der Technik so offen und herausfordernd sichtbar.

Medizin ist in Bewegung. In der Medizin werden neue wissenschaftliche Konzepte und neue Entwürfe von Wissenschaft generell ihre erste "menschliche" Bewährungsprobe durchstehen müssen. Medizin war sehr lange bestimmt von einem reduzierten naturwissenschaftlichen Normbegriff, der systemimmanent seine Grundlagen in einem technisch-ökonomischen Modelldenken hatte. Der Weg der Medizin von der Heiltechnik zur Heilkunde, sagt Schipperges, wird einhergehen mit der Suche nach dem Subjekt in Verbindung einer ganzheitlichen Lebensordnungslehre.

Vor fünzehn Jahren erst entwickelt, ist die Computertomographie heute schon ein medizintechnisches Routineverfahren. Technologische Novitäten, rasantes Innovationstempo und faszinierende Möglichkeiten stellen natürlich eine große Versuchung für den Mediziner dar und können ihn vom Menschen sehr ablenken. Die Medizin ist längst im Sog einer *industrialisierten Medizintechnik*, und wir wollen alle die Vorteile medizintechnischer Errungenschaften nicht missen. Die Grenze aber scheint dort überschritten worden zu sein, wo die medizin-technischen Einrichtungen das "ärztliche Handeln" bestimmen und nicht der Arzt aufgrund seiner "ärztlichen Qualifikation" - und das heißt vor allem menschliche und nicht nur technische Qualifkation - über den Einsatz und die Sinnhaftigkeit technischer Möglichkeiten verfügen kann.

Arzt sein heißt mehr, als mit technischen Instrumenten naturwissenschaftlich exakt "messen" und Maß nehmen; Arzt sein heißt auch "Maßstäbe setzen". Im Arzt aktualisiert sich jegliche Medizin; im Arzt-Sein konzentrieren sich auch alle Facetten der Medizinkritik, vor allem das Spannungsmoment Medizin und Technik.

Anmerkungen und Literatur

(1) Vergleiche ausführlich Illich, I.: Die Nemesis der Medizin - von den Grenzen des Gesundheitswesens, Hamburg 1981

(2) dazu ausführlich: Wagner, F.: Medizin zwischen Utopie und Wissenschaft, Linz 1985

(3) Vgl. Thürkauf, M.: Wissenschaft und moralische Verantwortung, Schaffhausen 1979

(4) dazu auch: Wagner, F. (Hrsg.): Medizinisches Denken und Handeln. Eine sozialwissenschaftliche Visite, Linz 1987

Basaglia, F.O., Gesundheit - Krankheit: Das Elend der Medizin, Frankfurt 1985

Bateson, G., Geist und Natur, 1984

Bury, J.B., The Idea of Progress, 1955

Capra, F., Wendezeit, 1983

Ehrenfeld, D., The Arrogance of Humanism, 1978

Feyerabend, P., Wider den Methodenzwang, 1985

Flöhl, R., Maßlose Medizin? Heidelberg/New York 1979

Habermas, J., Erkenntnis und Interesse, 1975

Illich, I., Nemesis der Medizin, 1981

Lonergan, B., Insight, 1978

Lüth, P., Medizin als Politik, Darmstadt 1976

Marcuse, H., Der eindimensionale Mensch, 1984

Mumford, L., Mythos der Maschine, 1984

Rifkin, J., Kritik der reinen Unvernunft, 1987

Schäfer, H., Plädoyer für eine neue Medizin, München 1982

Sperry, R., Naturwissenschaft und Wertentscheidung, 1985

Thürkauf, M., Wissenschaft und moralische Verantwortung, Schaffhausen 1977

Wagner, F.: vgl. (2) und (4)

Abbildungen:
Alle Zeichnungen aus: Medical Tribune

Erich Dimitz

DER COMPUTER IM KRANKENHAUS

...by the cold and religious we were taken in hand
shown how to feel good and told to feel bad
(roger waters)

Was ist ein KIS?

Ein Krankenhaus-Informationssystem (KIS) soll EDV-unterstützt den Informationsfluß im Krankenhaus erleichtern und abstimmen. Die Kriterien für eine solche *Erleichterung* sind zunächst einmal rein technisch betrachtet darin zu sehen, daß (a) Daten nur mehr einmal erfaßt werden, wenn sie öfters gebraucht werden und daß sie (b) an dem Ort erfaßt werden, an dem sie anfallen. Man erwartet sich also ein Wegfallen der "Zettelwirtschaft". Daraus ist auch zu erkennen, daß wirkliche Erleichterungen primär bei der Arbeit des nichtärztlichen Personals einsetzen müssen, welches ja der Hauptleidtragende der administrativen Tätigkeiten ist. Kriterium für die gelungene *Abstimmung* der Arbeitsabläufe ist, daß Informationen dann und dort verfügbar sind, wenn und wo sie gebraucht werden.

Die meisten KIS können ihre Kindheit als Büroinformationssysteme kaum verbergen: Manche Anbieter sind sogar der Ansicht, ein Krankenhaus sei ohnehin nichts anderes als ein großes Büro. Deshalb finden sich in den Handbüchern auch Ausdrücke wie "Sachbearbeiter" (Pflegepersonal), "Geschäftsfall" (eine Zuweisung zum Röntgen) oder "Datenerfassung" (Eintragungen in die Krankengeschichte). Im Zentrum steht eine patientenbezogene Datenbank, an welche Anwendungen für die einzelnen Leistungsstellen (Röntgen- und Laborbefunde, etc.), die Lager (v.a. Apotheke) und natürlich für die Verwaltung (Finanz-Buchhaltung, Kostenrechnung) angebunden sind.

Daneben existieren mehr oder weniger phantasievolle Spezialanwendungen wie medizinische Expertensysteme, Ausbildungssoftware und Pflegedokumentation. Diese sollen weniger der administrativen Vereinfachung als der Steigerung der *Qualität* von Pflege und medizinischer

Versorgung dienen. Soll die Weiterentwicklung solcher Systeme also den historischen und gegenwärtigen Entwicklungstrends und ihren Experten überlassen werden?

Die Antwort ist nein. Der Hauptgrund liegt darin, daß nicht alle Interessen(ten) an diesem Entwicklungsprozeß in gleicher Weise beteiligt sind, weder unter den Gesundheitsberufen noch zwischen Gesundheitsberufen und den anderen Interessenten, also Patienten, Familien und anderen Gesundheitseinrichtungen (1). Vergleicht man beispielsweise die Häufigkeiten der Beiträge bei internationalen Kongressen zur medizinischen Informatik, so stehen an der Spitze die Selbstdarstellung von Systemen durch die Hersteller (32%; (2)), also einer Interessensgruppe, die als Beteiligte im Gesundheitssystem eigentlich gar nicht unmittelbar in Betracht kommt; es folgen die Verwaltungen der Krankenanstalten und lokalen Gesundheitsbehörden (28%) und die Mediziner (27%); zuletzt folgen das Pflegepersonal (10%) und unter ferner liefen die Patienten (4%).

Ein solches Ungleichgewicht findet sich auch bei den *Einführungsstrategien* wieder, nämlich eine Koalition von Hersteller- und Verwaltungsinteressen mit gewissen Versprechungen und Zugeständnissen an die Mediziner, gegenüber der v.a. das Pflegepersonal defensiv und nur mehr dann reagiert, wenn es um Veränderungen seiner Arbeitsbelastung und Qualifikation geht. Auch von seiten der Patienten sind bestenfalls dann eigene Initiativen zu erwarten, wenn es um Fragen des Datenschutzes geht.

Doch sehen wir uns die einzelnen Funktionen eines KIS im Detail an, welche Erwartungen in sie gesetzt werden, welche Interessen dabei zu welchen Entwicklungen drängen und welche sozial verträglichen Einsatzformen dagegen möglich wären:

Ein neues Betätigungsfeld für Betriebswirte

In letzter Zeit gerät das Gesundheitssystem wieder einmal v.a. einnahmenseitig unter Druck. Man spricht von "Defiziten", was natürlich genauso unsinnig ist, wie etwa von einem Defizit der Feuerwehr oder der Gendarmerie zu sprechen. Jedes Land hat hierfür sein System entwickelt, wie die Kosten des Gesundheitssystems zwischen Staat und Krankenversicherung aufzuteilen sind. Gelangt ein solches System an seine Grenzen, so wird es entweder neu verhandelt, oder der Ruf nach Rationalisierungsmaßnahmen wird laut. Dann taucht auch regelmäßig ein neuer Begriff auf: die *Krankenhausökonomie*.

Eigentlich ist es ja gar nicht so verwunderlich, daß der Gesundheitssektor einen immer größeren Anteil an den öffentlichen und privaten Ausgaben einnimmt; ausschlaggebend dafür sind

- *demographische* Faktoren wie steigende Lebenserwartung und Überalterung der Bevölkerung; schon jetzt entfallen 40% der Krankenhausaufenthalte in Österreich auf Personen über 60 Jahre, während der Anteil dieser Gruppe an der Bevölkerung nur etwa 20% ausmacht. Innerhalb der nächsten 40 Jahre wird dieser Anteil auf etwa 30% anwachsen, zugleich steigt die Altenbelastungsquote (d.h. das Verhältnis der Pensionsempfänger zur arbeitenden Bevölkerung) aufgrund des Eintritts der geburtenstarken Jahrgänge ins Pensionsalter von 30% auf etwa 60% !
- die Tatsache, daß sich der Gesundheitsbereich wie alle *Dienstleistungs*sektoren der Rationalisierung stärker widersetzt als die Produktionssektoren, sodaß der Aufwand in diesen Bereichen anteilsmäßig zunehmen muß.
- der Fortschritt der Medizin (v.a. der Pharmazeutik),der in den Industrienationen zu einem drastischen Absinken der Infektionskrankheiten geführt hat. Zugleich hat die inhumane Nutzung des technischen Fortschritts die typischen Arbeitsbelastungen verändert, weg von der schweren körperlichen Belastung hin zu einseitiger Belastung und gestiegener Arbeitsintensität - einschließlich der Angst vor Lohnarbeitslosigkeit (3). Angestiegen ist daher der Anteil der *chronischen* Erkrankungen der Atemwege und des Stützaparates, der degenerativen Fehlbildungen, Allergien sowie der streßbedingten psychischen Leiden. Gerade für solche Aufgaben ist das herkömmliche Akut-Spital jedoch schlecht vorbereitet.
- nicht zuletzt die gestiegene Qualität der medizinischen Leistungen, darunter vor allem die aufwendige Technik im Bereich der Diagnostik. Das Nachhinken der therapeutischen Entwicklung hinter jener der Diagnostik verleitet den Arzt dazu, sich durch die aufwendigen Diagnoseverfahren immer neu rückzuversichern, wo der Therapieerfolg ausbleibt. Zugleich verlangen die kostspieligen Geräte nach hoher

Auslastung, um sich für das Krankenhaus als Einzelbetrieb zu amortisieren.

Um dieser Entwicklung entgegenzuwirken, sucht man nach neuen Finanzierungsformen, die den sparsameren Einsatz von Mitteln und kürzere Verweildauern belohnen. Dazu geht man von sogenannten *Fallgruppen* (engl.: diagnoses related groups, DRG) aus, also Gruppen von Diagnosen, für welche die Therapie nach einheitlichen Durchschnittssätzen abgegolten wird. Ein Krankenhaus hat in einem solchen Verrechnungssystem ein Interesse daran, daß für einen bestimmten Fall nach Möglichkeit keine Kosten anfallen, die wesentlich über die dafür vorgesehene Leistungsvergütung hinausgehen. Um jedoch festzustellen, ob und an welcher Leistungsstelle solche Kosten anfallen, müssen deutlich mehr Daten als bisher erfaßt werden, was wiederum *nur mehr EDV-unterstützt* möglich ist.

Eine solche Vorgehensweise birgt jedoch ein beträchtliches Konfliktpotential:

- DRG-Systeme sind umso wirksamer, je geringer der Anteil der Fixkosten in einer Krankenanstalt angesetzt wird. Amerikanische Spitäler beispielsweise behandeln das Personal als variablen Kostenanteil, sodaß Betten und Abteilungen flexibel geschlossen und das zugehörige Personal freigesetzt werden kann. Da die Personalkosten mit etwa 2/3 den größten Anteil am Aufwand ausmachen, sind Befürchtungen v.a. des Pflegepersonals auch in Europa nicht unbegründet, daß hier die ersten Rationalisierungsmaßnahmen ansetzen werden.
- Ähnliches gilt für teure 'Sonderleistungen' (z.B. Computertomographie, Kernspintomographie), wenn die Geräte abgeschrieben werden müssen und nicht nur die Einzelleistungen als variable Kosten zu Buche schlagen. Hier treten größere und kleinere Krankenanstalten in Konkurrenz.
- Das Ausmaß an (personenbezogenen) Leistungsdaten, die in ihrer Gesamtheit durch die Datenverarbeitung schon einem *Personalinformationsystem* nahe kommen, ist nicht nur vom Kontrollaspekt her konfliktträchtig. Es müssen vielmehr auch interprofessionelle Konflikte befürchtet werden, da die Daten zur Kontrolle der Ärzte im Regelfall nicht von ihnen selbst, sondern vom Pflegepersonal erfaßt werden.
- Da die medizinischen Daten (v.a. die Entlassungsdiagnosen) zugleich Einfluß auf die Finanzierungsströme haben, ist zu erwarten, daß die Erfassung dieser Daten auf die Dauer nicht ganz unverfälscht erfolgen

wird; in den USA beobachtet man beispielsweise eine Zunahme der Mehrfachdiagnosen. Die Daten sind daher für epidemiologische Studien nur mehr sehr beschränkt aussagefähig.

- Und schließlich führt die Senkung der Verweildauern zu einer stärkeren Belastung der Pflege (der Patient befindet sich nur mehr in der pflegeintensiven Phase im Krankenhaus). Wird dies durch verstärkten Personaleinsatz kompensiert, so sinkt der Einsparungserfolg; nimmt man die höhere Arbeitsintensität in Kauf, so sinkt die Qualität der Pflege, was bis zum bekannten "Drehtüreneffekt" führen kann (der Patient muß nach kurzer Zeit erneut hospitalisiert werden). Die hohen Belastungen führen zudem schon derzeit zu extremer Fluktuation und Personalmangel in den Pflegeberufen (4).

Es fragt sich daher, ob der EDV-Einsatz im Krankenhaus nur eine weitere Sackgasse für das kostspielige System der kurativen Versorgung eröffnen wird oder ob die Informationstechnologie auch andere Anwendungsformen möglich macht. Wir sehen solche Chancen vor allem im Bereich der *primären Prävention*, und hier speziell in der *Gesundheitsbildung*, auf die wir noch mehrfach zurückkommen werden. Aber auch für die Interessen der Krankenhausverwaltung sind EDV-Anwendungen denkbar, die nicht von der Kontrolle des Personals ausgehen und trotzdem zu gleichmäßigerer Auslastung führen können: Dazu kann man z.B. von den Schätzungen des Pflegepersonals über die zu erwartenden Verweildauern jedes Patienten ausgehen; diese Schätzungen lassen sich täglich aufgrund des Genesungsfortschrittes verbessern und durch geeignete EDV-Werkzeuge zur Planung der Kapazitäten verwenden. Die Qualitätskontrolle erfolgt also nicht beim Personal, sondern am Patienten; zugleich wird die Erfahrung der Pflege aufgewertet, da bessere Prognosen durch weniger sprunghafte Belastungen belohnt werden.

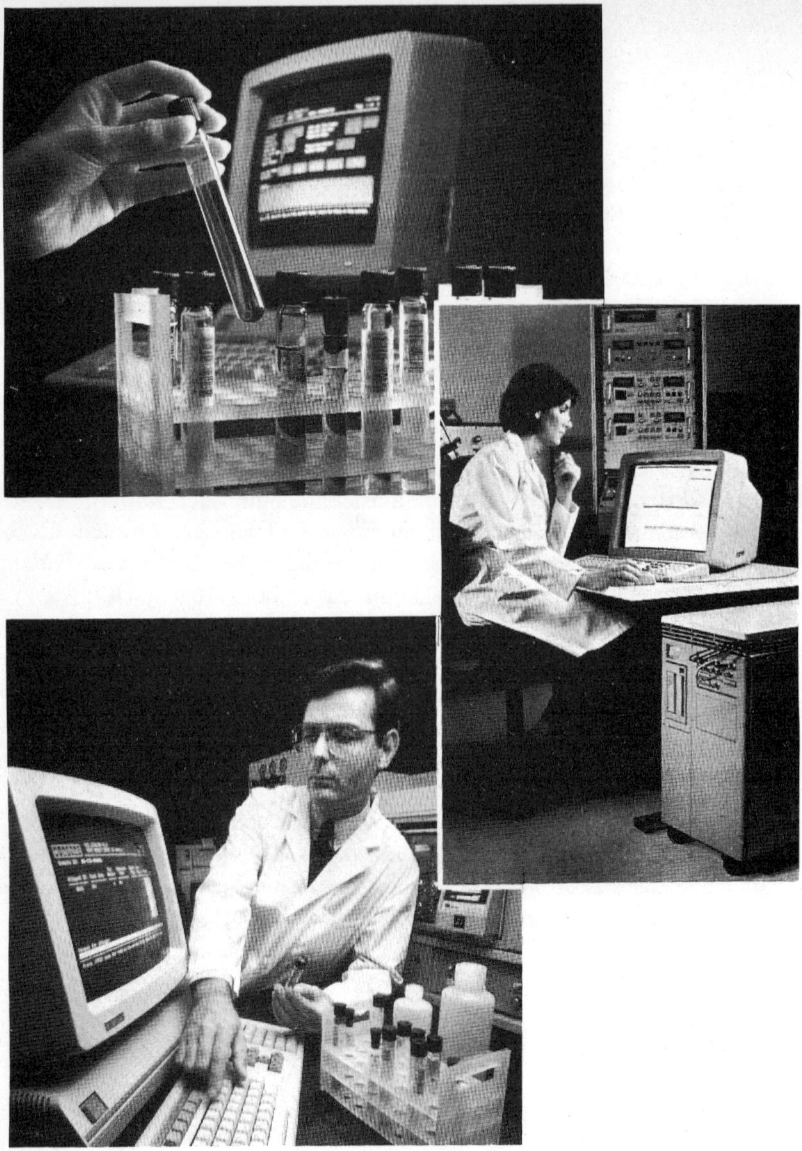

Digital Laboratory and Science Handbook 1988

Medizinische Statistik: Das Anliegen der Ärzte

Einheitliche *Codesysteme* zur Erfassung medizinischer Diagnosen und Leistungen wurden lange Zeit als eine Grundvoraussetzung für großangelegte epidemiologische Untersuchungen angesehen. In diese Richtung gehen auch die Empfehlungen der Working Group 10 der International Medical Informatics Association (IMIA). Inzwischen ist diese Voraussetzung jedoch sowohl im wissenschaftlichen Bereich als auch in der IMIA nicht mehr unumstritten: Vor allem wird argumentiert, der wissenschaftliche Fortschritt entfalte sich rascher als jedes Codesystem, sodaß letzteres für die wissenschaftliche Erkenntnis eher ein kontraproduktives Korsett darstelle. Krankheitsprozesse sind keine 'digitalen' Zustände, sondern 'analoge' Vorgänge mit fließenden Übergängen, was sich auch im Begriff der Medizin als 'Kunst' wiederspiegelt.

Dies soll nun keineswegs bedeuten, daß nicht alle technischen Möglichkeiten der modernen Telematik genützt werden sollen, die Kommunikation zwischen den verschiedenen Forschungseinrichtungen des Gesundheitsbereichs und den verwandten Richtungen (v.a. auch den Gesellschaftswissenschaften) zu erleichtern; sie soll nur nicht erzwungen werden. Das Hauptproblem bei der Interpretation medizinischer Dokumentationen besteht nämlich darin, daß bei der Erfassung der Daten im wesentlichen schon bekannt sein müßte, wozu sie später verwendet werden sollen. So zeigt sich beispielsweise, daß die Einschätzung der Wichtigkeit einzelner Eintragungen in der Krankengeschichte diametral differiert, je nach dem, an welcher Stelle im Krankenhaus diese erfolgen (5).

Dies hat Konsequenzen für die Organisation der Zusammenarbeit zwischen Arzt, Pflegepersonal und medizinisch-technischer Assistenz (MTA), dem vielbeschworenen "Team" im Krankenhaus: Je stärker das nichtärztliche Personal in die medizinischen Fragestellungen einbezogen wird, desto höher wird die Qualität der Daten in bezug auf diese Fragestellungen sein; zugleich sind von hier auch nützliche Vorschläge zu erwarten. Voraussetzung ist allerdings, daß die Erfassung der medizinischen Information in unmittelbarem Kontakt mit dem Patienten erfolgt und nicht auf eine reine Dateneingabetätigkeit reduziert wird.

Längerfristig wird jedoch das Nachhinken der therapeutischen Entwicklung hinter jener der Diagnostik nicht durch verbesserte Möglichkeiten der Erfolgsstatistik im Krankenhaus - also im wesentlichen eine *Mortalitäts*statistik der kurativen Medizin - zu bewältigen sein. Primäre Prävention verlangt nach *Morbiditäts*statistiken, also nach der Erfassung krankmachender Faktoren anstelle von Krankheiten. Hier wird es daher auch notwendig sein, nicht nur das Team der Gesundheitsarbeiter in die medizinischen Fragestellungen einzubeziehen, sondern auch den Patienten selbst, bevor er noch als Bittsteller dem Gesundheitssystem gegenüber tritt. Daten dieser Art fallen jedoch weniger im Krankenhaus selbst an (hier v.a. in der Anamnese) als am Arbeitsplatz (Arbeitsmedizin) oder bei Umweltschutzuntersuchungen. Sie dienen eher der Durchsetzung des Rechtes auf Gesundheit als dem Nachweis einer erfolgreichen Behandlung von Krankheit. Allerdings hat ihre Interpretation sehr wohl Einfluß auf die therapeutische Praxis im Krankenhaus, v.a. bei solchen Therapien, die eine verstärkte Mitarbeit des Patienten - und damit eine Änderung seiner Lebensbedingungen - verlangen.

Expertensysteme: Wem gehört das Wissen?

Expertensysteme sind EDV-gestützte Datenbanken, welche in der Lage sind, neben lexikalischen Eintragungen auch bedingte Verknüpfungen (der Gestalt: "Wenn A, dann B"; oder: "Nur wenn A, dann B"; oder: "Wenn A oder B, aber nicht C, dann D") zu speichern und das so entstehende System auf Konsistenz zu überprüfen - d.h. sie sind in einem gewissen Sinne lernfähig. Im medizinischen Bereich wird auf diese Weise der Entscheidungsprozeß des Arztes bei der Erstellung einer Diagnose nachgebildet.

Das Expertensystem erstellt dabei eine Diagnose auf der Grundlage bestimmter Befunde; der Benützer interessiert sich aber weniger dafür, sein eigenes Urteil bestätigt zu finden, sondern eher für die Möglichkeit des Systems, die Wahrscheinlichkeit der Diagnose aufgrund der zugrundeliegenden statistischen Datenbasis zu quantifizieren. Interessant ist dabei auch die Abschätzung des Gewinnes an diagnostischer Sicherheit, der sich durch zusätzliche Untersuchungen erzielen ließe, vor allem, wenn diese mit Risken oder Belastungen für den Patienten verbunden sind. Allerdings verlangt die Interpretation quantifizierter Risken und Wahrscheinlichkeiten eine gewisse Übung und auch Kritikfähigkeit (Gefahr der Pseudoexaktheit!), die nicht immer vorausgesetzt werden kann.

Die unkritische Überbewertung der kurativen Medizin hat dazu geführt, daß oft übertriebene Hoffnungen mit dem Einsatz medizinischer Expertensysteme verbunden werden: Zu lange haben wir Krankheiten danach definiert, daß einige auf eine spezielle Therapie reagieren, andere nicht. Ein solches Wissen läßt sich natürlich relativ gut in Regeln fassen, wie sie die Grundlage wissensbasierter Systeme bilden (6). Zugleich zeigen sich damit auch die Grenzen eines solchen Systems: Nämlich dann, wenn ein Krankheitsprozeß nicht auf bekannte Therapieformen reagiert, sondern eine gemeinsame Anstrengung von Gesundheitsarbeiter und Patient zur Änderung seiner Umwelt- und Lebensbedingungen verlangt - wenn also nicht das Regelwissen des Professionalisten, sondern die gemeinsame Erarbeitung einer Einschätzung gefordert ist. Und etwas zweites zeigt sich: Expertensysteme lassen sich nur dann konstruktiv einsetzen, wenn sie nicht im "stillen Kämmerlein" verwendet werden, nur, um den 'Experten' mit einem zusätzlichen Nimbus von Professionalität zu umgeben. Vielmehr müssen auch Pflege und Patient die Entscheidungen mitverfolgen und interpretieren können; erst so wird es möglich, die Krankengeschichte nicht als Dokument, sondern als Verantwortung und Aufgabe zu gestalten.

Die Pflegedokumentation: Was tut die Schwester?

Man schätzt, daß etwa 1/3 der medizinisch relevanten Information über den Patienten nicht durch den Arzt, sondern durch das nichtärztliche Personal gesammelt wird. Der Wert dieser Information wird auch immer wieder betont, und es wird daher nach Möglichkeiten gesucht, sie übersichtlich dokumentiert jederzeit verfügbar zu halten. Wie wichtig wäre es beispielsweise in Krisensituationen zu wissen, wer einen Patienten in letzter Zeit besucht hat, und über welchen Besuch er sich am meisten gefreut hat.

Die Schwierigkeiten mit handschriftlich geführten Dokumentationen liegen einerseits darin, daß diese Notitzen oft dann nicht verfügbar sind, wenn sie gebraucht werden (sie werden gerne zu Dokumenten oder Akten zusammengefaßt, was dann in die Kompetenz diverser Sekretariate fällt), daß Eintragungen häufig zwischen mehreren Dokumenten händisch übertragen werden müssen und daß die persönlichen Kürzel nicht jedem vertraut sind. Gelingt eine sinnvolle Übertragung dieser Dokumentationen auf ein EDV-System, dann steigt potentiell die Verfügbarkeit; dies ist v.a. wichtig, wo es um die Übermittlung von Pflegeinformation zwischen den Schichten geht (7). Zugleich sinkt die Gefahr von Übertragungsfehlern. Häufig ist auch zu beobachten, daß die Eintragungen an Leserlichkeit und Vollständigkeit gewinnen.

Die erste Initiative zur EDV-gestützten Erfassung einer Pflegegeschichte (komplementär zur ärztlichen Krankengeschichte) kommt meist vom Pflegepersonal selbst, welches die eigene Tätigkeit dadurch gegenüber derjenigen des Arztes aufgewertet sieht, und für welches die Dokumentation auch eine gewisse Rückversicherung darstellt. Deshalb ist es auch wichtig, daß ein solches System unter Beteiligung der Pflege und basierend auf deren konkreten Anforderungen (und nicht etwa denen der Verwaltung) entwickelt wird. Problematisch ist jedenfalls eine Form der Dokumentation, aus der sich der Pflegeaufwand je Pfleger/in und Patient ableiten läßt, oder die sogar mit Zeiterfassung und automatisch erstelltem Stundenplan kombiniert wird. Solche "Pflegeintensitäten" sind die Voraussetzung für eine *Funktionspflege*, bei der nach einem automatisch erstellten Einsatzplan ein tadelloser Fließbandbetrieb entsteht, in dem jede Pflegekraft nach ihrer Aufgabenliste Tätigkeiten verrichtet. (8)

Bedenklich wäre eine solche Entwicklung aber schon deshalb, weil sich in näherer Zukunft Veränderungen im Aufgabenspektrum des Pflegepersonals und damit auch neue Anforderungen an die Pflegdokumentation abzeichnen: Die eingangs beschriebenen demographischen Veränderungen und der Wandel der Arbeitsbelastungen führen zu einer Verlegung des Schwerpunktes der Pflege weg von Geburtshilfe und Säuglingspflege hin zur Altenpflege, zu neuen Aufgaben in der Jugendbetreuung (verfrühte Adoleszenz mit den daran geknüpften Problemen des Drogenmißbrauchs und der AIDS-Übertragung), aber auch zu neuen Fragen in der Erwachsenenbetreuung in der Folge zunehmender Lohnarbeitslosigkeit (9). Pflege gewinnt dabei an Ganzheitlichkeit, es wächst der Anteil der Beratungsaufgaben, sie wird zur *Lebenshilfe*. An einem solchen Wendepunkt des Berufsbildes ist jedoch erfahrungsgemäß auch ein Zeitpunkt, an dem verstärkt neue Berufe in den Bereich drängen: Psychologen, Sozialarbeiter, aber auch die Ärzteschaft, die ihren Einflußbereich bedroht sieht (10). Die Entwicklung eines eigenen fachbezogenen Dokumentationssystems ist dabei eine Voraussetzung zur Sicherung und Ausweitung der erworbenen Qualifikation.

Das Interesse des Patienten und seiner Familie

Die Ohnmacht des Patienten gegenüber der Erfahrung des hochtechnisierten Krankenhausbetriebes wird nicht nur von den diversen Patienteninitiativen kritisiert; längst ist auch von medizinischer Seite her bewußt, daß Patienten umso mehr "regressiv, rezidiv und mit noncompliance, einem der größten Probleme bei der Versorgung chronisch Kranker, reagieren", je mehr solcher Erfahrungen an der Entstehung ihres psycho-somatischen Krankheitsgeschehens beteiligt sind. (11) Man versucht daher besser, bei der *geteilten Verantwortung* als neuer Kooperationsform zwischen Gesundheitsarbeitern und Patienten anzusetzen. Dieses Paradigma sollte nicht als Reprivatisierung der Verantwortung des öffentlichen Gesundheitssystems, sondern eher als Rücknahme der Entmündigung des Patienten in einem anonymen System der kurativen Gesundheitsverwaltung verstanden werden. Unter diesem Begriff wird es auch möglich, den Stellenwert der Informationstechnologie für den Patienten und - was häufig übersehen wird - seine Umgebung und Familie zu bestimmen. (12)

Verantwortlichkeit gegenüber den Zielen

Patientenorientierte Therapie bedeutet einerseits eine größere Breite der angestrebten Behandlungsziele, andererseits die (Wieder-)Herstellung einer gewissen *Therapievielfalt* (13). Der Patient und seine Angehörigen müssen dabei abwägen können, welche Behandlungsform dabei mit welchen Chancen, Risken und Belastungen verbunden ist. Die eigene Krankengeschichte ist in diesem Entscheidungsprozeß nicht mehr eine private Notiz des behandelnden Arztes, sondern eine lebenslange Aufgabe für den Patienten, die er ständig zu seiner Verfügung haben und auch laufend revidieren muß.

Ein Informationssystem, welches solche Entscheidungen unterstützen soll, muß daher

- die Möglichkeit bieten, die eigene Krankengeschichte zu überblicken und zu ergänzen
- bzw. den Patienten über alle Entscheidungsmöglichkeiten zu informieren, die ihm zu einem bestimmten Zeitpunkt seiner Krankenge-

schichte offen stehen, v.a. auch solche, die ihm der behandelnde Spezialist und das jeweilige Krankenhaus gerade nicht bieten können
- Informationen darüber enthalten, wo sich der Patient weiter informieren kann
- den Patienten über seine Rechte informieren und
- dem Patienten zeigen, wo seine eigenen Möglichkeiten liegen, am Genesungsprozeß mitzuarbeiten.

Es ist klar, daß solche Forderungen nur eingebettet in ein System lebenslanger *Gesundheitsbildung* sinnvoll gestellt werden können. Als erster Schritt in diese Richtung wird jedenfalls in den Niederlanden versucht, die Daten der Krankengeschichte in Zusammenarbeit mit dem Patienten direkt am Krankenbett zu erfassen. Der Patient kann danach über ein Terminal am Krankenbett diese Daten überprüfen und sich über die nächsten Therapieschritte und deren Bedeutung informieren. (14)

Arbeitsmedizin und Arbeitermedizin

Die *Arbeitsmedizin* versucht, die krankmachenden Faktoren schon am Arbeitsplatz aufzuspüren und ihnen entgegenzuwirken: Schließlich verbringt der Mensch ja bis zu einem Drittel seiner Zeit am Arbeitsplatz oder auf dem Weg dorthin. Damit geht die Arbeitsmedizin weit über die gegenwärtige Praxis hinaus, Gesundheit durch diverse Zulagen (Lärmzulage, Staubzulage, Gefahrenzulage, etc.) dem Arbeitnehmer abzukaufen. Vom Anspruch her vertritt sie somit sehr wohl Anliegen der *primären* Prävention, selbst wenn sie sich auf Fragen der *Ergonomie* konzentriert und weitere Lebenszusammenhänge wie Arbeitsorganisation und Mitbestimmung am Rande läßt.

In der Praxis verbleibt jedoch die Beweislast beim Arbeitsmediziner, nachzuweisen, daß bestimmte Bedingungen tatsächlich als krankmachende Faktoren in Betracht kommen. Es ist dann notwendig, Daten über den Zusammenhang von Erkrankungen und Schadstoffeinwirkungen am Arbeitsplatz zu sammeln (Definition der "maximalen Arbeitsplatzkonzentration", der sog. MAK-Werte) und statistisch aufzuarbeiten; noch wesentlich schwieriger ist der Nachweis von Streßfaktoren. Allerdings fällt ein genügend breit gestreutes Datenmaterial nur dort an, wo sich die arbeitsmedizinische Betreuung nicht auf einzelne Betriebe, sondern auf eine homogene Region erstreckt (15), oder wo einzelne Arbeitsmediziner einen Datenverbund herstellen.

Ersten Ansätzen der *Arbeitermedizin* Ende der 60er Jahre in zahlreichen italienischen Betrieben, getragen von den wesentlichen Gewerkschaftsverbänden Italiens, gelang dagegen der Entwurf eines "neuen arbeitsmedizinischen Paradigmas" (16); sie entwickelten

- die *homogene Arbeitergruppe* statt des (statistischen) Individuums zur epidemiologischen Untersuchungseinheit, d.s. Gruppen, die im Betrieb den gleichen Aufgaben, Belastungen und Risken ausgesetzt sind - und meist auch im gleichen kulturellen und wohnumweltmäßigen Kontext leben.

- Kontextnähe (Arbeiterklasse als Träger der Arbeitswissenschaft *ohne Delegierung*, indem sie sich das Wissen über die sie umgebenden "Krankmacher" in Selbsterfahrung aneignet; Identität von Forschungssubjekt und -objekt)

- primärpräventives Vorgehen (Methodik der *kollektiven Bewertung*) ausgehend von der Tatsache, daß nur die beschriebenen homogenen Gruppen in der Lage sein werden, wirklich zu beurteilen, welche Schäden aus der gemeinsamen Arbeitswelt resultieren, und diese Wirkungen zu kontrollieren.

- eine neue Typologie *krankmachender Faktoren*, nämlich
- Wohnumweltfaktoren (Licht, Lärm, Temperatur, Feuchtigkeit,..) Sie sind relativ einfach meßbar, wie auch der Bereich innerhalb dessen sich der Mensch wohlfühlt
- Gase, Dämpfe, Vibrationen...; ihre Konzentration sollte wenigstens die MAK-Werte nicht überschreiten
- Schwere körperliche Arbeit, meßbar in Kalorien/Tag (max. 1500). Daneben subjektive Elemente der Beziehung des Arbeiters zu seiner Tätigkeit
- Faktoren, die durch Arbeitsrhythmus, Verantwortung / Repetition / Monotonie, geistige Anspannung, Augenbelastung etc. charakterisiert sind.

Auch wenn diese Vorstellungen nur in einigen Betrieben verwirklicht werden konnten und auch später wieder durch konservative Strömungen zurückgenommen wurden, so hat sich doch stellenweise ein Dialog zwischen Arbeitern und Ärzten entwickelt, der nicht mehr dem Verständnis von Bittsteller und Ratgeber entspricht. (17) Die Telematik wäre geeignet, in diesem Zusammenhang die Rolle eines Mediums zum Erfahrungsaustausch zu übernehmen, etwa in regionalen arbeitsmedizinischen Zentren, die untereinander Ergebnisse austauschen, gemeinsame Auswertungsroutinen entwickeln und rechtliche Entscheidungen dokumentieren; allerdings stehen solche Experimente noch aus.

Zugänglichkeit und Verständlichkeit

Beim Einsatz von EDV zur Erfassung von Krankengeschichten und Pflegedokumentationen läßt sich - wie bereits beschrieben - ein Trend beobachten, die Texte vollständiger und leserlicher zu gestalten. Nimmt dadurch die Arbeit überhand, so konnte in manchen Fällen dafür die Anstellung einer Stationsschreibkraft durchgesetzt werden, ein Berufsbild, das sich durch rasche Höherqualifikation und selbständige Mithilfe meist großer Beliebtheit bei Pflege und Ärzteschaft erfreut. Dadurch ist zumindest die Möglichkeit gegeben, die Krankengeschichte auch für den Patienten verständlich und damit verwendbar zu gestalten. Dies wird v.a. deshalb immer wichtiger, da ja kaum jemand noch über einen 'eigenen' Hausarzt verfügt und ein Patient auch im Krankenhaus keinen einzelnen Arzt als vertraute Ansprechperson zur Betreuung erhält, sodaß der Patient die Verantwortung für seine Gesundheitsvorsorge immer stärker selbst übernehmen muß. Die Zugänglichkeit seiner Krankengeschichte ist eine wesentliche Voraussetzung dafür. (18)

Durch die Verfügbarkeit der EDV im Krankenhaus könnte sich auch ein wichtiger Anwendungsbereich für *computerunterstützten Unterricht* (CUU) eröffnen. Verantwortliche Mitarbeit des Patienten an seiner eigenen Behandlung und Therapie verlangt - wie gesagt - ein erhöhtes Maß an Information und Erziehung. Die Möglichkeiten hierfür sind zunächst ganz einfach durch die verfügbare Zeit des medizinischen Personals für diese Aufgaben beschränkt. Zugleich ist es notwendig, daß der Patient die notwendigen Informationen und Unterweisungen zu dem Zeitpunkt erhält, zu dem er dafür auch ansprechbar ist: Zeiten einer Behandlung wären hierfür besonders geeignet, doch gerade hier wird die Verfügbarkeit der Betreuer oft nicht gegeben sein. Gelingt es nun - wie oben beschrieben -

durch Zugriffsmöglichkeiten des Patienten auf seine Krankengeschichte und darüber hinausgehende Möglichkeiten der programmierten Instruktion (CUU, AV-Medien, gedrucktes Informationsmaterial) die Entscheidungsmöglichkeiten des Patienten zu unterstützen, so ist von einem solchen Informationssystem eine konkrete Hilfe zu erwarten.

Die Bedeutung der Einführungsphase

Während der Phase der Einführung eines EDV-Systems treffen alle beschriebenen Interessen verstärkt und offen aufeinander. Denn noch weniger als im Bürobereich gibt es im Krankenhausbereich das System "von der Stange", da die einzelnen Anstalten meist sehr unterschiedliche und individuelle Arbeitsorganisationen und Abläufe entwickelt haben. Informationssysteme erweisen sich zwar als äußerst *flexibel* in der Verarbeitung und Übertragung von Informationen, für deren Verarbeitung und Übertragung sie entworfen wurden; dagegen sind sie vollkommen *unflexibel* bei der Verarbeitung und Übertragung von Informationen, für die sie nicht entworfen wurden. Das Informationssystem spielt dabei die Rolle einer schwerfälligen Person, mit der alle, also Verwaltung, Arzt und Pflege umgehen müssen; und wie bei allen anderen schwerfälligen Personen versucht man Wege zu finden, wie man den Umgang mit ihnen umgehen kann (19). Es geht also darum, das System so zu gestalten, daß es auch effizient eingesetzt wird.

Dies ist nun nicht einfach eine Frage der "*Akzeptanz*", also der möglichen Scheu der Benutzer vor der Verwendung eines neuen Arbeitsmittels, die man durch bessere Schulung vermeiden kann. Vielmehr kann ein KIS nur ein Werkzeug darstellen, die Arbeitsabläufe im Krankenhaus neu und - unter den neuen technischen Möglichkeiten - besser zu organisieren, abzustimmen und für alle übersichtlicher zu gestalten. Da nur die Anwender selbst die gewachsene Arbeitsorganisation verstehen, sind auch nur von ihnen Anregungen und Vorschläge dafür zu erwarten, wie dies verwirklicht werden könnte.

Moderne Software bietet hierfür vielfältige Möglichkeiten, mit deren Hilfe ein Probesystem (mit Testdaten; ein sog. Prototyp) in kurzer Zeit entwickelt und dann innerhalb von Stunden, oft sogar innerhalb einer Projektsitzung verändert werden kann, sodaß der Benutzer (meist Pflege oder MTA) auch beurteilen kann, ob seine Vorschläge auch so realisiert worden sind, wie er sich das vorgestellt hat. Dieser Vorgang wird als *Prototyping*, partizipative Systementwicklung oder einfach als *Partizipation* bezeichnet. Er ist *interaktiv*, d.h., der Anwender lernt vom Systementwickler, und dieser von ihm (20). Neueste Entwicklungen auf dezentralen Systemen (vernetzte Workstations) gestatten es dem Anwender sogar bis zu einem gewissen Grade, sich seine Applikation selbst zu gestalten, weil die einzelnen Objekte der Programmstruktur wie Gegenstände auf einem Schreibtisch (sog. "icons") am Bildschirm verschoben und zueinander in Beziehung gesetzt werden können, ohne dafür eine Programmiersprache erlernen zu müssen.

Rein technisch gibt es also keine Hindernisse für eine weitestgehende Beteiligung aller Anwender bei der Systemerstellung. Die Probleme liegen eher darin, daß diese Beteiligung in vielen Fällen gar nicht erwünscht ist: Der Anbieter, der oft zu viel versprochen hat, die Krankenhausleitung, die nur ihre Kontrollfunktion sieht, die etablierten oder selbsternannten EDV-Experten, der Arzt, der seine Fachkompetenz in Zweifel gezogen sieht, sie alle fühlen sich potentiell bedroht. Die europäische Stiftung fordert daher in diesem Zusammenhang (21):

1. "Die Krankenhausleitung muß bereit sein, eine solche Miteinbeziehung zuzulassen (...)
2. Pflegekräfte müssen an der Planung der Entwicklungen in ihrer Arbeit teilnehmen *wollen*. Alles scheint darauf hinzuweisen, daß dies so ist, wenn auch
3. hohe Arbeitsbelastung dazu führt, daß für solche organisatorischen Tätigkeiten zu wenig Zeit, zu geringe Möglichkeiten bestehen. (...)
4. Um einen nützlichen Beitrag zu technischen Entwicklungen leisten zu können, müssen Pflegekräfte ausreichende praktische Erfahrungen besitzen, was das Potential und die möglichen Folgen des Einsatzes der neuen Technologie angeht. Das erfordert eine echte Ausbildung und Praxis vor Aufstellung der Ausrüstung."

Es geht also um eine neue Gesprächskultur im Krankenhausbereich, innerhalb derer jede Beteiligtengruppe bereit ist, gegenseitig voneinander und miteinander zu lernen. Sicherlich ist es nicht leicht, sich über etablierte Hierarchien hinwegzusetzen, doch es dürfte umgekehrt auch nicht leicht sein, ein effizientes Informationssystem zu entwickeln, ohne einen Schritt in diese Richtung zu tun.

Dennoch bedeutet ein solchermaßen konfliktfrei eingeführtes Informationssystem noch keine Änderung der prinzipiell kurativen Ausrichtung des Gesundheitssystems; ja nicht einmal die Erhaltung bzw. Verbesserung der Qualifikationen ist dadurch sichergestellt, wie die technische und arbeitsorganisatorische Entwicklung im *Labor*bereich zeigt. Während im Bereich der bildgebenden Diagnoseverfahren (Röntgen, Ultraschall, Computer-Tomographie, etc.) der Kontakt zum Patienten erhalten blieb und zu den neuen Aufgaben der Beratung des Patienten in der Strahlentherapie oft sogar eine Einbeziehung der MTA in die Befundung erfolgte (man muß wissen, was man sehen will, um es auch ins Bild zu bekommen!), wurde das Labor als industrieller Fließbandbetrieb ohne jeden Kontakt zum Patienten organisiert (22). Diese Form der Arbeitsorganisation wurde aber erst möglich, nachdem die MTA im Labor selbst durch Standardisierung der Abläufe die Voraussetzungen zu dieser groß angelegten Rationalisierung geschaffen hatte. Neuerdings wird gelegentlich sogar argumentiert, die Namenskennzeichnung der Patienten auf den Proben durch BarCodes zu ersetzen, um die - unkontrollierbare - Erfahrung der MTA als "Störfaktor" auszuschalten. Daß dies nicht so sein muß, zeigt einerseits die ganz andere Praxis an manchen amerikanischen Kliniken, in denen die Probenaufnahme durch die MTA selbst am Patienten erfolgt; andererseits ermöglicht die Miniaturisierung der Geräte heute schon die Analyse einzelner Proben direkt an der Station (v.a. in der Intensivpflege) oder in der Ambulanz. Denn meist geht es ja nicht um die Feststellung absoluter Werte innerhalb oder außerhalb der Norm, sondern um die Beobachtung der Veränderung grenzwertiger Daten - um eine individuelle Krankengeschichte.

Abschließende Einschätzung

Wir sehen zwei widersprüchliche Tendenzen in der gegenwärtigen Gesundheitsdiskussion, welche die Gestaltung des EDV-Einsatzes in der Zukunft prägen werden:

- Ökonomische Interessen drängen in eine Richtung immer kostspieligeren Technikeinsatzes im klinischen und ambulanten Bereich, der durch Intensivierung v.a. der Pflegearbeit (Kontrolle, kürzere Liegezeiten, Funktionspflege) und durch "Reprivatisierung" von Pflegeleistungen (Selbsthilfe, Subsidiarität) kompensiert werden soll. Der Einfluß dieser Interessen ist gegenwärtig überwältigend, da der Gesundheitssektor weitgehend monopolisiert bzw. anbieterseitig stark konzentriert ist und wichtigen Gruppen der am Gesundheitssystem Beteiligten (Pflege, Patienten) kaum Möglichkeiten zur Mitgestaltung bietet.

- Demographischer Wandel, neue Arbeitsbelastungen und Veränderungen in den Krankheitsbildern drängen zu einer Beteiligung des Patienten an der Verantwortung im Therapieprozeß, zu einer höheren Gewichtung der primären Prävention im Gesundheitswesen (Arbeitsmedizin, Umweltschutz) und - als Voraussetzung dafür - einer Gesundheitsbildung auf breitester Basis. Solche Zielsetzungen treten mit einem starken *emanzipativen* Anspruch auf und können sich kaum auf einflußreiche Lobbies stützen; sie müssen also "von unten", von den Betroffenen durchgesetzt werden.

Für die Gestaltung des EDV-Einsatzes eröffnet sich also die Frage, ob in Zukunft die Kontrolle der Gesundheitsarbeiter oder die Emanzipation des Patienten im Vordergrund stehen wird, ein weiteres Wuchern kostspieliger und zugleich hilfloser Diagnostik oder verbesserte Gesundheitsbildung, schwerfällige Datensammlungen oder der Nachweis von Krankheitsursachen... Eine gewisse Chance haben wir darin gefunden, daß sich EDV-Systeme als ineffizient erweisen, wenn sie nicht unter Beteiligung der Anwender gestaltet werden; damit wäre wenigstens die Voraussetzung geschaffen, das Pflegepersonal und die MTA gegenüber der bisher übermächtigen Koalition Verwaltung-Ärzteschaft-Gerätehersteller stärker in die Entscheidungsprozesse miteinzubeziehen. Das Tätigkeitsfeld könnte sich dabei verstärkt in die Richtung einer Interpretation der medizinischen Daten, Kranken- und Pflegegeschichten in Zusammenarbeit mit dem Patienten verändern.

Dagegen sind die Möglichkeiten einer Gestaltung der EDV im Gesundheitswesen zum Nutzen des Patienten zur Zeit pessimistisch einzuschätzen: Nicht nur steht der Patient heute stärker denn je der sozialen Versorgung gegenüber als Bittsteller da (23); die einzelnen Risikogruppen sind zunehmend gespalten, ausgegrenzt und die Personen dem System gegenüber vereinzelt (Lohnarbeitslose distanzieren sich von Obdachlosen,

Arme und Kranke von Drogenabhängigen, Randgruppen von Ausländern, etc). Sicherlich wird die Forderung nach primärer Prävention nicht mehr nur in Selbsthilfe- und Umweltschutzinitiativen und in der Arbeitsmedizin gestellt (24), doch droht auch hier die Vereinzelung (so reduziert sich die Arbeitsmedizin häufig auf Ergonomie). Eine gewisse Hoffnung wäre daher in die - leider noch seltenen - Ansätze in der Gewerkschaftsbewegung zu setzen, die Anliegen der lohnarbeitslosen Bevölkerung stärker in ihre Vertretungsaufgaben miteinzubeziehen.

Anmerkungen

1 Whitbeck, C./W.C.Priest: Alternative Design for Medical Information Systems - Consequences for Health and Human Values. (Final Report) MIT, Cambridge, 1986

2 Insg. 120 Beiträge der Proceedings von Medical Informatics Europe '88, Oslo, 1988

3 Vgl.z.B. R.Grossmann: Arbeitsbelastung und Gesundheitsverschleiß: Gesundheitserziehung zur Prävention arbeitsbedingter Erkrankungen. In: Bundesministerium für Gesundheit und Umweltschutz (Hg.): Europäische Monographien zur Forschung in Gesundheitserziehung, Bd.6, Wien, 1984

4 Für Österreich, vgl.: Dimitz, E.: Branchenanalyse: Gesundheitswesen. In: Fleissner, P. (Hg.): Technologie und Arbeitswelt in Österreich, Wien, 1987
Für die BRD, vgl.: Grefe, Ch. u. F.Hartmann: Fließbandpflege. Die Zeit, Nr.42 - 14.Oktober 1988

5 Wastell, D.G.: Phenomenology and Participation: Alternative Principles for Information Systems Development in Health Care. In: R.Hansen/B.G.Solheim, R.R.O'Moore/F.H.Roger (eds.): Medical Informatics Europe '88. Proceedings, Oslo, Norway, August 1988. Springer, Berlin Heidelberg, 1988

6 Das hat auch die Pharmaindustrie bald erkannt und sich als Wissenslieferant für Expertensysteme angedient; solche Systeme liefern neben einer möglichen Diagnose auch einen Medikationsvorschlag, wobei es für den Anwender natürlich schwierig ist, zwischen der Wissensbasis und den Anbieterinteressen zu unterscheiden.

7 Bjerknes, G./T.Battenteig: Florence in Wonderland: System Development with Nurses. In: G.Bjerknes, P.Ehn a.M.King: Computers and Democracy. A Scandinavian Challenge. Avebury, 1987

8 Pröll, U./W.Streich: Auswirkungen Neuer Technologie auf Arbeitnehmer und Patienten im Gesundheitswesen. Bundesrepublik Deutschland. Krankenpflege und Computer. Auswirkungen des Einsatzes computergestützter Informationsverarbeitung im Krankenhaus auf die Belastungssituation (Streß) des Pflegepersonals und die Aufenthaltsbedingungen der Patienten. Forschungsbericht der Europäischen Stiftung zur Verbesserung der Lebens- und Arbeitsbedingungen. Dublin, 1987

9 World Health Organization (WHO), Regional Office for Europe: Megatrends affecting the reorientation of nursing in Europe. By N.Bendov, G.Bin-Nun and L.Bat-Sheva. ICP/HSR 329/8 1178j, Vienna, June 1988

10 Kirchberger, S.: Medizinisch-technische Assistenz in der Gesundheitsversorgung. Zur Berufsgeschichte der MTA. Frankfurt, New York, 1986

11 Schnabel P.-E./P.Wolters: Verträglichkeit technikintensiver Versorgungsprozesse von chronisch Kranken. In: Friedrichs, J. (Hg.): 23. Deutscher Soziologentag 1986. Sektions- und Ad-hoc-Gruppen. Opladen, 1987

12 Whitback, C./W.C.Priest: Identifying the ethical issues in the design of medical information systems. In: Proceedings of the Second IEEE Computer Society International Conference on Medical Computer Science. IEEE: MEDCOMP, 1983

13 Die Vielfalt der Therapien wurde in den letzten Jahrhunderten durch die Professionalisierung der Ärzteschaft, aber auch durch die Bekämpfung aller 'alternativen' Formen immer stärker eingeschränkt. (So führten z.B. die Hexenverfolgungen zu einem fast vollständigen Aussterben der Hebammenkunst.) Dieses reduzierte Angebot belastet das Gesundheitssystem mit nicht unbeträchtlichen Kosten, da die Patienten - stillschweigend und von sich aus - nach neuen Therapieformen suchen, die mit der taditionellen Therapie oft ungünstig interferieren.

14 Gondelach, J./S.Bik: Prototype developments for a nursing information system. In: R.Hansen, B.G.Solheim, R.R.O'Moore/F.H.Roger (eds.): Medical Informatics Europe '88. Proceedings, Oslo, Norway, August 1988. Springer, Berlin Heidelberg, 1988

15 In Österreich beispielsweise der Arbeitsmedizinische Dienst Linz (AMD)

16 Wintersberger, H.: Arbeitswissenschaften in Italien. Eine Alternative zur traditionellen Arbeitswissenschaft. In: Österreichische Zeitschrift für Soziologie Nr.2/3, Wien, 1976

17 In Österreich wurden erst jüngst ähnliche Versuche auf regionaler Basis im Rahmen des "Modellversuchs Gesundheitsbildung" unternommen. Vgl.: Grossmann, R. et al.: Gesundheitsförderung als sozialer Lernprozeß. 5.Zwischenbericht. Interuniversitäres Forschungsinstitut für Fernstudien. Linz, 1988

18 Zugleich wachsen damit jedoch die Anforderungen an die Vorkehrungen zum Schutz der Vertraulichkeit dieser Information; dies ist besonders dann wichtig, wenn die Datenverarbeitung zentral und anstaltenübergreifend erfolgt.

19 Whitbeck, C./W.C.Priest, ebd.

20 Bjerknes, G./T.Battenteig, ebd.

21 Fitter, M.: Auswirkungen neuer Technologie auf Arbeitnehmer und Patienten im Gesundheitswesen (Physischer und Psychischer Streß). Zusammenfassender Bericht. Forschungsbericht der Europäischen Stiftung zur Verbesserung der Lebens- und Arbeitsbedingungen. Dublin, 1987

22 Kirchberger, S., ebd.

23 vgl. den Begriff des "Sozialschmarotzers" in den österreichischen Medien.

24 Einen vielversprechenden Ansatz stellt das Projekt "Healthy Cities" der WHO dar.

Henk Stolk, Verstörung IX, 1986

Walter Blumberger

ASPEKTE DES WANDELS DER BERUFLICHEN QUALIFIKATIONSANFORDERUNGEN DURCH DIE TECHNOLOGISIERUNG DER BÜROARBEIT

Ein Gespenst geht um in der Alten, in der Neuen, in der Morgen-Welt - das Gespenst der neuen Technologien. Alle Mächte der alten Industriegesellschaft haben sich zu einer heiligen Hetzjagd gegen dies Gespenst verbündet, Spätplatonisten und Revolutionsmechaniker, greise Gewerkschafter und grüne Fundis, antiquierte Erzieher und schuldenaufschreibende Greißler.
Wo ist die Rationalisierungsmaßnahme, die nicht von den Managern mit den neuen Technologien begründet worden wäre, wo ist die neue Technologie, die nicht den gestern noch BASIC Lernenden sowohl wie den auf Feder und Papier Beharrenden den brandmarkenden Vorwurf der Fortschrittsfeindlichkeit entgegen geschleudert hätte?
Zweierlei geht aus dieser Tatsache hervor.
Die neue Technologie wird von allen Mächten als eine Macht anerkannt.
Es ist hohe Zeit, daß der neuen Technologien Anschauungsweise, ihre Zwecke, ihre Tendenzen vor den Augen der P.T. Leser offen dargelegt und dem Märchen vom technischen Sachzwang die ökonomischen Verhältnisse selbst entgegen gestellt werden.

Neben den Automatisierungs- und Vernetzungstendenzen im Produktionsbereich wird in den letzten Jahren zunehmend die Computerisierung der Büroarbeit forciert und in das Konzept "Telekommunikation" einbezogen. Nachdem der Produktivitätsrückstand und die Rationalisierungsreserven in Büro und Verwaltung erkannt, zum Teil wohl auch überschätzt wurden (z.B. in der berühmt gewordenen Siemens-Studie "Büro 1990"), scheint die Büroautomatisierung nun eine realistische und professionelle Phase zu erreichen. Das ist zum Teil mit neuen und in ihrem Erscheinungsbild oftmals widersprüchlichen Anforderungen an die Beschäftigten verbunden, deren Ursachen aber nicht nur im Einsatz neuer Informations- und Kommunikationstechniken (IuK) zu suchen sind.
In diesem Beitrag wird daher der Wandel der beruflichen Qualifikationsanforderungen in den Büroberufen vor dem Hintergrund der sich durchsetzenden sozio-ökonomischen Veränderungen diskutiert.

Die empirische Basis bilden 62 Fallstudien, die in zwölf österreichischen Unternehmen durchgeführt wurden (s. Anhang), wobei die Auswahl der Untersuchungsbetriebe nach dem Kriterium eines fortgeschrittenen technischen Standards erfolgte. Befragt wurden in erster Linie AnwenderInnen von neuen Informations- und Kommunikationstechniken in Büro und Verwaltung, besonders SachbearbeiterInnen, Schreibkräfte und Sekretärinnen. Zusätzlich wurden Interviews mit Vertretern des Managements, EDV-Organisatoren, Personalleitern und Betriebsräten durchgeführt.

Zur Orientierung in den österreichischen Verhältnissen werden zunächst die Argumente der aktuellen bildungspolitischen Diskussion vorgebracht, denen eine Skizze der Beschäftigungssituation folgt.

Arbeitsmarkt und Ausbildung: Ein interessenpolitischer Dauerstreit

Die berufsbildungspolitische Diskussion in Österreich wurde in den letzten Jahren bestimmt von den Themen "Fachkräftemangel", "Integration in den europäischen Markt" und "Neue Technologien", wobei ein mit dem technischen Wandel erklärtes Qualifikationsdefizit der Berufstätigen einen gemeinsamen Nenner abgibt.
Die Problemursachen werden von den gesellschaftlichen Interessensgruppierungen kontroversiell diskutiert: von seiten der Wirtschaft werden eine verfehlte Schulpolitik und Technikfeindlichkeit der Jugend, von seiten der Arbeitnehmer die schrumpfende Zahl von Ausbildungsbetrieben, Mängel in der Lehrlingsausbildung und eine fehlende Bereitschaft zur Mitarbeiterqualifizierung in den Unternehmen dafür verantwortlich gemacht.
Tatsächlich hat sich die Schulausbildung der Berufstätigen verbessert, wenn auch der Anteil der Absolventen von Universitäten und höheren Schulen noch immer relativ niedrig ist. Von 1971 auf 1981 (Jahre der Volkszählung) bzw. 1987 (Mikrozensus) haben sich bei den Berufstätigen die Anteile an den Bildungsebenen wie folgt verändert.

Berufstätige nach Bildungsebenen

Bildungsebene	1971	1981 (in Prozent)	1987
Universität	3,1	4,8	6,1
Höhere Schule (Matura)	6,3	7,3	10,1
Fachschule	8,1	11,8	10,9
Lehrberuf	31,2	35,5	41,0
Pflichtschule	51,3	40,6	31,9
	100,0	100,0	100,0

(N 1971 = 3 097 986; N 1981 = 3 411521;
N 1987 = 30716,Hochrechnung auf 3 415900)

Dieser Trend zur formalen Höherqualifizierung der Berufstätigen wird von Vertretern der gewerblichen Wirtschaft und der Industriellenvereinigung dahingehend problematisiert, daß das Reservoir von Facharbeitern, die hauptsächlich Hauptschulabsolventen sind, ausgelaugt werde (1).
Tatsächlich hat sich der Lehrstellenmarkt in den letzten Jahren gewendet: Von 1981 auf 1987 ist die Zahl der Lehrlinge um 17 Prozent, von 189.477 auf 157.299 zurückgegangen. Bis 1995 wird die Zahl der Lehranfänger, auch aufgrund des Geburtenrückgangs, weiter zurückgehen, wobei für den Zeitraum 1981 bis 1995 ein Rückgang etwa von 30 Prozent zu erwarten ist. Ein Fachkräftemangel, so wird von der Interessenvertretung der Arbeitnehmer argumentiert, wird daraus nicht resultieren, weil das fachlich qualifiziert ausgebildete Arbeitskräftepotential größer sei als die Nachfrage (2).

Beschäftigungsentwicklung in den Büroberufen: Mehr Beschäftigte und mehr Arbeitslose

Der sektorale Wirtschaftswandel verlief in Österreich ähnlich wie in allen anderen westlichen Industrieländern: von 1957 bis 1988 ging der Anteil unselbständig Beschäftigter in der Land- und Forstwirtschaft von 9,2 Pro-

zent auf ca. ein Prozent zurück, der Anteil der Beschäftigten in der Sachgüterproduktion von 59,3 Prozent auf ca. 39 Prozent, der im Dienstleistungsbereich stieg hingegen von 31,5 Prozent auf ca. 60 Prozent.
Dabei müssen die Tertiärisierungsprozesse im sekundären Sektor berücksichtigt werden: von 1963 bis 1987 stieg der Anteil der Angestellten in der Industrie von 19,8 Prozent auf 31,0 Prozent. In Büroberufen sind 1987 zirka 378.000 Arbeitnehmer beschäftigt, das sind 12 Prozent aller unselbständig Beschäftigten.
Obwohl die Beschäftigten in den Büroberufen zunehmen, steigt gleichzeitig die Zahl der aus diesen Berufen kommenden arbeitsuchenden Personen. Die Arbeitslosenrate pendelte in Österreich bis 1982 um zwei Prozent, stieg seither an und zwar auf 5,6 Prozent 1987 und 5,9 Prozent 1988. Innnerhalb der von Arbeitslosigkeit betroffenen Berufstätigen gab es beträchtliche Umschichtungen: 1963 betrug die Arbeitslosenquote bei den Angestellten 1,0 Prozent, 1987 3,0 Prozent; der Anteil der Angestellten an den Arbeitslosen stieg im gleichen Zeitraum von 12,9 Prozent auf 28,4 Prozent. Der Anteil der aus Büroberufen Kommenden ist überproportional hoch. Ein zutreffendes Bild der Lage dieser Angestellten am Arbeitsmarkt gibt die Ziffer des Stellenandrangs für 1987: auf eine offene Stelle kamen 13,2 Arbeitslose, während es vergleichsweise im Durchschnitt aller Arbeitslosen 6,99 waren.

Transformation des Industriesystems und technologische Formation

Das traditionelle "fordistische" Industriesystem (vgl.u.a. Lutz 1984, Hirsch/Roth 1986, Hübner 1989) befindet sich weltweit in einer Phase der Umorganisation. Ökonomische Faktoren wie Nachfragekrise, Konjunkturschwäche, verschärfte Konkurrenz, Internationalisierung usw. verändern die Bedingungen des Kapitaleinsatzes und der Kapitalakkumulation. Auf der gesellschaftlichen wie auf der betrieblichen Ebene liegt ein Hauptaugenmerk auf den neuen Arbeitsmethoden, die sich durch intensive technische Innovationen und flexiblen Einsatz lebendiger Arbeitskraft auszeichnen. Prozeßinnovationen in der Werkstoff- und Verfahrenstechnik, computerisierte Arbeitstätigkeiten, das Zusammenwachsen von Informatik und Telekommunikation stellen neuartige Anforderungen an die Beschäftigten.
Im Zusammenhang mit der Anwendung neuer Informations-, Kommunikations- und Fertigungstechniken wird immer wieder auf beste-

hende Qualifikations- und Qualifizierungsprobleme der Beschäftigten verwiesen. Technikbezogene Defizite stehen in diesen Konzepten im Vordergrund.
Es gibt jedoch keine eindimensionale Abhängigkeit der Qualifikationen von den eingesetzten Arbeitsmitteln. Mehr noch als die Techniken selbst bestimmen die neuen Akkumulationsbedingungen des Kapitals sowie unternehmensspezifische Faktoren (Betriebsgröße, Marktstellung, Branche, Produkte, Losgrößen) über die Anforderungen an die "human-ware", wie Arbeitswissenschaftler neuerdings die Beschäftigten bezeichnen.

Die Diskussion um die Qualifikationen ist daher vor dem Hintergrund der Anpassung der Arbeitskräfte an die geänderten ökonomischen Rahmenbedingungen zu sehen, die den Nexus von lebendiger Arbeitskraft und Maschinerie determinieren.
Möglich und notwendig ist die Transformation des traditionellen Industriesystems und der darauf basierenden Form der Kapitalakkumulation durch den grandiosen Erfolg dieses Systems geworden, der es zugleich an seine Grenzen führte: Durch Arbeitsteilung, Taylorismus und Fordismus konnte der Massenbedarf an Gebrauchsgütern in den westlichen Industrieländern gedeckt werden. Zugleich wurde damit und mit der Errichtung von sozialen Wohlfahrtsstaaten die Dynamik gesellschaftsverändernder Kräfte nach innen auf den konsensualen und partizipativen Ausbau des Gesellschaftssystems gelenkt.
Mit der Verwirklichung der Industriegesellschaft sanken, gemäß einem ehernen Gesetz, Kapitalrenditen und stellten sich "Störungen" des Wirtschaftskreislaufs ein, die als konjunkturelle Krisen und Zyklen interpretiert werden. Diese Erklärungsansätze greifen aber zu kurz. Die Ursachen sind vielmehr in dem sich verschiebenden Kräfteverhältnis großer Industriegesellschaften und in ökonomischen Anpassungsreaktionen an die geänderten Bedingungen industriellen Produzierens zu sehen. In den entwickelten kapitalistischen Ländern war vom Ende der 60er Jahre bis Ende der 70er, Anfang der 80er Jahre ein tendenzieller Fall der Profitrate zu beobachten (vgl. Cypher 1986; Fleissner 1987; Hübner 1988).
Dies wurde wesentlich durch das Erstarken neuer kapitalistischer Länder, aber auch sogenannter Schwellenländer (Taiwan, Südkorea) und durch permanente Krisen und Nachfrageschwächen verursacht und führte dazu, daß erzielte Gewinne weniger reinvestiert als am Geldmarkt spekulativ eingesetzt wurden. Dementsprechend stiegen die Besitzeinkommen in den

traditionellen Industrieländern überproportional an, während die Investitionen sanken.

Die sinkenden Profitraten führten in den USA zu einer, wie Cypher (1986:1182) es nennt, "Deindustrialisierung". Die Nettoinvestitionen in Fabriken sanken; zwischen 1975 und 1980 konzentrierte sich die Investitionstätigkeit darauf, die bestehenden Energiesysteme zu ersetzen. Eine Produktivitätskrise folgte: Von 1947 bis 1960 stieg die Stundenproduktivität in den USA jährlich um 2,4 Prozent, von 1979 bis 1985 nur mehr um 0,7 Prozent.
In den letzten Jahren formierten sich mächtige politische und wirtschaftliche Eliten mit dem Ziel, den Hegemonieverlust der USA in ökonomischer und militärischer Hinsicht rückgängig zu machen. Vor allem soll dies durch eine wachstumsfördernde, vorwiegend militärisch motivierte Technologiepolitik und durch eine "Liberalisierung" der Arbeitsbeziehungen erreicht werden, womit Grundlagen zum Übergang vom traditionellen Industriesystem in Richtung Megaindustrialisierung geschaffen wurden.
Um das am Beispiel der Unternehmenskonzentrationen zu verdeutlichen: Die USA erleben in den letzen Jahren einen Boom an Unternehmensfusionierungen. Beteiligungen an bzw. Übernahmen von Unternehmen erhöhen die Wettbewerbschancen am nationalen, vor allem aber am internationalen Markt. Know-how wird gekauft, Konkurrenzunternehmen werden übernommen. Auch für Europa lassen sich genügend Beispiele für "Riesenhochzeiten" finden: Mercedes Benz und MBB, Asea und Brown Boveri, die Übernahmeschlacht von Siemens/GEC gegen das britische Telekommunikations-Unternehmen Plessey.
Erste politische und ökonomische Erfolge der Transformation des traditionellen industriellen Systems in ein technologisch formiertes stellen sich ein. Seit 1982 sinkt in den USA (und wahrscheinlich auch in Österreich, vgl. Fleissner 1987:88) die Kapitaloutput-Rate, und die Investitionen werden relativ billiger. Begründet ist das einerseits durch den technischen Fortschritt, durch den nicht nur Arbeitskraft, sondern auch Kapital eingespart werden kann. Ein weiterer Grund ist, daß zumeist Erneuerungs- und Rationalisierungsinvestitionen vorgenommen werden, bei denen häufig Grundkosten, Baukosten, Infrastrukturkosten etc. entfallen. Die Unternehmer tätigen über mitverdiente Abschreibungen Erneue-

rungsinvestitionen und bekommen Maschinen mit höherer Kapazität und Produktivität.
Die Profitraten steigen wegen der Senkung der Lohnquoten (durch technologische und organisatorische Rationalisierung) und einer kapitalfreundlichen Gestaltung der Steuersysteme (Hübner 1988) wieder, vor allem in den neuen Branchen, aber auch in der gesamten Sachgüterproduktion. Neue soziale Kräfteverhältnisse etablieren sich (Negt 1984; Zweitdrittelgesellschaft 1988). Natürlich vollzieht sich die Transformation des traditionellen Industriesystems nicht linear, bruch- und widerstandslos; sie schreitet jedoch, cum grano salis, zügig voran.

Das sich herausbildende megaindustrielle Gesellschaftssystem ist eine klassenunspezifische gesellschaftliche Formation, in der sämtliche Lebenszusammenhänge und die Aneignung der Natur den technologischen Imperativen subsumiert sind.
Mit dem Begriff "*megaindustrielle Gesellschaft*" soll auf drei globale Tendenzen verwiesen werden, die mit ihr verbunden sind: Erstens ist die technologisch formierte Gesellschaft nach wie vor eine industrielle, eine Arbeitsgesellschaft mit einem dominanten Anteil von Lohnarbeit; zweitens wird damit auf die Universalität der industriellen Kooperationsformen von (technologisch formierter) lebendiger und toter Arbeitskraft verwiesen, die über den Produktionsbereich hinaus verlängert wird in die Wissenschaft und Forschung, in die Landwirtschaft, in den Bereich der Dienstleistungen und in die Reproduktionssphäre. Drittens soll in dem Begriff eingeschlossen werden die zwangsweise Anpassung nationaler Ökonomien (durch ein Weltwirtschaftsregime) und Sozietäten (durch dingliche und mediale Kolonisation) an die Transformationserfordernisse des modernisierten Industriesystems.

Die hervorragenden Merkmale des megaindustriellen Systems sind:

Neue Arbeitsteilung auf globaler, nationaler und betrieblicher Ebene, Konzentration der Planungs- und Steuerungskompetenzen, Segmentierung und damit Verschiebung der sozialen Kräfteverhältnisse auf der jeweiligen Ebene;

Neuer Zentralismus auf telematischer Grundlage durch Vernetzung dezentraler Einheiten;

Neue Arbeitsbeziehungen durch Deregulierung, Flexibilisierung und Risikotransfer;

Hyperindustrialisierung d.h. industrielle Herstellung von Materie, Natur und Mensch;

Verbrauch von Materie, Natur, Zeit, Raum und Menschen;

Geschwindigkeit als Element der Herrschaftsstruktur, Aufhebung der Raum-Zeit-Barriere, Gleichzeitigkeit, Beschleunigung sämtlicher stofflicher und nichtstofflicher Prozesse, Just-in-time- und Real-time-Herstellung, Handlung und Kontrolle, Allgegenwärtigkeit, Gleichzeitigkeit und Multiplizierbarkeit;

Automatismus, die Generalformel für die totale Vergesellschaftung von Mensch und Arbeit, noch im Wortstamm das griechische "mainesthai" enthaltend, das für "rasen, toben, von Sinnen sein, verzückt sein" steht. Die formierende Kraft des Automatismus liegt einerseits in der funktionalen Neutralität gegenüber dem konkreten natürlichen und gesellschaftlichen Umfeld: Aneignungs-, Beherrschungs- und Formveränderungsprozesse und -methoden werden konvergent und können daher generell eingesetzt werden. Andererseits ist es die strukturelle Zwangsläufigkeit, durch die materielle und ideelle Prozesse so formalisiert und zugerichtet werden, daß sie "von selbst", losgelöst vom Lebendigen, ablaufen.
Drittens ist die formierende Kraft des Automatismus auf seine ökonomische Dimension zurückzuführen: Die Automatisierung, im Bereich der Produktion ist es vor allem die flexible Automatisierung oder Spezialisierung, ermöglicht und erzwingt eine neue organische Zusammensetzung der Produktionsfaktoren Arbeit und Kapital und damit die Aufhebung der Hemmungen des traditionellen Industriesystems.

Die Transformation des traditionellen Industriesystems wird technologisch durchgesetzt. Technologie wird hier, entgegen dem alltagssprachlichen Gebrauch, verstanden als eine "Technik, die nur unter den Bedingungen der entwickelten Naturwissenschaften möglich ist und von diesen auch ermöglicht und getragen wird" (Hülsmann 1985:9).
Die Naturwissenschaften sind ihrerseits gesellschaftlich, das heißt ihre Denkform ist sozial bestimmt und reflektiert eine konkrete gesellschaftliche Praxis (vgl. Sohn-Rethel 1978). In der und durch die Technik werden

die vom Menschen in der Arbeit entwickelten Fähigkeiten zweifach genutzt: einmal um sie auf die Materie und die Natur zu übertragen, zum anderen um sie an nichtmenschliche Systeme anzupassen (vgl. Moscovici 1982).
Transfer und Adaption erfolgen in einer Vielzahl technischer und sozialer Formen, die dem Prinzip der gesellschaftlichen Produktions- und Reproduktionsorganisation folgen. Technologie, die eine spezifische soziale Realität repräsentiert, verändert so zwangsweise die reale Sozialität, die Lebens- und Arbeitswelt.

Typen technologischer Modernisierung

Im Arbeitsprozeß tritt die zur Technologie geronnene tote Arbeitskraft der lebendigen Arbeitskraft als

- Arbeitsmittel
- Arbeitsweise
- Produkt

gegenüber. Durch sie wird die konkrete Form gegossen, in der lebendige Arbeitskraft verausgabt wird.
Lebendige Arbeitskraft, Arbeitsmittel (Werkzeuge,Maschinen) und Arbeitsgegenstände können auf vielfältige Weise im Arbeitsprozeß miteinander verbunden sein. Aus den durchgeführten Fallstudien und aus den Ergebnissen einer Studie im Bereich der Metall- und Elektrobranche (Blumberger 1989) lassen sich drei Grundtypen erkennen, in die die Beschäftigten eingepaßt werden. Um die Weiterentwicklung gegenüber der traditionellen Organisation des Arbeitsprozesses auszudrücken, werden sie in der Folge als Modernisierungstyp bezeichnet. Demnach kann unterschieden werden ein

- strukturkonservativer Typus
- Typus der maschinellen Selbsttätigkeit
- Typus der menschlichen Steuerung

Die beiden letzten Typen können als integrationistische Modernisierung zusammengefaßt werden.

Der *strukturkonservative Typ* ist charakterisiert durch eine teilweise technische Modernisierung der Arbeitsmittel, die isoliert eingesetzt werden und auf einen Arbeitsplatz beschränkt sind. Dabei kommt es zu keinen nennenswerten organisatorisch-technischen Änderungen. Rationalisierungsmaßnahmen zielen eher in Richtung Arbeitsintensivierung und Flexibilisierung des Personaleinsatzes.

Mit *"integrationistischer Modernisierung"* werden ganzheitliche Ansätze zur Überwindung der Schranken des industriellen Systems benannt, in denen Menschen, Maschinen und Verfahren durch Computertechnik und neue Informations- und Kommunikationstechnologien auf neue Weise miteinander verknüpft werden.
Zwei Richtungen integrationistischer Modernisierung können beobachtet werden, und zwar einerseits die der *"maschinellen Selbsttätigkeit"* und andererseits die der *"menschlichen Steuerung"*. Mit unterschiedlichen Methoden wird versucht, das gleiche, nämlich die Verbesserung der Profitraten, zu erreichen.
Aus diesem Grund wird hier die dafür in jüngster Zeit gebräuchlich gewordene Bezeichnung "human centered" bzw. "human orientiert" nicht übernommen; es geht bei der Organisation des Arbeits- und Produktionsprozesses wohl kaum darum, sie für den Menschen zu gestalten, sondern Gewinne zu erzielen. Wenn sich dabei Humanorientierungen mit Gewinnorientierungen überschneiden, ist Raum für human- und sozialverträgliche Technikgestaltung.

Die hier vorgeschlagenen Modernisierungstypen sind in der Praxis nicht immer streng voneinander abzugrenzen und daher nicht kategorisch zu verstehen. Weder wird beansprucht, sämtliche Prozesse der betrieblichen Umstrukturierung in allen Details erfassen zu können noch, daß alle Veränderungen der Qualifikationsanforderungen dadurch verursacht sind oder damit erklärt werden können. Die drei Modernisierungstypen beschreiben prinzipielle Möglichkeiten, die Transformation des industriellen Systems auf der betrieblichen Ebene zu bewerkstelligen.

Strukturkonservative Modernisierung

Im strukturkonservativem Modernisierungstyp werden die neuen Techniken (Computertechnik, IuK-Techniken) in die bestehende arbeitsteilige Organisation eingeführt, ohne diese zu verändern.
Im Gegenteil: Bestehende Strukturen werden stabilisiert oder sogar verstärkt. Die neuen Arbeitsmittel ersetzen lediglich die alten; z.B. wird an-

statt einer mechanischen oder elektrischen Schreibmaschine ein Textverarbeitungssystem oder ein Personal Computer (PC) mit einem Textverarbeitungsprogramm angeschafft. An die Stelle einer händisch durchgeführten Lohnverrechnung tritt ein PC mit entsprechender Software, wie z.B. in der Fallstudie "Textilerzeugung": Für die Lohnberechnung wird ein Personal-Computer eingesetzt; die Variablen des Lohns, z.B. Akkordprämien, unbezahlte Fehlzeiten etc. werden händisch ermittelt bzw. von Listen übertragen. Die berechneten Lohndaten werden ausgedruckt und an die Buchhaltung weitergeleitet. Ein wesentlicher Effekt dieser EDV-Anwendung bestand in der 75-prozentigen Personalreduktion. Im selben Betrieb wird ein Textverarbeitungssystem in einem zentralen Schreibbüro isoliert eingesetzt; die Auftragsbearbeitung (Disposition, Fakturierung) erfolgt über die zentrale Rechenanlage im on-line Betrieb beim Stammhaus des Konzerns, die Daten werden jedoch nicht direkt an die Produktion weiter geleitet. Auch die Arbeitsorganisation ist gleich arbeitsteilig geblieben: Abteilungsleitung, Sachbearbeitung, Dateneingabe.
Der bisher schon relativ hohe Abstraktionsgrad von Büroarbeit (Be- und Verarbeitung von Informationen, Umgang mit Symbolen u.a.m.) erleichtert naturgemäß die "1:1" Übertragung von Arbeitstätigkeiten auf Computer und damit die Erhaltung traditioneller Arbeitsstrukturen.
Was die Systemgestaltung betrifft, bedeuten solche *Austauschkonzepte* (bezogen auf die Arbeitsmittel), daß die arbeitsorganisatorischen, arbeitsökonomischen und arbeit-integrierenden Möglichkeiten der modernen Techniken nicht oder nur wenig genützt werden und daß man sich auf deren unmittelbare Rationalisierungsvorteile, d.h. Kostensenkung durch Personalabbau, konzentriert und es dabei bewenden läßt.

Dem strukturkonservativen Modernisierungstyp sind ein Drittel der zwölf Fallstudien zuzuordnen ("Anlagenbau", "Textilerzeugung", "Fahrzeugherstellung", "Maschinenbau"), wobei aber bedacht werden muß, daß es sich dabei auch um Übergangsphasen handeln kann.

Darüber hinaus fließt tatsächlich alles; was heute noch gültig ist, kann morgen abgeschafft werden, nicht nur sprichwörtlich, sondern real, wie das folgende Beispiel gezeigt hat.
Kurz nach Abschluß der Feldarbeit in einem Untersuchungsbetrieb wurden dort die bisherigen (strukturkonservativen) Rationalisierungskonzepte verworfen und die Produktionsorganisation grundlegend verändert, ebenso wie der gesamte administrative und kaufmännische Funktionsbe-

reich. Ein markantes Bild davon liefert die reduzierte Zahl der Bildschirme in der Verwaltung: anstatt bisher 120 stehen jetzt nur mehr etwa die Hälfte in Büros. Die Angestellten wurden direkt an die Produktion herangerückt, der Informationsfluß verkürzt, sogar um den zwischen Produktion und Verwaltung eingefügten elektronischen Umweg über Bildschirme.

Es wäre nun aber falsch, aus einem strukturkonservativen Technikeinsatz abzuleiten, daß sich an der konkreten Arbeitssituation nichts ändert. Die neuen Techniken sind vor allem "Werkzeuge" zur Kostensenkung und um rationelle Arbeitsverfahren durchzusetzen. Für die Beschäftigten bedeuten sie auf jeden Fall eine Steigerung des Arbeitstempos, die Intensivierung der Arbeit, weniger Handlungsspielräume, oft mehr Verantwortung und eine Zunahme gleichartiger Arbeitstätigkeiten. Die Verausgabung fachlicher Qualifikationen wird mehr und mehr an die neuen Arbeitsmittel gebunden.

Modernisierung durch maschinelle Selbsttätigkeit

Die Modernisierung der administrativen Arbeit nach dem Prinzip der maschinellen Selbsttätigkeit bedeutet vor allem die weitgehende Abschaffung der lebendigen Arbeitskraft in Dispositions-, Entscheidungs- und Ausführungsfunktionen und deren Substitution durch automatisierte, gelegentlich auch extern zentralisierte Verfahren.
Fünf Fallstudien ("Bank", "Nahrungsmittelerzeugung", "Möbelhandel", "Versicherung" und "Großhandel"), sind diesem Typus zuzuordnen.
Diese Zuordnung mag vor allem für das Fallbeispiel "Bank" bestritten werden, denn das Selbstbild des Unternehmens und dessen Darstellung gegenüber den Kunden geht in die entgegengesetzte Richtung. Gerade die Banken argumentieren mit einer verstärkten Orientierung am Kunden, der zunehmenden Bedeutung von Beratungstätigkeiten etc. Hinter dieser kommunikativen Fassade steht jedoch ein Konzept der Vollautomatisierung, für das die probeweise Installation von Selbstbedienungsterminals nur Vorboten sind, ähnlich den Selbstbedienungs-Scanner-Kassen in einigen Supermärkten Frankreichs und Großbritanniens.
Die Automatisierung der Bankgeschäfte bringt für die Beschäftigten zwar die "Entlastung von Routinetätigkeiten", das bedeutet aber, so die Befragten, daß die Anforderungen steigen, weil die Erholungsphasen durch

Routinearbeit weg fallen. Bei den verbleibenden Aufgaben werden die Handlungsspielräume nicht größer: zusätzliche Reglements und Kompetenzbegrenzungen begleiten die Automatisierung. In der Fallstudie "Versicherung" wird die Entscheidungskompetenz, derzeit noch im Rahmen eines Pilotprojektes, einem Expertensystems übertragen.

Der Modernisierungstyp "Maschinelle Selbsttätigkeit" ist in dem Betrieb, in dem die Fallstudie "Großhandel-A" durchgeführt wurde, am deutlichsten ausgeprägt.
Die gesamte Organisation dieses Unternehmens (im Durchschnitt 170 Beschäftigte) ist an einem externen Standort zentralisiert.
Sämtliche betriebswirtschaftliche Daten werden automatisch generiert (Scanner-Kassen, Warenwirtschaftssystem, integrierte Personalverrechnung usw.) und an die Zentrale über einen Datenverbund weitergeleitet. Nur mehr "nicht voraussehbare Änderungen" (z.B. Überstunden, Krankenstand) werden "händisch" eingegeben. Die lebendige Arbeitskraft ist auf "Restarbeit" verwiesen, selbst die Warendisposition ist automatisiert, lokal notwendige Variationen der Dispositionsparameter können nur in einem eng begrenzten Rahmen vorgenommen werden. Außer dem Management (Leitung und zwei Prokuristen, sowie ein "EDV-Leiter", der zusätzlich bei der Warenannahme, z.B. als Staplerfahrer eingesetzt wird), sind die Beschäftigten nur mit der Eingabe von Daten oder dem Vollzug von EDV-Anweisungen *("Listen, die die EDV ausspuckt")* befaßt. Einfluß auf den EDV-Output kann praktisch nicht genommen werden.
Ein leitender Angestellter äußerte sich folgendermaßen zur Frage der Qualfikation von Mitarbeitern: *"Den Hochintelligenzler brauchen wir hier nicht. ... Alle müssen stapeln können und die Waren müssen halt auch mit Körperkraft eingeordnet und geschlichtet werden. Das wollen die Schulabgänger aber nicht, sie wollen eine 'reine Bürotätigkeit'."*

Modernisierung mit menschlicher Steuerung

Idealtypisch gesehen bestimmt der Mensch in diesem Modell die Art und Weise wie eine Arbeitsaufgabe gelöst wird, kann das Arbeitsmittel wählen und hat gestaltenden Einfluß auf das Arbeitsergebnis.
Praktisch ist dieses Konzept von der Überlegung getragen, den Einsatz lebendiger Arbeitskraft zu effektuieren, nicht prinzipiell zu substituieren. Dabei geht es genauso um die Wirtschaftlichkeit des Produktionsprozes-

ses wie bei der maschinellen Selbsttätigkeit, nur mit anderen Mitteln. So gilt dieses Modell u.a. deshalb als vorteilhaft und kostengünstig, weil die Kapazitäten flexibler gehalten werden können (durch Aufnahme und Freistellung von Arbeitskräften), auf unvorhergesehene und unbekannte Situationen rascher reagiert werden kann und das "Geheimwissen" der Beschäftigten genutzt sowie Erfahrungen relativ unkompliziert angesammelt werden können (vgl. Brödner 1987).

Die entscheidende Frage ist also niemals, ob neue Arbeitsmittel (IuK-Techniken, Computertechnik) eingesetzt werden sollen und wofür. Es geht auch nicht um die beste technische Lösung, sondern die wirtschaftlich optimale "Kooperation" von Mensch und Werkzeug/Maschine, auch Software, ist das zentrale Problem. Die unterschiedlichen Qualitäten von Menschen und Arbeitsmitteln werden dabei berücksichtigt, und es kommt häufig zur positiven Überlagerung von sozialen und humanen Aspekten und technisch-ökonomischen Erwartungen: Die Initiative in den Arbeitshandlungen bleibt beim Menschen, das bedeutet z.B., daß der Mensch die Computerunterstützung anfordert. Die (noch) nicht mathematisch modellierbaren Arbeitshandlungen bleiben erhalten, sie werden weder organisatorisch ausgelagert, noch zugunsten modellierbarer Abläufe verdrängt. Und das bedeutet etwa auch, daß das Verhalten in gleichen Situationen variiert werden kann, was in der Automatisierung per Definition ausgeschlossen ist. Mit anderen Worten: der soziale, kulturelle und subjektive Hintergrund von Arbeitstätigkeiten bleibt erhalten.
Die computerunterstützten Informations- und Kommunikationstechniken realisieren aber die strukturelle Kontrolle jeder damit verbundenen Arbeitstätigkeit: die "Kommando-Gewalt" wird gleichzeitig und allgegenwärtig. Dadurch wird es möglich, und das trifft sich mit humansozialen Intentionen, Hierarchieebenen abzubauen, Kompetenzen und zerlegte Arbeitshandlungen wieder zusammen zu führen, denn die notwendige Information und Kontrolle kann faktisch an jeden Arbeitsplatz gebracht werden. Scheinbar führt das zur Dezentralisierung und Enthierarchisierung, tatsächlich jedoch wird eine neue Qualität an Zentralisierung und Kontrolle aufgebaut.

Von den für die Fallstudien ausgewählten Betrieben können die Fallstudien "Motorenbau" und "Großhandel-B" dem Modernisierungstyp "Menschliche Steuerung" zugezählt werden.

Der Geschäftsführer aus der Fallstudie "Großhandel-B" charakterisiert die Technikstrategie des Unternehmens mit den Worten: "*Die Technik soll sich nach uns richten, nicht wir nach der Technik.*" Diesem Konzept zufolge wurden die Beschäftigten bereits in die Planungsphase für ein neues EDV-System, die alte EDV-Anlage entsprach nicht mehr den Anforderungen, miteinbezogen und haben Schulungen schon vor der Implementierung des Systems absolviert. Dementsprechend gab es im Unternehmen auch keine Akzeptanzprobleme nach der Einführung. Einkauf, Verkauf, Fakturierung und Buchhaltung, Lagerwirtschaft, Schriftverkehr sind EDV-mäßig organisiert und integriert. Die Entscheidungen, in diesem Fall geht es hauptsächlich um Warendispositionen, werden von den Beschäftigten getroffen, vom System werden z.B. lediglich Unterschreitungen von Mindestbestandsmengen gemeldet. Die Abstimmung zwischen den Abteilungen des Unternehmens ist mit Einführung des EDV-Systems besser geworden.

Trotzdem wird die Automatisierung differenziert beurteilt: Einerseits schätzt man die Entlastung von Routinetätigkeiten, die Anschaulichkeit der Arbeit trotz EDV, die Möglichkeit der Eigenkontrolle und den besseren Überblick über die gesamte Arbeitstätigkeit durch die engere Zusammenarbeit mit anderen Abteilungen. Andererseits zwingt der Computer dazu, die persönliche "Zettelwirtschaft" aufzugeben und in einer Struktur zu arbeiten, die bei Ausnahmefällen doch recht kompliziert ist.

Obwohl vom Management Mischarbeit angestrebt wurde, stellt sich in der Realität heraus, daß für "interessante Tätigkeiten" keine Zeit bleibt, weil viele neue Routinearbeiten dazu kommen (Datenverwaltung, Statistiken sind häufiger zu erstellen usw.).

In der gleichen Art werden die Auswirkungen auf die Arbeitstätigkeiten von den Befragten aus der Fallstudie "Motorenbau" wahrgenommen: Es wird anerkannt, daß die Arbeit selbständig geplant werden kann, Computerleistungen vom Einzelnen zur Unterstützung der Arbeit angefordert wird und die Routinearbeiten auf die Maschinen verlagert wurden, wodurch die Arbeit zwar erleichtert und abwechslungsreicher geworden ist. Das Aufgabengebiet hat sich aber nicht vertieft, nur der Umfang der Aufgaben ist gewachsen.

Anders, konvergent und flexibel: Die "neuen" Qualifikationsanforderungen

Der Einsatz der neuen Informations- und Kommunikationstechniken (Computertechniken) zielt zum einen auf eine Steigerung der qualitativen Leistungsfähigkeit der Verwaltung ab, d.h. auf Effektivierung der Verwaltungsarbeit, und zum anderen auf eine quantitative Leistungserhöhung. Die Beschäftigten des Büro- und Verwaltungsbereichs werden jedoch nicht nur mit neuen Arbeitsmitteln und veränderten Arbeitsweisen konfrontiert. Auch die ihnen abverlangten Leistungen und die Verhaltenserwartungen verändern sich. Sie sehen sich mehr oder weniger "neuen" Arbeitsanforderungen - Qualifikationen und Belastungen - gegenüber.
Diese These basiert darauf, daß die Computerisierung bzw. Technologisierung der Büroarbeit eine Anforderungsverschiebung hin zur und in der intellektuellen Arbeit bedeutet und die soziale Situation, in der gearbeitet wird, sich verändert. Die Arbeit wird abstrakter, inhaltliches Arbeiten wird weitgehend durch Steuerungstätigkeiten ersetzt. Der Kontakt mit dem ursprünglichen Arbeitsgegenstand geht verloren, der Computer wird dazwischen geschoben bzw. ersetzt ihn. Qualitative Aspekte werden quantifiziert, reduziert oder fallen überhaupt weg.
Formale Korrektheit wird wichtiger als inhaltliche Relevanz, fachliches Wissen wird immer weniger dem menschlichen Gedächtnis abverlangt, sondern von Datenbanken gespeichert. Denkprozesse werden in die sequentielle binäre Logik der Mikroelektronik gepreßt, Mehrdeutigkeit wird ersetzt durch formale Eindeutigkeit. Zwischenmenschliche Beziehungen werden reglementiert, formalisiert und durch die Einbindung in die technischen Systeme weitgehend verengt oder ersetzt.

Derzeit laufen umfangreiche Projekte in der Versicherungsbranche, das Wissen über die Kunden von den Versicherungsvertretern abzuziehen und in Datenbanken zu speichern.

In diesem Veränderungsprozeß der Büroarbeit lassen sich, je nachdem ob der Technik- (Werkzeug-)Aspekt im Vordergrund steht (bei strukturkonservativer Modernisierung) oder die Technologie (bei integrationistischer Modernisierung), zwei Entwicklungsrichtungen feststellen:
Die erste ist dort anzutreffen, wo die Technologie nicht unterstützenden oder organisierenden, sondern substituierenden Charakter hat, d.h., wenn

zentrale Tätigkeitsinhalte an Arbeitsmittel - Werkzeuge (Maschinen, Computer usw.) übertragen werden und nur mehr Eingabetätigkeiten oder ähnliches bzw. noch nicht formalisierte oder formalisierbare Sonderfälle beim Menschen bleiben. Wenn die Arbeit nur mehr aus Werkzeugbedienung besteht, kommt es zur inhaltlichen Entleerung der Tätigkeit. Die Motivation und die Identifikation mit der Arbeitsaufgabe nehmen ab, am Gesamtprozeß kann weniger partizipiert werden.

Während die erste Entwicklungslinie den administrativen Bereich, d.h. eher Hilfstätigkeiten und Routinesachbearbeitung betrifft, ist die zweite bei den qualifizierten Sachbearbeitern festzustellen. Hier entstehen die Veränderungen hauptsächlich durch die mittelbaren Auswirkungen der Technologisierung: Es kommt zu einer neuen Handlungsstruktur qualifizierter Sachbearbeitung, zur Erhöhung der inhaltlichen Komplexität der Tätigkeiten, eventuell zu einer Erhöhung der Entscheidungskompetenzen, zur Konzentration der Tätigkeit auf komplizierte Fälle, zur Intensivierung und Beschleunigung der Arbeit, zur Verdichtung systemvermittelter, aber auch u.U. personaler Kommunikation und Kooperation, zur zeitlichen Verdichtung von Entscheidungsprozessen und zur Erhöhung der Transparenz und Kontrolle von Arbeitsablauf und -ergebnis, deren Bewältigung neue Qualifikationen erfordert. Vom neuen "qualifizierten Sachbearbeiter" werden also hohe intellektuelle Flexibilität im Umgang mit wechselnden Situationen, ausgeprägte analytische Fähigkeiten zur Interpretation von Informationen und differenzierte sozialkommunikative und innovatorische Kompetenzen verlangt.
Allgemein prägt die technologisch formierte Büroarbeit bei den Beschäftigten einen Arbeitsstil, der mit Reaktionsschnelligkeit, Abstraktionsfähigkeit, Konzentrationsfähigkeit und Genauigkeit charakterisiert werden kann.

Durchgehend zeigte sich in den Fallstudien, daß zwar eine solide berufsfachliche Ausbildung nach wie vor unverzichtbar ist, daß jedoch fachunspezifische Fähigkeiten zunehmend an Bedeutung gewinnen. Mit "*fachunspezifischen Qualifikationen*" werden einerseits die Fähigkeiten und Kenntnisse bezeichnet, die einen kontrollierten und verantworteten Umgang mit den neuen Techniken ermöglichen und die branchen- bzw. unternehmensunabhängig sind ("überfachliche Qualifikationen"). Andererseits sind das Qualifikationen, die außerhalb berufsspezifischer Qualifika-

tionen liegen und die als personale, soziale und kognitive bestimmt werden können ("außerfachliche Qualifikationen").
Das Neue daran ist, daß die fachspezifischen Qualifikationen nur dann sowohl für den Arbeitnehmer als auch für den Arbeitgeber effizient verausgabt werden können, wenn sie an fachunspezifische Qualifikationen gebunden sind. Die dazu aus den Fallstudien gewonnenen Merkmale lassen sich wie folgt zu Kategorien zusammenfassen:

Engagement: Einsatzfreude, Einsatzbereitschaft, Motivation, Interesse oder Leistungsbereitschaft. Ebenso Begeisterungsfähigkeit, Tüchtigkeit, unternehmerisch denken;
Aufstiegsorientierung: Ehrgeiz, Zielstrebigkeit, Lernbereitschaft bzw. Bereitschaft zur Weiterbildung; Selbstverantwortung: Selbständigkeit, Selbstbewußtsein, Verantwortungsbewußtsein, Pflichtbewußtsein, Verläßlichkeit, routiniertes bzw. initiatives Verhalten;
Koordinationsfähigkeit: Dispositionsgeschick, Organisationstalent und Durchsetzungsvermögen;
Kooperationsfähigkeit: Mit anderen Menschen (Kunden, Kollegen oder Untergebenen) umgehen können; Verhandlungsgeschick, Führungsqualitäten, Kontaktfreude und Kontaktfähigkeit, im Team arbeiten können, Diskretion, Integrität;
Neue Qualifikationen bezeichnen Eigenschaften, die offensichtlich als Indikatoren für Begabung und Intelligenz gelten: Auffassungsgabe, Aufnahmebereitschaft, technisches Verständnis bzw. technische Begabung, Gefühl für Zahlen, Fähigkeit zum analytischen Denken, Konzentrationsfähigkeit, Kreativität, Genauigkeit.
Andererseits geht es hier auch um Eigenschaften oder Fähigkeiten, die im Zusammenhang mit den neuen IuK-Techniken relevant erscheinen: Belastbarkeit, Vielseitigkeit, Flexibilität, Mobilität und rasches Arbeiten.
"*Äußeres*" faßt schließlich gutes, sicheres Auftreten, gepflegte Erscheinung, freundliche und gute Umgangsformen, gute Ausdrucksfähigkeit zusammen.

Aus den Untersuchungen am Arbeitsplatz wurde allerdings deutlich, daß die Qualifikationen nicht im gleichen Maße tatsächlich angewendet werden müssen, als sie gefordert wurden. Vielmehr werden sie häufig - in Ermangelung anderer - als Einstellungskriterien genommen und gelten als Indiz dafür, daß mit einer hohen Leistungsbereitschaft des Arbeitsplatzbewerbers gerechnet werden kann. Zu einem anderen Teil werden diese

Anforderungen gestellt, um die Lücken bzw. Disparitäten zwischen (neuen) technischen und (alten) sozialen Systemen überbrücken zu können.

In bezug auf die fachspezifischen Qualifikationsanforderungen ergibt sich aus den Fallstudien folgendes Bild:
Es gibt sowohl Tendenzen zur Dequalifizierung von Tätigkeiten - vor allem auf den untersten hierarchischen Ebenen, wie beispielsweise in der Datenerfassung - als auch solche zur "Höher"qualifizierung - dies vor allem im Zusammenhang mit Maßnahmen zur Erweiterung des Aufgabenspektrums ohne Aufgabenvertiefung (Job-Enlargement) und zunehmender Delegation von strukturell kontrollierter Verantwortung (Risk-Increasement). Berücksichtigt werden muß dabei die Tatsache, daß mehr bzw. zusätzliche andere Qualifikationen, die für neu hinzugekommene Aufgaben erforderlich sind, nicht unbedingt mit Höherqualifizierungen gleichzusetzen sind. Sehr oft wird sogar ausdrücklich darauf hingewiesen, daß die Arbeit durch den Einsatz der neuen Informations- und Kommunikationstechniken wesentlich vereinfacht wurde. Dies umso mehr, je länger die Umstellung zurückliegt, denn neu hinzukommende Aufgaben stellen oft keine höheren Anforderungen mehr dar, wenn sie den Charakter der Neuheit verloren haben.
Für die These, daß die Technologisierung der Büroarbeit weder eine generelle Höherqualifizierung noch eine generelle Dequalifizierung, sondern eine Vielzahl von sich im großen und ganzen kompensierenden Um- bzw. Andersqualifizierungen bewirkt, sprechen die divergierenden Befunde in bezug auf die Veränderungen der fachspezifischen Qualifikationen in Richtung zunehmender Spezialisierung der Fachkenntnisse oder zunehmend erforderlichem Überblicks- oder Basiswissen.
Die Untersuchungsergebnisse bestätigen die These nicht, daß der Wert des in langen Jahren der Praxis erworbenen Erfahrungswissens an Bedeutung verlieren wird. Für einen Großteil der Befragten ist Erfahrungswissen nach wie vor sehr wichtig. Vor allem deshalb, weil es für das Verstehen von Strukturen und Interdependenzen im Arbeitsablauf und die zunehmende interne und externe Integration und Verflechtung der Unternehmen eine wichtige Voraussetzung darstellt. Es finden sich aber zahlreiche Hinweise darauf (vor allem bei Versicherungen und Banken), daß die Erfahrung durch den "strukturellen Zwang des Digitals" (Blumberger 1987) aus den Köpfen der Beschäftigten abgesaugt und maschinisiert wird.

Umgekehrt sehen sich auch die Kunden dieser "Dienstleistungs"-Unternehmen den Zwängen der Computerisierung unterworfen: z.B. wird Selbstbedienung am Kundenterminal einer Bank erzwungen, der Abschluß einer Lebensversicherung wird nicht mit einem Versicherungsvertreter getätigt, sondern mit einem Polizzen-Automaten am Flughafen; gleichzeitig fallen Dienstleistungen der Technologisierung zum Opfer: Wer kennt nicht die Entschuldigung: "Tut mir leid, seit *wir* an den Computer *angeschlossen* sind, geht das nicht mehr."

Technologisierung bzw. Computerisierung der Büroarbeit bedeutet aber nicht, daß "technische" Kenntnisse und Fertigkeiten zunehmen. Bezogen auf EDV-Qualifikationen im engeren Sinn genügen zumeist allgemeine Anwendungs- bzw. Bedienungskenntnisse. Programmierkenntnisse bzw. andere speziellere EDV-Qualifikationen werden kaum gefordert. In einigen Fällen sind sie sogar ausdrücklich unerwünscht. Grundsätzlich reicht, nach Meinung von Befragten auf übergeordneten Hierarchieebenen, Bedienungswissen aus, das relativ leicht und schnell erworben werden kann.

Konfrontiert man diese Auffassung mit der Bürorealität, ergeben sich Widersprüche. Die Funktionsfähigkeit eines EDV-Systems kann häufig nur durch Improvisationsleistungen und private Tricks der Beschäftigten (Überbrückungsleistungen) aufrecht erhalten werden. Durch Versuch und Irrtum, außerbetriebliche Informationsquellen und private Weiterbildung ist die EDV-Qualifikation von Beschäftigten jedoch oftmals höher als die Vorgesetzten annehmen, und es bildet sich tatsächlich ein "neues Geheimwissen" über den Arbeitsprozeß aus.

Aus den hier skizzenhaft dargestellten Veränderungen resultieren insgesamt Tendenzen einer technologischen Formierung beruflicher Qualifikationen, die abschließend interpretiert werden:

Als *strukturelle Andersqualifizierung* wird die Veränderung der Qualifikationen bezeichnet, weil sie mit dem früheren Emsemble beruflicher Fertigkeiten, Kenntnisse, Verhaltensweisen usw. qualitativ nicht vergleichbar ist. Sowohl qualifizierende als auch dequalifizierende Wirkungen und deren Verschränkungen sind zu beobachten und werden von den Betroffenen auch so erlebt; fachspezifische werden durch fachunspezifische Qualifikationen ergänzt. Es werden auch seltener prinzipiell neue Anforderungen gestellt, als daß einzelne, bisher auch vorhandene Qualifika-

tionselemente eine größere Bedeutung erhalten, andere, die z.B. vorwiegend für die private Sphäre ausgebildet wurden, verstärkt nunmehr auch in der Arbeitswelt gefordert werden.
In den fachunspezifischen Qualifikationen ist die technologische Formierung der Arbeit wieder zu erkennen: sie sind einerseits der "Rest" menschlicher Eigenschaften und Fähigkeiten, der noch nicht in (steuer- und kontrollierbare) Eigenschaften der Natur und Materie übersetzt werden konnte, andererseits offenbaren sie ständig noch "geheime" Eigenschaften der menschlichen Arbeit.

Durch die Technologisierung des Produktions- und Reproduktionssystems gleichen sich die Be- und Verarbeitungsprozesse verschiedener Unternehmungen, selbst in unterschiedlichen Branchen, tendenziell an. Hinsichtlich der Qualifikationsentwicklung ergibt sich daraus eine *Konvergenz der Qualifikationen*. Die Beschäftigten erledigen mit fortschreitender Technologisierung weniger unternehmens- und produktspezifische Tätigkeiten, als daß sie symbolisch repräsentierte Geschäftsvorgänge, Arbeitsfunktionen, Handlungen u.a.m. auslösen, steuern, kontrollieren und oft erst zum Schluß vergegenständichen. Die dazu notwendigen Qualifikationen konvergieren mit zunehmendem Abstraktionsniveau der Arbeitstätigkeiten. Mit anderen Worten: Die fachlichen Qualifikationen werden mit fortschreitender Technologisierung gegenüber den überfachlichen - konvergenten - Qualifikationen relativ an Bedeutung verlieren, besonders dann, wenn sie formalisierbar sind.
Neue Unübersichtlichkeiten (Habermas 1985), die Individualisierung der Arbeitsbeziehungen (Negt 1984) und Lebenslagen (Beck 1986), die Abkoppelung vom System der Arbeit für viele (Negt ebd.), die Entstandardisierung der Erwerbsarbeit (Beck ebd.) u.a.m. münden immer häufiger in biographische Krisen und fordern die Ausbildung und Entwicklung wendiger, veränder- und anpaßbarer Identitäten, die sich gegenüber einer technologisch formierten Welt bewähren müssen. Es gibt nicht mehr (und noch nicht) verbindliche und anerkannte, der technologischen Formierung adäquate Welterklärungen. Die technologisch formierte Gesellschaft stellt auch (noch) keine allgemein verbindlichen und respektierten Identitätsmuster zur Verfügung. Vom Einzelnen werden daher beträchtliche *Flexibilitätsleistungen* gefordert. Der Großteil dieser Leistungen wird von den Arbeitskräften selbständig und ohne Hilfsdienste, etwa durch subjektorientierte und institutionalisierte Weiterbildungsprozesse (vgl. Geißler/Kade 1982; Holzapfel 1982; Blum-

berger/Nemella 1987), erbracht. Berufliche Qualifikationen, die vor kurzem noch Sicherheit zu gewähren schienen, werden entwertet bzw. obsolet (z.B. in der Datentypie, beim Programmieren). Die neuen Arbeitsmittel selbst, besonders was die Software betrifft, unterliegen einem raschen Produktzyklus. Es ist keine Seltenheit, daß jährlich eine neue Version eines Programms ausgeliefert und beim Anwender installiert wird. Das stellt an die Flexibilität zwar nicht immer hohe, aber doch ständige Anforderungen und verlangt die Bereitschaft und Fähigkeit, sich anzupassen, das Neue zu lernen und in das berufliche Handlungsrepertoire aufzunehmen. Insgesamt, das zeigen die Fallstudien, verändern sich die jeweiligen Arbeitssituationen häufig in der Zeit, d.h. die Beschäftigten müssen in wechselnden sozialen, psychischen, oftmals auch räumlichen und technischen Situationen ihre Arbeitskraft verausgaben können.

Technologie: Das Ende der Erforderlichkeit von Mensch und Gesellschaft?

Die lebendige Arbeitskraft wird technologisch formiert. Das ist eine Folge des Triumphs einer ökonomischen Rationalität, die lebendige Arbeit aus der Produktion verdrängt, nicht nur aus der Produktion von Gütern, sondern auch von Dienstleistungen, von Wissenschaft, von Erfahrungen, von Kunst, einer Rationalität, die letzlich an die Stelle der lebendigen Arbeit Technologie setzt.

Die technologische Formierung der Arbeitskraft ist auch eine Folge der Beherrschbarkeit des zur quantitativen Struktur zerformten Raum-Zeit-Gefüges durch Geschwindigkeit und Automatismus, sie ist ein weiterer Schritt in Richtung Entsubjektivierung durch Objektivierung der intellektuellen Fähigkeiten, logisch nachfolgend der Objektivierung körperlicher Fähigkeiten im 19. Jahrhundert durch die praktische Vollendung der mechanischen Physik und, hineinreichend in das nächste Jahrtausend, indem sie sich der Sozietät bemächtigt, um sie abermals zu vergesellschaften. Die zunehmende Bedeutung der personalen, im besonderen der sozialen Qualifikationen, wie sie auch diese Untersuchung nachweist, können dahingehend gedeutet werden. So wie der Taylorismus und Fordismus die Arbeitswissenschaften des traditionellen Industriesystems waren, werden Cognitive Sciences zur Arbeitswissenschaft der technologisch formierten Industriegesellschaft, um später abgelöst zu werden durch technologisch formierte Sozialwissenschaften, deren Aufgabe die weitere Objektivierung der menschlichen Eigenschaften ist.

Der Philosoph aus Trier konnte 1867 noch schreiben, daß "*am Ende eines Arbeitsprozesses ein Resultat heraus* (kommt, W.B.), *das beim Beginn desselben schon in der Vorstellung des Arbeiters, also schon ideell vorhanden war*" (Marx 1972:193). Arbeit war Formveränderung und Zweckverwirklichung , wobei der Zweck die Art und Weise des Tuns bestimmt, dem der Wille untergeordnet werden mußte (vgl. ebd.). Heute würde er vielleicht schreiben, daß "*am Ende des Arbeitsprozesses ein Resultat herauskommt, das beim Beginn desselben in der Software objektiv - unabhängig vom einzelnen Subjekt und seinem Bewußtsein - vorhanden war.*" Nicht der Zweck, sondern sein Algorithmus bestimmen die Art und Weise des Tuns. Und später, weiter auf dem Weg, Denken, Erfinden, Kreation und Sozietät zu artifizieren, wird ein Resultat herauskommen, das weder im Kopf, noch im Programm, weder ideell noch elektronisch vorhanden war.
Um Mißverständnisse hintan zu halten: das sind keine Gedanken für eine Endzeit, sie taugen auch kaum für Wendezeiten, schon garnicht lassen sie sich einordnen in Schubladen mit dem Etikett "Vorsicht! Technikfeind", sondern Gedanken, die den Paradigmenwechsel in der Aneignung der Natur durch Arbeit zu erkennen vermeinen: lebendige Arbeit wird nicht mehr Formveränderung zur Zweckverwirklichung sein, sondern - in einem humanistischen Projekt der Moderne - Anweisung zur Formveränderung.
Die dafür teilweise schon heute zur Verfügung stehenden technologischen Arbeitsmittel werden, so wie die Werkzeuge einer früheren Entwicklungsepoche, die Erfahrungen formieren. Zum Weltverständnis führt - zwingend - ein wissenschaftlicher und technischer Zugang. Das bedeutet nicht, daß alle Menschen Wissenschaftler oder Techniker sind, sondern daß jedes einzelne Werkzeug, jedes einzelne Hilfsmittel, das sich Menschen machen, ein Objekt der Techno-Logik und damit der ihr innewohnenden ökonomischen Rationalität ist.

Aufsteigend vom Abstrakten zum Konkreten und bezogen auf die Arbeitswelt sind es die in historisch konkreten ökonomischen Bedingungen hervorgebrachten wissenschaftlichen Produktionsweisen, die die "neuen" Anforderungen an die lebendige Arbeitskraft stellen: schnell, flexibel und konvergent zu sein.

Anmerkungen

1) Vgl. beispielhaft: Bildungsexperten schlagen Alarm. Keine Facharbeiter mehr im Jahr 2000. Die Presse, 23. 9. 1988 (Wien); OÖ Lehrlingszahlen weiter rückläufig. Kammernachrichten, 29.1.1988 (Linz); Facharbeitermangel auch ein qualitatives Problem. Kammernachrichten 2.9.1988.
2) Können wir den Facharbeitermangel verhindern? Kammer für Arbeiter und Angestellte für Oberösterreich. Internes Arbeitspapier. (Linz 1988).

Literatur

Beck, Ulrich: Risikogesellschaft. Auf dem Weg in eine andere Moderne. Frankfurt 1986.

Blumberger, Walter: Der strukturelle Zwang des Digitals. In: Arbeit/Mensch/Maschine. Der Weg in die Industriegesellschaft. Band: Beiträge. Linz 1987

Blumberger, Walter: Was ist los im Büro? Anders arbeiten durch neue Techniken. Linz 1989.

Blumberger, Walter: Was ist los an der Werkbank - Computer statt Menschen? Linz 1989.

Blumberger, Walter/Nemella, Joachim: Berufliche Bildung und exemplarisches Lernen. Ein Modellversuch in der beruflichen Bildung mit Bauarbeitern. In: Lernen und Verändern: Zur soziologischen Phantasie und exemplarischem Lernen in der Arbeiterbildung. Adolf Brock u.a. (Hrsg.) Marburg 1987.

Brödner, Peter: Humanzation of Technology versus Human Engineering. In: 10th World Congress on Automatic Control. Volume 11. IFAC. München 1987.

Cypher, J.M.: Monetarismus, Militarismus, Märkte. In: Blätter für deutsche und internationale Politik. Heft 10/1986. Köln.

Fleissner, Peter: Arbeit, Technik und Wirtschaft in Österreich - Empirisch-theoretische Betrachtungen. In: Technologie und Arbeitswelt in Österreich. Trends bis zur Jahrtausendwende. Hrsg. v. P. Fleissner. Allgemeiner Teil. Wien 1987.

Geißler, Karlheinz A./Kade,J.: Die Bildung Erwachsener. München, Wien, Baltimore 1982.

Habermas, Jürgen: Die neue Unübersichtlichkeit. Frankfurt 1985.

Hirsch, Joachim/Roth, Roland: Das neue Gesicht des Kapitalismus. Vom Fordismus zum Post-Fordismus. Hamburg 1986.

Holzapfel, Günther: Erfahrungsorientiertes Lernen mit Erwachsenen. München, Wien, Baltimore 1982.

Hübner, Kurt: Theorie der Regulation. Eine kritische Rekonstruktion eines neuen Ansatzes der Politischen Ökonomie. Berlin 1989.

Hülsmann, Heinz: Die technologische Formation - oder: lasset uns Menschen machen. Berlin 1985.

Landler, Frank: Die mittelfristige Entwicklung der Qualifikationsstruktur der Wohnbevölkerung und des Arbeitskräftepotentials in Österreich. In: Vortragsveranstaltung auf Einladung der Arbeitsgruppe "Qualifikation 2000" des Beirats für Wirtschafts- und Sozialfragen. 2. Unterarbeitsgruppe "Berufsqualifikationen". Red. K. Schedler. Wien 1988.

Lutz, Burkart: Der kurze Traum der immerwährenden Prosperität. Frankfurt/New York 1984.

Marx, Karl/Engels, Friedrich: Deutsche Ideologie. In: MEW, Band 3. Berlin 1973.

Moscovici, Serge: Versuch über die menschliche Geschichte der Natur. Frankfurt 1982.

Negt, Oskar: Lebendige Arbeit, enteignete Zeit. Frankfurt 1984.

Priore, Michael J./Sabel, Charles F.: Das Ende der Massenproduktion. Berlin 1985.

Sohn-Rethel, Alfred: Warenform und Denkform. Frankfurt 1978.

Zweidrittelgesellschaft Eindrittelgewerkschaft. E.Hildebrandt/E. Schmidt/H.-J.Sperling (Hg.) Kritisches Gewerkschaftsjahrbuch 1988/89. Berlin 1988.

Anhang

Untersuchte Unternehmen

Fall-studie Nr.	Branche	Beschäftigte (Angestellte in Klammern)		Jahres-umsatz in Mill.S	Näher untersuchte Abteilung
1	Anlagen-bau	850	(400)	1000	Betriebs wirtschaft und Controlling
2	Bank	100	(100)	-	Kreditwesen
3	Textiler-zeugung	200	(45)	115	Einkauf
4	Kunststoff-verarbeitg.	1100	(200)	-	Einkauf/Verkauf
5	Nahrungs-mittelerzg.	540	(270)	1000	Planung
6	Fahrzeug-herstellung	740	(330)	1100	Buchhaltung
7	Möbelhandel	170	(150)	270	Warennachschub
8	Versicherung	300	(300)	1300	Krankenvers.ung
9	Motorenerzg.	1700	(600)	-	Logistik
10	Großhandel-A	170	(60)	-	Wareneingang
11	Großhandel-B	38	(13)	150	Einkauf
12	Maschinenbau	190	(90)	180	Buchhaltung

Jürgen Maaß

IN-FORMATION DURCH INFORMATION - AUSBILDUNG IN DER TECHNOLOGISCHEN FORMATION AUS SYSTEMTHEORETISCHER SICHT

In der technologischen Formation, wie der Philosoph Heinz Hülsmann unser Gesellschaftssystem genannt hat, spielen wie in jeder gesellschaftlichen Formation jene Prozesse und Strukturen eine besondere Rolle, die die Menschen in die Gesellschaft integrieren sollen. Dazu gehören neben den eher von außen einwirkenden *Formen* der gesellschaftlichen Produktion und Reproduktion auch auf das Bewußtsein zielende *Informationen*. Gerade in der technologischen Formation, die Hülsmann ja einmal durch die neue Dreifaltigkeit "Atom, Gen und Bit" charakterisiert hat, sind die neuen Medien, die neuen Informationstechnologien von ausschlaggebender Bedeutung. Eine innere Formierung der Menschen, In-Formation, findet durch immer vielfältigere Information statt.

Wie wird in-formiert?

In dieser Allgemeinheit läßt sich die Frage vermutlich nie vollständig beantworten; auch nach verschiedenen Forschungsprogrammen zu einzelnen Aspekten oder Medien, wie etwa den Auswirkungen der schon fast traditionellen Medien Fernsehen oder Rundfunk auf Familie und Erziehung sind zentrale Fragen offen geblieben. Je neuer ein Medium ist, desto größer sind die Rückstände der Forschung und desto weniger ist über Veränderungen und Konsequenzen bekannt. Da die technische Entwicklung rascher voranschreitet als die soziologische und psychologische Erforschung ihrer Wirkungen sind auch für die Zukunft eher wachsende Defizite zu erwarten. Außerdem ist zu berücksichtigen, daß dem berühmten Satz von MacLuhan "Das Medium ist die Botschaft" gerade angesichts der steigenden Medienvielfalt wachsende Bedeutung zukommt: Eine Vereinfachung der Analyse mit der auf den ersten Blick vielleicht einleuchtenden Begründung, daß aus immer neuen Medien ohnehin der selbe Einheitsbrei aus seichter Unterhaltung, Nachrichten, Sport und Werbung fließt, ist deshalb unzulässig.

In-Formation durch Ausbildung: Der Ansatz meiner Analyse

Aus diesen Gründen verstärkt sich mein Eindruck, daß solche Forschungen immer dringender notwendig werden, um jenes Wissen zu erlangen, welches als Basis für Strategien für einen gesellschaftlich und individuell sinnvollen Umgang mit den Neuen Medien - für eine Information über diese Art der In-Formation -notwendig ist. Eingedenk der skizzierten Schwierigkeiten scheint es mir jedoch sinnvoll, Antworten auf die Ausgangsfrage auch auf folgendem Weg zu suchen: ich wähle einen in jeder gesellschaftlichen Formation wichtigen Informationsprozeß, den der Ausbildung, und untersuche hier wiederum an einem - wie ich hoffe: *exemplarischen* - Beispiel, dem Mathematikstudium, wie sich ein In-Formationsprozeß ("Habitualisierung") abspielt.

Ausbildungsprozesse in Schule und Hochschule sind bereits in vielfältiger Weise analysiert worden; insbesondere die bildungsökonomischen Theorien (vgl. etwa E. Altvater oder F. Huisken) haben die Bedeutung des Ausbildungssektors für die gesellschaftliche Reproduktion herausgearbeitet. Mir geht es im Unterschied dazu jedoch mehr darum, zu zeigen, *wie* durch einen Ausbildungsgang ein *innerer* Formierungsprozeß induziert wird. Zu diesem Zweck umreiße ich einige Ergebnisse meiner Analyse des Mathematikstudiums als Beispiel für einen Ausbildungs- und Informationsprozeß. Das Resultat dieses Prozesses ist - wenn er erfolgreich verläuft - eine gewisse Einheit von Mathematikkenntnissen und Fähigkeiten, sie anzuwenden, sowie eine darüber hinaus gehende Haltung, eine nicht nur auf mathematische Probleme bezogene Strategie, Aufgaben zu lösen, die mathematikspezifischer "Habitus" genannt wird.

Beobachtung ist bekanntlich stets Beobachtung im Lichte von Theorien, wie bereits Popper erkannt hat. Die Theorie, mit der die Entwicklung des Habitus beobachtet wird, eine bestimmte Auffassung der "funktional-strukturellen Systemtheorie", ist m.E. nicht nur für diese Analyse, sondern für die Erlangung einer Innenansicht der technologischen Formation insgesamt von großer Bedeutung. Deshalb ist es für den Gang meiner Argumentation kein Umweg, wenn ich zunächst dieser Theorie einige Aufmerksamkeit widme.

Gesellschaft als soziales System: Komplexitätsreduktion und Komplexitätserweiterung durch funktionale Differenzierung

Das Wort "System" wird in sehr vielen Zusammenhängen verwendet, etwa beim Lotto-Tippsystem oder beim Fußballspielsystem, beim systematischen Arbeiten oder beim Wettkampf der politischen Systeme. Auch in den verschiedenen Wissenschaften wird z.B. von ökologischen Systemen oder einem Wirtschaftssystem gesprochen, und in der Informatik schließlich heißt ein ganzer Zweig Systemtheorie. In all diesen Fällen geht es um Ordnungen, um Strukturen in einem zusammenhängenden Ganzen - und selbstverständlich gibt es zu jedem Wortgebrauch mindestens eine Theorie.

Demgegenüber ist der Gebrauch des Begriffes System und der dazugehörigen Systemtheorie, den ich im folgenden verwende, eingeschränkt auf soziale Systeme, unter denen nach Luhmann "ein Sinnzusammenhang sozialer Handlungen zu verstehen ist, die aufeinander verweisen und sich von einer Umwelt nicht dazugehöriger Handlungen abgrenzen lassen." (Luhmann 1970, S.115, vgl. auch Luhmann 1984, 1986). Wenn eine solche Abgrenzung gelingt und relativ invariant gehalten werden kann, nimmt ein System eine spezifische Funktion wahr. Funktion ist der zentrale Begriff zur genaueren Eingrenzung der hier verwendeten Systemtheorie: sie geht von der Analyse der Funktion eines Systems aus, um die Strukturen zu erfassen, die entstehen, wenn die Funktion wahrgenommen wird. Diese funktional-strukturelle Systemtheorie, an deren Ausarbeitung N. Luhmann wesentlichen Anteil hatte, unterscheidet sich deshalb von jener älteren Version, die auf den amerikanischen Soziologen Parsons zurückgeht und vorhandene Strukturen auf ihre Funktion hin untersucht.

Ein Beispiel, eine Bürgerinitiative gegen den Bau einer Umgehungstraße als - kleines - soziales System, soll die vielleicht ungewohnten Begriffsbildungen der Systemtheorie verdeutlichen. Eine Gruppe von Menschen, etwa jene, die in der Nähe der geplanten Trasse wohnen, entschließt sich, gemeinsam etwas gegen den Straßenbau zu unternehmen. Ihre diesbezüglichen Aktivitäten, etwa die Einsichtnahme in den Bebauungsplan, die Diskussion über mögliche Alternativen sowie das Planen und Durchführen von Maßnahmen wie ein juristischer Einspruch oder eine Unterschriftensammlung bilden einen 'Sinnzusammenhang sozialer Handlungen'.

Für die Effizienz der Initiative ist es von entscheidender Bedeutung, daß die Handlungen 'aufeinander verweisen' - also in irgendeiner Weise koordiniert auf dasselbe Ziel gerichtet und gegen andere Handlungen abgegrenzt sind. Wenn Zeiten, in denen sich die Mitglieder der Bürgerinitiative zur Beratung über ihr Vorgehen treffen, damit verbracht werden, über das Wetter, Fußball oder die nächste Wahl zu reden, ist der Erfolg gefährdet. Wenn gar die Gruppe als gemeinsame Handlung nur Autos verkauft oder Ausflüge organisiert, ist das soziale System in seiner Funktion bedroht. Das muß nicht 'an sich' gut oder schlecht sein: vielleicht ist die Umgehungsstraße 'objektiv' notwendig oder das gemeinsame Erlebnis vieler schöner Ausflüge mit den Nachbarn höchst erfreulich. Es bedeutet aber, daß sich ein anderes soziales System mit einer anderen Funktion herausbildet.

Wenn es auf der anderen Seite gelingt, sich auf den Zweck der Initiative zu konzentrieren und dabei etwa von den möglicherweise trennenden Bindungen an verschiedene Fußballclubs oder politische Parteien abzusehen, wird eine Grenze gezogen zwischen den Handlungen, die dazugehören und anderen. Diese Grenzziehung ist fließend: Vielleicht ist es in einem Fall besonders nützlich, über die Bindung eines Nachbarn an eine Partei gezielt Einfluß auf die Stadtverwaltung zu nehmen. Vielleicht ist auch der Präsident des Fußballclubs zugleich einflußreicher Kommunalpolitiker...

Wenn eine Grenzziehung gelungen ist, und indem sie gelingt, können sich im System Strukturen herausbilden, die die Effizienz weiter erhöhen. Eine typische Strukturbildung ist Arbeitsteilung: Ein Gruppenmitglied kann gut Flugblattexte und Leserbriefe an die Zeitung schreiben, ein anderes kennt sich mit Verwaltungsvorschriften aus, ein drittes hat Zeit, um die Flugblätter auch zu verteilen, ein viertes Mitglied stellt Kontakte zu vergleichbaren Bürgerinitiativen her etc. Wenn all diese Tätigkeiten koordiniert ablaufen (auch die Koordination selbst ist natürlich eine wichtige Aufgabe), können mehr Informationen erhalten und verbreitet sowie Einflußmöglichkeiten geschaffen werden, als wenn jeder bzw. jede einzelne sich um alles kümmern würde.

Am Beispiel derjenigen, deren Aufgabe sich im Zuge der Verfestigung solcher Strukturen schließlich auf das Verteilen von Flugblättern reduziert, wird schon eine der Kehrseiten funktionaler Differenzierung deutlich, die sich auch in unserer funktional differenzierten Gesellschaft an vielen Stellen wiederfindet: Eine besonders funktionale Systemstruktur mag zwar besonders effizient sein, sie ist aber keinesfalls damit zugleich notwendigerweise auch besonders angenehm für alle in den sozialen Handlungszusammenhang Involvierten. Sie ist oft "kalt" und bietet Wärme, Nähe, Geborgenheit, emotionale Ausgeglichenheit, soziale Integration etc. nur in dem Maße, in dem diese die Funktionalität steigern. Diese Möglichkeit ist, wie etwa moderne Managementstrategien zeigen, durchaus vorhanden. Auch eine andere Kehrseite der Optimierung der Funktionalität jedes einzelnen Systems ist bekannt: Die hohe Effizienz eines Systems kann für ein anderes durchaus eine Belastung bedeuten. Das gilt nicht nur für Industrieproduktion und Umwelt, sondern auch für das gewählte Beispiel. Eine u.U. besonders funktionale hierarchische Koordinationsstruktur in der Gruppe kann die gutnachbarlichen Beziehungen der Gruppenmitglieder auf Dauer stören.

Um die Stabilität eines sozialen Systems auf längere Sicht zu festigen - und damit verlasse ich das Beispiel - bietet sich eine Form der Institutionalisierung an. Der Freiraum, die relative Autonomie eines Systems, Informationen auf je spezifische Art zu bearbeiten, der durch die Grenzziehung geschützt ist, vergrößert sich durch Institutionalisierung. Damit wird einerseits auch von außen, d.h. für andere gesellschaftliche Teilsysteme, besser erkennbar, welche Art von Information ein System als für sich relevant einstuft und deshalb zu bearbeiten versucht. Andererseits wird die Art der systeminternen Verarbeitung der Information so festgelegt, daß nicht bei jedem Vorgang neu überlegt und entschieden werden muß, wie er ablaufen soll. Das hat weitere wichtige Folgen: Am Ende der systeminternen Verarbeitung stehen Produkte, die u.U. für andere Systeme von Bedeutung sind. Solche Produkte, systemspezifisch verarbeitete und aufgearbeitete Informationen, können als *Leistungen* an andere Systeme abgegeben werden. Voraussetzung dafür ist jedoch neben einer entsprechenden Nachfrage auch eine spezielle Codierung der Ergebnisse mit dem Ziel, sie transferierbar zu machen. Die Leistung eines Systems ist nur das, was an ein anderes System erfolgreich vermittelt (vgl. Luhmann 1977, S. 22) werden kann und nicht das, was nur potentiell nützlich wäre. Der Transfer von Resultaten ist keinesfalls ein triviales Problem. Verschiedene Systeme unterscheiden sich per definitionem in ihrer Funktion - sie sind funktional differenziert - und damit in der Art und Weise, welche Information sie überhaupt aufnehmen und verarbeiten können. Die vorherrschende gesellschaftliche Differenzierung ist ja gerade die Reaktion auf die wachsende Vielfalt und Komplexität der vorhandenen Informationen, die nur noch arbeitsteilig mit je spezifischen Verfahren wahrgenommen und verstanden werden können.

Die interne Fachsprache, die in einem System benutzt wird, ist in der Regel nicht geeignet, um ein Ergebnis einem anderen System mitzuteilen. Häufig ist es auch gar nicht notwendig zu verstehen, was alles dahinter steckt, wenn ein Produkt funktioniert, eine Leistung erbracht wird. Ein Text wie dieser kann mit einem Softwarepaket zur Textverarbeitung geschrieben werden, ohne daß der Anwender oder die Anwenderin versteht oder auch nur ahnt, in welchem Umfang welche mathematischen Algorithmen verwendet wurden, um das Programm zu erstellen. In gewissem Sinn läßt sich sogar sagen, daß ein System besonders leistungsfähig ist, wenn es ihm gelingt, seine Resultate so in black boxes zu verpacken, daß diese von vielen AnwenderInnen ohne Kenntnis über den Inhalt und die Struktur der black box verwendet werden können kann (vgl. Maaß/ Schlöglmann 1988).

Sogar dann, wenn zwei Systeme dieselbe Aufgabe lösen, werden in der Regel wegen der funktionalen Differenzierung weder die Bearbeitungsweisen noch die Codierung der Ergebnisse identisch sein; jedes System hat einen *spezifischen* Kommunikationscode. Ein Einfamilienhaus wird z.B. im Wirtschaftssystem unter ökonomischen Aspekten betrachtet (mit dem Code "Geld"): in der Architektur als typisches Haus aus den frühen 60er Jahren klassifiziert, vom Dachdeckermeister wegen der verwendeten Sorte Dachziegel und vom Maler wegen der verschmutzten Fassade als potentielles Renovierungsobjekt gesehen und schließlich von der Familie, die es bewohnt, als ihr Zuhause.

Viele Resultate des Wissenschaftssystems, auf das ich mich im folgenden konzentrieren will, können nicht als black box in andere Systeme transferiert werden, weil die Anwendungszusammenhänge zu komplex und deshalb nicht vollständig modellierbar sind. In solchen Fällen ist es notwendig, auch Wissen über den Inhalt von Forschungsergebnissen zu vermitteln, damit es auch dort, wo sie angewendet werden sollen, in hinreichendem Umfang zu Verfügung steht. In seltenen Fällen, nämlich dort, wo das Anwendungssystem bereits weitgehend szientifiziert ist, kann es hinreichen, die Forschungsergebnisse in der Sprache der jeweiligen Fachwissenschaft zu übermitteln. In der Regel ist jedoch ein anderes Verfahren notwendig: das Konvertieren der Information von einem, dem wissenschaftlichen, in einen anderen, z.B. technischen oder wirtschaftlichen Code. Das Wissenschaftsystem hat eine Leistung dann erbracht, wenn es z.B. eine physikalische oder soziologische Theorie so aufarbeitet, daß sie z.B. in Form eines Konstruktionsplans oder eines Organisationsmodells ins Wirtschaftssystem übertragen werden kann und dort zum Bau einer gewinnbringenden Maschine oder Umstrukturierung der Arbeitsorganisation verwendet wird. In der Sprache der Systemtheorie wird in diesem Fall "Wahrheit" in "Geld" konvertiert.

Neben den beiden bisher erörterten Systemreferenzen "Funktion" und "Leistung" von großer Bedeutung ist die dritte, "Reflexion", die die Beziehung eines Systems zu sich selbst betrifft. Sie sichert die Identität und Kontinuität des Systems durch Analyse und (Selbst-)Steuerung. Wenn das Nachdenken über das System nicht im System verankert ist, droht Außensteuerung oder gar Auflösung.

Wissenschaft als soziales System

Einer der funktional ausdifferenzierten Bereiche der Gesellschaft ist das Wissenschaftssystem, das sich von anderen Teilsystemen der Gesellschaft durch seine Funktion unterscheidet, wahres von unwahrem Wissen zu trennen und so die Summe des Wissens insgesamt zu vergrößern. Das spezifische Kommunikationsmedium des Wissenschaftssystems ist "Wahrheit". Dieser Begriff wird jedoch von Luhmann - Mißverständnisse und Probleme provozierend - nicht wie sonst üblich erkenntnistheoretisch, sondern soziologisch, als Kennzeichnung der Besonderheit eines Systems gebraucht. Mit Luhmanns Worten: "Bleibt man dabei, Wahrheit als das Erscheinen des Seins oder als methodisch gesicherte Richtigkeit des Vorstellens zu definieren, verfehlt man von vornherein die Dimension, in der das Problem angesetzt werden muß." (Luhmann 1970, S. 233). Luhmanns Problemlöseversuch, das gesellschaftlich Besondere des Wissenschaftssystems über seine Funktion zu erklären, "wahres" von "unwahrem" Wissen zu unterscheiden, läuft auf eine konventionalistische Position hinaus: wissenschaftliche Wahrheit ist demnach genau das, was von der Gemeinschaft der WissenschaftlerInnen einer Disziplin als solche definiert und anerkannt wird. Implizit setzt Luhmann - als Reaktion auf Kritik

- dennoch auf einen erkenntnistheoretischen Wahrheitsbegriff, wenn er schreibt: "Wahrheit kann niemand leugnen, ohne sich selbst als Mensch ohne Sinn und Verstand zu erweisen." (Luhmann 1970, S. 233)

Bereits Habermas hat in seiner Kritik an Luhmann darauf hingewiesen, daß solch ein Rückbezug notwendig ist, weil andernfalls der "normative Anspruch universeller Geltung" für wissenschaftliche Theorien entfällt. Im Unterschied zur intersubjektiven Übertragung von Sinn, also systemspezifisch verarbeiteter Information, in andere Systeme durch Kommunikationsmedien wie Macht oder Vertrauen verbinden wir nämlich mit dem Medium "Wahrheit" eine Garantie, also "nicht bloß die Erwartung einer faktisch hergestellten Anerkennung, sondern die Erwartung eines Konsensus, der sich unter den Bedingungen einer idealen Sprechsituation *immer wieder* ergeben müßte... die Erwartung mithin, daß es sich in Wirklichkeit so und genauso verhält, wie wir aufgrund des propositionalen Gehaltes eines wahren Satzes annehmen." (Habermas 1971, S. 233f.)

"Verwissenschaftlichung" der Gesellschaft aus systemtheoretischer Sicht

Die Kritik an Luhmanns Thesen und seinen z.T. in sich widersprüchlichen Ausführungen dazu ist vielfältig und durchaus berechtigt; sie soll jedoch nicht dazu verleiten, die Erklärungskraft der Systemtheorie zu unterschätzen. Insbesondere die politisch motivierte Kritik sollte m.E. nicht die Theorie bzw. das Modell der funktionalen Differenzierung treffen, sondern die Verhältnisse, die mit diesem Modell theoretisch besser verstehbar werden.

Als zweites Beispiel zur Erläuterung der Systemtheorie und insbesondere des Wissenschaftssystems betrachte ich im folgenden jene Entwicklung, die üblicherweise mit dem Begriff "Verwissenschaftlichung der Gesellschaft" charakterisiert wird. G. Böhme und M.v.Engelhardt weisen darauf hin, daß die Tendenz, in immer mehr Bereichen der Gesellschaft wissenschaftliche Leistungen zu verwenden, keineswegs so positiv zu beurteilen ist, wie es in ersten Assoziationen zum Begriff (etwa: rational, logisch, klar, wertfrei begründet etc.) anklingen mag. "Die Verwissenschaftlichung des gesellschaftlichen Lebens in den Teilbereichen der Politik, der Produktion, der Erziehung und des Gesundheitswesens bedeutet zwar die Durchsetzung wissenschaftlicher Methoden und Resultate... in diesen Bereichen. Sie ist aber nicht mit der Verbreitung der entsprechenden Kompetenzen unter die Gesellschaftsmitglieder verbunden, die mit ihnen arbeiten... Das bedeutet faktisch, daß nicht der Bereich als solcher auf ein wissenschaftliches Niveau gehoben wird, sondern daß Teilfunktionen an 'Wissensstäbe' delegiert werden. Daraus resultiert eine Entmündigung der jeweils Betroffenen." (Böhme/Engelhardt 1979, S. 8)

Wie läßt sich die Entmündigung der Betroffenen, die ja heute im Umgang der Behörden mit BürgerInnen bei der Planung technischer Großanlagen besonders deutlich wird, erklären? Aus systemtheoretischer Sicht ist dafür eine Konsequenz der Ausdifferenzierung des Wissenschaftsystems verantwortlich, nämlich die Trennung von wahrheits- und nichtwahrheitsfähigen Themen. Mit der Etablierung eines eigenen Systems, dessen Funktion es ist, über Wahrheit zu entscheiden, wird dieses System, die Wissenschaft, tendenziell zur einzigen Instanz in der Gesellschaft, die über Wahrheit und darüber, auf welche Fragen es überhaupt wahre Antworten geben kann, entscheidet. Das Wissenschaftssystem erhält und verteidigt schon aus dem systemimmanenten Interesse an Bestandserhaltung auf diese Weise ein *Wahrheitsmonopol*. Die eingangs erwähnte Entmündigung der Betroffenen hat Luhmann abstrakt so formuliert: "Der gesamte Bereich pragmatischer Relevanzen verliert vor den strengen Kriterien positiver Wissenschaft seine Wahrheitsfähigkeit." (Luhmann 1970, S. 234)

Nimmt sich "die Wissenschaft" eines Problems aus einem Anwendungssystem an - in der Regel aufgrund eines entsprechenden Auftrages und der dazugehörigen Finanzierung - wird die Fragestellung zunächst gemäß den spezifisch wissenschaftlichen Regeln der Erfassung und Reduktion von Komplexität in solche Teilprobleme übersetzt und aufgeteilt, die in einzelnen Wissenschaftsdisziplinen bearbeitet werden können. Nur solche Aspekte können also erfaßt werden, die mit den Mitteln einer vorhandenen Wissenschaft, genauer: einer einzelnen Disziplin, bearbeitbar sind. Deshalb ist es kein Zufall, daß fächerübergreifende Fragen, etwa ökologische, vom Wissenschaftssystem nicht beantwortet werden können, selbst wenn sie einmal gestellt werden. Die wenigen Ausnahmen wie einzelne Lehrstühle oder das außeruniversitäre ÖKO-Institut in Freiburg bestätigen diese Regel ebenso wie die bekannten Schwierigkeiten interdisziplinärer Forschung: "Wer sich mit Kollegen aus anderen Disziplinen zur Verständigung treffen will, läuft stets Gefahr, sich von der Wachstumszone der eigenen Disziplin zu entfernen." (Markl 1987, S. 21)

Die spezifische Komplexitätsreduktion in den einzelnen Disziplinen, die von der sozialen Struktur der Disziplin und der Organisationsform der wissenschaftlichen Arbeit etwa in Hochschulen oder in Großforschungsanlagen abhängt, betrifft häufig gerade jene Aspekte des Ausgangsproblems, die für die unmittelbar betroffenen BürgerInnen von lebensweltlicher Relevanz sind. Aber nicht nur einzelne für BürgerInnen wichtige Aspekte des Problems fallen der wissenschaftsspezifischen Komplexitätsreduktion typischerweise zum Opfer; zudem wird auch ihr Wissen über mögliche Lösungen und ihre Erfahrungen mit verschiedenen Lösungsversuchen ignoriert. Wird z.B. die Wissenschaft nach einem energiesparenden Nahverkehrssystem der Zukunft gefragt, entwickelt sie vermutlich einen Plan für ein computergesteuertes Magnetschienen-Kabinen-Taxi, sagt aber wohl kaum etwas über das gute alte Fahrrad.

Das Wahrheitsmonopol hat Rückwirkungen auf die Wissenschaft selbst. Da es eigene Regeln der Erfassung und Reduktion von Komplexität ausbilden und entsprechende Strukturen entwickeln konnte, gibt es einen Unterschied zwischen "wissenschaftlich wahr" und "wahr im Sinne des Alltags". Mit Luhmanns Worten konnte die Wissenschaft "ihr Wahrheitskriterium aus den Strukturen der Gesellschaft herauslösen und verselbständigen". Damit wird zugleich die Wissenschaft "von ihrer unmittelbaren gesellschaftlichen Verantwortung entlastet" (Luhmann 1970, S. 234), und es steigt ihre Kapazität für Informationsverarbeitung.

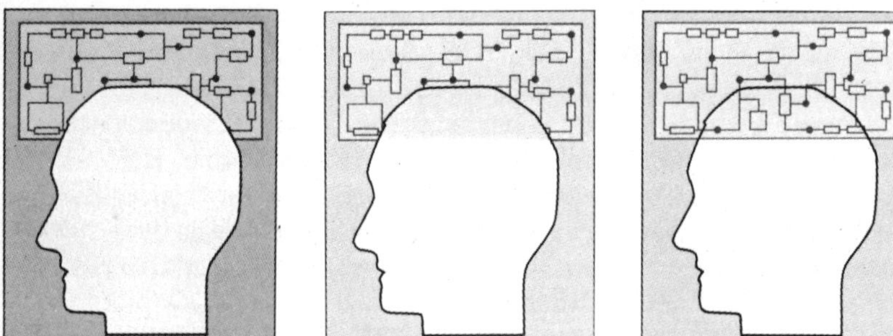

Digital Equipment Corporation - Werbeprospekt

Habitualisierung als Ausbildungsleistung des Wissenschaftssystems am Beispiel Mathematik

Nach diesen einleitenden Erläuterungen zur Systemtheorie, die hier natürlich nicht weiter ins Detail gehen können, soll nun am Beispiel einer Leistung des Wissenschaftssystems, nämlich der Ausbildung von MathematikerInnen, gezeigt werden, wie hier informiert wird. Ohne eingehende Begründung wird dabei vorausgesetzt, was ich an anderer Stelle ausführlich beschrieben habe, nämlich daß einerseits Mathematik ein relativ autonomes Teilsystem des Wissenschaftssystems ist und daß es andererseits einen fachspezifischen mathematischen Habitus gibt (Maaß 1988).

Als Hinweis darauf, daß sich Mathematik von anderen Wissenschaften durch ein besonderes Wahrheitsverständnis - und damit hinsichtlich der Funktion - tatsächlich unterscheidet, zitiere ich im folgenden eine Charakterisierung der Mathematik durch B. Russell, die die Differenz zwischen mathematischem und etwa soziologischem oder naturwissenschaftlichem Wahrheitsverständnis pointiert veranschaulicht. Sie trifft zwar nicht das subjektive Selbstverständnis aller MathematikerInnen, aber sehr genau das Spezifische ihrer Methodologie: "Die Mathematik besteht lediglich aus Behauptungen, die besagen, daß der und der Satz zutrifft, wenn für *irgend etwas* die und die Aussage gilt. Wesentlich ist, daß gar nicht erst erörtert wird, ob die erste Aussage tatsächlich wahr ist, und das auch nicht erwähnt wird, was das Etwas ist, wofür sie vermutlich gilt... In der reinen Mathematik gehen wir von bestimmten Ableitungsregeln aus, nach denen wir folgern können, daß, *wenn* ein Satz wahr ist, *dann* auch ein zweiter Satz gilt. Diese Ableitungsregeln bilden den Hauptteil der Grundsätze formaler Logik. Wir wählen also irgendeine Hypothese, die uns amüsant erscheint, und leiten die entsprechenden Folgerungen ab. Gilt diese Hypothese für *irgend etwas* und nicht für eine oder mehrere Einzeltatsachen, dann stellen unsere Deduktionen Mathematik dar. Als Mathematik können wir also das Gebiet bezeichnen, auf dem wir nie wissen, wovon wir eigentlich reden und ob das, was wir sagen, auch wahr ist." (Russell 1901, S. 8f.)

Auch eine Begründung der zweiten Voraussetzung kann nur angedeutet werden, also der Behauptung, daß es tatsächlich typische Eigenschaften von MathematikerInnen gibt, die sie nicht nur gemeinsam mit allen AbsolventInnen eines Hochschulstudiums von Nicht-AkademikerInnen unterscheidet, sondern auch von anderen HochschulabsolventInnen. "Ein 'typischer' Mathematiker, natürlich ein Mann, wirkt intelligent, kühl, korrekt, zurückhaltend, ordnungsliebend, berechnend, emotionslos bis auf die Liebe zur Mathematik." (Becker/ Knauer/ Maaß/ Reiß 1978, S. 36) Wie bei allen Generalisierungen darf hierbei natürlich nicht aus der allgemeinen Aussage auf einzelne Individuen geschlossen werden. Die fachspezifischen Sozialisationsprozesse sind ein sehr komplizierter Prozeß der Auseinandersetzung einzelner Individuen mit charakteristischen Strukturen einer Wissenschaft, der völlig unterschiedlich enden kann, aber eben nach vorliegenden Untersuchungen (vgl. den Überblick in Jungwirth 1986) häufig in den hier zusammengefaßten typischen Merkmalen resultiert.

Der für die Charakterisierung der Ausbildungsleistung verwendete Begriff "Habitus" umfaßt neben der Sozialisation auch die fachliche Qualifikation, also all jene Kenntnisse und Fähigkeiten, die im Mathematikstudium vermittelt werden. Mit der Verwendung dieses Oberbegriffes für beide Teile verbunden ist die These, daß eine erfolgreiche Ausbildungsleistung darin besteht, daß die AbsolventInnen *insgesamt* handlungsfähig sind - d.h. sowohl fachlich (Qualifikation) als auch sozial (Sozialisation) zur Lösung der gestellten Aufgaben kompetent sind.

Das aus dem lateinischen Wortschatz entlehnte Wort "Habitus", das sich mit "Haltung" und "Ansehen" übersetzen läßt, wurde von P. Bourdieu und J.C. Passeron als übergreifender Begriff für das Typische an verschiedenen Berufsgruppen eingeführt (vgl. Bourdieu/ Passeron 1971 und Bourdieu 1976). L. Huber und G. Portele (vgl. Huber/ Portele 1981) haben diesen Begriff für die Hochschuldidaktik zugänglich gemacht, indem sie ihn als *Handlungsgrammatik* in direkter Analogie zum Grammatikbegriff der generativen Sprachtheorie (vgl. Chomsky 1969) interpretierten. Dementsprechend kann der Erwerb eines disziplinspezifischen Habitus nicht dadurch hinreichend beschrieben werden, daß eine Reihe von konkreten Qualifikations- und Sozialisationsprozessen durchlaufen wird. Durch diese werden jedoch Dispositionen erzeugt, die dann in konkreten Handlungssituationen einzelne Verhaltensweisen generieren. Hier zeigt sich die Analogie zum Sprechen besonders deutlich: Das Wissen über die Bedeutung einzelner Wörter und über grammatikalische Regeln verbindet sich beim Sprechen meist unbewußt mit dem Wissen über die Inhalte des Gespräches bzw. der Aussage und dem sozialen und personalen Kontext der Interaktion sowie der Intention zu einer Sprechhandlung. Wenn sich einem Mathemetiker in seiner Berufspraxis ein Problem stellt, verbindet sich sein Wissen über zur Lösung in Frage kommende mathematische Methoden mit seinen Kenntnissen über deren Reichweite, Einsetzbarkeit etc. und seinen Fähigkeiten, sie tatsächlich richtig zu verwenden, einerseits und seiner typischen Herangehensweise an Probleme andererseits (etwa: Strukturen erkennen, komplexe Probleme in lösbare Teilprobleme zerlegen, nicht mathematisierbare Aspekte ausklammern etc.) zu seinem Lösungsansatz. In einer Situation, in der das gelernte Wissen (sei es eine Sprache oder Mathematik) angewendet werden soll, bestimmt der Habitus, in welcher Weise die erworbenen Kenntnisse und Fähigkeiten zu Handlungen verbunden werden.

Mit dem Begriff Habitus kann nun die Ausbildungsleistung des sozialen Systems Mathematik an Hand des folgenden Schemas in einigen Schritten erläutert werden. Das Schema ist als kommutatives Diagramm zu verstehen, d.h. die verwendeten systemtheoretischen Begriffe auf der linken Seite und die aus anderen Kontexten entnommenen auf der rechten Seite stehen in der durch die Pfeile angedeuteten Relation, die in einer unten näher erläuterten Beziehung von Anwendungssystem und Strukturen beruflichen Handelns mündet, wobei die dorthin zurückgelegten Wege durch das Diagramm in gewisser Hinsicht äquivalent sind.

Mathematik	
als soziales System	als Wissenschaftsdisziplin
	Struktur der Disziplin
Ausbildungsleistung	Fachsystematik und soziale Organisation
	Curriculum
	Habitus
Anwendungssysteme	Strukturen beruflichen Handelns

Der Weg von der Mathematik als sozialem System zur Ausbildungsleistung für Anwendungssysteme auf der linken Seite wird auf der rechten Seite über einige Zwischenschritte vollzogen. Dieser Weg von der Wissenschaftsdisziplin über ihre Struktur, ihre Fachsystematik und soziale Organisation, das durch sie geprägte Curriculum und den so entstehenden Habitus mit seinen Folgen für die Handlungsfähigkeit in den Strukturen beruflichen Handelns ist selbstverständlich nicht in der hier skizzierten und zusammengefaßten Form im universitären Alltag sichtbar oder gar bewußte Steuerung der Ausbildung; er ist eine analytische Rekonstruktion.

Der erste Schritt auf dem Wege dieser Rekonstruktion ist die Suche nach einer systeminternen Struktur, die sichert, daß Forschung und Lehre, d.h. Funktion und Ausbildungsleistung der Universität gleichzeitig erreicht werden können. Diese Struktur ist erkenntnistheoretisch und im Sinne der Systemtheorie durch Konvention, also sozial bestimmt und deshalb wenn überhaupt nur langfristig (etwa infolge einer Grundlagenkrise wie zu Beginn dieses Jahrhunderts) veränderbar.

Nicht die erkenntnistheoretisch bestimmte Struktur 'an sich', sondern ihre variablere jeweilige historische Ausprägung, die Fachsystematik, bestimmt zusammen mit der jeweiligen sozialen Organisation der an einer Hochschule Lehrenden das Curriculum (vgl. Klüver 1979). Die Fachsystematik sollte dem jeweils aktuellen Stand der Disziplin entsprechen, also der Unterteilung in Gebiete wie Algebra, Analysis, Topologie, Funktionentheorie, Numerik, Wahrscheinlichkeitstheorie, Industriemathmatik etc. Solch eine Gleichzeitigkeit ist jedoch faktisch nicht erreichbar, da es keine formale Instanz (sondern 'nur' die scientific community, die sich auf Tagungen trifft und über Themen für andere Tagungen und für Bücher und Zeitschriften, über Ausschreibungen von Stellen und Bewerbungen, über Forschungsförderung etc. entscheidet) gibt, in der entsprechende Konventionen getroffen werden können. Welche Methodologie befolgt wird, ist zwar mit dem durch die Bourbaki-Gruppe festgelegten Standard, der sogenannten "formal-axiomatischen Methode", in gewisser Weise bestimmt, aber einerseits durch einen pragmatischen Umgang mit diesem (Lorenzen 1968) und andererseits durch neuere Entwicklungen in der computernahen Mathematik in Frage gestellt (Maaß/ Schlöglmann 1989). Wesentlich offener ist die Bewertung dessen, was in der Mathematik derzeit wesentliche Forschungsgebiete und Teilgebiete sind. Hier kommen neben den internen Entscheidungsmechanismen, die ich oben angedeutet habe, noch externe Einflüsse, wie industrielle Auftraggeber oder staatlich finanzierte Forschungsprogramme zum Tragen.

Noch ein Faktor ist zu berücksichtigen. Schon die Tatsache, daß im Curriculum des traditionellen Mathematikstudiums Probleme und Themen aus Bereichen wie Grundlagen (Logik, Philosophie), Geschichte und außermathematische Anwendungen der Mathematik nicht verankert sind - wenn überhaupt gibt es Veranstaltungen zu solchen Themen zusätzlich zu den vorgeschriebenen Studieninhalten - verweist darauf, daß das Curriculum nicht direkt von der Struktur der Disziplin in ihrer erkenntnistheoretischen Fixierung bestimmt ist. Ebenso offensichtlich wie der dominierende Einfluß des vorherrschenden formal-axiomatischen Mathematikverständnisses und der von ihr determinierten Fachsystematik auf Inhalt und Form des Studiums - exemplarisch sichtbar am üblichen Definition-Satz-Beweis-Beispiel-Schema in Mathematikvorlesungen - ist jedoch, daß das Curriculum auch durch die Fachsystematik nicht vollständig geprägt ist, denn andernfalls wären die Themen der Anfängervorlesungen nicht Analysis und Lineare Algebra, sondern Bourbakis Grundstrukturen, also algebraische Strukturen, geordnete Mengen und topologische Räume. Sichtbar wird hier der Einfluß der historischen Entwicklung; traditionell übliche Themen wurden und werden entgegen der Fachsystematik beibehalten.

Für die Lehre an einem konkreten Hochschulort entscheidend ist natürlich auch, wer überhaupt dort lehren kann - und damit die jeweils vorhandene soziale Struktur. Was an Spezialvorlesungen, an Seminar- und Diplomarbeitsthemen angeboten werden kann, hängt selbstverständlich stark von den vorhandenen Lehrstühlen, den Lehrenden und ihren jeweiligen Forschungsgebieten und -interessen ab. Nehmen wir noch die bekannte und oft kritisierte (vgl. z.B. Behnke 1972) Tatsache hinzu, daß die verschiedenen Veranstaltungen im Mathematikstudium oft weitgehend beziehungslos nebeneinander stehen, so erweist sich das traditionelle Curriculum des Mathematikstudiums als eines von jenem Typ, den B. Bernstein als "Sammlungscode" oder "additiven Code" gekennzeichnet hat.

Bernstein schlägt vor, den Zusammenhang zwischen der sozialen Organisation eines Lehrkörpers und bestimmten Curriculumtypen mit dem Begriff des "pädagogischen Codes" zu umschreiben und zwischen "integriertem" und "additivem" Code zu unterscheiden (vgl. Bernstein 1977). Während ein integrierter Code übergreifenden Strukturierungsprinzipien folgt (also z.B. im Projektstudium realisiert werden kann), geht ein additiver Code in der Regel einher "mit einer Organisation des Lehrkörpers, bei der die Lehrenden einzelne Bereiche, für die sie jeweils zuständig sind, als den ihnen zugehörigen Herrschaftsbereich begreifen." (Klüver 1985, S. 88)

Weshalb sind die Überlegungen zur Entstehung und der Typisierung des Curriculums so bedeutsam? Das Curriculum bestimmt entscheidend die Bedingungen, unter denen sich ein Habitus bilden kann. Wenn ein Curriculum sich als additiv und für die Studierenden inhaltlich unverbunden darstellt, kann dies Folgen für die Betrachtungsweise von Problemen etwa im Hinblick auf die Einschätzung der Bedeutung von Fragen nach Zusammenhängen, nach Interdisziplinarität etc. haben. Vielleicht liegt, wie Klüver es vermutet, gerade hier eine Wurzel für das Fachspezifische des mathematischen Habitus, die gerade im Hinblick auf die Frage nach den Bedingungen der In-Formation bedeutsam ist: Die soziale Organisation der Wissenschaft und die der Mathematik besonders kann als ein sehr spezifisches Herrschaftsgebilde gesehen werden, "in dem horizontale Abgrenzungen die Grenzen der jeweiligen Besitztümer darstellen und vertikale Abgrenzungen, wie bekannt, eine sehr strikte Hierarchisierung im Lehrkörper selbst bedeuten. Wir haben also ein Herrschaftssystem im klassischen soziologischen Sinne des Wortes vor uns - eine hierarchisch geprägte Institution. Das ist insofern nichts Besonderes, als es für alle Wissenschaftsdisziplinen und auch für nahezu alle anderen gesellschaftlichen Bereiche gilt. Ich glaube jedoch, daß wir es im Falle der Mathematik mit einer besonders rigiden - horizontal wie vertikal abgegrenzten - Herrschaftsstruktur zu tun haben, die als solche natürlich auch sozialisatorisch prägend (1) wirkt. Denn gerade die Studenten erfahren natürlich besonders rasch, daß die einzelnen Teile des Curriculums, die in Prüfungen sehr deutlich als solche markiert sind, den einzelnen Professoren quasi gehören; weiterhin erfahren die Studenten die Existenz der Vasallen dieser Professoren, nämlich der Assistenten, oder noch weiter hinunter der Hilfsassistenten, und erleben sehr rasch, daß sie auf der untersten Stufe einer in sich sehr rigide gegliederten Hierarchie stehen. Von daher ist das Studium der Mathematik sicher ein großer Komplex verschiedener sozialer Erfahrungen; vor allem aber ist es auch eine Einsozialisierung in und damit eine Anpassung an sehr rigide vorgegebene Herrschaftsstrukturen." (Klüver 1985, S. 89)

Indem das Mathematikstudium als Habitualisierung unter den Bedingungen eines Sammlungscodes begriffen wird, kann darin auf einer abstrakten Ebene ein über das Curriculum und seine Umsetzung hergestellter Zusammenhang von Forschung und Lehre erkannt werden, der in gewisser Weise an das Konzept der Bildung durch die Beschäftigung mit Wissenschaft erinnert, das v.Humboldt zur Grundlage der preußischen Universitätsreform zu Beginn des 19. Jahrhunderts machte: die Ausbildungsleistung wird erbracht, indem das Wissenschaftssystem seine Funktion erfüllt. Dieser Zusammenhang wird im Studienalltag dort eher erlebbar und erkennbar, wo Studierende im Hauptseminar oder in der Diplomarbeit näher an Forschungsgebieten arbeiten als z.B. in den Vorlesungen des Grundstudiums. Festzuhalten ist, daß Luhmanns Forderung nach Strukturentscheidungen, die dem Aspekt der Erbringung der Leistung - hier wiederum verstanden im Sinne der Systemreferenz - auch intern Geltung verschaffen, in gewisser Weise erfüllt ist, da die universitäre mathematische Ausbildung wesentlich als Einsozialisierung in mathematikspezifische Arbeitsformen und in die soziale Arbeits- und Forschungsorganisation der Mathematik stattfindet.

Nun soll der noch offene Schritt vom Habitus zu den Strukturen beruflichen Handeln vollzogen werden. Mit der Wahl des Begriffes 'Strukturen beruflichen Handelns' sollen eher statische Begriffe wie Berufspraxis oder Berufsfeld vermieden und außerdem betont werden, worauf es eingedenk der systemtheoretischen Prämissen besonders ankommt. Da vorausgesetzt werden kann, daß in den verschiedenen Anwendungssystemen, in denen ausgebildete MathematikerInnen arbeiten, je spezifische Kommunikationsmedien und Mechanismen der Reduktion von Komplexität existieren, muß die 'eigentliche' Ausbildungsleistung in einer hinreichenden *allgemeinen* Handlungskompetenz der Ausgebildeten in den Strukturen des jeweiligen Anwendungssystems bestehen.

Wie kann der mathematische Habitus eine allgemeine berufliche Handlungsfähigkeit, d.h. die Kompetenz zu angemessenem Handeln in den jeweiligen Anwendungssystemen bewirken? Ganz offensichtlich kann es angesichts der unüberschaubaren Vielfalt möglicher Handlungssituationen in den verschiedenen Tätigkeitsbereichen von MathematikerInnen in der Ausbildung nicht um ein Training zur richtigen Bewältigung einzelner konkreter Situationen gehen - dies unterscheidet die universitäre Mathematikausbildung sowohl von handwerklicher Ausbildung als auch von anderen wissenschaftlichen Ausbildungsgängen, in denen konkrete Berufssituationen eingeübt werden, wie etwa Diagnosen bei ÄrztInnen oder Sachverhaltsfeststellungen bei JuristInnen. Stattdessen kann "die langfristige Wirkung universitärer Sozialisation nur darin bestehen, daß mit dem Erwerb eines disziplinspezifischen Habitus das individuell geleistet wird, was die Disziplinen als systemische Realisierung der gesellschaftlichen Reproduktion in der Universität erbringen müssen: Der Erwerb eines Habitus bedeutet, daß die Reproduktion einer spezifischen Funktionslogik durch eine Disziplin als schematisch geordnete Handlungskompetenz individuell angeeignet wird, und zwar so, daß in den neuartigen Handlungssituationen im Anwendungssystem die Funktionslogik des Anwendungssystems erfolgreich identifiziert werden kann. Hochschulsozialisation als disziplinäre Sozialisation ist also genau dann wirksam, wenn die erworbene Handlungsgrammatik in ihrer spezifischen Logik kategorial mit der in den Anwendungsystemen erforderlichen Handlungslogik übereinstimmt - oder zumindest zum großen Teil." (Klüver 1983, S. 142)

Das zentrale Problem der Erbringung einer Ausbildungsleistung, die von Anwendungssystemen akzeptiert wird, besteht demnach darin, im Einklang mit den Systemreferenzen Funktion, Leistung und Reflexion, der ja keinesfalls automatisch entsteht, einen angemessenen Habitus zu erzielen, d.h. die oben erwähnte kategoriale Übereinstimmung zu erreichen. Notwendige Voraussetzung dafür ist neben dem Willen die Fähigkeit, überhaupt einen stabilen Habitus erzielen zu können und diesen laufend am Stand der gesellschaftlichen Entwicklung zu überprüfen. Die Strukuren des beruflichen Handeln sind bekanntlich nicht konstant - sie ändern sich mit der gesellschaftlichen Entwicklung und gerade im Zeichen der Neuen Technologien rasant. Da sich deshalb die Ausbildungsanforderungen der Anwendungssysteme laufend ändern, müssen systemische Anpassungs- und Veränderungsmechanismen für eine Gleichzeitigkeit der Fachsystematik und damit des Curriculums und der Habitualisierung sorgen. Auch eine durch Institutionalisierung gefestigte Systemstruktur muß eine gewisse Flexibilität aufweisen, um auf Veränderungen der Umwelt, d.h. des Gesamtsystems und der anderen Teilsysteme, reagieren zu können. Einem allzu starren System droht Auflösung: Irgendwann findet es nicht mehr die Information, die es verarbeiten kann und keine Interessenten für seine Leistungen. Bis zu einem gewissen Grad kann Flexibilität durch Wachstum erreicht werden; eine andere typische Anpassungsreaktion ist Differenzierung: Ein System teilt sich in mehrere noch spezialisiertere Teilsysteme. Beide Reaktionen sind am Beispiel der Mathematik beobachtbar, wobei die Entstehung von Studiengängen zur Informatik und zur Techno- oder Industriemathematik wohl am bekanntesten ist.

Die Gleichzeitigkeit der Fachsystematik der Mathematik muß ebenso wie die Akzeptanz ihrer Ausbildungsleistung in ihrer objektiv-theoretischen und ihrer subjektiv-praktischen Dimension gesehen werden. Läßt sich aus einer systemtheoretischen Analyse auf objektive Gleichzeitigkeit schließen, ist damit noch nicht gesagt, daß die auf dieser Fachsystematik beruhende Habitualisierung tatsächlich, z.B. von Personalabteilungen in der Industrie, als Leistung des sozialen Systems Mathematik akzeptiert wird. Die Vermittlung eines entsprechenden Habitus im Mathematikstudium ist 'nur' eine notwendige Voraussetzung dafür. Hinreichende Bedingung ist die tatsächliche Akzeptanz in Anwendungssystemen, die sich jedoch nicht offensichtlich zeigt, da das hier beschriebene Habituskonzept ohne Zweifel nicht die bewußte Grundlage von Einstellungen in der Industrie ist. Da zudem Einstellungs- und Aufstiegschancen auch von vielen anderen Bedingungen abhängen, bedarf die Feststellung der tatsächlichen Akzeptanz einer eingehenden theoretischen Analyse der jeweiligen Anwendungssysteme und umfangreicher empirischer Untersuchungen - auch dies ist ein Beispiel für einen Trend zur Verwissenschaftlichung...

Für die tatsächliche Akzeptanz spielen sogenannte "Aushandlungs- oder Akzeptanzgemeinschaften" eine große Rolle, in denen die wichtigsten Vertreter der Disziplinen mit den Vertretern der entsprechenden Industriesparten ständige gemeinsame Gruppen bilden, in denen sie die Akzeptanz der Erkenntnis- und Ausbildungsprodukte sowie die ökonomische Forschungsförderung aushandeln. Ein Beispiel für solch eine Gruppe im Bereich der Chemie ist die Gesellschaft deutscher Chemiker (GdCh). Auf die angesichts der Inhomogenität der Strukturen beruflichen Handelns von MathematikerInnen und anderer spezieller Probleme der Mathematik wesentlich kompliziertere Situation in diesem Feld gehe ich an dieser Stelle nicht weiter ein (vgl. Maaß 1988 sowie Maaß/ Schlöglmann 1989).

Schlußfolgerungen:

Was kann aus der Habitualisierung im Mathematikstudium für die In-Formation in der technologischen Formation gelernt werden?

Die entscheidende These zur Habitualisierung durch das soziale System Mathematik im Hinblick auf diese Frage ist, daß der Habitus gleichsam als Nebenprodukt der Funktion, der wissenschaftlichen mathematischen Arbeit, vermittelt wird. Dementsprechend liegt die Vermutung nahe, daß auch in anderen sozialen Systemen als Nebenprodukt der jeweiligen Funktion ein spezifischer Habitus vermittelt wird. In dieser Allgemeinheit läßt sich die Vermutung jedoch nicht belegen, weil einerseits die heutige Gesellschaft noch nicht und nicht mehr vollständig funktional differenziert ist - eine zentrale Aussage der Analyse der technologischen Formation ist ja, daß vorhandene Differenzierungen technologisch transzendiert werden. Andererseits kann nicht jedem sozialen System eine habitualisierende Wirkung unterstellt werden. Ein Beispiel dafür sind so instabile oder kurzlebige Systeme, daß gar kein typischer Habitus entstehen kann. Ein anderes Beispiel sind noch nicht funktional ausdifferenzierte Systeme, deren künftige oder mögliche Funktion erst noch gefunden werden muß. Bei anderen potentiellen Systemen, wie etwa der Erwachsenenbildung, sind die Prozesse der Grenzziehung und Strukturbildung noch nicht abgeschlossen oder sogar prinzipiell nicht abschließbar. Aber auch mit diesen Einschränkungen gibt es eine Reihe von Systemen, für die die Vermutung zutrifft. So weisen Bammé u.a. darauf hin, daß verschiedene Berufe zu deutlich unterscheidbaren Habitualisierungen führen können - je nach dem individuellen Umgang mit den gegebenen Rahmenbedingungen (vgl. Bammé u.a. 1983).

Nehmen wir also, auf diese Überlegungen gestützt, einmal an, daß nicht nur das Mathematikstudium Habitualisierungen induziert, die mehr oder weniger unbewußt mit der Information durch Ausbildung einhergehen, sondern Analoges auch in verschiedenen anderen Systemen geschieht. Dann sind die Betrachtungen über das Mathematikstudium in der Tat als Modell für einen Prozeß der In-Formation zu sehen, der abläuft, ohne das bewußte Ziel einer Gruppe oder Instanz der Gesellschaft zu sein - mit anderen Worten: Wir haben dann an diesem Beispiel ein Modell für den Prozeß der technologischen Formierung (und zugleich einen Teil davon) kennengelernt, dessen Resultate jedoch allgemein in keiner Weise durch Aushandlungsgemeinschaften gesellschaftlich vermittelt werden.

Anmerkung

1. Der hier gebrauchte Begriff "prägend" für die Sozialisation scheint mir zu deterministisch. Er berücksichtigt nicht, daß Sozialisation immer auch die individuelle Auseinandersetzung der einzelnen mit den sozialisierenden Bedingungen bedeutet - frei nach dem Motto: Sie ist für das zu bewundern, was sie aus dem gemacht hat, was die Verhältnisse aus ihr gemacht haben.

Bammé, A./Holling, E./Lempert, W.: Berufliche Sozialisation, München 1983

Becker, G./Knauer, U./Maaß, J./Reiß, V.: Mathematik und Lehrberuf. Eine Einführung für den zukünftigen Mathematiklehrer, JHSG Bonn 1978

Behnke, H.: Ein Streifzug durch 150 Jahre mathematischer Vorlesungen an deutschen Universitäten, in: Zentralblatt für Didaktik der Mathematik 4/1972

Bernstein, B.: Beiträge zu einer Theorie des pädagogischen Prozesses, Frankfurt 1977

Böhme, B./Engelhardt, M.v.: Zur Kritik des Lebensweltbegriffes, in: Böhme, B./Engelhardt, M.v. (Hrsg.): Entfremdete Wissenschaft, Frankfurt 1979

Bourdieu, P.: Entwurf einer Theorie der Praxis, Frankfurt 1976

Bourdieu, P./Passeron, J.C.: Die Illusion der Chancengleicheit. Untersuchungen zur Soziologie des Bildungswesens am Beispiel Frankreichs, Stuttgart 1971

Chomsky, N.: Aspekte der Syntax-Theorie, Frankfurt 1969

Habermas, J.: Theorie der Gesellschaft oder Sozialtechnologie. Eine Auseinandersetzung mit Niklas Luhmann, in: Habermas, J., Luhmann, N.: Theorie der Gesellschaft oder Sozialtechnologie - was leistet die Systemforschung? Frankfurt 1971

Huber, L./Portele, G.: Entwicklung und Wirkung des (fach)spezifischen Habitus. Skizze einer explorativen Untersuchung. Beitrag zum 2. Rundgespräch der Forschungsgemeinschaft "Hochschule und Persönlichkeitsentwicklung", Manuskript Hamburg 1981

Humboldt, W.v.: Theorie der Bildung des Menschen (1793), in: Gesammelte Schriften (hg. v. der Preußischen Akademie der Wissenschaften), Bd. 1, Berlin 1903, S. 282-287

Jungwirth, H.: Sozialisation und Mathematik. Einführung, Inhaltsangaben und Kommentar zu einem Reader. Projektbericht "Mathematik und politische Bildung", Universität Klagenfurt 1986

Klüver, J.: Wissenschaftsdidaktik als Wissenschaftskritik am Beispiel der Naturwissenschaften, AHD Hamburg 1979

Klüver, J.: Universität und Wissenschaftssystem. Die Entstehung einer Institution durch gesellschaftliche Differenzierung, Frankfurt/New York 1983

Klüver, J.: Zur gesellschaftlichen Handlungsfähigkeit von Mathematikern, in: Schaper, R. (Hrsg.): Hochschuldidaktik der Mathematik. Praxis im Studium! Studium der Praxis?, Hochschuldidaktische Materialien M4, Darmstadt 1985

Lorenzen, P.: Methodisches Denken, Frankfurt 1968

Luhmann, N.: Selbststeuerung der Wissenschaft, in: Luhmann, N.: Soziologische Aufklärung, Köln und Opladen 1970

Luhmann, N.: Soziologie als Theorie sozialer Systeme, in: Luhmann, N.: Soziologische Aufklärung, Köln und Opladen 1970

Luhmann, N.: Theoretische und praktische Probleme der anwendungsbezogenen Sozialwissenschaften: Zur Einführung, in: Wissenschaftszentrum Berlin (Hrsg.): Interaktion von Wissenschaft und Politik, Frankfurt/New York 1977

Luhmann, N.: Soziale Systeme, Frankfurt 1984

Luhmann, N.: Ökologische Kommunikation, Opladen 1986

Maaß, J.: Mathematik als soziales System. Geschichte und Perspektiven der Mathematik aus systemtheoretischer Sicht, Weinheim 1988

Maaß, J./Schlöglmann, W.: Die mathematisierte Welt im schwarzen Kasten - die Bedeutung der black box als Transfermedium, in: Bammé, A., Baumgartner, P., Berger, W., Kotzmann, E. (Hrsg.):Technologische Zivilisation und die Transformation des Wissens, München 1988

Maaß, J./Schlöglmann, W. (Hrsg.): Mathematik als Technologie? Weinheim 1989

Maaß, J./Schlöglmann, W.: Mathematische Weiterbildung von Ingenieuren - Methodische und didaktische Probleme, in: Zentralblatt für Didaktik der Mathematik 1/1989

Markl, H.: Das akademische Ökosystem. Konstanzer Universitätsreden 159, Universitätsverlag Konstanz 1987

Russell, B.: Die Mathematik und die Metaphysiker (1901), zit. n. Kursbuch 8, Frankfurt 1967

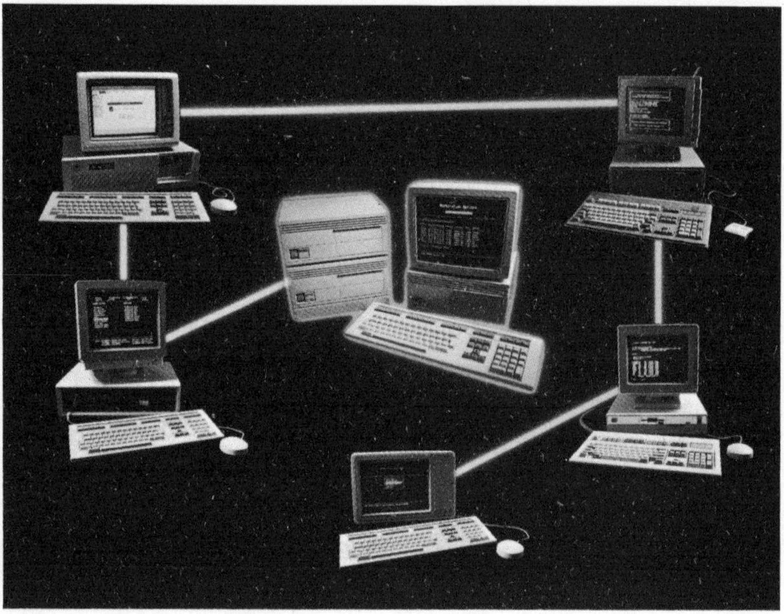

Digital Equipment Corporation - Werbeprospekt

Bernd Hartmann

PROMETHEUS SCHLÄGT WIEDER ZU! Diesmal die TELEMATIK!

(Kleiner Kurierkronenstandard v. 3.4.1998)

Wir wissen sicher eine Menge über die Veränderungen in einzelnen Arbeits- und Lebensbereichen im Zuge der Einführung neuer Technologien, die je nachdem in der Forderung nach erhöhter Akzeptanz oder nach sozialer Gestaltung der Technik münden. Mit Ausnahme der Neusprech-Begriffe der Technos spielt sich der Diskurs aber unbeschadet aller gesellschaftlicher Veränderungen vorwiegend in den herkömmlichen Begriffsbildern ab, mit welchen wir das zu fassen suchen, was in unserer Welt so läuft. Etwa so: Computer und Familie, Fernsehen und Kind, Roboter und Arbeiter, Bildschirme und Angestellte, Automatisierung und Frauen, Technik und Entfremdung, Technikeinstellung und Sozialschicht usf. Und bei jenen, die über diesen Wandel bezahlterweise nachdenken können, tun die zeitlichen und finanziellen Limits bzw.die Isoliertheit unzähliger Einzelwissenschaften ihr übriges, um unseren Horizont entsprechend eng zu halten.

Aber auch die Thematik ist verführerisch. Doch endlich mal was Hartes, zum Angreifen: Technik. Aber auch sehr sperrig und vor allem im Sperrfeuer des Blätterwaldes: innovativ, Technik, private Initiative, Spitzenbegabte, wettbewerbsfähig, internationalisieren, kooperieren, Anschluß finden, nein nicht mehr so, sondern EG...Arbeitsplätze? Nein, nein, Arbeitsplätze, das kaum noch. Eher: Arbeit schaffen durch mehr und vor allem jederzeit arbeiten. Odrr?
Aber die Themen haben auch ihre sprachlichen Eigenmächtigkeiten. Natürlich: die Technik ist in Entwicklung, Verbreitung, Anwendung inklusive der Veränderungen gesellschaftlich bedingt, durch Strukturen, Institutionen, Interessen, kulturelle Interpretation, durch das soziale Handeln. Doch immer die Verführung: Telematik und soziale Veränderungen, die sozialen Auswirkungen von flexiblen Fertigungssystemen,.... Hier Technik - dort Folgen. Also doch der Prometheus, also niemand Lebender "schuld", daß es dieses Zeugs gibt. Und dann gibt's ja noch den Zauberlehrling unseres großen Dichters, der die Ratlosigkeit zumindest als weises Schicksal erträglich zu machen weiß.

Also warne ich Sie, werter Leser, gleich. Auch dieser Artikel ist nicht frei davon und ebenfalls teils unleserlich.
Aber er hat zumindest die Absicht, einige Andeutungen zu geben, wie sich das Thema erörtern ließe.
Schwierig genug. Die zu behandelnde Technologie erfaßt tendenziell alle Lebensbereiche. Sie ist kein Einzelding, sondern eine "systemische" Technik, d.h. ein vielschichtiger Komplex von einzelnen Elementen, der sich jeweils in verschiedenen sozialen Milieus verwebt. Sie liegt auch nicht fertig vor, sondern entwickelt und verändert sich rasch. Und dann wäre zu zeigen, wie Soziales in ihre Entwicklung, Anwendung und Verbreitung eingeht, und wie das in den gesamten gesellschaftlichen Wandel einzubetten ist. Und dann gar: Was tun?

Mit anderen Worten, ich bin der Ansicht, daß diese "systemische" Technisierung in Form der Telematik eine Fortsetzung formaler Organisierung sozialen Handelns mit anderen Mitteln ist. Also scheint es mir primär notwendig, die Veränderungen dieses sozialen Handelns und seiner strukturellen Beziehungen zum Ausgangspunkt der "Einschätzung" der Telematik zu machen. Und ob man dies nun will oder nicht - diverse geschichtsträchtige Verdächtigungen sind möglich -, ist dazu ein gewisses Bild des gesellschaftlichen Wandels als ganzer erforderlich und sei es nur aufgrund der gesellschaftsübergreifenden Verbreitung dieser Technologie. Aber verändert sich in diesem Wandel nicht das "Soziale" selbst bzw. unsere Begriffe, es zu beschreiben, zu verstehen und zu verändern? Oder verschwindet gar das Soziale, wie es in bestimmtem Sinne von Jean Baudrillard ins Spiel gebracht wurde?

1. Was ist unter Telematik zu verstehen?

Mit dem Zusammenwachsen der TELEkommunikation und der InforMATIK entsteht ein globales technisches System, welches sich durch folgende Merkmale charakterisieren läßt:

* Die Koppelung und Verschmelzung der Computer- mit der Nachrichtentechnik; es wird damit die Verarbeitung/ Speicherung in die Übertragung von Daten/Informationen integriert und ein einheitlicher Code durch die digitale Logik geschaffen.

* Die Globalisierung und kleinräumige Ausdehnung des telematischen Netzes beziehungsweise die Beschleunigung und die Ausweitung des Umfangs der übertragbaren Datenmassen durch Verwendung von Glasfaser-, Satelliten- und Funktechnik.
* Die Integration der verschiedenen Nachrichtenformen (Sprache, Text, Grafik, Bewegtbild) in ein einheitliches Übertragungsnetz (ISDN), sodaß die bisher teils getrennt übertragenen Teledienste - wie Telefon, Telex, Telefax, Teletex, Btx, Datendienste etc. - in einem Leitungsnetz vereinigt werden können und dem Nutzer vermittels einer normierten Steckdose in einem multifunktionalen Endgerät zur Verfügung stehen.
* Die fortschreitende Vernetzung verschiedenster gesellschaftlicher Bereiche und Akteure, die Verknüpfung unterschiedlichster Tätigkeiten, automatisierter Abläufe und flexibler Robotersysteme. Unter dem Begriff Telematik ist also nicht nur die simple Einbindung der Computer- in die Nachrichtentechnik zu verstehen, sondern eine weit umfassendere technologische Vernetzungsstruktur.

In der Tendenz weist die so verstandene Telematik eine Reihe von gravierenden Entwicklungspotentialen auf:
- die sukzessive Vernetzung innerhalb von Betrieben, zwischen Unternehmungen und zwischen betrieblichen Bereichen und jenen der privaten Haushalte und der Freizeit;
- die Integration regionaler und nationaler Kommunikationsaktivitäten in ein globales System;
- die Aufhebung der Unterschiede zwischen Individual- und Massenkommunikation oder interaktiven und Verteil-Netzen zwischen privater und geschäftlicher Kommunikation, zwischen Produktion und Markt, zwischen Arbeit und Freizeit;
- die weitgehende Aufhebung von zeitlichen und räumlichen Beschränkungen verschiedenster Aktivitäten und eine damit verbundene Neufassung des Verhältnisses von Zentralisierung und Dezentralisierung;
- die Flexibilität und multifunktionale Verwendbarkeit dieser systemischen Technik, die aufgrund der technischen Umwandlung von Kommunikation in direkter Weise in die sozialen Beziehungen eingreift und infolge ihrer Systemlogik die Dominanz der "instrumentellen Vernunft" fördert.

Es handelt sich um eine sogenannte Konvergenztechnologie, die "annäherungsweise auf alle Produktivkräfte, Produktionsverhältnisse und auf alle zwischenmenschlichen Lebensformen" (Becker 1986: 37) Einfluß nimmt. Was eine Abschätzung ihrer Rolle für den gesellschaftlichen Wandel sehr schwierig macht, und zudem die damit entstehenden vielfältigen Wechselwirkungen, der Einfluß anderer Technologien (Bio-Gentechnik, Materialtechnik) etc. zu berücksichtigen wären. Was hier nicht geschieht.

2. Die gesellschaftliche Konstruktion der Telematik

Es sind gesellschaftliche Bedingungen, Prozesse und Interessen, welche die Entwicklung bestimmter Technologien fördern bzw. anderer behindern. D.h., es findet eine soziale und keine "naturwüchsige" Selektion von Techniken statt. Diese Techniken sind zwar "Naturartefakte" aber zugleich gehen in sie unterschiedlichste gesellschaftliche Bedingungen und Interessen ein, die im weiteren auch ihre Anwendung und Verbreitung bestimmen. In welchem Sinne man die Telematik als ein solches gesellschaftliches Projekt der hochindustrialisierten Kulturen verstehen könnte, möchte ich im folgenden kurz und sicherlich unvollständig verdeutlichen.

Catherine Bertho kommt in ihren historischen Analysen der Telekommunikationstechnik zu dem Eindruck, daß "jede Generation von Telekommunikationsmitteln derjenigen Gesellschaft gleicht, in der sie entwickelt wurde."(1981:7) Ohne hier eine integrierte Darstellung geben zu können, stellt sich die Frage, wie sich unser Gesellschaftstyp in diesem Zusammenhang beschreiben ließe.

Die Entwicklung nach 1945 ließe sich als die *Herausbildung eines weltweiten internationalen Systems* mit wechselseitigen Abhängigkeiten kennzeichnen, das es tendenziell keinem Land oder wirtschaftlichem Akteur mehr erlaubt, seine verschiedenen Politikbereiche tatsächlich souverän zu bestimmen. Allerdings entwickelte sich der Grad dieser Selbstbestimmung sehr ungleich: wenige Zentren ökonomischer und politischer Macht ("Weltmächte", "Transnationale Konzerne") konzentrieren ungleich größere Handlungsspielräume und Macht in ihren "Händen". Mit diesem Globalisierungsprozeß stieg aber auch die Nachfrage nach entsprechenden Kommunikationsmitteln, welche unter Berücksichtigung der örtlichen Gebundenheit der handelnden Personen dennoch eine internationale Kommunikation und Präsenz gewährleisten.(Zeit wie Geld: nicht überall kann man mit Auto/Bahn/Flugzeug hinfahren, und so telefoniert, faxt, teletext, videofoniert man, übermittelt und ruft Daten/Informationen ab.) So nimmt es nicht wunder, daß die Entwicklung der Telematik im Bereich der militärischen Sicherung(1) internationaler Einflußsphären und Märkte einen entscheidenden Anstoß erfuhr (Computer, Satellitenverbindungen, Satellitenüberwachung etc.) und in der Folge von den verschiedenen internationalen Unternehmungen aufgegriffen und gefördert bzw. durch die Anwendung dieser Technologie ihre Internationalisierung weitergetrieben werden konnte. Mit zunehmender Internationalisierung der Märkte und der gegenseitigen Abhängigkeiten verbreitet sich ein entsprechender Kommunikationsbedarf auch bei anderen politischen und wirtschaftlichen Akteuren.

Die Ausdehnung des Marktprinzips dürfte allerdings noch eine viel weitreichendere Rolle für den sozialen Wandel und damit auch für Entstehung und Verbreitung, für die Anwendungsformen und "Wirkungen" der Telematik spielen.
Mag man Beck (1986) auch nicht in seiner Verwendung des Risiko-Begriffs folgen, so haben seine Grundüberlegungen mit verschiedenen französischen Beiträgen zur Gesellschaftsanalyse (u.a. von Bourdieu, Virilio, Baudrillard, Touraine, Deleuze, Guattari usf.) ein gewisses gemeinsames Bezugszentrum: *die Generalisierung des Marktprinzips*, dessen Konsequenzen oder gar seine Überschreitung.

Nach Beck zeichnet sich die traditionelle Industriegesellschaft (ca. bis 1945) dadurch aus, daß sich Markt und Kapital im Bereich der Produktion entwickelten und in dieser Phase sich notwendigerweise mit neuartigen ständischen Sozialformen ergänzten oder überlagerten: durch die Form der Kleinfamilie mit biologisch und traditionell begründeter Arbeitsteilung zwischen Mann (Erwerbsarbeit), Frau (Hausarbeit und Kinder) und Kindern (die bei ihm keine Stimme finden); durch die sozialen Klassen, die sich zwar über den Arbeits- oder Kapitalmarkt vermitteln, aber zugleich durch eine Reihe von ständischtraditionellen Kriterien mitgebildet sind (Geburt, Milieus, ständische Organisierungsweisen usw.). Mit den Entwicklungen seit 45 sieht Beck dagegen eine Durchsetzung des Marktprinzips auch auf bisher nicht erfaßten Bereichen mit der Konsequenz einer Auflösung der traditionellen Sozialformen (Klassen, Familie, Ehe etc.). Die Erfolge der Arbeiterbewegung, die verbesserte soziale Lage und Bildungschancen, der Einbezug der Frauen in den Arbeits- und Arbeitslosenmarkt, wachsende Mobilität und Scheidungsziffern, verschiedene Formen des Zusammenlebens, Änderungen des typischen Lebensphasenverlaufes, Erosion von Nachbarschaften und traditionellen Milieus etc. sind sowohl Bedingungen wie Auswirkungen einer allgemeinen Tendenz zur Individualisierung, die als Resultat des verallgemeinerten Marktmechanismus zu sehen ist. In der Konsequenz verschwindet für Beck nicht die soziale Ungleichheit, ganz im Gegenteil, aber es lösen sich die traditionellen Sozialformen der Industriegesellschaft, Klasse und Familie, auf - und wo sie noch Geltung beanspruchen, werden sie zur verbergenden Hülle oder zum romantischen Ideal: den Arbeitermuseen werden so bald die Familienmuseen folgen.

Für die derzeitige Entwicklung sieht Beck für die Bildung von sozialen Beziehungsformen eine doppelte Tendenz: Zum einen wird durch die Marktindividualisierung der Vereinzelte zu einer individuellen Konstruktion von Sozialbeziehungen gedrängt bzw. eröffnet sich ihm ein vielschichtiges Möglichkeitsfeld dazu, und damit auch ein Zwang zu wählen (etwa sich zu isolieren oder an dieser oder jener Bewegung teilzunehmen, alleine oder mit anderen, mit oder ohne Kinder zu leben usw.). Zum anderen bringen die Veränderungen der 80er Jahre - Umstrukturierung, Automatisierung, Technisierung, Taylorismus der Arbeitsverhältnisse, Massenarbeitslosigkeit, Armut, Mangel an sozialer Sicherung - eine Verschärfung sozialer Ungleichheiten, durch welche zwar alte ständische Auswahlkriterien (Du Frau, Du Haus und Kinder) mit neuer Bedeutung zum Zuge kommen, aber die traditionellen Klassen- und Familienwelten nicht mehr restaurierbar zu sein scheinen. Im Gegenteil: die Konflikte zwischen Mann und Frau, den Eltern und Kindern werden angesichts der Schere von Erwartung und Realität explosiver, neue soziale Konfliktlinien tun sich auf und überschneiden sich in unterschiedlichster Weise: zwischen Arbeitslosen und Arbeitsbesitzern, zwischen einzelnen Berufsgruppen, Abteilungen, zwischen Technikern und Sozialberufen usw...

Dieses natürlich stark verkürzte Bild der Gedanken von Beck besteht im Kern darin, daß zunehmend die gesamte Existenz des Individuums über den Markt vermittelt wird. Und spricht man nicht vom "Beziehungsmarkt", von einem Markt der Lebensstile (mit allen seinen Beisln,

Bekleidungsmarken, Düften, Verhaltensweisen und Zeitschriften), einem Markt des Körpers (diverse Fitneß-Centers, Tanz- und Solarstudios) oder jenem der Psycho-Szene (diverse therapeutische und auch esoterische Angebote)? Und sprechen wir hier auch von den Kindern: es sind nicht nur Defizite, die mit den diversen Schulversuchen, der Gründung von Eliteanstalten und, mit anderer Absicht, auch von Alternativschulen angesprochen werden, sondern auch ein individualisierter Markt für die Bildung der Kinder, ein Markt, welcher in der nicht mehr existierenden Wiege beginnt und sich über das sogenannte Kindergarten/ gruppen-Alter hinaus zunehmend über den gesamten Bildungsweg erstreckt - und dieser soll ja künftig lebenslänglich werden, was die Anbieter an diesem Markt schon heute in hektische Betriebsamkeit versetzt. Und gibt es nicht auch jene Märkte für das Spielen aller Alterstufen, für die jahrgangszugeschnittenen Orte vom MacDonald bis zum "Chelsea"?

Während Beck die Generalisierung des Marktprinzips nur als Auflösung dessen, was man unter Arbeiterklasse oder -bewegung und unter Familie versteht, diskutiert und im wesentlichen die Macht oder das Kapitalverhältnis unter den Tisch fallen läßt, so geht Bourdieu schon seit Jahren einen dies berücksichtigenden aber doch sehr ähnlichen Weg. Bei ihm geht es um *die Verallgemeinerung des Kapitalprinzips*, das nunmehr auch als Bildungskapital, als kulturelles Kapital, als Kapital der sozialen Beziehungen oder als politisches Kapital aufscheint, wobei die individuellen Akteure eine Maximierung der verschiedenen Kapitalien zu erreichen bestrebt sind und dabei typische soziale Räume oder "Klassen" bilden, die zwar untereinander hierarchisch in Beziehung stehen, aber infolge der individuellen Akkumulationsmöglichkeiten keine fixen Grenzen mehr besitzen. Auch hier dehnt sich die Logik der industriellen Produktion auf alle Lebensbereiche aus, und die eigentlichen Akteure sind nicht mehr traditionelle Klassen sondern Individuen, die durch ihre Akkumulationsaktivität abgrenzbare sozialkulturelle Räume schaffen und von diesen geprägt werden.

Baudrillard (1972 u.a.) und auch Guattari(1987) haben diese Tendenz in eine andere Richtung weitergetrieben. Sozusagen weder als räumliche Ausdehnung noch als Ausdehnung auf traditionelle Sozialformen und Herrschaftsbildung, sondern in Richtung einer "intensiven" Ausweitung der Produktions- und Marktlogik: in den *Bereich der Zeichen und der Subjektivität*. Vereinfacht soll das heißen, daß die gedankliche Tätigkeit

des Menschen bzw. die Entwicklung seiner persönlichen Identität "industrialisiert" werden. Dazu muß man beides in eine Form zerlegen, die sie einem marktvermittelten Austausch zugänglich macht. Für eine solche "Instrumentalisierung" von Vernunft und Persönlichkeit haben die Wissenschaftler die entsprechenden Mittel und Anschauungen geliefert, indem sie die Wirklichkeit mittels Zerlegung in einzelne Faktoren und mittels formaler Modelle verstehen wollten, und man diese dann auch dementsprechend zu organisieren versuchte. Und zweifellos mit einigem Erfolg. Die Zahl der Angebote öffentlicher und privater Anbieter spricht eine Vielzahl von wissenschaftlich und marktforschungsmäßig herauspräparierten und isolierten Dimensionen und Elementen unseres Lebens an, und wir sind angestrengt bemüht, uns das erforderliche Management und Rollen-Set anzueignen: vielleicht auch nicht um unsere Kapitalien am Lebensmarkt zu häufen, aber sicherlich um zumindest Bezieher eines Einkommens zu werden oder zu bleiben. Ob es sich nun um Äpfel oder Motoren, Scheidungen oder Arbeitslosigkeit, Wissen oder kulturelle Phänomene handelt, alles findet seine vergleichbaren Maßzahlen, seine gedankliche Formalisierung und dementsprechende Umsetzung in Marktangebote durch öffentliche oder private Produzenten - und dies nicht nur im ökononomischen Bereich, sondern auch in der Politik, in der Bildung und Forschung, in der Kultur.
Subjektivität wird so nicht nur durch die massenmediale Verköstigung sondern durch den gesamten Markt an Gütern, Informationen und Dienstleistungen vermittelt - und letztlich in Gestalt von Identifikationen, "Lebensstilen" und Rollen produziert.

In den Unternehmen wird die Arbeit zunehmend nicht nur rationalisiert, automatisiert, sondern werden die Arbeitsbeziehungen in Form von Vernetzungen, Programmen und Datenbanken in eine telematische Struktur transformiert, sodaß der/ die einzelne oder das "Team" davon abhängig, kontrollier- und steuerbar wird. Es wird zugleich auch versucht, die Subjektivität der Arbeitenden auf die betrieblichen Erfordernisse zuzuschneiden: durch das Angebot der diversen Seminare zur Selbstdarstellung oder zur Förderung des Verkaufsgeschicks, durch die Maßnahmen zur Motivation, Belohnung und Bestrafung. Die "Corporate Identity" nach innen und außen. Die produzierten symbolischen Güter werden bzw. müssen nicht nur von den Arbeitenden konsumiert werden, sie erzeugen und fertigen gleichzeitig damit ihre Subjektivität.

So erfaßt die universalistische Tendenz des Markt- und Kapitalverhältnisses sukzessive die Gesamtheit des ökonomischen, sozialen und kulturellen Lebens dieses Planeten und dringt "ins Innerste der grundlegendsten und für das menschliche Individuum existentiellsten subjektiven Schichten" (Guattari 1987:5) ein. Und läßt sich diese extensive wie intensive Tendenz nicht auch in der Beziehung zur Natur behaupten, sichtbar in der Vermarktung des "Trio infernale: Atom, Gen und Bit" (Nemeth 1988), dem Erfassen aller Naturbereiche und des "Naturinnersten" ? Mit dem Ergebnis, zumindest ein biologisch definiertes Leben in die industrielle Fertigung und den Markt einzubeziehen. Und denken wir an das Datum 1945, ab dem dieser Wandel realisiert wurde und wird. Als ob die Fesselung der Weltkrieger durch die drohende atomare Ganzvernichtung alle produktiven und destruktiven Kräfte in die Aufgabe gelenkt hätte, alle brachliegenden Bereiche für Produktion und Markt zu erschließen? Und liegt nicht in dieser "Vermehrungswut" an fertigbaren Gütern von allem und für alles die Basis für die Vorstellung, alles und jedes sei nach den ökonomischen Interessen "gestaltbar", die Arbeitszeiten, die Arbeitsmobilität, die Qualifikationen usw.?

Es scheint klar: wenn die unterschiedlichsten Denk- und Handlungsbereiche von dieser Universalisierung des Markt/ Kapitalprinzips erfaßt werden, dann werden auch die traditionellen Dichotomien der Gesellschaft (wie z.B. Basis und Überbau, Produktion und Reproduktion, Produzent und Konsument, Kultur und Kommerz, Geist und Macht) immer weniger zulässig (Becker 1986:38). Denn so werden nicht nur Güter und Dienste produziert und vermarktet, auch ein auf "Information" gestutztes Wissen, auch soziale Beziehungen und persönliche Identifikationen (2).

Und fällt damit der Zusammenhang mit der Telematik nicht schon sehr deutlich ins Auge ?
Das notwendige Präparieren in den diversen gesellschaftlichen und persönlichen Bereichen auf dieser Erde für die Erfordernisse der Produktion und des Austauschbarmachens besteht auch in entsprechenden Standardisierungen, Normierungen und Formalisierungen unterschiedlichster Denk- und Handlungsbeziehungen. Es entsteht gleichzeitig ein wachsender Bedarf an dementsprechenden Kommunikations- und Informationsmitteln, welche einer Vervielfachung der internationalen und innergesellschaftlichen Beziehungen der verschiedenen sozialen Akteure Rechnung tragen und sie umgekehrt weitertreiben. Und sollten solche Mittel nicht

auch der Gleichzeitigkeit und wechselnden Bedeutung dieser Sozialbeziehungen entgegenkommen und sie zugleich fördern? Und besteht damit nicht auch ein gewisser Zwang zu einer einheitlichen Kommunikationslogik, wie sie die telematischen Technologien besitzen? Es drängt auch die neue Beziehung von Mensch und Automaten dazu, einen Code zu entwickeln, den beide Seiten "verstehen und verarbeiten" können. Der zunehmende Umfang und die Vielschichtigkeit der erforderlichen Kommunikationsbezüge in den sich ausdifferenzierenden Märkten und Akkumulationsfeldern stoßen schließlich auch an die Begrenzungen der traditionellen Medien des Transports (Fuß, Auto, Bahn, Flugzeug) und der Kommunikation (Telefon, Telex, TV, Presse, Gespräche), die es zu überwinden gilt.

Die Entwicklung und Verbreitung der Computer- und Nachrichtentechnik und die sukzessive Verknüpfung ihrer Anwendungsinseln (Roboterfertigung, CAD/CAM, Büroautomatisierung und -vernetzungen, Technisierungen und Medien in Haushalt und Freizeit, Telekommunikationsnetze und -dienste) zu telematischen Systemen erfordert von ihrer Logik her nicht nur vorlaufende Standardisierung/Formalisierung von menschlichen Handlungen und Organisationsbezügen, sie ist gleichzeitig auch deren konsequente technologische Fortsetzung. Und wir kennen davon schon genügend Beispiele in Fertigung und Büro, in Freizeit und Haushalt, in Verwaltungen und Regionen dieser Erde. Und wir kennen auch die in unserer Kultur gut verankerte Begleitmusik: die Ekstase des Technischen als Retter des Wettbewerbs, des Wohlstands und der Menschheit.
Die weltweiten telematischen Vernetzungsmöglichkeiten bringen nicht nur nur einfach verbesserte Kommunikationskanäle oder Informationsübermittlungen (mehr, rascher, integriert, global) insbesondere für die transnationalen Akteure.
Sie schaffen zugleich einen neuen Markt, wie ebenso eine neue "Fertigungsstraße" für die "informatisierte" Produktion und zunehmend eine integrierende technologische Struktur oder Formation aller gesellschaftlichen Bereiche.

3. Die telematische Konstruktion der Gesellschaft

Telematik als Markt

Daß die Telematik selbst einen gesonderten Markt schafft, ist wohl das Einsichtigste. Dieser Markt ist nicht alleine auf den engeren Bereich der Telekommunikationsmittel zu begrenzen. Infolge der verstärkten technischen Vernetzung von Automaten, Robotern und Computern in verschiendensten Lebensbereichen umfaßt er vielmehr alle Ebenen: von der Herstellung der Einzelkomponenten, dem Netzbetrieb, dem Dienstangebot bis hin zum vielfältigen Bereich der Forschung, Beratung, Schulung, Fachpresse etc. Die mächtigsten Akteure der Szene kann man daher so gruppieren: die Computer- und Telekommunikationsindustrie, die elektronische Industrie, die Unterhaltungs- und Medienindustrie, die bedeutenden Fernmeldeunternehmen und Regierungen, die Informationsdienstleister und schließlich aber nicht endlich die großen und transnationalen Konzerne, Banken und Versicherungen als die entscheidenden Nachfrager.

Für 1987 wird der Weltmarkt der Computerindustrie (Geräte, Software, Systeme) auf über 200 Milliarden $, jener für die Telekommunikation auf auf über 300 Milliarden $ geschätzt(3). Hinzu kommen die Märkte für die erforderlichen Chips, Prozessoren, Kabel, Bauelementmaterialien usw. und nicht zuletzt auch der Gerätemarkt für den Freizeit/Haushaltsbereich (TV, Video...). Mit der weiteren Vernetzung und der geplanten Einführung von ISDN wird vor allem der Telekommunikationsmarkt weiter wachsen, da dieses Vorhaben ein immens hohes Investitionsvolumen alleine für das weltumspannende Übertragungsnetz erfordern wird. So scheint zum ersten Male der US-amerikanische Markt nicht mehr auszureichen, derart hohe Investitionskosten intern amortisieren zu können.
Die Zerschlagung des faktischen Monopols von AT&T (zuletzt 1982) schuf diesem Konzern nicht nur eine gewisse Marktkonkurrenz oder eine Beschränkung auf den Fernverkehr, sondern erlaubte ihm einerseits eine Betätigung am Computermarkt und ein unbegrenztes Tätigwerden am internationalen Markt (Becker 1986:46); die "Deregulierung" schuf also auch die erforderlichen Bedingungen gewinnbringender Amortisierung der hohen Investitionen.

Der Chef des holländischen Philips-Konzerns ist der Ansicht, daß zur "Einbringung" der ISDN-Entwicklungskosten für ein Unternehmen ein Weltmarktanteil von ca.16% nötig sein wird, sodaß im Jahre 2000 nur noch 6-7 Großanbieter von Telekommunikationsausstattungen übrig bleiben dürften. Die diversen Fusionen, Firmenkäufe und Kooperationsabkommen zwischen den transnationalen Konzernen (Computer/Elektronik/Telekomindustrie) - deren Zahl schon heute im umgekehrten Verhältnis zur Anzahl der Proponenten eines freien Wettbewerbes steht - zeigen, daß die "Message" gehört und verstanden wurde. Und zwar in einem solchen Maße, daß die Konzernzentralen dann auch schon die "Schwächen des Marktmechanismus" betonen, da dieser "langfristiges Denken und Planen" kaum zulasse. Daher ist man gerne bereit, ganze nationale Märkte für sich oder - wenns schon nicht anders geht - auch für ein paar andere Mitbewerber zu reklamieren.
Teils mit Erfolg, da dies volkswirtschaftlichen Überlegungen (inländische Wertschöpfung z.B.) entgegenkommt. Die Postverwaltungen - die österreichische beschränkt sich auf vier Anbieter - profitieren zwar durch einen stabilen Kreis "erfahrener" Anbieter, müssen aber auch einige Nachteile in Kauf nehmen: mangelnder Preiswettbewerb; geringe Möglichkeit einer Beeinflussung der Technologiewahl; vorwiegend Anpassungsentwicklungen statt Eigenentwicklungen der technischen Systeme (in Ö und in anderen kleineren Ländern).
Mit den Amortisierungszwängen der ISDN-Entwicklungskosten seitens der transnationalen Telekom-Konzerne wird der Druck zu größeren Investitionsaufwendungen auf die Postverwaltungen sicher noch weit stärker werden, als er in der bisherigen (Vor-)Phase der Netzdigitalisierung schon ist.

In einem derart aussichtsreichen und dynamischen Markt herrscht notwendigerweise reges Treiben zur Interessensdurchsetzung der beteiligten Akteure, welche bislang vorwiegend die marktführenden Konzerne und größeren Fernmeldeunternehmen bzw. Postverwaltungen sind. Zusätzlich ist zu berücksichtigen, daß der weltweite Informations- und Kommunikationssektor von wenigen (ca.10-15) internationalen Großbanken mitkontrolliert wird.
Ein bekannter "Kampfplatz" ist die Privatisierung oder Deregulierung der öffentlichen Fernmelde-Monopole zugunsten privater Mitbewerber im Bereich der Übertragungsdienste oder auch der Netze. In der Tendenz geht es darum, die lukrativen Bereiche der Telekommunikation dem pri-

vaten Kapitalmarkt zu öffnen und die unprofitablen Bereiche (z.B.Versorgung peripherer Regionen)der öffentlichen Hand zu überlassen oder auszutrocknen.
Zumeist steht allerdings nicht die Öffnung des Marktes für mehr Wettbewerber im Vordergrund, sondern das Ringen um marktbeherrschende Vorteile: so etwa bei der Normung des ISDN-Netzes, in der Entwicklung höchstintegrierter Schaltkreise, in der Standardisierung einer höherauflösenden TV-Norm, in der Entwicklung eines paneuropäischen Mobilfunknetzes, im Bereich der Betriebssysteme für Personalcomputer etc.
Diese Auseinandersetzungen sind vor einer zweifachen Folie zu sehen: zum einen die bekannte Dominanz von IBM und AT&T, wobei vor allem IBM versucht, die eigenen Standards für alle Mitbewerber verbindlich zu machen (z.B. SNA-Netzstandards, PS/2-Mikrochanal bei PC's). Zum anderen wird der Konflikt auf staatlicher Ebene im Dreieck USA-Europa-Japan ausgetragen, wobei es um die jeweilige marktprotektionistische Politik im Zusammenhang mit Interessen der jeweils eigenen Volkswirtschaft und nationalen Sicherheit geht. Während im Teilmarkt für Telekommunikationsausstattungen noch ein relativ ausgeglichenes Verhältnis besteht (USA: 39%/ Westeuropa: 24%/ Asien: 32%), hält die USA am gesamten TelekomWeltmarkt einen übergewichtigen Anteil von 58% (4).

Durch die Internationalisierung des Telematikmarktes wächst also der Druck zur Öffnung der nationalen Märkte, und es verstärken sich die Konzentrationsprozesse im Bereich der transnationalen Unternehmen, die alleine eine ausreichende internationale Aktionsfähigkeit aufbauen können(5). In dieser Perspektive ergeben sich für kleinere Länder eine Reihe von Problemen. So reduziert ihre verstärkte Einbindung in diese Entwicklungen ihren Handlungsspielraum hinsichtlich der technologischen Wahl, der Ausbaugeschwindigkeit und einer sozialer Gestaltung. Die nationalen Postverwaltungen oder Fernmeldeunternehmen geraten mehrfach unter Druck: sei es durch die Kosten zur Deckung einer gesetzlich geforderten Allgemeinversorgung, sei durch die enormen Investitionskosten für die neue Infrastruktur der Telekommunikation (Digitalisierung, ISDN, Breitbandverkabelung etc.) oder durch die Konkurrenz privater Anbieter, wie z.B. in Österreich im transnationalen Kommunikationsverkehr und bei den Paketdiensten.

Durch die erforderliche Amortisierung der Investitionen für bestimmte Produktsysteme können weiters die transnationalen Konzerne immer weniger die spezifischen Anforderungen von "Sondermärkten" erfüllen: so konnte z.B. Siemens den Anforderungen des Sudans, ein komplettes System von Signal-, Steuerungs- und Schrankenanlagen für das Eisenbahnnetz zu liefern, kein Interesse entgegenbringen, da dieses nicht elektronisch sondern im wesentlichen mechanisch-manuell betreibbar sein sollte (Becker 1986:24). Derselbe Konzern steht allerdings dann zur Verfügung, wenn es um den Aufbau digitaler Vermittlungstechnik in Bangladesh, Ägypten oder Indonesien geht.

Telematik als "Fertigungsstraße"

Das telematische System ist in seiner Perspektive "nicht nur einer Autobahn vergleichbar, sondern gleichzeitig auch der Produktion der Autos selbst."(Becker 1986:49) Sei es als direkte Fertigungsstraße für immaterielle Güter und Dienstleistungen oder als eine Teilstrecke der Fertigungsstraße für diverse Produkte und Produktteile.
Beispiele für Letzteres sind allgemein bekannt. So sind z.B. die Konstruktionsingenieure von Boeing mittels grenzüberschreitender CAD/CAM-Systeme mit ausländischen Zulieferern vernetzt; das AT&T-Designcenter in München entwirft kundenspezifische integrierte Schaltungen, die direkt in die Produktionsplanungssysteme der amerikanischen Fertigungsbetriebe übermittelt werden; die diversen europäischen Fertigungsstätten für das "Europa-Auto" von Toyota sind ebenfalls unmittelbar in ein telematisches System eingebunden; US-amerikanische Dienstleistungsunternehmen lassen auf Barbados Daten- und Textarbeiten in Teleheimarbeit erledigen; IKEA plant den Aufbau eines integrierten Warenwirtschaftssystems für alle seine Filialen in Europa, Nordamerika und Asien; transnationale Verlagskonzerne sind mit Unternehmen, z.B.in Singapur und Hongkong, verbunden, welche die Druckaufträge erledigen etc.(6)

Diese überbetriebliche oder transnationale Telematisierung von Produktionsabläufen fördert dezentrale Betriebsstrukturen bzw. deren Flexibilität für die jeweiligen Markterfordernisse, erhöht aber gleichzeitig auch die zentralen Möglichkeiten zur Steuerung und Kontrolle des Gesamtablaufes. Mit Fortschreiten der technisch-organisatorischen Entwicklungen bzw. der Anpassung entsprechender politischer Rahmenregelungen (z.B.Arbeitszeiten u.a.) wird eine zunehmende Integration von geographisch gestreuten Konzernteilen möglich, bis hin zur Vision ferngesteu-

erter automatisierter (CIM) Fabrikationsstätten. Daß hier gleichzeitig auch eine zumindest relative Ersparnis von Transportkosten erreicht werden kann, liegt auf der Hand (7).
Der Ausbau weltumspannender öffentlicher und privater Vernetzungen ermöglicht insbesondere den transnationalen Unternehmen auch "ein flexibles Hin-und-Her-Springen von einer zur anderen off-shore-Industrie, von einem zum anderen 'data-haven'."(Becker 1986:46) Da droht nicht nur den nationalen Gewerkschaftsbewegungen der Atem auszubleiben, es wird auch der eigenständige Handlungspielraum ganzer Länder weiter eingeschränkt - und nicht nur jener der "3.Welt".

Aber die telematische "Fertigungsstraße" ist nicht nur ein Teilabschnitt innerhalb verschiedenster wirtschaftlicher Aktivitäten, sie bildet auch den eigentlichen Produktions und Verteilungsapparat für einen rasch wachsenden Sektor immaterieller Güter und Dienstleistungen: von Unterhaltungsangeboten über spezifische Informationsdienste und Marketing bis hin zu informationsverarbeitenden Leistungen für die unterschiedlichsten gesellschaftlichen Akteure.
Dabei werden solche Dienstleistungen auch durch oder über eigene private Netze erstellt. So z.B. SWIFT für internationale Transaktionen der Banken und in deren Eigentum; Mark III der Fa.Geisco (General Electric) für diverse Wirtschaftsbereiche, insbesondere die Automobilindustrie, unter Einschluß von 750 Städten in 39 Ländern der Welt; IPSANET der kanadischen Firma I.P.Sharp usw. Es wird nicht nur die Übertragung von Daten angeboten, sondern auch die gewünschte Verarbeitung von Daten, Programmen, Datenbanken und anderes mehr.
So liefert z.B. ein Unternehmen in Cleveland (USA) der Feuerwehr von Malmö die entsprechenden Daten zum jeweiligen Brandfall via Satellit ins Fahrzeugterminal. Ein staatliches Außenhandelsunternehmen der UdSSR läßt sich die Importziffern der osteuropäischen Länder durch ein kanadisches Datenbankunternehmen fertigen und ruft sie dort ab. Banken machen Sondergewinne, indem sie steuermindernd Beträge auf zeitweilige günstigere elektronische Parkplätze überweisen. Die polnische Fluglinie läßt ihre Datenbedarfe in Atlanta (USA) speichern und verarbeiten(8)... usw.

Es eröffnet sich also ein weites Feld für die wirtschaftliche Betätigung im Bereich der Produktion und des Handels mit Daten, Informationen und Standorten, was nicht nur innerhalb von Unternehmen eine entsprechende zentrale und flexible Steuerung und Kontrolle unterstützt, sondern auch jene ganzer Volkswirtschaften durch wenige Metropolen, und sei es auch "nur" in der Form, daß sie als "unprofitable Peripherien" vom Weltmarkt abgekoppelt werden. Was die Weltbank dann mit dem Siegel "hoffnungslose Region" quittiert.

Während es 1975 gerade 300 kommerzielle Text-Datenbanken gab, sind es im Frühjahr 1988 schon 4000, die von 1600 Produzenten erstellt und von ca. 550 Unternehmen angeboten werden. Derzeit sind 70% dieser Datenbanken amerikanische, 23% europäische, und den Rest teilt sich die übrige Welt.
Aber bisher scheinen nur die Franzosen um ihre Wissenskultur durch diese Industrie des "grauen Erdöls" zu fürchten. In der Hauptsache handelt es sich um Wirtschaftsdatenbanken und solche über naturwissenschaftliche und technische Gebiete. Struktur wie Nutzungskosten der bestehenden Datenbanken sind nicht gerade ein Beispiel einer Informationsvielfalt für jedermann/jedefrau. Aber auch nicht für jedes Land: so sind z.B. sogenannte SDI-infizierte Daten/Informationen für Interessenten außerhalb der USA nicht zugänglich. Wenngleich auch noch die Zahl der Produzenten von Datenbanken insgesamt hoch liegt, so wird dieses Marktsegment von einigen Großen, wie Dun&Bradstreet, McGraw Hill, Dow Jones, Bertelsmann, Reuters u.a. dominiert; Reuters hält beispielsweise eine Spitzenstellung im Bereich des Börsengeschäfts (9).
Aber nicht nur der monopolistische Effekt wirft hier Probleme auf(10); auch der Verlust an Devisen, die Dominanz der englischen Sprache, die Art und Weise der "Wissenslogik", die wachsende Unmöglichkeit des Aufbaus eigener Datenbanken, die völlig intransparente und unbeeinflußbare Auswahl der Daten und Informationen bzw. ihrer Strukturierung und nicht zuletzt die Ungleichheit zwischen Produzieren und Benützen von Datenbanken: so besitzt Frankreich zwar ca.10% der Datenbanken, aber nur 1% ihrer Benützungszeit fällt auf französische Interessenten!

Kurz genannt sei hier auch noch der weite Bereich der öffentlichen und privaten Massenkommunikationsunternehmen, der nicht nur mit unterschiedlichen Industriebereichen für entsprechende Einrichtungen und Endgeräte (Satelliten,Kabel,TV, Video,Stereoanlagen,CD-Spieler etc.) verbunden ist, sondern auch die Werbungs- und Marketingbereiche einschließt. Wenngleich die Massenkommunikation auch erst in Form des Breitband-ISDN mit der privaten und geschäftlichen Kommunikation ver-

schmelzen wird, so ergeben sich schon heute genügend Konflikte um die günstigsten Marktpositionen (Stichworte: Auflösung der öffentlichen Rundfunkmonopole; Satelliten-Direkt-Fernsehen; Normierung von hochauflösender TV, von Video- und CD-Standards; Kabel- und Bestell-Fernsehen u.a.m.).
Das zu erwartende Tele-Shopping über ISDN-Dienste wird vorerst in TV-adaptierten Verkaufs-Sendungen gepflegt: in den USA mit einem Umsatz von derzeit über 2 Milliarden Dollar, in der BRD mit der baldigen Hoffnung auf einige hundert Millionen Märker Umsatz (Die Zeit 7.10.1988).
Die deregulierte italienische Medienszene zeigt, wohin der Trend zu gehen scheint: so eröffnete sich der US-amerikanischen Unterhaltungs- und Werbeindustrie ein Markt von ca. 100 Mio.$ pro Jahr und die verbesserte Möglichkeit, zwischen globalem und zielgruppenspezifischem Marketing zu unterscheiden. Nach Becker (1986:47ff) wird die Verbreitung von ISDN-Netzen eine optimale Mischung zwischen diesen Marketingstrategien ermöglichen, da die individuell abgerufene Information (Daten, Infos, Filme, TV-Programme etc.) den Unternehmenszentralen sowohl eine globale Planung als auch ein flexibles Anpassen des Marketingkonzepts an spezifische Kulturkreise, Länder und Käufergruppen erleichtert. Mit dem Ergebnis, daß die Dezentralisierung der Anwendung mit einer Zentralisierung der Kontrolle einhergeht und spezifische Märkte nicht nur intensiver beliefert, sondern mehr und mehr auch erzeugt werden können.

Die angestrebte "Antizipation" von Märkten - nicht alleine in diesem Wirtschaftsbereich - wird so zunehmend zu einer regelrechten "Produktion" von Märkten oder Bedürfnisformen, wenngleich auch nur aus dem Zusammenspiel unterschiedlichster Marktbereiche. Für die Unternehmen - auch wenn sie einen Teilmarkt beherrschen - ergibt sich aufgrund der Markterzeugungsarbeit unzähliger Akteure zwar kein "perpetuum mobile" ihrer Verwertungsprozesses. Aber gegenüber den sich zunehmend über den Markt selbsterzeugenden Individuen besitzen sie je nach Kapitalkraft und Marktstellung ein ungleich größeres Gewicht in einem Spiel, in dem die Grenzen zwischen Produktion und Konsum fließend werden.

Telematik als technologische Struktur

Versteht man unter Industrie den engeren Produktionsbereich materieller Güter, dann mag die Rede von der postindustriellen Gesellschaft eine gewisse Berechtigung haben. Geht man jedoch von den inhaltlichen

Aspekten des Industriesystems aus, wie es hier anhand von Markt/Kapital skizziert wurde, dann ist vielmehr von einer "Vollindustrialisierung" zu sprechen, deren Konsequenzen noch keineswegs durchdacht sind. Die Telematik wurde hier als technologische Ausformung wie als Medium einer solchen Vollindustrialisierung verstanden. Zugleich bildet sie jedoch eine wichtige Struktur, oder besser Strukturierung, des sozialen Handelns, was man mit Hülsmann auch als technologische Formation oder formatives Prinzip bezeichnet werden könnte. Es ist hier nicht möglich, dies für die wichtigsten gesellschaftlichen Bereiche und Handlungsebenen zu skizzieren: für die Entwicklung der Arbeit, der Familien, der Bildung, für die großen und kleineren Regulierungssysteme, die Kontroll- und Steuerungsstrukturen, die Herrschafts- und Veränderungspotentiale usw. Ich möchte daher abschließend auf ein eher übergreifendes Phänomen aufmerksam machen, das ich als den *Prozeß einer Transformation sozialer Interaktionen in telematische Systeme* beschreibe (12). Diese unmittelbare Integration oder Verwebung von telematischen Systemabläufen in die sozialen Beziehungen verändert das "Soziale" in doppelter Hinsicht: Es werden mit fortschreitender Vernetzung die Einzelarbeiten, Arbeitsteams, Haushalte, Familien und Gruppen in ihrer wechselseitigen sozialen Koordination von einer telematischen Struktur abhängig, in die zunehmend solche soziale Koordinationsleistungen transformiert werden. Dadurch sind die verbleibenden sozialen Handlungsbeziehungen nicht nur transparenter und durch zentrale Systemzugriffe der jeweiligen Machtträger kontrollierbarer, es ergibt sich auch die Möglichkeit einer unmittelbaren Steuerung.

Durch diese Transformation des "Rückgrats" des Sozialen oder des Kitts, der dieses zusammenhält, in telematische Systemabläufe bekommen die verbleibenden sozialen Beziehungsformen einen eigentümlichen Charakter. So gehen z.B. in telematisierten Betriebsteilen zwar solche sozialen Handlungsaspekte der Arbeit verloren, die bisher den koordinierenden Ablauf der sozialen Prozesse eines Unternehmens gewährleisteten, jedoch werden gleichzeitig punktuell soziale Qualitäten aufgewertet (Gruppenarbeiten, Neuzuschnitt und Integration von bisher arbeitsteilig ausgeführten Tätigkeiten, selbständige Kompetenz zu Kommunikation, Information, Weiterbildung). Diese sozialen Beziehungsformen haben so einen gewissen partikulären Charakter, da sie sich nur noch über den telematischen Komplex aufeinander beziehen, und sind daher auch in gewissem Sinne "unwirklich"(was nicht heißt, daß nicht wirkliche Machtbe-

ziehungen oder Streßbelastungen bestehen). Das drückt auch der Begriff einer "Virtualisierung" sozialer Realitäten aus. Frei übersetzt: Soziales oder Arbeit ist nicht mehr tatsächlich, sondern nur noch der Kraft oder Möglichkeit nach vorhanden.
So gut wie nicht mehr vorhanden ist es allerdings dann in jenen Arbeitsbereichen oder -abschnitten, wo wenig- oder entqualifizierte Arbeiten als Lückenbüßer noch nicht ausreichender Automatisierung und Vernetzung dienen.

Klappe 1: Herr Meier, Sachbearbeiter für den Einkauf eines Maschinenbauunternehmens betritt das Werk (Karte in Stechuhr/wöchentl. Überprüfung im Lohnbüro), setzt sich an den Schreibtisch, grüßt die Kontoristin Frau Schneider und studiert eine Auftragsbeschreibung für Kunden X. (Abteilungsleiter kommt rein, verweist auf die Dringlichkeit des Falles, nebenbei die Uhr: 7 30 Uhr: Hr.Meier ist pünktlich).
Hr.Meier nimmt die Unterlagen und geht durch die Gebäude zum Leiter der Materialverwaltung, mit dem er die schon von den Technikern erstellte Liste der Einzelteile der zu liefernden Maschine bespricht: was ist da, was nicht. Vielleicht hat er das auch telefonisch gemacht. Schließlich muß Hr.Meier die fehlenden Teile bestellen, die kostengünstigsten Lieferanten aus Kopf, Prospekten und Anrufen ermitteln, die Lieferungen terminisieren und dies mit der Produktionsplanung der bestellten Maschinen abstimmen. Dazu läßt er seine "Verbindungen" spielen, gibt bestimmte Tätigkeiten an die Kontoristin weiter, geht ins Zimmer der Schreibkräfte, um Papiere abzuholen, nicht ohne sich eine Nacht mit "Fräulein" Blumberger vorzustellen, deren lange Beine er anzüglich anvisiert...

Klappe 2: Herr M. passiert den Portier, steckt seine Karte in den Automaten (Daten gehen in die Datenbank der Personalabteilung), setzt sich an seinen Tisch, grüßt kurz seine Kollegin und den Assistenten und schaltet das Terminal ein (Registrierung durch anderes Programm). Er ruft die Auftragseingänge auf, druckt sie aus. Mit dem Gruppenleiter wird gemeinsam eine Prioritätenliste erarbeitet und die Bearbeitung aufgeteilt. Hr.Meier ruft das Programm zur automatischen Aufschlüsselung der erforderlichen Materialien für den ersten Auftrag auf und läßt es laufen. Für nicht erfaßte Produkte konsultiert er über den Schirm die technische Abteilung, die ihm nach erforderlicher Zeit die entsprechende Aufstellung liefert. Er vergleicht diese mit den Daten der Lagerbestände, ortet die Bestellposten und ruft dazu die entsprechenden Angebote, Preise, Adressen aus der Lieferantendatei ab, die er anhand eines Prospekts aus seiner Morgenpost und des gestrigen Heurigenbesuchs "updatet". Nach Auswahl der Lieferanten - mit neuen muß er erst verhandeln - ruft er die elektronischen Bestellformulare auf, läßt die erforderlichen Daten "einfließen" und schickt alles mit Dringlichkeitsvermerk in das elektronische Postfach der Service-Abteilung, welche die Routineeinträge ergänzt und anhand bestimmter Codes des Lieferanten die Bestellung ausdruckt und brieflich, elektronisch oder per Telex oder Telefax verschickt, falls dies nicht schon Hr.Meier selber tut. Und in der CIM-Perspektive geht das Ganze dann in die Produktionsplanung der Fertigung ein und wird mit entsprechenden elektronischen Anweisungen in die flexiblen Fertigungssysteme eingelesen... (jeder Arbeitsschritt wird elektronisch dokumentiert inkl. der Erledigung). Zwischendurch muß Hr.M. in ein Seminar, wo er sein Verhandlungsgeschick vorzuführen hat, ihn Kollegen kritisieren, psychische "Fehlerquellen" freilegen, Chef X. motivierend interveniert und Notizen in sein Büchlein kritzelt, die PR-Frau die Unternehmens-"Philosophie" in diesen Fertigungsprozeß von Subjektivität einbringt etc. Unterdessen stiert Hr.Meier nach wie vor auf die langen Beine seiner Teamkollegin, der Frau Blumberger, jetzt allerdings nur noch heimlich, da diese ihn schon einen perversen Sexisten geheißen hat (währenddessen wurden die einzelnen Arbeitsvorgänge insgesamt, auf Abteilungen, Gruppen und Einzelarbeitsplätze bezogen/ Hr.M.gerügt/ in der Stabsabteilung zusammengefaßt, ausgewertet, mit den verschiedensten Daten zur Marktentwicklung, den Lohnkosten, neuen gesetzlichen Bestimmungen usw. in Zusammenhang gesetzt und daraus strategische Überlegungen für die Leitung erstellt).

Es ändert sich also allerhand, wenn auch nicht dieser Blick auf die langen Beine.... Und selbst der ist nicht mehr, was er war.
Beide vereinfachten Schnitte sind heute oft nebeneinander zu finden. Die Nummer 2 aus der telematisierten Arbeitswelt deutet zumindest an, daß es hier nicht einfach nur um eine Automatisierung von Bearbeitungsvorgängen oder eine Technisierung oder technische Vermittlung von Kommunikation geht, sondern daß ein neuartiges Phänomen hinzutritt: die Transformierung von Arbeitsinteraktionen in ein telematisches System als *Kernstück einer neuen Form der Arbeitsteilung*. Die Arbeitsinteraktionen zur Kontoristin, Schreibfrau, zu den Technikern und Materialverwaltern, zum Fertigungsbereich etc. verschwinden nicht einfach durch Automati-

sierung, sie werden in das vernetzte System der Programme, Datenbanken, Terminals, Drucker, Teledienste und dergleichen "verlegt" und führen dort eine eigenartige verdinglichte Existenz, die dem zentralen Kontrollgriff eine qualitativ neue Macht verleiht. Aber der müßte ja nicht unbedingt durch ein Machtzentrum erfolgen, demokratisch gings auch durch die Ermöglichung einer Partizipation der Mitarbeiter an allen Betriebsbelangen: nicht nur Flexibilisierung der Arbeitszeiten, sondern auch jene der Unternehmensziele, z.B. soziale oder ökologische Notwendigkeiten, nicht?

Und Sie glauben, die Haushalte und die "Freizeit" blieben verschont? Und die Politik? Und die Kultur? Mitnichten, aber hier muß ich Sie auf anderes Papier verweisen.

Man könnte dieses "Transformationsprinzip" der Telematisierung auch anhand der Stadtstruktur erläutern, mit ihren Straßen, U-Bahnen, Plätzen, Wohnblocks und Wohnungen, ihren Kanälen und Leitungen, ihren zugewiesenen Funktionen: es ist ein dinglich-betonierter Spiegel und Rahmen für die Formierungen des Sozialen. Die Stadtstruktur beeinflußt diese aber "nur" in exogener Weise, also mittelbar, während die telematische Struktur diese sozialen Formierungen in endogener Weise berührt und unmittelbar darin verwoben ist.

Ich hoffe damit Andeutungen gegeben zu haben, daß die Telematik nicht nur der Gesellschaft gleicht, aus und mit der sie entsteht und sich entwickelt, sondern auch eine wesentliche Rolle für die Veränderung der Gesellschaft spielt: Telematik als Ausdruck wie formierende Struktur einer zunehmend verallgemeinerten Marktvermitteltheit der menschlichen Existenz.

Aber dies ist ein Trend und kein fertiger Zustand. Unterschiedliche Interessen, widersprüchliche Entwicklungen, neue Einsätze lassen einen gewissen, wenn auch kleiner werdenden Handlungsspielraum zu, den es zu nützen gilt.

Anmerkungen

(1) Wie Bertho (1981) oder Oberliesen (1982) zeigen, spielen in der Geschichte der Entwicklung der Telekommunikationsmittel die militärischen Interessen seit Anbeginn eine zentrale Rolle.

(2) Woraus Baudrillard (1976) die Konsequenz gezogen hat, indem er die Ablösung des Gebrauchswert/Tauschwert-Schemas durch einen übergeordneten "Code" der Simulation zu zeigen versuchte. Aufgrund der Generalisierung des Marktprinzips ist zumindest theoretisch eine marktmäßige Fertigung von allem und jedem möglich, sodaß es keine davon relativ unabhängige "natürliche" Referenz mehr gibt, auf die man sich berufen könnte.

(3) Süddeutsche Zeitung 1988:Nr.238; HighTech Nr.11/1988

(4) Bauer u.a.1987:VI.11 und HighTech Nr.11/1988:8

(5) Auch aus Angst vor protektionistischer Politik kaufen sich die transnationalen Konzerne in den verschiedenen Weltregionen ein, kooperieren oder gründen dort Produktionskapazitäten, wie z.B. AT&T eine Halbleiterfabrik in Spanien oder ein Forschungslabor in England (Die Zeit 4.11.88:37). Oder die diversen japanischen Montagewerke in verschiedenen europäischen Ländern.

(6) Siehe dazu für bestimmte Bereiche des Personen- und Gütertransports Hartmann/Latzer/Sint 1988

(7) Die Beispiele sind von Becker 1986, der auch darauf verweist, daß gerade Sprachunkenntnisse zu einer besonders genauen Bearbeitung führen.

(8) Ebenfalls aus Becker 1986

(9) Angaben aus: Le Mois economique et financier, Sept.1988 (Hrsg.vom Schweizerischen Bankverein) bzw. aus P.P.Sint: Anwendungsfelder und Ausbreitung von Telekommunikationsnetzen, in: Bauer u.a. 1987: Kapitel V

(10) Der übrigens den Datenbankanbietern ein kostenloses Nebenbei-Produkt einbringt: die Nachfragen eines Klienten erlauben Rückschlüsse auf seine Planungen und Strategien, die der Konkurrenz verkauft werden können.

(11) Die bisher gründlichste Diskussion dafür in den internationalen Beziehungen findet man bei J.Becker 1986.

(12) Ausführlicher finden Sie diesen Gedanken in dem von mir erarbeiteten Kapitel VII "Soziologische Aspekte der Einführung neuer Telekommunikationsdienste" in: Bauer u.a. 1987

Literatur

Baudrillard, Jean: L'Echange symbolique et la Mort, Paris 1976 (Gallimard); Critique de l'Economie politique du signe, Paris 1972 (Gallimard)

Bauer, J./Braun, E./Hartmann, B./Latzer, M./Sint, P.P.: Technikbewertung Neuer Telekommunikationsdienste, Teil B, Wien 1987 (Forschungsbericht)

Beck, U.: Risikogesellschaft. Auf dem Weg in eine andere Moderne, Frankfurt am Main 1986

Becker, Jörg: Informations- und Kommunikationstechnologien im Zeitalter transnationaler Politik, Universität Bremen, Report 1/1986

Bertho, Catherine: Telegraphes & Telephones. De Valmy au microprocesseur, Paris 1981 (Le Livre de Poche)

Guattari, Felix: Les nouveaux mondes du Capitalisme, in: Liberation v. 22.12.1987

Hartmann, B./Latzer, M./Sint, P.P: Telekommunikation und Transport, Wien 1988 (Forschungsbericht)

Oberliesen, Rolf: Information, Daten und Signale. Geschichte technischer Informationsverarbeitung, Reinbek bei Hamburg 1982 (Rowohlt Taschenbuch)

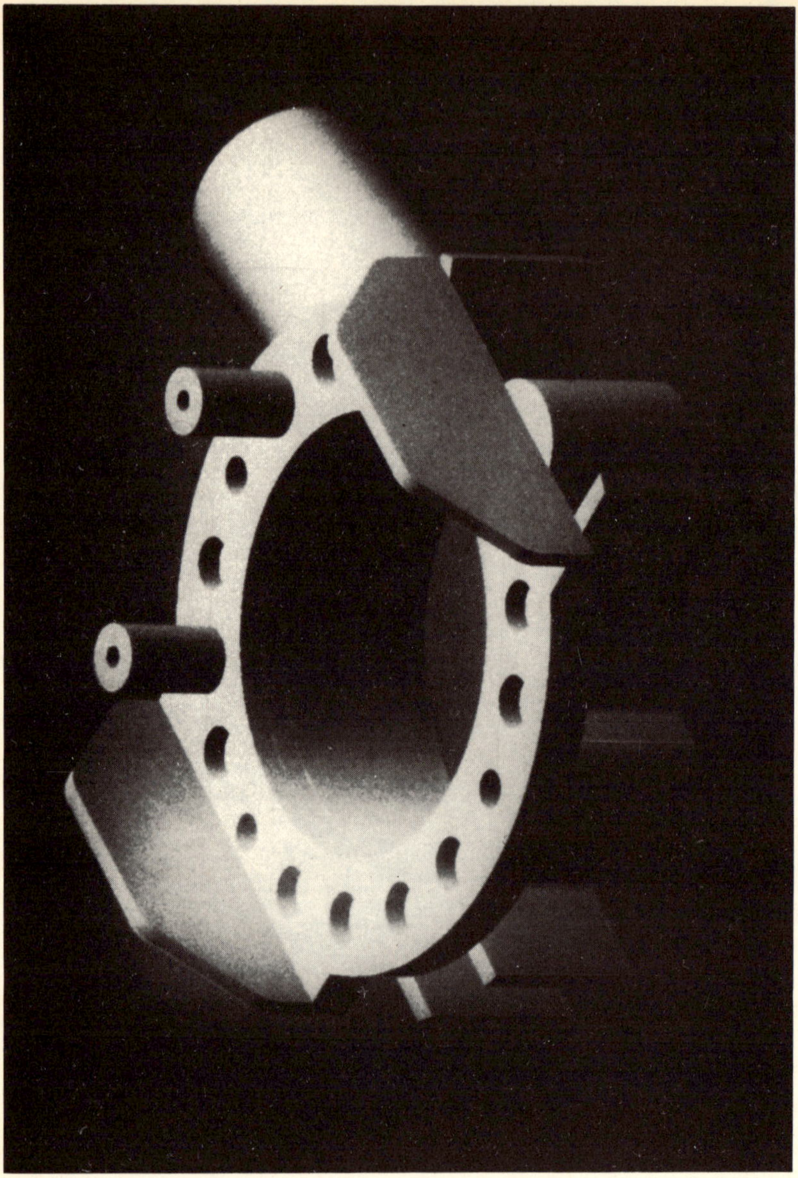

Illusion oder Wirklichkeit?

Robert Tschiedel

KOMMUNALE DENKTECHNIKEN

Zur Resistenz und Rezeptivität von Trägern lokaler Kommunikation hinsichtlich ihrer technischen Formierung

0. Zusammenfassung

Denken gilt gewöhnlich als Besonderes, das der Mensch hat und kann - als Individuum. Die Sozialität des Denkens ist wenig bewußt. "Denktechniken" gehören dem Alltagsverständnis nach in den minderbewerteten Bereich des Rätsellösens, der Leistungstests und Tricks.
Lokale Kommunikation ist ein Beispiel, an dem sich sehr gut zeigen läßt, wie sachdominierte soziale Strukturen Denktechniken bestimmen, wie in der Tat Träger lokaler Kommunikation technisch formiert (1) werden: wenn sie dazu vorstrukturiert (2) sind, wenn es einen Bedarf gibt, wenn sie rezeptiv sind. Resistenzen ergeben sich aus unzureichend einflußreichem Bedarf oder gar Widerstand, aus mangelnder Vorstrukturierung und aus der dominanten Resistenz angelagerter "Sekundärfunktionen".
Die de facto zunehmende Bedeutung (qualitativ und quantitativ) von Technik im Rahmen lokaler Kommunikation läßt sich als technische Formierung beschreiben, die Fixpunkte setzt, Habitus (3) prägt und die Frage der Aneignung (4) immer wieder neu stellt, solange die Strukturen im Fluß sind. Was sich zunächst ereignet, ist eine technische Fixierung der Handlungsspielräume, so wie wir sie im industriellen Bereich (Taylorisierung) längst kennen.

Die zweite Hälfte des Doppelstrangs ist die technisch vermittelte Verdummung der Menschen durch in Belanglosigkeiten ertränkenden Medienkonsum (5). Hier wird der Anteil lokaler Kommunikation zerstört, der partizipationsrelevant wäre. Aber es wird - widersprüchlicherweise und damit typischerweise - auch die Progressivität des Lokalen zerstört, die als Nährboden von Innovation das Gesamtsystem zur permanenten Selbstreproduktion - auch als kapitalistisches Wirtschaftssystem - stets braucht.

So steht am Ende der Überlegungen die Frage nach "pfiffigen" Verfahren zur Entwicklung kommunaler Denktechniken und nach "eigensinniger" Aneigung der (ansonsten bornierenden) Techniken. Der Ort, an dem so je und je anzusetzen ist, ist neben dem Betrieb - hier - die Kommune, in welcher sich das Problem konkret stellt.

Denktechniken sind nichts Unmenschliches. Nur müssen die Menschen diese Techniken so nutzen können, als ob sie ihnen gehörten.

1. Denktechniken

Haben sie schon einmal jemanden gefragt, was "Denken" sei? Warum auch. Jeder weiß es eigentlich. Es hat jedenfalls etwas mit dem Gehirn zu tun, und jeder macht es für sich, als Individuum.
Anschauung tritt zu dem, was man weiß, Assoziationsketten oder logische Denkschritte führen hindurch, neue Kombinationen ergeben sich. Jedem ist es erlaubt, vielen bleibt es erspart, spottet der sich besser denkend Dünkende.

Schon wenn man darüber nachdenkt, ob Denken an Sprache notwendig gebunden sei, muß man zögern. Kann denn ein von Geburt an taubstummer Mensch wirklich nicht denken? Andererseits sind Begriffe, semantische und syntaktische Strukturen unsere Denkmuster. Spätestens seit Whorf (6) wissen wir über die wirklichkeitsstrukturierende Bedeutung der Sprache oder, vielleicht besser, über die sprachstrukturierende Bedeutung der Wirklichkeit. (Denn es wird wohl die alltägliche Notwendigkeit der Unterscheidung zwischen etlichen Schneesorten sein, die hierfür differenzierte Begriffe in die Eskimosprache bringt, und nicht umgekehrt eine vorgängig vorhandene hinsichtlich Schnee besonders strukturierte Sprache, die die Eskimos in eben ihrem Lebensraum hat überleben und erfolgreich sein lassen.)

Denken hat viel zu tun mit der uns umgebenden natürlichen und sozialen Wirklichkeit. Westliches Denken, fernöstliches Denken, weibliches und männliches, städtisches und ländliches, oberschicht- und unterschichtspezifisches ... Denken. Es ist der Kommunikationskontext, den einer hat, der Habituskontext eingeschlossen, welcher sein Denken bestimmt, ein allgemeines semiotisches Muster vorausgesetzt, auf dem sich die Nuancen entwickeln.

Kommunales Denken meint dann eines, das durch Besonderheiten der materiellen und sozialen Struktur einer Kommune geprägt ist. Das Denken selbst muß dies nicht wissen, wie wir wissen. Aber wir wissen eben auf Anhieb, wo wir am besten unser Brot kaufen, wo die Apotheke ist, warum wir diesen jenem Arzt vorziehen, wann Gottesdienst ist, wenn uns das wichtig erscheint, was wir von unserem Nachbarn zu halten haben. Wenn wir Kinder haben, kennen wir die Schule und haben unser Urteil über die Lehrer; wenn wir sportbegeistert sind, kennen wir den Tabellenplatz und die wichtigsten Spieler "unserer" Mannschaft, wissen vieles besser als der Trainer; wenn wir in einer politischen Partei aktiv sind, kennen wir unsere Gegner. Und all dies gilt auch umgekehrt etc.: ein Netz.

Wir brauchen dazu kein Handbuch über unseren Ort und keine Datenbank, sondern die lokale Kommunikationsinfrastruktur liefert uns dies Wissen, auf dessen Grundlage wir lokal denken, "automatisch", indem sie so ist, wie sie ist.

Ausnahmen bestätigen die Regel. Wer hätte nicht schon einmal in Hast die Telefonnummer des Notarztes gesucht und spät gefunden, wer hätte nicht schon einmal den Termin der Sperrmüllabfuhr versäumt oder nicht gewußt, daß ausgerechnet heute das Rathaus wegen Betriebsausflugs geschlossen ist, während er doch seinen Reisepaß für den Flug nach Timbuktu wollte verlängern lassen.

Und sicherlich gibt es Menschen, die ständig von wichtigen Informationen ausgeschlossen sind, da sie aus irgendwelchen Gründen ins lokale Geschehen nicht hinreichend integriert sind: Ausländer aus Gründen der Sprachkompetenz und der exklusiven Ressentiments der Eingeborenen; Alte und Kranke wegen eingeschränkter Mobilität; Hausfrauen, da ihnen der relvante Kommunikationsort "Arbeitsplatz mit anderen" fehlt ...

All ihnen fehlt ein Stück kommunaler Denkmöglichkeit, ein Stück der lokalen sozialen Landkarte, auf die sie ihre Erfahrungen und ihre Bedürfnisse abbilden könnten, sowie ein Stück Kanal und Prozedur.

Beschreiben wir doch einmal etwas genauer, um was es dabei geht; beschreiben wir also lokale Kommunikationsinfrastruktur!

2. Lokale Kommunikationsinfrastruktur

Eine Kommune, das sind Menschen in Familien, Nachbarschaften und Vereinen, Belegschaften, Gewerkschaften und Parteien; das sind Wohnhäuser, Rathäuser, Krankenhäuser, Schulhäuser, Fabriken, Läden, Banken und Verwaltungen und viele andere Gebäude; das sind Straßen, Stromleitungen, Gasleitungen, Wasserleitungen und viele andere Netze. Mit all diesem befriedigt eine Kommune Bedürfnisse der in ihr lebenden Menschen in den *Bereichen Versorgung, Freizeit und Kultur*, und sie organisiert für ihren Bereich die Möglichkeiten der Beteiligung durch Politik. Hierzu existiert neben den genannten Sachen und diese nutzend in einer Kommune auch ein Netz lokaler Kommunikation.

Mit Schumacher können wir unter *lokaler Kommunikation* verstehen

"dasjenige Kommunikationssystem, das, zwischen privater Kommunikation und überlokaler Massenkommunikation angesiedelt, all diejenigen Formen direkter und indirekter Kommunikation umfaßt, die sich in irgendeiner Weise auf die Gemeinde oder gemeindliche Subsysteme beziehen oder im Rahmen lokaler Kommunikationsinfrastruktur thematisch darüber hinausreichen sowie öffentlich oder teilöffentlich stattfinden (7)."

Zur *lokalen Kommunikationsinfrastruktur* gehören demnach neben den wissenschaftlich meistbeachteten Printmedien und schon vorhandenen Medien der Telekommunikation z.B. als *soziale Träger* auch Nachbarschaften, Vereine, Verbände, Betriebe, Schulen, Hochschulen, Kirchen, Gewerkschaften, Bürgerinitiativen; als *Orte* Kneipen, Cafes, Clubs, Bürgerhäuser, Altentreffs, Ausländertreffs, Medienzentren, Bibliotheken, Kinos und Theater; als mehr oder weniger organisierte *Anlässe* politische und kulturelle Veranstaltungen, Feste, Empfänge, Demonstrationen; und als "*Medien*" auch Anschlagtafeln, Plakate, Graffiti, Informationsstände. Die sozialen Träger, Orte, Anlässe und Medien fasse ich unter dem Begriff "*Träger*" zusammen.

Lokale Kommunikation erfüllt eine Reihe wichtiger Aufgaben für das Zusammenleben von Menschen in einer Gemeinde und darüber hinaus. Ich nenne sie die *Funktionen lokaler Kommunikation*.

1. Beim Stichwort Kommunikation denken wir zunächst an *Informationen* aller Art. Viele betreffen das Zusammenleben in einer Gemeinde, und man hat sie, ohne daß man sich Rechenschaft darüber gibt und zu geben braucht, woher; andere sammelt man gezielt. Ich habe oben etliche aufgezählt.

Man erhält diese Informationen durch bestimmte Träger: Zeitungen selbstverständlich; vom Kegelbruder oder vom Pfarrer; beim Kirchgang oder beim Einkauf oder im Wartezimmer des Zahnarztes; in der Kneipe oder im Schaukasten des Ortsvereins ... Und so weiter.

2. Indem man miteinander umgeht, redet, handelt ... kommuniziert, schließt man sich und andere in einen gemeinsamen Prozeß zusammen: man integriert sie und sich in die Gemeinschaft (oder auch nicht). Das ist besonders wichtig, wenn Menschen neu in eine Gemeinde kommen: Zugezogene, Ausländer; und das ist wichtig für Kinder und Jugendliche. Aber auch für "Alteingesessene" muß Integration immer wieder und wieder hergestellt werden.

Diese *Integration* vermittelt die Regeln des Zusammenlebens und ist die Chance, Neues einzubringen und einzubeziehen. Sie gibt die Möglichkeit, sich mit der Gemeinschaft zu identifizieren. Was man früher etwas pathetisch "Heimat" nannte, wird wohl gerade diese Funktion ansprechen.

3. So wie Kommunikation den einzelnen in die Familie und die Nachbarschaft, in das soziale Gefüge einer Gemeinde integriert, organisiert sie auch den *Einbezug der Gemeinde in "die Welt"*. Mit dem Fernsehen, dem Reisen und der Mobilität im allgemeinen haben viele Sozialwissenschaftler eine Auflösung der Bedeutung des kommunalen Lebenszusammenhangs kommen sehen. Sie haben übersehen, daß die Integration dessen, was von außen kommt, wenn es belangvoll fürs eigene Leben sein soll, in der gemeindlichen Umgebung wirklich werden (wirken) muß.

Die Nachricht von außen wird erst im zweiten Schritt (second step) belangvoll, in welchem sie nämlich sozial bedeutsam gemacht wird durch lokale Kommunikation. - Und was lokal von Bedeutung ist, wird darüber hinaus erst bedeutsam durch seine Integration in die weitere Umgebung.

4. Lokale Kommunikation ist darüber hinaus der Ort *sozialer Kontrolle*.

Wer mag sie schon, die Nachbarin hinter der Gardine, die alles weiß und nichts für sich behält. Wer mag schon die Urteilssicheren am Stammtisch sonntags morgens - nach dem Kirchgang oder an seiner Stelle -, die "unser Öl am Golf" durch die Bundeswehr zu verteidigen und den "finalen Rettungsschuß" gegen Geiselnehmer in "putativer Notwehr" einzusetzen verlangen, die über die Quotenregelung spotten, aber nicht wissen, wie man eine Windel bindet oder wo zu Hause der Staubsauger steht.

Aber außer dieser miefigen Enge gibt es ja durchaus nützliche Funktionen sozialer Kontrolle im lokalen Sozialisations- und gesellschaftlichen Reproduktionsprozeß, eine Selbstdomestikation des Gemeinwesens, die, einmal in den Köpfen und Herzen der Beteiligten, viel Bürokratie und Strafgericht entbehrlich läßt, die manchmal sogar - je nach Moral - die Schwächeren schützt.

5. Lokale Kommunikation ist dann nicht zuletzt der Ort der Teilnahme am lokalen Geschehen (*Partizipation*), an der Produktion und Festigung oder Auflösung von Normen, Ort also sozialer Zukunftsgestaltung. Das geschieht allerdings in den seltensten (und unwichtigsten) Fällen so, wie wir uns das mit simpler Schulweisheit ausmalen: Der Bürger (als Souverän) wählt, und ... Oder: Der Kunde (als König) kauft, und ... Daß die wichtigsten Entscheidungen, in der Provinz wie in der Hauptstadt, nicht im Plenarsaal oder durch die selbstbestimmte freie Entscheidung des Kunden als Teilnehmer am System der sozialen Marktwirtschaft getroffen werden, beunruhigt wenig. Jedoch: Wie sie getroffen werden und von wem, das hängt in einer Gemeinde sehr stark mit der Integration und der Position im Netz lokaler Kommunikation zusammen. Vereine, Stammtische und ähnliche soziale Organisationsformen spielen dabei eine entscheidende Rolle.

Außer Trägern lokaler Kommunikation in verschiedenen Bereichen und mit verschiedenen Funktionen gehört zur Kommunikationsinfrastruktur immer auch das *Netz der Beteiligten oder Betroffenen*, von *Personengruppen* also, die in unterschiedlicher und sich wandelnder Weise von lokaler

Kommuniktion profitieren oder unter ihren Defiziten leiden. Der Schwatz auf der Friedhofsbank hat andere Subjekte als die geschäftliche Absprache an der Bar des Tennisklubs; der Pfarrer, der da predigt, hat andere Zuhörer als der Diskjockey oder Rudi Carell - oder gar dieselben, aber "mit anderen Ohren".

Mit dem Eindringen technischer Geräte in diese lokale Kommunikationsinfrastruktur verändern sich nicht nur einfach die Träger. Es wird nicht die von Hand in Blei gesetzte Zeitung gegen eine Zeitung im Computersatz ausgetauscht - was man ja fast nicht merkt? -, nicht einfach der Tante-Emma-Laden gegen den Supermarkt mit Scannerkasse, nicht einfach die Litfaßsäule gegen den Werbespot im Lokalradio, nicht einfach der Karteikasten im Einwohnermeldeamt gegen den Computer ... *Das ganze Gefüge gerät ins Rutschen.*

3. Technischer Wandel

Die neuen Informations- und Kommunikationstechniken bescheren uns in den Gemeinden neue Träger lokaler Kommunikation, verändern vorhandene und strukturieren damit das aufgelistete Funktionen-, Personen- und Trägergefüge um.

Hinsichtlich der Informationsfunktion sind Veränderungen am einfachsten absehbar und am leichtesten vorstellbar. Sie lassen sich in wenigen Stichworten beschreiben: Btx, Lokalradio und Lokalfernsehen, Datenbankanschlüsse, elektronische Pinnwand.
Informiert zu sein, ist schon lange keine Frage mehr der Menge der verfügbaren Daten, sondern eine Frage der Auswahlmöglichkeiten einerseits und der Verfügbarkeit *belangvoller* Informationen andererseits. Hierfür ist bedürfnisorientierte Technikgestaltung gefragt, wenn denn überhaupt technische Lösungen angestrebt werden sollen.

Was die Integration des einzelnen in die Gemeinde angeht, ist die Sache etwas verzwickter. Da ist zwar auf der einen Seite der Kneipenbesuch schon etwas anderes als die Trennung von jung und alt in Spielhalle und Edelrestaurant; da ist das gemeinsame Kulturzentrum schon etwas anderes als die Trennung von Ausländern und Deutschen in Hinterhof und Stadtkulturfest, im altdeutsch wieder aufgemachten alten Speicher; oder zwischen türkischen Untertiteln auf Tafel x und ... Die neuen Techniken trennen da zunächst eher, als daß sie integrieren - so wie sie derzeit benutzt werden jedenfalls.

Offensichtlich sind die Veränderungen hinsichtlich der Integration einer Gemeinde in die Welt. Das Telefon hat da schon vieles bewirkt, erst recht das Fernsehen. Die Normen und Klischees, die Vorbilder und Helden sind längst nicht mehr notwendig lokal.
Handlungsmuster setzt eher J.R. Ewing als der Pfarrer. Und wie Karneval gefeiert wird oder wie ein Sportfest auszurichten ist, das weiß man in jedem Dorfe am ehesten aus Mainz oder Seoul - via Satellit.

Und wo es ein Lokalradio gibt, sind durch gängigen Geschmack oder gar gesetzlich die Klangfarben längst festgelegt - alles wird klingen, wie Radio eben klingt. Und die Werbekasse wird klingeln, wie sie eben klingelt. Oder?

Ist wirklich alles, was von außen in die lokale Kommunikation hereinkommt, in gleicher Weise belangvoll oder belanglos? Nein. Es gibt einen *Bedarf an produktiver Eigentümlichkeit* (Authentizität); es gibt einen Bedarf, in der Gemeinde den "*second step*" zu organisieren, also wirkliche Umsetzungsmöglichkeiten des von außen Hereinkommenden zu erhalten und zu erhalten. Sonst würde nämlich nichts mehr übersetzt, alles wäre wirklich in gleicher Weise belanglos. Es gibt die Notwendigkeit der Integration "der Welt" als des Fremden in die Gemeinde als etwas Eigenes. Denn sonst ist alles Brei, und es gibt wirklich keinen Unterschied mehr zwischen Boris Becker und Willi, zwischen packman und mir, zwischen Michael Jackson und der Feuerwehrkapelle, zwischen einer Enzyklika und der vorherrschenden Stammtischmeinung in der Ratsschänke, zwischen den Lebensmaximen von Rambo und denen des Vorsitzenden der Mehrheitspartei an der Kirmesschießbude ...

Bei alledem geht es ja immer um ein austariertes Gefüge, das Wirkung zeigt. Das gilt insbesondere für die Korrektur- und Stabilisierungsleistungen der bisherigen Formen sozialer Kontrolle. Hier hat sicher die Öffnung der lokalen Kommunikation nach außen einiges Positive gehabt. Aber selbstverständlich gibt es hier auch Probleme. Denn an die Stelle der ehemals verkrustet-personalen sozialen Kontrolle tritt mit den neuen Techniken sehr schnell die automatisierte, anonyme und nicht mehr sozial integrierte, organisierte und selbst gegenkontrollierte Kontrolle mit den Mitteln der elektronischen Datenverarbeitung.

Schmunzelnd haben wir gelesen, daß das unerlaubte Sexualleben eines Pfarrers durch die Häufigkeit und Regelmäßigkeit der Nutzung eines Geldautomaten in der Nähe eines Vergnügungsviertels aufgefallen sei. Das ist vielleicht nur eine Anekdote. Aber ist sie nicht realistisch? Persönlichkeitsprofile lassen sich heute schon aufgrund aller möglichen protokollierten Gewohnheiten herstellen. Und wer sagt, er hätte da nichts zu befürchten, sollte dies nicht so laut sagen, denn schon dies könnte ihn gerade verdächtig machen und zusammen mit seinen Trink- und Lesegewohnheiten, der Zahl seiner Kinder und der Automarke ...
Der vollständig anonymisierte Hauswart lauert der Möglichkeit nach bei jeder Buchausleihe und bei jedem Einkauf, beim elektronisch geleiteten Verkehrsfluß, wie beim Scheckkarteneinkauf für den behüteten Verkehr und was auch immer.

Und wenn einer daherkommt und sagt: Aber die neuen Informations- und Kommunikationstechniken ermöglichen es doch auch - prinzipiell -, daß jeder Bürger alle entscheidungsrelevanten Informationen zur Verfügung erhält ... ja was dann? Und wenn derselbe sagt, es sei nun - technisch - kein Problem mehr, jeden einzelnen an allen möglichen politischen Entscheidungen nun auch direkt und unmittelbar zu beteiligen?

Wie kritisch man das "mehr oder weniger" auch einschätzt: so wie eine mehr oder weniger freie Presse demokratierelevant ist, so könnte eine über quasi-antike Formen des free-information-act hinausgehende aktivierbare Form der Informations- und Entscheidungsbeteiligung vieles ändern. Offenbar stehen die technischen Möglichkeiten vor der Tür.
Doch, wo immer solche Prozesse sichtbar werden, geschieht etwas Eigentümliches: Wo immer Machtvakua sichtbar werden (wie etwa vor kurzem hinsichtlich des Lokalradios in Nordrhein-Westfalen), fließen unverzüglich und wie selbstverständlich die bestehenden Machtverhältnisse dorthin: die kurzfristig noch nicht auf die Mächtigen aufgeteilten Bereiche verkrusten das, was ist. Daran wird sich von allein nichts ändern.
Aber überall da, wo Macht wesentlich auf dem Unwissen der Beherrschten beruht, gerät sie mit den neuen Informations- und Kommunikationstechniken der Möglichkeit nach kurzfristig in Fluß oder ins Wanken.

Der anderen Möglichkeit nach (bzw. sogleich wieder) wird sie verfestigt, wenn sie die Differenz zwischen Belangvollem und Belanglosem weiter zum Verschwimmen bringt, wenn die bestehenden Unterschiede zwischen Wissenden und Unwissenden, Mitbestimmenden und Beherrschten durch die neuen Informations- und Kommunikationstechniken eher noch vergrößert werden, was viele befürchten, wenn also die Schere zwischen den Herrschenden und den Beherrschten, Reichen und Armen, Klugen und Dummen, Unterdrückern und Unterdrückten sich weiter öffnet. Die neuen Informations- und Kommunikationstechniken halten ihre hervorragenden Möglichkeiten dazu bereit.

4. Resistenz und Rezeptivität

Dabei ist es *nicht* etwa eine *Eigendynamik* der sich ausbreitenden Techniken, die diesen Prozeß quasi gesetzmäßig vorantriebe. Man muß sich das vielmehr so vorstellen:

Lokale Kommunikationsinfrastruktur läßt sich beschreiben als vernetzte und vielfach sich überlagernde Vielzahl von Handlungszusammenhängen, in denen an einen *Träger* lokaler Kommunikation eine Reihe der oben aufgezählten Kommunikations*funktionen* für verschiedene *Gruppen* in den verschiedenen *Bereichen* angelagert sind. Dabei ist es gleichgültig, ob die Kommunikation primärer Grund für den so bestehenden Handlungszusammenhang ist (z.B. Zeitung), ein gleichwichtiger (z.B. Stammtisch) oder ein untergeordneter, sekundärer (Gespräch beim Einkauf).

Nehmen wir ein einfaches, weltgeschichtlich vielleicht nicht so wichtiges, aber anschauliches *Beispiel*: Der Ortsverein einer Partei hatte einen Kassierer. Seine vom Amt her gesehen primäre Aufgabe war es, die Mitgliederbeiträge zu kassieren. Dazu fuhr er monatlich mit dem Fahrrad durch den Ort und besuchte die Parteimitglieder, brachte die Beitragsmarke fürs Parteibuch und kassierte den Mitgliedsbeitrag. "Ganz nebenher" informierte er über die wichtigsten Ereignisse im Ort - in der Ortspartei und in der Fraktion. Er erkundigte sich nach den lieben Kleinen, brachte Neuigkeiten über andere Parteifreunde, Kollegen oder Genossen mit, gratulierte zum Geburtstag und mobilisierte zur Teilnahme an der nächsten Versammlung. Er leistete ein gutes Stück Integration des einzelnen in die Gemeinschaft. Zur Integration der Gemeinde in die Welt trug er bei, indem er die Politik des Ortsvereins mit der der Landes- oder Bundesregierung in Zusammenhang brachte. Und für ein paar Worte über ansonsten wichtige Ereignisse in der Welt, und daß man dies hier ja auch so oder ganz anders sehe, war auch Zeit und Gelegenheit, sich gegenseitig zu vergewissern. Und dann war da die Nachfrage - mindestens einmal im Jahr- , ob denn die selbst festgelegte Beitragshöhe noch stimme. Und dann war da die peinliche Nachfrage, ob man denn schwer krank gewesen sei, da man doch an der wichtigen Sitzung vom letzten Donnerstag und auch schon an der Wahlkampfveranstaltung tags zuvor nicht teilgenommen habe. Diese Art sozialer Kontrolle wirkt in der Regel nicht schlecht. Dafür nahm der Kassierer aber dann auch den Unmut des einfachen Mitglieds über das Verhalten der Fraktion in der letzten Ratssitzung zum Thema Schulwegsicherung mit in die nächste Vorstandssitzung und konnte dort immer ein recht gutes Stimmungsbild der sogenannten Basis liefern: ein Stück Partizipation lief über diesen Weg. Und nicht zu vergessen der kleine Schwatz, vielleicht das Schnäpschen, der unverhoffte Besuch mit ein bißchen Geselligkeit.

Und dann, irgendwann ist niemand mehr da, der das machen will. Das kostet Zeit. Manche zahlen nicht gern, andere (oder dieselben) sind schwer anzutreffen. Und außerdem ist es ja viel einfacher: das Bankeinzugsverfahren.

Der - äußerlich - primäre Zweck der Arbeit des Kassierers wird dadurch erfüllt. Der Beitrag kommt - wahrscheinlich sogar regelmäßiger und pünktlicher als vorher - in die Parteikasse. Aber was geschieht mit den anderen Funktionen? Sie "fallen dem technischen Fortschritt zum Opfer", wie man so sagt. Das bleibt nicht ohne Konsequenzen, wie die Partei am Besuch der Versammlungen, dem Zusammengehörigkeitsgefühl und dem Abstand zwischen Basis und Vorstand bald merkt, wie die Mitglieder bald an einem wachsenden Informationsdefizit merken.

Deshalb werden neue Formen des Umgangs notwendig. Es gibt nun den regelmäßigen Rundbrief, den schriftlichen Appell des Schatzmeisters zur Zahlungsmoral, Telefonate vor wichtigen Sitzungen häufen sich, ein Kegelabend oder ein Scheunenfest muß her usw.

Was war geschehen? Eine (hier primäre) Funktion eines Handlungszusammenhanges war schematisch geworden. Es hatte eine technische (und darüber hinaus breit akzeptierte) Alternative gegeben, diese Funktion zu erfüllen. Man hatte diese Alternative angewandt. All die anderen verbundenen Funktionen waren nicht berücksichtigt worden, waren dem Technisierungsprozeß zum Opfer gefallen und hatten nachgeflickt werden müssen.

Nehmen wir ein *zweites* einfaches *Beispiel*, den Einkauf von irgendwelchen alltäglichen Konsumgütern. Auch hier ist der primäre Zweck (der Erwerb einer Ware) längst schematisiert. Nicht nur das Globalmittel des Äquivalententauschs, das Geld, erlaubte hier den technischen Umgang mit der Situation; Verpackung, Gewichts- oder Volumennormierung, Qualitäts- und Geschmacksvereinheitlichung, oft Preisgleichheit, Scannerkassengerechte Balkenaufdrucke und nicht zuletzt die gesellschaftliche Gewöhnung an dies erlaubten eigentlich Massenkauf, Lieferkauf oder gar Teleshopping. All das gibt es, und all das wächst. Aber es gibt auch einen Gegentrend: die Einkaufsfahrten; das Ambiente von Boutiquen und Malls; den Boom der Wochenmärkte und die Wiederkehr des Tante-Emma-Ladens als Kultur; den Erlebniseinkauf in der Landlord- oder Sue-Ellen-Passage; und was auch immer (8).

Hier erweist sich ein Handlungszusammenhang, der grundsätzlich - von der Primärfunktion her - leicht technisierbar wäre, als resistent.

All diese Überlegungen schließen etwas ein, was außerordentlich wichtig ist, was aber in diesem Kontext nicht weiter thematisiert werden kann und soll: daß es nämlich ein wirtschaftliches und/oder politisches Interesse an der Technisierung von Handlungszusammenhängen gibt. Das ist ein Interesse am Verkauf entsprechender Geräte und Software, das ist ein Rationalisierungsinteresse, und das ist ein Kontrollinteresse, Interessen, die sich rezeptiver Strukturen sofort bedienen, wenn ihre personellen Träger willig und zahlungskräftig erscheinen.

Versuchen wir, den *Gehalt der Beispiele zu verallgemeinern*, ergibt sich folgendes Bild: Kommunale Denktechniken basieren auf einer lokalen Kommunikationsinfrastruktur. Diese läßt sich als ein Netz lokaler Handlungszusammenhänge beschreiben, die u.a. aus Trägern lokaler Kommunikation für Gruppen und mit Funktionen in verschiedenen Bereichen bestehen.

Es gibt des weitern ein ökonomisches und politisches Interesse, das auf Technisierung mindestens je eines Aspekts dieser Handlungszusammenhänge gerichtet ist. Technisierung erfolgt, wenn Handlungszusammenhänge technikrezeptiv sind. Hierzu ist neben dem allgemein unterstellten Technisierungsinteresse erforderlich, daß ein Teilaspekt des Handlungszusammenhangs schematisiert, formalisiert, repetitiv geworden ist, so daß er von der Leistungsfähigkeit der vorhandenen Techniken her und unter günstigen Kosten-Nutzen-Kalkülen für eine Technisierung in Frage kommt. Und es ist notwendig, daß die Technisierung nicht durch Nichtakzeptanz behindert wird. Dabei kann fehlende Nichtakzeptanz auf bewußter Akzeptanz beruhen ebenso wie auf mangelhafter Vorsicht wie auch auf Fehleinschätzungen der Wirkungen.

Dann ist ein Handlungszusammenhang technikrezeptiv. Er kann selbstverständlich auch bewußt technikrezeptiv sein, insofern die Technisierung des Handlungszusammenhanges auf bewußtem und weitsichtig geplantem Technikeinsatz beruht. Dies kann an der von vornherein gegebenen Akzeptabilität der Technik hinsichtlich aller Situationskomponenten liegen, an einer (eventuell auch falschen) Akzeptanz (z.B. Technikeuphorie) und - im m.E. günstigsten Fall - an einer mitgestaltenden Einführung von Technik in einen sozialen Handlungszusammenhang, in welchem dann Akzeptabilität und Akzeptanz durch Partizipation zusammenfinden.

Die verbreiteten Vorstellungen richten sich nicht nach dem zuletzt skizzierten Idealbild, sondern zum einen nach der Idee, eine optimale Lösung könne in der Sache (in der Technik) erzielt werden (Akzeptabilität als Eigenschaft der Technik im Handlungszusammenhang), zum andern nach Überlegungen zur Herstellung von (subjektiver und kollektiver) Akzeptanz ohne notwendigen Bezug zur Akzeptabilität (9).

Wird ein sozialer Handlungszusammenhang in einer seiner Komponenten technisiert, werden die angelagerten Funktionen, Träger und Gruppen zunächst aus diesem Handlungszusammenhang gelöst. Sie gehen verloren, oder sie organisieren sich neu.
Insoweit bedingt die Technisierung eine *kurzfristige Chance der Neukombination sozialer Teilsysteme*, die aus verkrusteten Zusammenhängen befreit, auf unterschiedliche Weise neu gedacht und neu geordnet werden können. Als *Ordnungsprinzip* kommen die *zukünftigen Träger* dieser Funktionen infrage. Sie lassen sich unterscheiden nach solchen der öffentlichen

Hand, des kommerziellen Zugriffs und des ehrenamtlichen, vereinsmäßigen, also des non-profit-Zugriffs. Etliche Funktionen finden sich auch als Aufgabe fürs Individuum oder für die Familie wieder.

Die Organisierung im Rahmen dieser *vier Trägermöglichkeiten* bedeutet im Zuge der technischen Formierung unserer Gesellschaft eine kurzfristige Neugestaltungschance, solange diese Chance rechtzeitig erkannt wird. Kurzes Zögern bereits läßt die alten Machtmuster, die kurzfristig offene Situation, im alten Schema verkrusten. Eine Chance ist vertan. Und das Verhältnis ist - technisch formiert - fixer denn je.

Wie aber nutzt man den kurzfristig im Prozeß der technischen Formierung entstehenden Handlungs- und Umgestaltungsspielraum?

5. Partizipation und Aneignung

Bisher scheint es eher zufällig zu sein, ob eine Struktur resistent oder rezeptiv ist. Die *Nichtakzeptanz* einer Technisierung gehört zu den wichtigen Resistenzfaktoren. Aber sie muß ja nicht rational sein - auch nicht im Sinne der Betroffenen. Also kommt es darauf an, interessenten- und betroffenenbezogen lokale Handlungszusammenhänge, denen Technisierung winkt oder droht, systematisch einzuschätzen. Das ist es, was *Technikfolgenabschätzung* tun muß. Nur darf man sich nicht einbilden, daß dies eine - irgendwie - unabhängige Instanz tun könne, die Wissenschaft, der Datenschutzbeauftragte oder sonstwer oder - was aufgrund einer immanenten, also nicht selbst wieder an die gesellschaftliche Auseinandersetzung rückgebundenen Situation.

Eine bestimmte Auswahl der Interessenten und Betroffenen muß sich der Sache annehmen. Die Sache, das ist nicht ein technisches Gerät, sondern das ist ein Handlungszusammenhang, in den eine Technik neu eingeführt werden soll oder in welchem eine Technik einen besonderen Stellenwert erhalten soll. Es kommt darauf an, diese Situation systematisch zu beschreiben hinsichtlich der Funktionen, der betroffenen Gruppen und der Bereiche und Träger, die diese Situation ausmachen.

Blickt man zuerst auf die Sache, so gibt es dazu geeignete Verfahren, die - je nach Lage der Dinge - in Frage kommen.

Theoretisch und methodisch lassen sie sich im Konzept des "*Objektinterviews*" (10) zusammenfassen, einer systematischen Beschreibung des sozio-technischen Systems, welche Technikfolgenabschätzung und Technikalternativen in verschiedenen *Zukunftsszenarien* ausarbeitet, so daß möglichst anschaulich werden kann, was sich ändern wird, für wen sich etwas ändern wird und in welcher Hinsicht sich etwas ändern wird.

Nun bedarf dieses Verfahren allerdings nicht einfach eines Fragebogens, sondern zweier sehr wichtiger Entscheidungen: Wer wird hinsichtlich der Folgen befragt, und wer entscheidet zwischen den schließlich ausgearbeiteten Alternativen?

Im parlamentarischen System sind wir daran gewöhnt, daß alle oder ein irgendwie alle repräsentierendes Gremium entscheidet, welches vorher sich informiert hat (nach bestem Wissen) und über moralische Zweifel erhaben ist (... und Gewissen). Wir wissen aber auch, daß das manchmal nicht ausreicht. Sonst hätten wir ja viele Probleme (zum Beispiel mit den Technikfolgen) nicht, die wir haben.

Als ein Korrektiv hat sich die unmittelbare Interessenvertretung der Betroffenen herausgebildet, und zwar in zwei Formen, für die die Gewerkschaften und die Bürgerinitiativen als Muster stehen können. Wir können angesichts der modernen Techniken bei weitem nicht mehr sicher sein, daß diese Korrektive rechtzeitig ansetzen.

Nun kann man nach dem einführend Skizzierten davon ausgehen, daß neue Techniken nicht ins Nichts stoßen, sondern in eine mehr oder weniger resistente oder rezeptive Struktur als sozialen Handlungszusammenhang. Dieser Handlungszusammenhang ist immer schon durch Interessenten, Beteiligte und Betroffene strukturiert. Für die lokale Kommunikation lassen sich sehr genau Betroffenen- und Interessentengruppen ausmachen, um die es geht und die durch die Implementation neuer Techniken betroffen sein werden.

Sie sind es, die durch das hier angestrebte Beteiligungsverfahren angesprochen werden müssen. Wir brauchen also weder eine nach Kriterien der empirischen Sozialforschung irgendwie exakte Zufallsauswahl, um ein Unterparlament zu konstituieren, noch brauchen wir Zirkel der die Köpfe zusammensteckenden Betroffenen. Was wir brauchen, ist die Sozialstruktur des Betroffenen- und Interessentenfeldes als ja *immer schon vorhandene organisierte Struktur*.

Im beruflichen Bereich erscheint das selbstverständlich. Da gibt es gewerkschaftliche Mitbestimmung und Betriebsräte. In der Schule gibt es die Vertretungsorgane nach dem Schulmitwirkungsgesetz. Und so weiter. Für die Veränderungen lokaler Kommunikation als Folie und Träger kommunaler Denkstrategien muß die vorhandene Struktur erst bestimmt werden. Sie besteht - in guter Näherung - in der vorhandenen lokalen Vereine- und Initiativenstruktur. Diese also müssen gewonnen werden als Partner, welche Objektinterviews durchführen hinsichtlich durch Technik zu verändernder Situationen. Sie sind es, die Szenarien ausarbeiten sollten. Sie sind es, die ihre Auswahl über das Wünschenswerte den politischen Entscheidungsinstanzen als Akzeptanz- oder Rezeptivitätsmaß angeben sollten.

Das *formale Verfahren* hierzu ist nicht komplizierter als eine Volkshochschulveranstaltung. Der Formalisierungsgrad läßt sich gering halten. Er läßt sich verbessern durch gesetzlich oder tarifvertraglich abgesicherte berufliche Freistellung. Aber er muß vor allem von den Teilnehmern als sinnvoll, wichtig und seriös gesehen und betrieben werden, damit auch die Adressaten - die nach wie vor ja letztlich entscheidenden politischen und administrativen Instanzen - den Einsatz ernst nehmen (11).

Sie haben guten Grund dazu, da hier neben besseren Lösungen aufgrund eingebrachter breiterer Sach- und Wertekompetenz auch Akzeptanz mitproduziert wird - allerdings nicht einfach werbemäßig erheischte, sondern der systematisch angeleiteten Einschätzung der Sache nach sozial hergestellte Akzeptanz.

Die Bestandsaufnahme der Interessentenstruktur und das durch diese ausgewählten Interessenten durchgeführte Objektinterview als Teile einer von uns sogenannten *Planungswerkstatt* führen zu einer Zukunftswerkstattphase, an deren Ende ein konkreter Zukunftsentwurf zum Thema oder alternative Szenarien stehen, über die eine erweiterte Interessenten- und Betroffenenstruktur befinden und für die sie ein *Durchsetzungskonzept* entwickeln sollte.

Worum es immer geht, ist die *Anstiftung zur Kommunikation* einer vorhandenen Kommunikationsinfrastruktur hinsichtlich ihrer absehbaren technisch bedingten Veränderungen. Das ist besonders deshalb wichtig, weil die ohnedies erwartbare Durchsetzung der neuen "Denktechniken" eher dazu geeignet ist, das relevante Geschehen in einem Meer von Belanglosigkeiten ertrinken zu lassen. Die Sicherung kommunaler Denk- und Handlungsmöglichkeiten ist, als Aufgabe formuliert, die Aneignung kommunaler Denktechniken: als Beherrschung der Gegenstände ebenso wie der zugehörigen Verfahren, insbesondere aber der Verfahren, die diese Beherrschung ermöglichen und sichern. Es geht um die Aneignung kommunaler Denktechniken gerade in der Phase ihrer Technisierung.

Denn die technische Formierung ist eine Fixierung von Handlungsmöglichkeiten, insofern - auf einige Dauer - eine bestimmte Struktur durch die vorliegende Objektdominanz festgeschrieben wird, die erst auf einer nächsten Stufe wieder flexibel wird, vielleicht im Zuge der Anwendung von Maschinen künstlicher Intelligenz. Aber wie dann die Gestaltungsmöglichkeiten sein werden, muß jetzt vorentschieden werden.

Die dazu notwendigen Partizipationsstrategien sind *auch eine Form der Technisierung kommunalen Denkens*, sind kommunale Denktechniken in dem Sinne, daß hierdurch die Durchsetzung von Techniken im kommunalen Bereich bedürfnis- und betroffenenorientiert versucht wird - in einer systematischen Form, die die allgemeine Anwendung ermöglicht. Das ist *nicht Einhalt der technischen Formierung, aber Gestaltung* der Bedingungen und der (je und je und immer nur) Zwischenergebnisse.

Anmerkungen

(1) vgl. H. Hülsmann: Die technologische Formation, Berlin 1985 et passim
(2) vgl. A. Bammé et al.: Wissenschaftsdidaktik heute heißt Wissenschaftskritik, in: dies. (Hg.): Technologische Zivilisation und die Transformation des Wissens, München 1988, S. 9-60
(3) vgl. P. Bourdieu: Die feinen Unterschiede, dt. Frankfurt a.M. 1982 et passim

(4) vgl. R. Tschiedel: Sozialverträgliche Technikgestaltung, Opladen 1989 (im Ersch.)

(5) vgl. N. Postman: Wir amüsieren uns zu Tode, dt. Frankfurt a.M. 1985

(6) B.L. Whorf: Sprache, Denken, Wirklichkeit, dt. Reinbek bei Hamburg 1963

(7) M. Schumacher, s.v. "Kommunikation, lokale, in: R. Voigt (Hg.): Handwörterbuch zur Kommunalpolitik, Opladen 1984, S. 279-282; hier: S. 280

(8) vgl. P. Salentin: Btx-Akzeptanz, Magisterarbeit Phil. Fak. der Universität Münster 1989

(9) vgl. R. Tschiedel, Anm. 4

(10) vgl. R. Tschiedel: Methoden der Techniksoziologie: Das Objektinterview, Vortrag beim Soziologentag in Zürich 1988 (Kurzfassung erscheint im Veröffentlichungsband 2)

(11) vgl. R. Tschiedel: Anstiftung zur Kommunikation, in: A. Franken (Hg.): dass., Düsseldorf (Ministerium für Arbeit, Gesundheit und Soziales), in Vorbereitung.

NICHT NUR TSCHERNOBYL ... - DIE ALLTÄGLICHE UMWELTKATASTROPHE
Ein Streifzug durch die Umweltberichterstattung 1988

Macmillans vertuschtes "Tschernobyl" - Nach 30 Jahren erfahren Briten die Wahrheit (2.1.1988) * Atom-Korruption im Weltmaßstab - Die Hanauer Bestechungsaffäre hat mit der atomaren Aufrüstung der Dritten Welt zu tun (22.1.1988) * Französischer Reaktor - Risse im Kühlbehälter (2.2.1988) * Studie: Waldschäden in Ostösterreich am größten (3.2.1988) * Pannen, Schlamperei, Sorglosigkeit - Häufung gefährlicher Chemieunfälle (8.2.1988) * Ätzende Eiskristalle - Wie das Ozonloch entsteht und warum es nicht am Nordpol auftritt (26.2.1988) * 500.000 Tonnen Giftmüll versickern - Der Abfallberg wächst über und unter der Erde, die Chemikalienflut ist kaum zu dämmen (28.3.1988) * "Todesalge" ist der Tragödie 1. Akt - Was jetzt überlebt, stirbt später (30.5.88) * Tödliche Algen: Mikroorganismen als Auslöser für Umweltkatastrophe - Mögliche Ursache: Zusammenspiel hoher Temparaturen und ins Meer geleiteter Abfälle (3.6.1988) * Billiges Gift - Wird Westafrika zur Müllhalde Europas? (6.6.1988) * Der tägliche Mord an der Nordsee - Algenpest und Robbensterben: das Meer als Müllkippe - unsere Todsünde (10.6.1988) * Loire vergiftet: 200.000 ohne Trinkwasser (11.6.1988) * Der Nordsee geht die Luft aus - Langfristige Rettungspläne könnten für Tiere und Pflanzen zu spät kommen (16.6.1988) * Die "Anna Broere" wird zum ökologischen Langzeitkrimi (29.7.1988) * Strahlende Lebensmittel: Weg damit in die 3. Welt (2.8.1988) * Wasser: "Fröhlich in die letzten Reserven" (8.1988) * Viel Hormone im Kalbsbraten (17.8.1988) * Die Welt versinkt im Müll (29.8.88) * Adria: "Zweiter Strand" gegen Touristenausfall (7.9.1988) * "Österreich bastelt sich seine Naturkatastrophen" - Eindringliche Warnung vor Bausünden im Hochgebirge (17.10.1988) * 200 t Uranstaub in die Luft "geblasen" - Ministerium duldete radioaktive Verseuchung (17.10.1988) * Ein Skandal seit vier Jahrzehnten - Washington hat Pannen und atomare Verseuchung bewußt vertuscht (21.10.1988) * Gift für den Fortschritt - Der Süden opfert den Umweltschutz seiner wirtschaftlichen Entwicklung (21.10.1988) * Horrorvision durch neueste UN-Studie: Mittelmeerküste ist im Jahr 2025 tot (3.11.1988) * Luft in Österreich - kein Grund zum Aufatmen (30.11.1988) * Entging Deutschland 1987 nur knapp einem "Supergau"? (6.12.1988) * Linzer Giftöl-Skandal geht weiter - 73 Fässer sind verschwunden (7.12.1988) * Grenzen in Sicht - Überlastete Erde (13.12.1988)

Aus: Oberösterreichische Nachrichten, Die Presse, Neues Volksblatt, Die Zeit, AZ/Tagblatt, Profil, Der Spiegel.

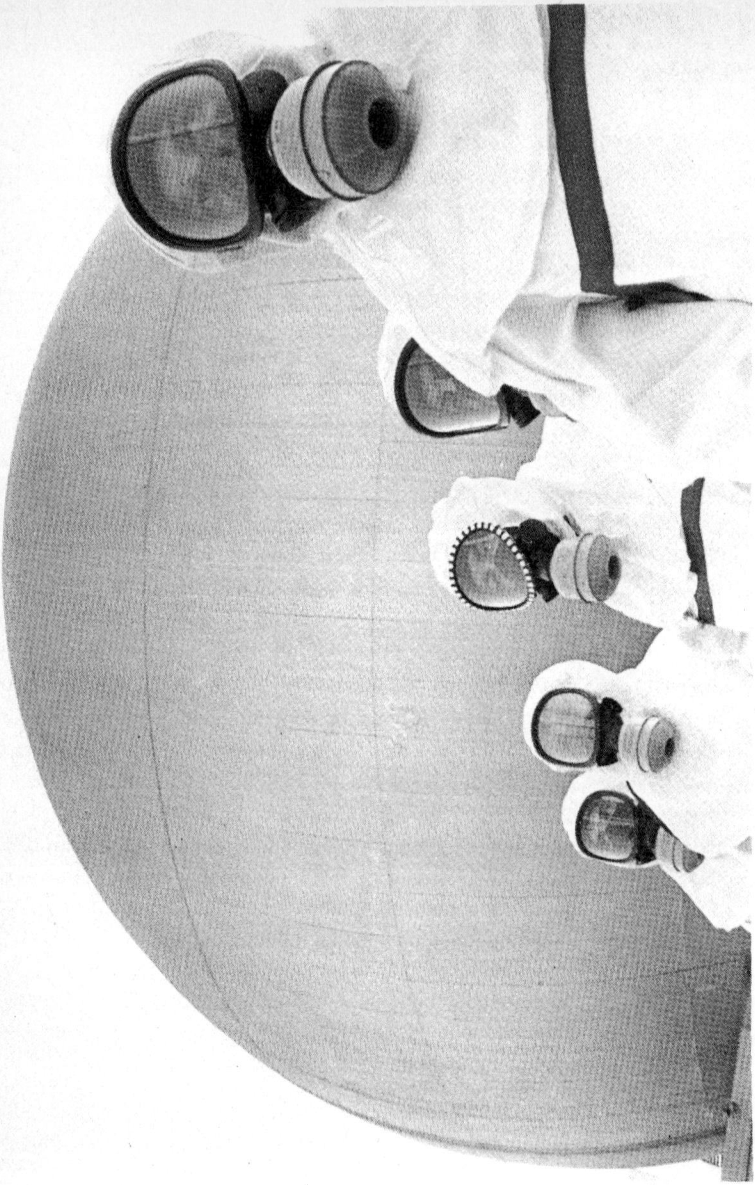

Centrale Atomique de Chinon

Dietmar Nemeth

AUF DEM WEG IN EIN TECHNOLOGISCHES ÖKOTOPIA?

Die Auseinandersetzung mit den ökologischen Risiken der Industriegesellschaft hat weiterhin Saison. Mittlerweile existiert eine beachtliche Literatur über ökologische und technologische Gefahren, über Umweltethik und Wertwandel, über Technologiefolgenabschätzung und Umweltpolitik u.ä.m. Wahrscheinlich trifft der Luhmann'sche Begriff der "ökologischen Kommunikation" (Luhmann 1986) die gegenwärtige Situation am besten. Was dieser Kommunikation heute erst in Ansätzen gelingt, ist es, die ökologische "Zwei-Kulturen-Theorie" (vgl. Dahrendorf 1979, Inglehart 1981, Fietkau 1984) zu überwinden und den technologischen Charakter der modernen Gesellschaft, deren hochdifferenzierte, funktionalisierte und interdependente Teilsysteme mehr denn je vom wissenschaftlich-technischen Fortschritt abhängen, in den Mittelpunkt zu stellen.

Erweisen sich ökologische Perspektiven in einer solchen Gesellschaft, deren Technologie und Ideologie in historischem Widerspruch zur Natur stehen, nicht von vornherein als Utopie? Nicht unbedingt: Die technologische Formierung der Gesellschaft schließt sie nicht notwendigerweise aus, es gibt insbesondere auch technologie"immanente" ökologische Chancen. Naturwissenschaftlicher Anspruch und Technologie des 20. Jahrhunderts könnten bald ausgedient haben. Die technologischen Veränderungen zu negieren, um ökologische "Ideologien" vertreten zu können, könnte sich als fatal erweisen.

Es ist nicht erforderlich, deswegen individuelle ökologische "Sittenkodexe" aufzugeben. Ökologische Orientierungen werden in einer hochkomplexen Gesellschaft aber weiterhin mit Widersprüchlichkeiten und Inkonsistenzen zu kämpfen haben. Denn Hand aufs Herz: Wer handelt nicht schon einmal "unökologisch", fährt Auto statt Bahn, kauft im Supermarkt statt im Alternativladen und vergnügt sich im Winter auf kahlgeschlagenen Abhängen, um sich im Sommer über die Häßlichkeit der Skilifte zu empören? Wenn man die ökologischen Probleme ernst nimmt, bleibt da wirklich nur der Rückzug aus der Gesellschaft übrig, das abgeschottete Leben in der Idylle (?) einer sich selbst versorgenden Scholle irgendwo auf dem Land?

Oder macht es doch Sinn, mit den alltäglichen Widersprüchen zwischen Denken und Tun zu leben? Dieses "Unbehagen an der Kultur" und die Widersprüchlichkeit des in ihr Existierenden sind dann zwar vorhanden; sie sind vor allem vorhanden als Folge der wissenschaftlich-technischen und ökonomischen Umwälzungen der letzten Jahrhunderte. Sich den gesellschaftlichen Veränderungen zu entziehen, ist nur um den Preis der gesellschaftlichen und kulturellen Isolation möglich. Soll die soziale Realität hingegen gestaltet werden, ist es zunächst notwendig, die Logik, die Wechselwirkungen, den zwanghaften Charakter, mit dem sich diese Veränderungen gegenseitig bedingen, zu analysieren. Als Beitrag zu einer solchen Analyse ist der vorliegende Aufsatz zu verstehen.

Tatsächlich ist es zu einer Formation der Gesellschaft gekommen, in der Technologie eine zentrale Stellung einnimmt (vgl. Hülsmann 1985). Immer mehr bestimmen technologisch hergestellte *Abhängigkeiten* gesellschaftliche *Handlungsmöglichkeiten*: ohne Auto keine Mobilität, ohne private Audio-, Video- und Telestation keine Information, ohne Kabel keine Kommunikation, ohne maschinenlesbare, multifunktionale Plastikkarten und -ausweise bald keine legitime Existenz. Mikroelektronische Anlagen minimieren Schadstoffemissionen, moderne Biotechnologie hilft, Abfallstoffe zu entsorgen. Immer mehr gilt: ohne Technologie kein ökonomisches Wachstum, keine Infrastruktur, keine öffentliche Versorgung, keine Wissenschaft.

Ökologie zwischen Mystizismus und Rationalismus

Die dominierende Stellung der Technologie in der modernen Gesellschaft ist auf die spezifisch abendländische Entwicklung in Naturerfahrung, Ökonomie und Wissenschaft zurückzuführen. Analyse, Abstraktion, Quantifizierung und Objektivierung in der Auseinandersetzung und Nutzbarmachung der Natur waren die Voraussetzungen für die Entstehung der modernen Gesellschaft und ihrer ökonomischen und technologischen Produktivkraft. In der technologisch formierten Gesellschaft sind Naturwissenschaft und Technologie die determinierenden Faktoren der sozialen Realität. Schon Goethe hat die Wirklichkeit, die die moderne Wissenschaft produziert, beschrieben:

Die Wissenschafter, die "die Gegenstände der Natur an sich und in ihren Verhältnissen miteinander zu beobachten streben, (...) verlieren (...) den Maßstab, der ihnen zur Hülfe kam, wenn sie als Menschen die Dinge in Bezug auf sich betrachteten. Eben den Maßstab des Gefallens und Mißfallens, des Anziehens und Abstoßens, des Nutzens und des Schadens." (Goethe 1962:10)

Der Konflikt zwischen Objektivem und Subjektivem ist uralt. Goethe wollte darin Vermittler sein und ist schon zu Lebzeiten der quantitativen Vernunft unterlegen. Auch die heutige ökologische Kritik und mit ihr die Wissenschaftskritik sind letzten Endes auf der Suche nach einer Verbindung von Subjektivem und Objektivem; allzuoft sind sie aber zum Scheitern verurteilt, weil ein diffuser Mystizismus oder aber ein naiver Naturalismus diese Verbindung von vornherein unmöglich macht.

Es ist modern geworden, anthropozentrische Haltungen in Frage zu stellen. Die "totale" Krise der modernen Gesellschaft wird der Selbstüberschätzung des Menschen zugeschrieben (vgl. Jonas 1985), der mangelnden Fähigkeit systemische Prozesse zu verstehen (vgl. Vester 1984), der einseitigen Betonung westlich-rationaler Denktraditionen und -strukturen (vgl. Capra 1982) oder überhaupt der zu langsamen Entwicklung der kognitiven Fähigkeiten des Menschen (vgl. Riedl 1985). Daran mag vieles richtig sein, häufig laufen diese ethischen und biologisch-ganzheitlichen Zivilisationstheorien aber Gefahr, "das Kind mit dem Bade auszuschütten", d.h. mit dem Anthropozentrismus auch die rationalistische Denktradition aufzugeben. Nicht umsonst sieht Nelson in den neuen sozialen Bewegungen den grundlegenden Konflikt zwischen Rationalität und Affektivität aufbrechen und die Errungenschaften der Aufklärung in Gefahr (vgl. Nelson 1986: 61 und 143).

In der Beziehung Mensch-Natur scheint dabei das Pendel häufig "zurückzuschlagen". War die Entwicklung der modernen Wissenschaft und Gesellschaft nur möglich aufgrund der Desakralisierung und Funktionalisierung von Natur, so ist heute eine Tendenz zur Resakralisierung feststellbar. Eine diffus erlebte "Heiligkeit" der Natur soll den Menschen von ihrer Zerstörung abhalten; wie immer dies theologisch begründet wird, die religiös motivierte Umweltethik bringt keine Alternativen. Sie stellt sich wie jedermann gegen Waldsterben, Luftverschmutzung und atomare Bedrohung, pauschal und ohne wesentliche Konsequenzen. Die religiöse Umweltethik hat, "hart gesagt, keine Religion zu bieten"(Luhmann 1987:190f).

Was die Erhaltung der Natur sowie die ökologische Bewegung als solche betrifft, so hat Horkheimer in ähnlichem Zusammenhang festgestellt, daß die Lehren, die die Natur auf Kosten des Geistes erhöhen, die Versöhnung mit der Natur nicht begünstigen. Dies gilt vor allem deswegen, weil wir "zum Guten oder Schlechten die Erben der Aufklärung und des technischen Fortschritts" sind, sodaß der einzige Weg, die Natur zu schützen, darin liegt, "ihr scheinbares Gegenteil zu entfesseln, das unabhängige Denken" (Horkheimer 1985:123).
Noch kritischer beurteilt Marquard (vgl. Marquard 1986) ökologische Positionen, sofern sie im Widerspruch zum technischen Fortschritt stehen. Sie sind für ihn Teil eines "futurisierten Antimodernismus", worunter er eine kulturpessimistische Tendenz versteht, die mit der Bejahung der modernen Welt bricht und eine Art "Öko-Diktatur" anstrebt. Natur - so Marquard - werde ideologisiert und die "Restrisiken" der technologischen Gesellschaft würden zu Zukunftsbedrohungen hochstilisiert.

Die rationalistische Antwort auf die Kritik der Ökologiebewegung am linearen, instrumentellen und utilitaristischen Charakter westlicher Rationalität - eine Kritik, die angesichts dessen, was bis heute als ökonomisch, politisch und gesellschaftlich rational angesehen wird, zum Teil verständlich wird - fällt also eher scharf aus. Die okzidental orientierte, spiritualisierende, ganzheitliche *Öko-Philosophie* hat in der modernen Gesellschaft außer in esoterischen Zirkeln kaum Durchsetzungschancen. Die Unmöglichkeit, so etwas wie die "Heiligkeit" der Natur einer rationalistischen Gesellschaft begreiflich zu machen, führt geradewegs ins Spekulative. Die Natur wird zum Mythos, Naturerleben zur Teilnahme am spirituellen und kosmologischen Ganzen. Dies ist prinzipiell nichts Schlechtes, sieht man von vereinzelten Extremen ab (vgl. Gugenberger 1986). Die fundamentalistische, mirakulöse und eschatologische Perspektive (vgl. Luhmann 1986:191), die Mythisierung von Natur kommt aber gleichzeitig einer Entpolitisierung der Ökologie gleich. Damit wird auch der Versuch, endogene Fehlentwicklungen der Gesellschaft "von innen" zu beeinflußen, zugunsten eines mythisierend-spiritualisierenden Abseits, in das die Sakralisierung von Natur führt, aufgegeben.

Aber auch ein konsequenter "ökologischer" Rationalismus wirft Probleme auf. Die Auseinandersetzung mit der ökologischen Destruktivität der Industriegesellschaft läuft dann häufig Gefahr, sich auf eine naturwissenschaftlich geführte Diskussion über den materiellen Zustand der Natur zu beschränken. Die politischen Ergebnisse dieser Diskussion erschöpfen sich dann notwendigerweise in Grenzwertfestlegungen für Schadstoffe und deren Messung. Sicherlich sind derartige Regelungen wünschenswert, auch Technologiefolgenabschätzung, Umwelt- und Sozialverträglichkeitsprüfungen etc. stellen Erfolge dar. Mit der Methode des "technology assessment" wird jedoch insgesamt davon ausgegangen, daß der technische Fortschritt im nachhinein kontrollierbar wäre, wobei übersehen wird, daß der Prozeß der *Technologieproduktion* oder - wie es Kreibich (vgl. Kreibich 1986:156ff) nennt - das WTI (Wissenschaft-Technologie-Industrialismus) - Paradigma - nicht ex post beeinflußbar ist. Technologie als notwendiges Ergebnis von Naturwissenschaft verinnerlicht eine Realität, in der nur existiert, was zähl- und meßbar, damit objektivierbar und reproduzierbar ist. Soziale Faktoren können nur in quantifizierter Form berücksichtigt werden, wodurch sie ihres sozialen Charakters entkleidet werden und hinkünftig *Sozialität objektivieren* (z.B. artificial intelligence).

Die mystisch-spiritualisierende Perspektive der Ökologiebewegung, von der gerade die Rede war, ist die intuitive Antwort vieler Menschen auf die objektivierte technologische Realität. Sie ist letztlich vor allem Auflehnung gegen eine technologisch formierte Gesellschaft, die die Schäden, die sie der natürlichen Umwelt und dem Menschen zufügt, auch noch technologisch (sprich via Fernsehen oder noch aktueller: via öffentlicher Digitalanzeige"tafel") mitteilt. Menschliche Wahrnehmung verläuft jedoch nicht "mathematisch"; ein elektronisches Display, das die Qualität der Luft quantitativ anzeigt, zeigt zwar die instrumentell gemessenen Schadstoffmengen, nicht aber, wie der einzelne sie erlebt bzw. wahrnimmt. Es gibt keine objektiven Kriterien für Umwelt- und Sozialverträglichkeit, sondern nur subjektives (physisches, ästhetisches) Empfinden.

Ökologische Politik befindet sich insofern in einem Spannungsverhältnis zwischen naturwissenschaftlicher Ausrichtung und verschiedenen "humanistischen" (ethischen, pädagogischen, sozialen) Ansprüchen, deren gemeinsames Ziel ist, vom *Messen* der Natur zum *Be-Greifen* der Natur zurückzufinden. Nur insofern ein Ausgleich zwischen diesen beiden

Richtungen gelingt, bietet die und bieten sich der ökologischen Vernunft in Zukunft Chancen.

Wertwandel, Risikogesellschaft, risk management

Die Gesellschaftstheoretiker haben die Kritik der neuen sozialen Bewegungen rasch in ihre Konzepte einbezogen. Solcherart entstanden "nachindustrielle" (vgl. Bell 1985), "postmaterielle" (vgl. Inglehart 1981), postmoderne Informations- und "Wissenschaftsgesellschaften" (Kreibich 1986) usw.

Ulrich Beck hat den Begriff der "Risikogesellschaft" geprägt (vgl. Beck 1986a) und damit dasjenige auf den Punkt gebracht, was hinter dem Wertwandel der letzten Jahre steht: nämlich ein zunehmendes Potential an gesellschaftlicher Destruktivität, das jeden Moment eskalieren kann, eine zunehmende Unfähigkeit, dieses Potential zu "entschärfen", sowie eine allgemeine Sensibilisierung der Menschen gegenüber diesen Entwicklungen. Die Gefahren werden anonymer, sind nicht konkret, sondern abstrakt; zum Teil gelingt es nicht einmal mehr, sie sich "vor Augen zu halten". Sie sind immer weniger auch nur vorstellbar. Zum bestimmenden Lebensgefühl unserer Zeit zählt eine diffus erlebte und routinemäßig verdrängte Angst.

Die Risiken der modernen Gesellschaft, sei es die friedliche oder militärische Nutzung der Kernkraft, die Umweltschäden der industriellen Produktion, die "over-kill"-Kapazität, das Zuendegehen von Ressourcen, die "Zwei-Drittel-Gesellschaft" oder die Industrialisierung der Genese usw. steigen "proportional" zur Funktionalität dieser Gesellschaft. Hülsmann hat unzweifelhaft recht, wenn er behauptet, daß unsere Gesellschaft undenkbar wäre ohne das Zusammenwirken von Naturwissenschaft und Technologie, wie er es im "Manhattan-Projekt" (die organisierte wissenschaftliche Entwicklung der Atombombe) erstmals verwirklicht sieht (vgl. Hülsmann 1985:18-22). Das gesellschaftlich gewollte Zusammenwirken - der technologische und wirtschaftliche "Fortschritt" - besteht daher nicht nur im Fortschritt der gesellschaftlichen Chancen, sondern gleichzeitig auch im Anstieg der Risiken. Die *Ambivalenz* des Fortschritts ist im Grunde das Kriterium der Risikogesellschaft.

Unter dem Eindruck dieser Risiken ist in den letzten Jahren viel über einen Wertwandel der Bevölkerung gegenüber Wissenschaft, Technik und Fortschritt diskutiert worden (vgl. Hillmann 1981, Klages/Kmieciak 1981, Klages 1983). Fortschrittsskepsis und brüchig werdendes Vertrauen in Wissenschaft und Technik sind sicherlich für die letzten beiden Jahrzehnte charakteristisch. Für viele kam erst der Frühling 1986 diesbezüglich einer Zäsur gleich; seit damals existiert ein gesellschaftliches Bewußtsein darüber, daß weder nationale noch politische Grenzen vor technologischen Katastrophen schützen können. Aufgrund dieses Bewußtseins/Wertewandels eine Ära des Postmaterialismus zu prophezeihen, scheint jedoch unrealistisch. Es handelt sich eher um eine "Wertsynthese" (Klages), sodaß zwar Werte vertreten werden, die im Gegensatz zum technischen Fortschritt stehen, genauso aber auch solche, die an ihm festhalten. Die globale "Angstkommunikation" (Berger 1988) hat also keinen wirklich radikalen Wandel der Wertorientierungen bewirkt.

Läuft Wertwandel heute nicht vielmehr auf Angst-Management hinaus, indem wir mit ihm versuchen, auf dem "zivilisatorischen Vulkan" unserer Zeit zu überleben, ohne an unseren Ängsten zu ersticken (vgl. Beck 1986b)? Demnach haben sich unsere Wertorientierungen zwar gewandelt, indem es uns heute weniger als früher ums Besserleben als ums Überleben geht, aber dies eigentlich aus durchaus eigennützigen, materiellen und existentiellen Gründen. Wir sind dann alles andere als "Postmaterialisten". Es geht uns genauso wie den Materialisten, um in der Inglehartschen Diktion zu bleiben, um unser materielles Wohl, nur verstehen wir darunter etwas existentiell anderes als die "Wachstums-Generation".

Auch die Ökonomie hat nicht ihren Anspruch, höchstens in Ansätzen ihre Ausrichtung verändert. Ökologische Risiken werden heute ökonomisch verwertet, stellen "big business"-Bereiche dar (vgl. Beck 1986). Zivilisationsrisken können in industriellem Maßstab in bare Münze umgewandelt werden. Insofern ist das privatwirtschaftliche ökonomische System durchaus in der Lage, auf sich verändernde Marktbedingungen und auf neue Märkte zu reagieren. Es gibt keinen Grund anzunehmen, warum z.B. das gigantische Ausmaß des Waldsterbens mit allen den bekannten Konsequenzen nicht ebenso gigantische "Ersatz-Investitionen" in Lawinenschutz und neu geschaffene "Naturparks" zur Folge haben sollte. Was - so kann man mit Tribe fragen - spricht überhaupt gegen Plastikbäume ? (vgl. Tribe 1980). Berücksichtigt man die Pläne einer jugoslawisch-italienischen

Krisenkonferenz, die unlängst abgehalten worden ist, wird die Frage rhetorisch. Entlang der verschmutzten Strände der Adria, so beschloß die Konferenz, soll flächendeckend ein "zweiter Strand", nämlich Schwimmbäder für Touristen, errichtet werden (vgl. "AZ", 7.9.1988).

Letztlich sind derartige Fragen "Glaubensfragen". Akzeptiert man die technologisch geschaffene Natur, dann ist die Umweltkrise eine Folge nicht ausgereifter Technik und kann durch ein Mehr an wissenschaftlicher Forschung technisch "behoben" werden. Tut man dies nicht, werden ökologische Positionen automatisch zur Modernitätskritik, die häufig insofern unter Zugzwang gerät, als es ihr Probleme bereitet, realistische Alternativen zu präsentieren. Letztlich - und dies gilt es zu akzeptieren - gründet diese Kritik in subjektiven ethischen Kategorien, von deren Verallgemeinerungsfähigkeit auch ihr Erfolg abhängen wird.

"Biosphere II": Evolution der Moderne

Diese Unterscheidung verläuft deswegen so dichotom, weil es um die Prinzipien der Modernität, letztlich um das Konzept "Moderne" geht. Berger (Berger 1988:225) betont, daß für die klassische Soziologie (Tönnies, Durkheim, Weber, Parsons) die modernen Gesellschaften nicht wegen ihrer Instabilität, wegen ihrer auf die Produktionsverhältnisse zurückgehenden inneren Schwäche oder wegen ihres Unvermögens, große Menschenmassen zu versorgen, gefährdet sind. Ihre zentralen Probleme entspringen vielmehr ihrer *Funktionstüchtigkeit*, ihrer "Hyperfunktionalität". Die Einbremsung des "Hyper-Charakters" moderner Gesellschaften ist deshalb so schwierig und auch unrealistisch, weil die innere Logik der Moderne ebendiesen inkorporiert und permanent erneuert.

Innerhalb ihres Konzepts der Megastruktur ist die Moderne jedoch wandelbarer als dies viele Kritiker sehen. Gerade weil sie funktional so hochdifferenziert und rationalisiert ist, gelingt ihr die Anpassung an geänderte Bedingungen, soweit sie ihr Konzept tangieren, relativ gut und schneller als manchen lieb ist. Die Ökologiebewegung hat die modernen Industriegesellschaften zweifelsohne immens herausgefordert, in gewisser Hinsicht - nämlich in bezug auf die unverrückbaren Schranken des Wachstums und des Ressourcenverbrauchs - noch mehr als die sozialen Bewegungen der Jahre zuvor. Sie hat, nicht zuletzt unter dem Eindruck der

Allgegenwärtigkeit von Umweltkatastrophen, während der letzten Jahre eine enorme Sensibilisierung der Bevölkerung erreicht, die zumindest zum Teil und für gewisse Perioden Klassengegensätze verschwimmen ließ und das gemeinsame Interesse der Menschheit an der Erhaltung der Biosphäre in den Vordergrund stellte.

Viel langsamer, in den letzten Jahren jedoch immer deutlicher erkennbar, gelangt diese Sensibilisierung zu Ergebnissen in den gesellschaftlich relevanten Wirkungsbereichen der Ökonomie, des Rechts, der Wissenschaft. Es ist jedoch nicht zu übersehen, daß eine "Ökologisierung" der traditionellen Produktion und Konsumtion als solche nicht realistisch ist. Umweltschutzmaßnahmen während der letzten Jahre waren zum Großteil auf die Reparatur der industriellen Schäden gerichtet, ohne daß von ihnen maßgebliche Impulse in Richtung Prävention dieser Schäden ausgingen. Die entstehende Umweltindustrie mag zwar innovative Komponenten, etwa im Bereich der Biotechnologie oder der Energietechnik besitzen, im wesentlichen wirkt sie aber ebenfalls reparativ und korrigierend. Ihre Einsatzbereiche werden daher auch zukünftig vor allem dort zu suchen sein, wo irreparable ökologische Schäden langfristig Kontrolle, Reparatur oder Substitution erfordern (Waldschäden, Meeresverschmutzung, atomare "End"lager") oder ökologische Unzulänglichkeiten zu kompensieren sind (Filteranlagen, Lärmschutzwände, Entsorgungstechnik, Abfallwirtschaft). Aufgrund der Erfahrungen, was die Effizienz dieser Maßnahmen betrifft (erinnert sei nur an den Hanauer Atomskandal), ist eine gewisse Skepsis angebracht. Hinzu kommt, daß Interessenskonflikte zwischen beteiligten Gruppen und Personen (Bürger, Arbeitnehmer, Unternehmer, Techniker, Juristen) auf der politischen Bühne häufig Pattsituationen herbeiführen und Entscheidungen blockieren. Noch entscheidender ist aber, daß die Umweltindustrie der Großindustrie nicht jenen *ökonomischen Impuls* zu vermitteln imstande ist, der notwendig wäre, um eine wirkliche Trendwende einzuleiten.

Zwischenzeitlich verändern sich die Rahmenbedingungen in eine andere Richtung. Weite Teile von Ökonomie, Wissenschafts- und Technologieproduktion vollführen einen Schwenk in Richtung 21. Jahrhundert, der im wahrsten Sinn einer Revolution des herkömmlichen industriellen Systems gleichkommt, und in seinen Ansprüchen die *"Evolution" der Moderne* weiterführt.

War schon bisher die soziale Realität geprägt von Technologie und das industrielle System abhängig von einzelnen Technologieschüben (Webstuhl, Eisenbahn, Auto, Mikroelektronik), so vollzieht sich die *Transformation* dieses Systems nunmehr durch ein Verschmelzen von Technologie, Ökonomie und Wissenschaft zu realer Sozialität (Hülsmann 1985). Diese Sozialität ist in Zukunft ohne Technologie weder materiell noch biologisch reproduzierbar (vgl. Blumberger 1989).
Der abschließende Teil dieses Beitrages soll die Folgenschwere dieser Feststellung deutlich machen. Im Hinblick auf die Themenstellung des Aufsatzes bedeutet dies vor allem: Die Transformation wird nur insofern ökologische Elemente berücksichtigen, als diese unverzichtbar (siehe oben), *ökonomisch verwertbar* oder - wie noch zu zeigen ist - "*technologieimmanent*" sind.
Die technologische Entwicklung - das ist zum gegenwärtigen Zeitpunkt durchaus abschätzbar (vgl. Otten 1986, Eurich 1985, Hülsmann 1985, Bammé u.a.1983, 1987,1988) - wird im Lauf der nächsten Jahrzehnte geprägt sein von einer historisch einmaligen Synthese ehemals unterschiedlicher Technikbereiche wie Datentechnik, Informatik, Elektronik, Biologie, Werkstofftechnik, Energietechnik usw. Begrifflichkeiten für die beginnende Synthese existieren bereits: Telematik, Bioelektronik, Genmatik etc. Algorithmische Logik, genetischer Code, Kybernetik und Informationstheorie entzaubern die den Naturwissenschaften und den Cognitive Sciences zugängliche Realität aufs Neue und eröffnen damit einmalige Manipulations- und Gestaltungsmöglichkeiten.

Heute fehlt dem prinzipiell technisch Machbaren noch der Markt, wir befinden uns diesbezüglich eher im Stadium der Markterschließung und -aufbereitung. Das gilt für automatisierte Produktionsanlagen wie für Biotechnologie, für werk- und wirkstofforientierte Gentechnik wie für artificial intelligence. Daran, daß der enorme technische Fortschritt der letzten Jahre einen Wachstumsbereich braucht, dessen Umfang der entfesselten Produktivität entspricht, kann es keinen Zweifel geben (vgl. Otten 1986:663).

Den Wachstumssektoren auf der Erde sind - nicht nur ökologische - Restriktionen auferlegt, zumindest entsprechen sie in quantitativer Hinsicht nicht der Dynamik des technischen Fortschritts. Ökonomische und ökologische Gründe bedingen in den nächsten Jahren verstärkt die Expansion menschlicher Aktivitäten im exterrestrischen Bereich. Raumfahrt und

Raumfahrtindustrie sind die einzigen Wirtschaftsbereiche mit unbegrenztem Bedarf nach "High-Tech", nach automatischen Produktionsanlagen, Robotern, Systemen der künstlichen Intelligenz usw. Häufig wird übersehen, daß die Raumfahrt von Anfang an der Motor dieser technischen Entwicklungen gewesen ist (vgl. Otten 1986:647ff).

Die ökonomischen Motive der Expansion ins All sind vielfältig. Die Produktion vieler neuer Werkstoffe und biologischer Materialien (Kristalle, Glas, Keramik, Legierungen, Mikroorganismen) ist unter der Bedingung der Schwerelosigkeit ungleich einfacher und effizienter als auf der Erde. Teilweise ist Null-Gravitation sogar die Voraussetzung für die Produktion bzw. dafür, daß bestimmte biologische Prozesse überhaupt ablaufen. Vorteile versprechen insbesondere auch Energie- und Abfallsysteme der Weltraumfabriken. Die Probleme der Bündelung und des Transports von Sonnenenergie zur Erde könnten umgangen werden, indem die Produkte direkt im All hergestellt werden, wobei sowohl Energiebeschaffung als auch Schadstoffbeseitigung sehr einfach sind. Die Energie kommt frei Haus, die Schadstoffe verschwinden in der Tiefe des Weltraums. "Made in Space" könnte nicht zuletzt deswegen zum ökonomischen Wachstumsbereich werden, weil hier endlich ein gigantisches Einsatzfeld für vollautomatisierte Produktionssysteme bereitstünde, für das Menschen schon aus physischen Gründen nicht geeignet sind (organische Schäden durch Schwerelosigkeit).

Es gibt mittlerweile ernstzunehmende Projekte, die noch einen Schritt weiter in Richtung Zukunft gehen. Eines davon trägt den bezeichnenden Namen "*Biosphere II*": Unter diesem Titel errichten Wissenschaftler in der Wüste Arizonas ein phantastisches Bauwerk, das hermetisch von der Außenwelt abgeschlossen ist und alle wichtigen Ökosysteme der Welt enthält. Energetische, klimatische und sonstige Prozesse werden mikroelektronisch gesteuert. Acht Testpersonen werden 1989 für zwei Jahre in dieser Ersatzwelt eingeschlossen. Das riesige Glashaus ist in allen Belangen autark. "Die Zeit" schreibt darüber: "Abfall gibt es nicht in der Traumwelt, alles mündet in einem geschlossenen Kreislauf: Was Menschen und Tiere ausscheiden, dient Pflanzen und Mikroorganismen als Nahrung. Ausgeatmetes Kohlendioxid setzen Pflanzen zu Sauerstoff um und bauen daraus gleichzeitig neue Biomasse auf. Wasser, das überall im Glashaus verdunstet, treibt durch raffinierte Lüftungssysteme in die Glaskuppel über dem Tropenwald, kondensiert dort an Kühlschlangen, regnet herab auf die zwanzig Meter hohen Baumwipfel und rinnt über Bäche und Wasserfälle in den Ozean zurück. Am Ende der zwei Jahre werden die Bewohner Wasser getrunken haben, das schon mehrfach ihren eigenen Körper passiert hat."

Diese Mikrowelt, deren Funktionalität natürlich umstritten ist, könnte überall dort Menschen zur Ersatzwelt werden, wo die natürlichen Lebensbedingungen kein Leben (mehr) zulassen, z.B. in besonders verschmutzten oder verstrahlten Regionen auf der Erde, aber auch auf anderen Planeten. Außerdem dient sie als Experimentierfeld für Pläne, Biosphären im All, etwa am Mars, zu erzeugen. Gerade der Mars bringt alle Voraussetzungen dafür mit. Es gibt genug Kohlendioxid für Pflanzen in der Atmosphäre, Wasser und Sauerstoff wären vorhanden, wenn es gelänge, die Marsoberfläche (z.B. mittels lichtabsorbierender Folien) zu erwärmen. Alle Raumfahrtaktivitäten, insbesondere jene zur Erschließung des "roten Planeten", sind daher auch unter dem Aspekt der Erweiterung des ökonomischen und ökologischen Aktionsradius des Menschen zu sehen.

Fehlt schließlich noch eine Bewertung dieser Entwicklungen: Zugegebenermaßen gibt es sympathischere "Zukünfte" als Weltraumindustrie, künstliche Natur und artificial intelligence. Bedrohlich daran ist u.a., daß die Substitute, die der Mensch für sich und die Natur schafft, bald höheren Stellenwert haben könnten als er selbst. Der Weg, den die technologische Zivilisation geht, führt aber mit Sicherheit nicht zurück in die (vorindustrielle) Vergangenheit, in der die "Antiquiertheit des Menschen" (Anders) noch nicht gegeben war. Eher wird es zu einer "ökologischen Modernisierung" (Huber 1985) und Transformation des Industriesystems kommen - als logische Folge der Unzulänglichkeiten der traditionellen Industrie. Der expansive Charakter der Industrialisierung bleibt aufrecht, wird sogar nochmals gesteigert, die Beziehung zur Natur wird neu gestaltet. Wo es notwendig bzw. möglich ist, wird Natur synthetisiert; wo Derartiges nicht möglich ist, wird sie mit Hilfe der Technologie in die gewünschten Bahnen gelenkt. Diese Prozesse bergen ein enormes Gefahrenpotential in sich, allerdings auch ökologische und soziale Chancen. Wiederum zeigt sich Ambivalenz des Fortschritts. Mit ihr werden wir wohl leben müssen.

Anders, G.: Die Antiquiertheit des Menschen, 2 Bd., München, Beck 1985
Bammé u.a.: Mensch-Maschinen, Maschinen-Menschen, Grundrisse einer sozialen Beziehung, Reinbek, Rowohlt 1983 dies.: Technologische Zivilisation, München, Profil 1987 dies.: Technologische Zivilisation und Transformation des Wissens, München, Profil 1988
Beck, U.: Risikogesellschaft - Auf dem Weg in eine andere Moderne, Frankfurt, Suhrkamp 1986a
Beck, U.: Die Gefahr verändert alles - Über das Leben in einer Risikogesellschaft, in: "Die Zeit", Nr.40, S.92, Sept.1986b
Bell, D: Die nachindustrielle Gesellschaft, Franfurt a.M./New York, Campus 1985
Berger, J.: Modernitätsbegriff und Modernitätskritik in der Soziologie, in: "Soziale Welt", Heft 2/1988, 224-236
Blumberger, W.: Die technologische Ideologie: Versuch ihrer Darstellung samt Konnotationen und Zeichen. Erscheint Wien 1989 Bothe, M.: Goethe und Newton: Kritik an der neuzeitlichen Wissenschaft, in: Leviathan, Nr.1/1986, S.37-60
Capra, F.: Wendezeit, Bern/München/Berlin 1982
Dahrendorf, R.: Towards the hegemony of post-modern values, "New Society", Nov.1979
Eurich, C.: Computerkultur - Wie die Computerwelt das Kindsein zerstört, Reinbek 1985
Fietkau, H.J.: Bedingungen ökologischen Handelns, Weinheim/Basel 1984
Goethe, J.W.: Der Versuch als Vermittler zwischen Objekt und Subjekt, in : Goethes Werke, Hamburger Ausgabe, Bd.13, 1962
Gugenberger, E.: Arlosophie - Wandlungen und Verkleidungen, in: Zeitgeschichte, 13.Jg., Heft 9/10, S.303-310
Horkheimer, H.: Zur Kritik der instrumentellen Vernunft, Frankfurt a.M., Fischer 1985
Hillmann, K.H.: Umweltkrise und Wertewandel, Frankfurt 1981- Huber, J.: Die Regenbogen-Gesellschaft, Frankfurt 1985
Hülsmann, H.: Die technologische Formation oder: lasset uns Menschen machen, Berlin, Verlag Europäische Perspektiven, 1985
Inglehart, R.: Wertwandel in den westlichen Gesellschaften: Politische Konsequenzen von materialistischen und postmateria listischen Prioritäten, in: Klages, H./Kmieciak, P. (Hrsg.): Wertwandel und gesellschaftlicher Wandel, Frankfurt a.M/New York, Campus 1981

Jonas, H.: Das Prinzip Verantwortung - Versuch einer Ethik für die technologische Zivilisation, Frankfurt 1979

Klages, H./Kmieciak, P.(Hrsg.): Wertwandel und gesellschaftlicher Wandel, Frankfurt/New York, Campus 1981

Klages, H.: Wertorientierungen im Wandel, Frankfurt a.M., Campus 1983

Kreibich, R.: Die Wissenschaftsgesellschaft - Von Galilei zur High-Tech-Revolution, Frankfurt a.M., Suhrkamp 1986

Luhmann, N.: Ökologische Kommunikation - Kann die moderne Ge sellschaft sich auf ökologische Gefährdung einstellen? Opladen, Westdeutscher Verlag 1986

Marquard, O.: Die arbeitslose Angst - Der Antimodernismus in der postmodernen Gesellschaft, in: "Die Zeit", Nr.51, S.47-48, Dez. 1986

Otten, D.: Die Welt der Industrie - Entstehung und Entwicklung der modernen Industriegesellschaften, Bd.II, Hamburg 1986

Nelson, B.: Der Ursprung der Moderne - Vergleichende Studien zum Zivilisationsprozeß, Frankfurt a.M., Suhrkamp 1986

Riedl, R.: Die Spaltung des Weltbildes - Biologische Grundlagen des Erkennens und Verstehens, Berlin/Hamburg, Parey 1985

Tribe, H.L.: Was spricht gegen Plastikbäume, in: Birnbacher, D.(Hg.): Ökologie und Ethik, Stuttgart, Reclam 1980

Vester, F.: Neuland des Denkens - Vom kopernikanischen zum kybernetischen Zeitalter, München 1984

Ingo Mörth

RELIGIÖSE SINNSTIFTUNG DURCH TECHNIK?

Zur technologischen Formierung von Transzendenz

"Für mich ist das Streben nach Erkenntnis eines von jenen selbständigen Zielen, ohne die für den denkenden Menschen eine bewußte Bejahung des Daseins nicht möglich erscheint ... Ohne solchen Glauben wäre für mich die Überzeugung vom selbständigen Wert der Erkenntnis nicht kräftig und unerschütterlich. Es ist gewiß, daß eine mit religiösem Gefühl verwandte Überzeugung von der Vernunft bzw. Begreiflichkeit der Welt aller ... wissenschaftlichen Arbeit zugrundeliegt."
Albert Einstein, Mein Weltbild

"Ein Hacker zu sein, das ist manchmal wie der liebe Gott selbst zu sein. Man hat totale Kontrolle über den Computer. Beherrscht ihn vollständig, kann machen, was man will."
Ein Hacker, zit. nach W. Heine, Die Hacker, 1985

Einleitung

Religion und Technik werden in gängiger Perspektive häufig als Gegensatz gesehen. Die Entwicklung der Industriegesellschaft und die Durchsetzung eines wissenschaftlich-technischen Weltbildes hatte, so Max Webers bekanntes Diktum, die "Entzauberung der Welt" zur Folge, und damit eine zunehmende Säkularisierung der gesellschaftlichen Institutionen, die ihre Legitimierung und ihr Fundament nicht mehr aus einem heiligen Kosmos, sondern aus der sachgesetzlichen Verwaltung ihrer Funktionsbereiche beziehen. Die rationale Erkenntnis und damit die technologische Gestaltbarkeit der Natur und der Gesellschaft verleiht religiösem Denken, das an Existenz und Einfluß transzendenter Weltebenen und Mächte festhält, "irrationale" Qualität und verheißt am Ende, wenn alle unbegriffenen Mächte der Welt zu begriffenen geworden sind, auch das Ende der Religion schlechthin (Marx). Diese Formulierung eines Weltbildes nach dem Modell der Maschine vollzog sich bereits, bevor eine entsprechende Formierung der Gesellschaft ihren Anfang nahm.

Die Neuzeit beginnt geistesgeschichtlich mit einem Wechsel im interpretativen Paradigma der Natur: das subjektivisch-teleologische wird durch ein funktional-relationales ersetzt. Vom Blickwinkel eines religiösen Weltverständnisses gesehen wurde damit zunächst die Natur von der Eingriffskausalität Gottes ausgenommen (vgl. ausführlich Dux 1986). Dies bot dem religiösen Selbstverständnis keine unüberwindlichen Schwierigkeiten. Der Gott der Juden und Christen war im Grunde ein Gott der Sozialwelt, die Naturprozesse waren nach Abschluß der Schöpfung durch ihn nicht besetzt. Bereits in der Naturphilosophie des Mittelalters konnte deshalb schon der systematischen Regelhaftigkeit der Natur Rechnung getragen werden, und es war verpönt, sich für die Naturerklärung auf die Eingriffskausalität Gottes zu berufen. Die christliche Religion war so für den Prozeß, der zum Weltbild der Neuzeit führte, förderlich, aber sie war nicht sein Träger. Dieser Vorgang vollzog sich, wie Dux zeigt, primär überhaupt nicht in den Höhenlagen der Theorie, sondern in der Praxis, wo er früh einen Katalysator fand: die Einführung der Maschine:

"Gerade in ihrer primitiven Form, in der sie noch von Naturkräften getrieben wurde, von Wind und Wasser, eignete sie sich, als Muster genommen zu werden: Die konstruktive Mechanik, die in der Gleichmäßigkeit ihres Bewegungsablaufs den immer gleichen Effekt erzielte, blieb ja angekoppelt an den Naturvorgang. Schon im 14. Jahrhundert gab sie deshalb das Modell der Welterklärung ab. Erkenntnistheoretisch zeichnet sich damit ein bedeutsamer Vorgang ab: Noch vor der Eroberung der Natur durch die Naturwissenschaften fand ein Wechsel im interpretativen Paradigma statt, der (sie) allererst möglich machte. Am Muster der Maschine wurde denn auch der Paradigmawechsel formuliert - bei Descartes etwa. Seit dem 17. Jahrhundert ist die Natur ein mechanisches Gefüge in zuständlicher Dynamik, aus dem alle subjektiv-teleologischen und damit alle sinnhaften Momente eliminiert sind." (Dux 1986, S.6)

Zwar gab es auch im Verständnis der Natur über Jahrhunderte noch Reste, in denen sich frühere Anschauungen hielten, so insbesondere im Kraftbegriff, doch sind diese Reste mittlerweile endgültig ausgemerzt.

Die gedanklich-wissenschaftstheoretische wie die technisch-praktische Eroberung der Natur war dabei tendenziell immer schon mit dem Ausbau der Organisationskompetenz im Bereich der Sozialwelt, mit der Formierung sozialer Ordnung verbunden. Dieser Prozeß hatte zwei Brennpunkte: die Entwicklung der Stadt und der Territorialherrschaft, wobei am Anfang der Neuzeit mit der Ausbildung des modernen Staates eine neue Dimension erreicht wurde: Der moderne, d.h. damals der absolutistische Staat begann planmäßig auf die Sozialstruktur einzuwirken, vordringlich im Interesse seiner finanziellen Verfügungsmacht. Von dort führt eine gerade Linie zum heutigen Staat, der alle Gesellschaftsbereiche planmäßig zu organisieren versucht. Dux deutet diese Entwicklung als "Gottverlassenheit" auch der Sozialwelt:

"Was ist der Effekt für das Verständnis der Sozialwelt? Er weist strukturlogische Homologien zur Steigerung der Naturbeherrschung auf. Dort war der Zuwachs an Herrschaft nur über eine Ausweitung des Relationswissens als Wissen um konstante Abläufe zu gewinnen. Der Zuwachs aber an Konstanzwissen eliminierte die Eingriffskausalität Gottes. Er rückte aus der Welt heraus, verlor seine praktische Zuständigkeit in ihr. Mit der Inanspruchnahme der Verfügungsgewalt über die Sozialwelt trat ein vergleichbarer Effekt ein. Es mußte bewußt werden, daß die Sozialwelt in den vorfindlichen Formen weder auf Gott noch auf die Natur konvergierte, sondern einzig auf den Menschen selbst. Damit kam das spezifisch neuzeitliche Geschichtsverständnis in den Blick: unter selbstgeschaffenen Verhältnissen zu leben." (Dux 1986, S.8)

Nachdem Religion aus der inneren Techno-Logik der Natur- und Sozialwelt hinausdefiniert war, wurde die Privatwelt menschlicher Individuen zum Ort von Religion erklärt. Trotz des Fortbestandes traditioneller politischer Machtpositionen der Kirchen kommt in dieser Deutung religiösem Denken nur mehr subjektive Qualität zu, wird Religion zur "unsichtbaren Religion" (Luckmann 1967), zur Privatsache. Diese Trennung in eine sachgesetzliche Außenwelt und eine subjektiv-irrationale Sinnwelt des Menschen zeigt sich auch in Deutungen und Befunden, die aus einem individuellen oder kollektiven "Unbehagen an der Moderne" (Berger 1975) neue Formen des Religiösen (Sekten, Kulte, Esoterik etc.) entstehen sehen, die die negativen Erfahrungen der Außenwelt verarbeiten helfen. Auch die Reduktion des Religiösen auf eine rein individuelle Verantwortungsethik, auf die persönliche Moral des einzelnen, spiegelt diesen Dualismus der Neuzeit.

Nicht nur in der Auseinandersetzung mit der religiösen Situation des christlichen Abendlandes, sondern auch z.B. mit der "Krise des modernen

Islams" (Tibi 1981) dominiert das Deutungsmuster "Säkularisierung" und die Perspektive einer analogen Entwicklung:

"Der Islam benötigt heute noch eine reformatorische Neuformulierung, auf die dann eine Säkularisierung folgen würde... Die Industrialisierung des islamischen Orients und die damit verbundene Säkularisierung seines organischen Religionssystems als Zukunftsperspektive zu entwerfen, ... steht nicht im Widerspruch zur Bewahrung der eigenen kulturellen Authentizität. Wie die Europäer eine christlich-abendländische Variante der technisch-wissenschaftlichen Kultur entfalteten, so können Muslime eine eigene morgenländisch-islamische Variante dieser Zivilisationsstufe erreichen, indem sich der Islam auf ein Teilsystem des gesamten Sozialsystems, also auch auf eine religiöse Ethik reduzieren würde." (Tibi, 1986)

Dieses Interpretament der Umwandlung von Religion in eine "entschlackte" universalistisch-abstrakte Moral als Endpunkt eines weltweiten Säkularisierungsprozesses, die Verallgemeinerung der protestantischen Entwicklung des Christentums, die auch P.L. Berger als prototypisch für alle anderen Religionssysteme bezeichnet hat (Berger 1973, S.148), läßt dann alle Versuche, auf der Grundlage eines tradierten Religionssystems die Trennung von Religion, Politik und Gesellschaft rückgängig zu machen und an der "Überhöhung des Sozialen und Politischen durch das Religiöse" (Freund 1971, 107) kontrafaktisch festzuhalten, als "rückwärts gerichteten Revivalismus" (Freund 1971, 122) erscheinen. Dies entspricht, soviel sei noch angemerkt, dem Konzept eines "Kulturprotestantismus" in der Theologie eines Friedrich Schleiermacher: die religiöse Ethik wird als Set von positiven Werten für Individuum wie Kultur und Gesellschaft begriffen und ein Bündnis zwischen Religion und liberaler bürgerlicher Kultur proklamiert (vgl. dazu Berger 1971, 151). Der appellative Charakter einer solchen "Vernunftreligion" ist damals wie heute allerdings nicht zu übersehen.

Gerade deshalb pochen traditionelle Religionen vehement auf Zuständigkeit in der Formulierung von Verantwortungsethik und moralisch-sittlicher Verpflichtung auch bei der Nutzung technologischer Möglichkeiten, so z.B. in Zusammenhang mit der Gen-Technologie. Solange jedoch die Beziehungsebene für solche religiös fundierte Ethik die religiöse Glaubenswahrheit bleibt, ist soziale Verbindlichkeit für Individuen, die diese

Wahrheit subjektiv nicht anerkennen, letztlich nicht herzustellen, bleiben die Sachgesetze der Natur- und Sozialwelt "verantwortungs-los".

Die These vom Gegensatz von Religion einerseits und Wissenschaft/ Technik/Gesellschaftsformation der Neuzeit andererseits ist deswegen so schwer zu relativieren, weil sie im alltäglichen Denken und Handeln der Menschen ebenso verankert ist wie in der sozialwissenschaftlichen Deutung und in der theologischen Selbstreflexion der Kirchen. Hinweise auf eine dialektischere Beziehung gibt es jedoch: die These etwa, daß die Entfaltung von methodisch-rationaler Lebensführung als Element der kapitalistischen Produktionsweise in der protestantischen Ethik und ihrem fundierenden Konzept der Prädestination wurzelt (Weber 1947), aber auch die Stimmen, die das Deutungsmodell "Maschine" als Mythos (Mumford 1975) und Technik und Wissenschaft selbst als Ideologie (Habermas 1968) zu erklären versuchen.

In diesem Beitrag soll jedoch ein anderer Aspekt der Dialektik von "Religion" und "Technik" näher beleuchtet werden: Alltagstranszendierende Bezugspunkte der Sinnstiftung für das soziale Handeln von Menschen erscheinen funktional notwendig. Nachdem das subjektivische Schema bisherigen religiösen Denkens und damit ein Konzept von Transzendenz, das wirkende und beeinflußbare Subjekte jenseits der Menschenwelt beinhaltete, obsolet geworden sind, beginnen sich neue Formen von Transzendenz auf dem Boden einer technologischen Weltsicht neu zu formieren. Dies gilt es auszuführen, indem zuerst das Moment der alltagstranszendierenden Sinnstiftung als Kern von Religion erläutert und dann gezeigt wird, wie auf verschiedenen Ebenen eine technologisch formierte (oder zumindest formulierte) Transzendenz sichtbar wird:

- Transzendenz durch technische Funktionalität
- Transzendenz durch Mediencharisma
- Transzendenz durch die Perspektive der "Vernunftreligion"

Lebenswelt, religiöse Sinnstiftung, Transzendenz: Aspekte einer theoretischen Grundlegung

a) Lebenswelt und Alltag als Ausgangspunkt

Um den Ansatz einer "transzendierenden Sinnstiftung" im Alltag für die Erörterung von Prozessen religiöser Sinnstiftung durch Technik weiterentwickeln zu können, sind einige Begriffsklärungen rund um die zentralen Konzepte "Lebenswelt" und "Alltag" notwendig (vgl ausf. Mörth 1986, S. 10ff.). In einer allgemeinen Theorie sozialen Handelns ist der "Alltag" einer der wichtigsten Konvergenzpunkte der theoretischen Entwicklung. Die verschiedenen Linien dieser konvergierenden Entwicklung bedingen jedoch ein beträchtliches Maß an begrifflicher Verwirrung und inhaltlicher Unklarheit: Lebenswelt, Alltagswelt, Alltagsleben, alltägliche Lebenswelt, Situation, Milieu und alle denkbaren Kombinationen dieser Begriffe werden verwendet. Die Konzepte "Lebenswelt" und "Alltag" werden zwar immer häufiger und umfassender zur Charakterisierung eines bestimmten Zugangs zur Erfassung und Erklärung der sozialen Wirklichkeit verwendet, doch kann die damit sich abzeichnende Soziologie des Alltagslebens noch keineswegs auf ein ebenso klar definiertes Grundprogramm verweisen wie die "strukturtheoretische" (Elias 1978) Soziologie, gegen deren Begrifflichkeit und Methodik sie sich paradigmatisch zu wenden versucht.

Der Begriff 'Lebenswelt' ist bekanntlich von E. Husserl in seinem Spätwerk "Die Krisis der europäischen Wissenschaften und die transzendentale Phänomenologie" gegen den Positivismus in die philosophische Diskussion eingeführt worden. Ohne hier auf philosophische Implikationen der Transzendentalphänomenologie eingehen zu können, seien zwei Merkmale des Lebenswelt-Konzeptes in diesem Zusammenhang hervorgehoben:

(1) Lebenswelt ist ein "egologisches" Konzept, d.h., es versucht, Wirklichkeit so zu beschreiben, wie sie in Bewußtseinsleistungen des erkennenden, erfahrenden und handelnden Subjekts konstituiert wird, und

(2) das Lebenswelt-Konzept abstrahiert damit zunächst von allen soziohistorischen Variationen sozialer Phänomene ebenso wie von der Frage nach ihrem Wirklichkeitsstatus.

Wenn auch auf der Basis der Bewußtseinsphilosophie Edmund Husserls von Schütz und Luckmann (1975, 1984) ein klarer phänomenologischer Begriff der Lebenswelt und ihrer Strukturen entwickelt worden ist, hat doch die oft unreflektierte und voreilige Übertragung des phänomenologischen Lebenswelt-Begriffes (als Ontologie historisch invarianter Voraussetzungen aller konkreten "individuellen Lebenswelten") auf die Analyse historisch variablen Alltagslebens vergesellschafteter Individuen zu mancher Konfusion geführt. Diese Unschärfe der zentralen Begriffe geht allerdings, wie u.a. W. Bergmann zeigen konnte (Bergmann 1981), bereits auf die Konstitution der Lebenswelt bei Husserl selbst zurück: Einmal als *Lebens*welt, als spezifische Einstellung eines erfahrenden, handelnden, lebenden Subjekts, als dessen "natürliche Einstellung " gegenüber einem Welthorizont, der in dieser Perspektive nicht thematisiert wird, und andererseits als Lebens*welt* im Sinne eines "Universums lebensweltlicher Objekte" (Husserl), das die natürliche, seelische, soziale und kulturelle Welt gleichermaßen einschließt, eben als Erfahrungsobjekte aus dem Universum *erfahrbarer Objekte* eines jeden erlebenden Subjektes. Strukturen dieser Lebenswelt sind als Matrix allen historisch-konkreten Lebens im Alltag herausarbeitbar. Insoferne hat das philosophische Konzept der Lebenswelt "Bodenfunktion" (Bergmann) für konkrete Analysen von Ausformungen, Inhalten, Verlaufsformen und Wandlungen des Alltagslebens, stellt ontologische Kategorien bereit, die solche ontische Ausprägungen erfaßbar machen. Die *alltägliche Lebenswelt* ist allerdings nur ein *Teil* jener umfassenden transzendentalphänomenologisch begründeten Lebenswelt, die alle denkbaren Einstellungs- und Erfahrungsweisen der Verbindung von "Ich" und "Welt" einschließt, die "naive", natürliche Einstellung ebenso wie die praktische oder die theoretische Einstellung. Schütz und Luckmann definieren demgemäß unterschiedliche, durch den jew. Erfahrungsmodus, die "*spezifische Bewußtseinsspannung*", konstituierte Bereiche in der Lebenswelt, sog. "*Sinnprovinzen*" mit dadurch definierten Objekten und Bedeutungen im Horizont der Welt. Auch die alltägliche Lebenswelt ist in diesem Sinne eine Sonderwelt. Allerdings wird diese Differenzierung in einem paradigmatischen Kontext, der vom Alltagswissen um die Welt und deren Auslegung durch das erlebende Ich analytisch zunächst ausgeht, häufig verwischt, u.a. auch von Schütz und Luckmann selbst. Dazu verleitet stark die Grundthese, daß alle gesellschaftlich konstituierte Wirklichkeit (= Wissen um die Welt, vgl. Berger/Luckmann 1969) aufruht auf der subjektiven Orientierung in der Welt, sodaß die Alltagswelt der erfahrenden/handelnden/lebenden Subjekte als der "vornehmlichste

Wirklichkeitsbereich" der Lebenswelt erscheint, auf den alle anderen Sinnprovinzen (einschließlich der "religiösen") bezogen bleiben.

Das Alltagsleben ist phänomenologisch zunächst durch die Spannung des Erlebens einer *sozialen* Welt, die konstruier- und destruierbar zugleich ist, charakterisiert. Es beinhaltet einige *alltägliche Sachverhalte*, die phänomenologisch als Hintergrund der Erlebniserfahrung der Sozialwelt rekonstruierbar sind: Die Sachverhalte der *sozialen Beziehung* (=Intentionalität), des *sozialen Sinns* (=Reduktion alltäglichen Sinnverstehens) und der *Kommunikation* (=Typik der Lebenswelt) (vgl. Grathof 1978, 69). Der Alltag ist phänomenologisch dann insofern ein ausgezeichneter Sinnbereich, als hier kommunikatives Handeln unter Mitmenschen stattfindet und entlang der o.a. Sachverhalte erfaßbar ist. Dieser Alltag der phänomenologischen Deskription ist jedoch nicht der empirische "Alltag" einer Sozialwelt und ihrer Subjekte. Noch weniger ist die Lebenswelt eine unmittelbar applizierbare empirische Kategorie, sondern nur der Maßstab zum Vergleich von konkreten Formen des Alltagslebens (vgl. Hitzler/Honer 1984, 60).

Allerdings erfolgte die Rezeption von Husserl und Schütz insgesamt vor dem Hintergrund eines paradigmatischen Wechsels zum "Alltagsbezug" sozialen Geschehens innerhalb der Soziologie, der unter Rückgriff auf Max Webers und Georg Simmels Grundlegung der Soziologie diese eher als Kultur- und Wirklichkeitswissenschaft denn als "Gesetzeswissenschaft" definiert (vgl. Tenbruck 1979, Neidhardt/Lepsius/Weiß 1986). Im Rahmen dieses Wechsels werden dann einem phänomenologisch klar begründbaren Alltagskonzept weitere Bedeutungsdimensionen zugeordnet, die auf der empirischen Ebene liegen, durch ihre Differenz zu einem empirischen "Nicht-Alltag" bestimmt sind und damit nicht vom "internationalen Apriori" der Lebenswelt-Deskription, sondern vom "sozialen Apriori" der Situations- oder Milieuanalyse (s. Hitzler/Honer 1984, 62) ausgehen. Diese in sich noch dazu uneinheitlichen und vieldeutigen empirischen

Alltagskonzeptionen faßt Elias (Elias 1978, 26) in einer Liste zusammen:

1. Alltag	-	Festtag
2. Alltag = Routine	-	außergewöhnliche, nicht-routinisierte soziale Bereiche
3. Alltag = Leben der Masse der Völker	-	Leben der Hochgestellten und Mächtigen
4. Alltag = Arbeitstag (besonders der Arbeiter)	-	bürgerliche Lebensbereiche, Leben im Luxus, ohne zu arbeiten
5. Alltag = Ereignisbereich des täglichen Lebens	-	große relevante Ereignisse Haupt- und Staatsaktionen
6. Alltag = Privatleben (Familie, Liebe, Kinder)	-	öffentliches oder berufliches Leben
7. Alltag = Sphären des, natürlichen, spontanen, unreflektierten wahren Erlebens und Denkens	-	Sphären des reflektierten, künstlichen, insbesondere wissenschaftlichen Erlebens und Denkens
8. Alltag (Alltagsbewußtsein) = Inbegriff des ideologischen, naiven, falschen Erlebens und Denkens	-	richtiges, echtes, wahres Bewußtsein

Dazu kommen die phänomenologischen Akzente des Alltagsbegriffes, die W. Bergmann (Bergmann 1981, 54 f.) in Fortführung der Liste von Elias so skizziert:

9. Alltag = Sphäre des Handelns und Erlebens, die allen anderen Sphären zugrunde liegt	-	Sonder- oder Zweckwelten, in denen bestimmte Handlungslogiken gelten

10. Alltag = Welt des "jedermann", in der alle Gesellschaftsmitglieder Handlungskompetenz besitzen	-	Bereich mit spezifischer Handlungskompetenz
11. Alltag = Sphäre, die jeweils subjektiv bzw. gruppenspezifisch ausgeprägt ist	-	Institutionen, Organisationen
12. Alltag = Alltäglichkeit im Sinne einer in allen Sonderwelten anzutreffenden Handlungs- und Wissensform	-	wissenschaftliches, technisches, wirtschaftliches Handeln und Wissen

Dementsprechend sind unterschiedliche Linien einer "Soziologie des Alltags" (s. Hammerich/Klein 1978, Einleitung) in diesen paradigmatischen Wechsel zur Kultur- und Wissenssoziologie eingeflossen, je nachdem, welche Bedeutungsakzente im Vordergrund standen und stehen. Eine rein empirische Alltagssoziologie, die den Alltag als einen Bereich neben anderen zum Gegenstand macht, kann dabei im Prinzip völlig unabhängig von phänomenologischen Traditionen vorgehen. Diese Perspektive wird von mir *nicht* geteilt. Vielmehr soll hier eine Soziologie des Alltags als "Basiswissenschaft" für die Analyse von "Verstehensvorgängen überhaupt" (Hammerich/Klein 1978, 8) betrieben werden.

Dabei ist es nützlich, auf den von Habermas (Habermas 1981, Bd.2, 182 - 228) entwickelten kommunikationstheoretischen Begriff der Lebenswelt einzugehen. Habermas plädiert dafür, die "bewußtseins-philosophischen Grundbegriffe, in denen Husserl die Lebensweltproblematik behandelt" (S. 189), und an denen Schütz und Luckmann "festhalten" (S. 196), aufzugeben und die Lebenswelt zunächst als kulturell überlieferten und sprachlich organisierten *Vorrat an Deutungsmustern* zu denken:

"Nur die begrenzten Ausschnitte der Lebenswelt, die in einen Situationshorizont hineingezogen werden, bilden einen thematisierungsfähigen Kontext verständigungsorientierten Handelns und treten unter der Kategorie des *Wissens* auf. Aus der situationszugewandten Perspektive erscheint die Lebenswelt als ein Reservoir von Selbstverständlichkeiten oder unerschütterten Überzeugungen, welche die Kommunikationsteilnehmer für kooperative Deutungsprozesse benutzen. Einzelne Elemente, *bestimmte Selbstverständlichkeiten* werden aber erst *in der Form eines konsentierten und zugleich problematisierbaren Wissens* mobilisiert, wenn sie *für eine Situation relevant* werden. (Habermas 1981, Bd.2, 189)

Die Lebenswelt erscheint so, ihres egologischen Kerns beraubt, als "lebensweltlicher Wissensvorrat" (Alltagswissen einschließlich situativ mobilisierbares Sonderwissen), der Verständigungsleistungen von Interaktionsteilnehmern im Sinne eines Ressourcenvolumens ermöglicht. Dieser Rahmen verliert dann seine "präjudizierende Gewalt über die kommunikative Alltagspraxis in dem Maße, wie die Aktoren ihre Verständigung eigenen Interpretationsleistungen verdanken." (Habermas 1981, Bd. 2, 203) Allerdings bedeutet eine derart einseitige Betonung des lebensweltlichen Wissensvorrates, die Habermas der Phänomenologie vorwirft, (zu Unrecht, vgl. Matthiesen 1982), eine *kulturalistische Verkürzung* des Konzeptes, die vor allem in der Wissenssoziologie immer wieder zu Problemen führt. Kulturalistisch verkürzt geht Lebensweltanalyse als Basis wissenssoziologischer Überlegungen und Forschungen nur allzu leicht in eine "phänomenologisch belehrte Systemtheorie" (Habermas 1981, Bd. 2, 197) über. Gegen diese kulturalistische Verkürzung betont Habermas die "Kompetenzen vergesellschafteter Individuen" (S. 205), die im kommunikativen Handeln nicht nur Verständigung realisieren, sondern auch soziale Zugehörigkeit und soziale Identität. Wird andererseits nur soziale Zugehörigkeit (=Intersubjektivität) oder soziale Identität (=Intentionalität) innerhalb der Lebensweltanalyse betont, so erhält der Lebensweltbegriff eine *institutionalistisch* oder *sozialisationstheoretisch verengte Fassung*. Habermas versucht dagegen, alle drei Akzente (= Kultur, Gesellschaft, Person) in seinem kommunikationstheoretischen Lebensweltkonzept zur Geltung kommen zu lassen. Stellt man allerdings den Prozeß der *Sinnstiftung* dabei in den Mittelpunkt der Analyse, so ist eine Preisgabe der bewußtseinsphilosophischen Wurzel des Lebensweltbegriffes und einer damit verbundenen Alltagskonzeption nicht möglich:

"Sinn ist eine im Bewußtsein gestiftete Bezugsgröße, nicht eine besondere Erfahrung oder eine der Erfahrung selbst zukommende Eigenschaft. Es geht vielmehr um eine Beziehung zwischen einer Erfahrung und etwas anderem" (Schütz/Luckmann 1984, 13).

Um den Schritt von der Bewußtseinsphilosophie zur Soziologie ohne Verkürzung tun zu können, sind auch materialistisch orientierte Zugänge zum Alltagsleben einzubeziehen. Solche Zugänge wurden vor allem von Agnes Heller (Heller 1981) und Henri Lefebvre (Lefebrve 1972, 1974, 1975) ausformuliert. A. Heller erfaßt das Alltagsleben, ausgehend von G. Lukacs, zunächst als

"die Gesamtheit der Tätigkeiten der einzelnen Menschen zu ihrer Reproduktion, welche jeweils die Möglichkeit für die gesellschaftliche Reproduktion schaffen." (Heller 1981, 24).

Sie weist damit vulgärmaterialistische Konzeptionen, die das Alltagsleben als bloßen Teilbereich des gesellschaftlichen Lebens erfassen wollen (etwa als Konsumtion versus Arbeit, Reproduktionsbereich versus Produktionsbereich, Privatheit versus Öffentlichkeit, Konventionalität versus Festlichkeit) zurück. Ausgangspunkt ist aber nicht das bloße subjektive *Erleben*, sondern die Kategorie der Handlung, deren konkrete Inhalte dann nicht nur nur die individuelle Reproduktion, sondern auch die gesellschaftliche Reproduktion (als Kultur und Gattung) fundieren. Gerade weil Handeln ohne Routinisierungen nicht auskommt, ist es für Heller wesentlich, *welches* Handeln routinisiert wird. Bezugspunkt dieser inhaltlichen und empirisch gehaltvollen Handlungstheorie des Alltagslebens ist dann ein "sinnvolles Leben", das Individuen durch die gesellschaftlichen Objektivationen hindurch (die wie bei Habermas im Sinne von Ressourcen für kompetente Subjekte analysiert werden) im Wege der Verantwortung und Integration verschiedener Erfahrungen, Erkenntnisse und Tätigkeiten (zu einem kohärenten Weltbild) führen können. Nicht-alltäglich sind für Heller im Prinzip alle geschichtlichen und gattungsmäßigen Objektivationen, deren Integration im Schnittpunkt subjektiven Erlebens und Handelns zugleich das Alltagsleben fundiert. Heller bewahrt damit die Spannung zwischen Alltag und Nicht-Alltag als zentrales Moment, eine Spannung, die bei Lefebvre verloren geht, da er das Alltagsleben vor allem als Vermittlung zwischen dem *Naturcharakter* und der Gesellschaftlichkeit des Menschen definiert. Alltäglich sind hier wesentlich die Tätigkeiten,die auf die Natur des einzelnen unmittelbar bezogen sind (Schlaf, Ernährung, Fortpflanzung), und die deshalb zugleich alltäglich (d.h. regelmäßig) vorkommen. Auf dieser Basis der alltäglichen Reproduktion der Natur des Menschen ruht auch die gesamte Realität von Geschichte, Kultur der Gesamtgesellschaft auf (Lefebrve 1975, Bd. 2, 49 ff.).

Dieses Alltagskonzept, das das Typische, Wiederholbare im Alltagsleben als Repräsentation eines gesellschaftlichen Überbaues ansieht und das lediglich die quasi biologische Reproduktion des Subjekts darauf bezieht, verliert aber den für uns zentralen Aspekt der lebensweltlichen Sinnkonstruktion eines handelnden Subjekts aus dem Blick, ein Aspekt, der bei Agnes Heller (ohne daß sie auf Schütz und Luckmann Bezug nimmt) als das "Für uns des Alltagslebens" erhalten bleibt:

"Das 'sinnvolle Leben' ist das Für uns des Alltagslebens in einer "offenen" Welt, für die die unendliche Entwicklungsmöglichkeit, das Auftreten immer neuer Konflikte charakteristisch ist. Wer ein sinnvolles Leben führt, gestaltet seine Welt zu einer Welt für uns, indem er sie - und zugleich sich - ständig verändert." (Heller 1981, 318)

Diese konstitutive Spannung der Innen- und Außenseite von Handlungen versucht auch Bukow (Bukow 1984) in seiner Rekonstruktion des Alltagslebens als Basis für seine "Kritik der Alltagsreligion" beizubehalten. Allerdings fällt seine Analyse des Alltagslebens durch Übernahme der Konzeption Lefebvres einer sowohl institutionalistischen wie kulturalistischen Verkürzung anheim. Ausgehend von der Produktionsform der bürgerlich-kapitalistischen Gesellschaft erscheint ihm dann das moderne Alltagsleben sowohl als Ort individueller wie gesamtgesellschaftlicher Reproduktion gleichermaßen zersplittert, in schicht-, gruppen- und klassenspezifisch differenzierte "reine Arrangements" (Bukow 1984, 69) zerstückt, die keine Möglichkeit der aktiven Gestaltung, subjektzentrierter *Inszenierung* mehr geben. Bukow geht also zunächst von einer "idealen" Alltagswelt aus, die Gestaltung, Verständigung und Orientierung für die interaktiv und kommunikativ darin aufeinander bezogenen Individuen ermöglicht. Diese "Lebenswelt" wird dann, ähnlich wie in der Argumentation von Habermas, durch die kapitalistischen Strukturen gesellschaftlicher Produktion und Reproduktion "kolonialisiert", d.h. zerstört, zerstückelt, aufgesplittert. Religiöse Sinnstiftung konstituiert sich erst in der Wiederherstellung einer idealen Alltagswelt, in der Privatwelt der individuellen Reproduktion. Ich meine hingegen, daß in das Alltagsleben prinzipiell, nicht nur in gestörten Handlungs- und Verständigungsprozessen, *Verfahren des "In-Ordnung-Haltens" durch Prozesse der Sinnstiftung eingebettet sind.*

b) Religion und Sinnstiftung in der Lebenswelt

Ausgangspunkt der Überlegungen ist zunächst die These, daß "religiöse" Phänomene wie andere Formen menschlichen Wissens, menschlicher Erfahrung und menschlichen Handelns in einer engen Beziehung zur *Lebenswelt gesellschaftlicher Subjekte* stehen, ja diese Lebenswelt, als Teil des gesellschaftlichen wie individuellen Wissensvorrates und als Element von Handlungskompetenz, mit konstituieren. "Religiöse" Vorstellungen, Handlungen und Erfahrungen sind also Teil jener spezifisch menschlichen Wirklichkeitsbewältigung, die sinnhaftes Handeln in einer sinnvoll definierten Welt von gesellschaftlichen Subjekten verlangt. Dies ist die Grundannahme einer phänomenologischen Religionssoziologie, die die Verklammerung von transzendenten Symbolen und alltags-weltlicher Lebensführung in den Mittelpunkt stellt und dabei "Techniken" der Sinnstiftung erfaß- und erklärbar macht. Denn obwohl die Inhalte (für viele Autoren auch das Definitionskriterium) einer religiösen "Sinnprovinz" (Schütz) durch "Nicht-Alltägliches", "Außer-Alltägliches", "Das Heilige", "Numinose" etc. beschreibbar sind, ergibt erst eine solche - explizite - Thematisierung der *Transzendenz* der Lebenswelt ein als sinnvoll erlebbares Alltagsleben von Menschen. Alltägliches und Außeralltägliches wird im *Prozeß* religiöser Sinnstiftung unlösbar miteinander verklammert. Eine zentrale Bedeutung haben dabei transzendierende Wissenselemente (religiöse bzw. religionsäquivalente Symbole). Wissen ist dabei in einem sehr umfassenden Sinn zu verstehen, nämlich als Insgesamt aller historisch-kulturell und individuell-biografisch gegebenen Sedimentierungen menschlicher Erfahrung, welche sinnhaftes Erleben und Handeln des Subjektes erst ermöglichen. Wissen hat daher m. E. prinzipell nicht nur kognitive, sondern auch aktionale und emotional-affektive Aspekte. Wissen in diesem umfassenden Sinn strukturiert und definiert Erfahrungen, kanalisiert Gefühle und Gefühlsäußerungen und gibt den Orientierungsrahmen für soziales Handeln. Auch religiöses Wissen ist im Anschluß an einen solchen Begriff von Wissen sehr umfassend zu verstehen und geht über kognitive Systematisierung von Welterfahrung weit hinaus: Ausdruck und Mitteilbarkeit subjektiver Befindlichkeit (*expressive* und *kommunikative* Dimensionen) sowie die Kanalisierung der Teilnahme an der Sozialwelt (*partizipative* Dimensionen) gehören unabdingbar dazu.

Schütz und Luckmann entfalten nun im 2. Band der "Strukturen der Lebenswelt" (Schütz/Luckmann 1984) eine durch den subjektiv gemeinten

Sinn begründete Handlungstheorie und thematisieren abschließend die in der Lebenswelt angelegten subjektiven Transzendenzerfahrungen, die sich in der Alltagswelt ergeben. Zeichen und Symbole als alltägliche, selbstverständliche Mittel für das erkennende und handelnde Subjekt, Grenzüberschreitungen zu vollziehen, bilden den Schluß ihrer Analysen. Daß die Transzendenz der Lebenswelt die Grundlage der Erfassung religiöser Phänomene bilden kann, deuten sie nur an, ohne dies auszuformulieren:

"Wissen um die 'Transzendenz' der Welt (wird) nicht im theoretischen Abstand zur 'Welt' gewonnen. Vielmehr gibt dieses aus dem täglichen Leben und aus den Erschütterungen des täglichen Lebens stammende Wissen zu theoretischen Überlegungen erst den ursprünglichen Anlaß. Aufgrund dieses Wissens wird allerdings dann der Versuch gemacht, 'Transzendenz' auf den Begriff zu bringen, faßbar und der gewohnten Erfahrung zugänglich zu machen, zu zähmen. Hier dürften wir es mit einer Wurzel verschiedener religiöser Weltsichten und auch der Philosophie zu tun haben." (Schütz/Luckmann 1984, 140).

Unter Berücksichtigung der grundlegenden Methodik der phänomenologischen Lebenswelt-Analyse möchte ich nun kurz transzendente Aspekte der Lebenswelt, die die Grundlage sinnstiftenden religiösen Wissens bilden können, skizzieren. Ausgangspunkt ist die grundlegende Transzendenzerfahrung menschlichen Bewußtseins, die Erfahrung der Welt als etwas anderes, als NichtIch. Die alltägliche Lebenswelt ist zunächst ein "unbefragter Boden der natürlichen Weltanschauung", in dem die Welt "schlicht gegeben", "fraglos" und "unproblematisch" ist, die grundlegende Transzendenz also nicht unmittelbar ins Bewußtsein tritt, sondern Erfahrungshintergrund bleibt. Immer wieder jedoch wird das bishin Fraglose in Frage gestellt, bricht die grundlegende Transzendenz an die Oberfläche: Bei neuartigen Erfahrungen, die sich nicht einreihen in die vertraute "Kette von Selbstverständlichkeiten"; angesichts der Fragwürdigkeit oder Undurchführbarkeit von Plänen; angesichts der Transzendenz der subjektiven Zeit durch die Weltzeit, die immer wieder Zwang des Wartens auferlegt. Im Lebenslauf wird eine Folge von aktuellen Situationen erlebt, die jeweils einen begrenzten Ausschnitt aus der zeitlich, räumlich und sozial erfahrbaren Wirklichkeit darstellen. In der Phantasie, in für das Subjekt erlebbarem Traum oder in der "Ekstase" erfahre ich, daß die Selbstverständlichkeiten des Alltages außer Kraft gesetzt sein können. Ich erfahre auch immer wieder, daß das zur Verfügung stehende Wissen Lükken aufweist, daß ich vieles nicht weiß. Ich muß mich mit Mitmenschen verständigen, ohne sicher sein zu können, immer zu verstehen und verstanden zu werden.

Generell bleibt zu sagen, daß im Wissen um die Welt das Wissen um die Grenzen der Lebenswelt mitenthalten ist. Wissen ist in Zeichen und Symbolen organisiert, und dieses Wissen um grundlegende Grenzerfahrungen wird durch "religiöse" Symbole und Symbolsysteme thematisiert. Die transzendenten Elemente der Lebenswelt werden so im dreifachen dialektischen Sinn "aufgehoben": 1) *bewahrt*, indem sie auf Formeln gebracht werden, 2) *negiert*, indem auf einen Wirklichkeitsbereich verwiesen wird, in dem erfahrbare Grenzen nicht vorhanden sind, und 3) *auf eine andere Stufe gebracht*, indem Handlungs- und Erlebnismöglichkeiten zur Verarbeitung aktueller Grenzerfahrungen geschaffen werden. Umwelterfahrungen und Handlungsprobleme, Selbsterfahrung und Identitätsbalance, die Übernahme gesellschaftlichen Wissens in den individuellen Wissensvorrat, all diese unmittelbar mit Grenzerfahrungen verknüpften, für das Alltagsleben zentralen Prozesse werden so sinnstiftend im Bereich der "alltäglichen Lebenswelt" erst ermöglicht. Religiöses Wissen ist also auch das im gesellschaftlichen Wissen sedimentierte Wissen um prinzipielle Grenzen der Lebenswelt, das in der alltäglichen Lebenswelt handelnder Subjekte mit Grenzerfahrungen verknüpfte Situationen und Problemlagen sinnstiftend bewältigt. Abzuklären bleibt, wie sich solches Wissen als besonderes, eben "religiöses" Wissen *in* der Lebenswelt konstituiert. Diese Frage ist als Auseinandersetzung mit einer "*Technik religiöser Sinnstiftung*" thematisierbar. "Religiöse" Symbole, also Vorstellungen, Weltsichten, Wissenselemente, Handlungsorientierungen etc., sind sowohl in der "natürlichen" als auch in der "theoretischen" Einstellung einem *subjektiv nicht gestaltbaren*, häufig auch unüberprüfbaren und unwiderlegbaren Bereich zugeordnet und damit subjektiv "wahr", auf entsprechende Dauer gültig und verbindlich. Nur so bekommen sie in der alltäglichen Lebenswelt sinnstiftende Qualität, bleiben sie alltagsrelevant und verwendungsfähig. Diese im konkreten Erfahrungs- und Handlungszusammenhang des Alltagslebens zunächst unwiderlegbare Gültigkeit, die sich aus der Zuordnung zu einem nicht-alltäglich-gestaltbaren Wirklichkeitsbereich ergibt, wird ferner durch spezifische Techniken des Übertritts in diesen Wirklichkeitsbereich bestätigt: Meditationstechniken, ekstatische Rituale etc. Ich kann dies hier nur andeuten (vgl. ausf. Mörth 1986, S. 132ff.).

Henk Stolk, Verstörung X, 1986

c) Kriterien des "Religiösen"

Läßt man bloß kirchlich-institutionell bestimmte Elemente, also etwa präzisierte Dogmen, ausformulierte Verhaltensanweisungen, Weltansichten, Riten, Handlungsmuster etc. als "religiös" gelten, setzt man also Religion mit Kirchlichkeit gleich, so ist die Frage nach der Relevanz religiösen Wissens in der Gegenwartsgesellschaft allzu schnell und problemlos zu erledigen: Religiös ist dann, wer den objektivierten, kirchlich-institutionell vorformulierten Bewußtseinskonstrukten in ihrer tradierten Form subjektiv in Einstellung und Verhalten entspricht. Verbale Akte der Zustimmung und die Teilnahme am festgelegten kirchlichen Leben (Kirchgang etc.) indizieren dann Religiosität, und die Kirchentreue bzw. -konformität rückt in den Mittelpunkt der Religionsbetrachtung. Dieser Bestand an traditioneller Religion ist als Teil der abendländischen Gesamtkultur und des institutionellen Gefüges der Gegenwartsgesellschaft im katholischen Österreich fest verankert und konfrontiert - durch Taufe und religiöse Sozialisation, kirchl. Heirat und Begräbnis - auch die übergroße Mehrheit der Bevölkerung. Doch Kirchgang und Übereinstimmung mit den Dogmen schwindet dramatisch. Das Segment der Kirchentreuen ist auf 10 - 30Ö (je nach Region) geschrumpft. Trotz der institutionellen Verankerung schwindet also die subjektive Verbindlichkeit des kirchlichen Sinngefüges. Religion als kirchlich verwaltetes Sinngefüge war einst ein selbstverständlicher, einheitlicher und umspannender Teil der Gesamtgesellschaft und ihrer Bewußtseinsstrukturen, hat jedoch im Laufe der Entwicklung der modernen Gesellschaft ihre Universalkraft verloren, die Gesellschaft ist "säkularisiert". Der Anteil religiös bestimmten Bewußtseins, insbesondere in der Ausprägung der protestantischen Ethik, an dieser Entwicklung zur säkularisierten Gesellschaft ist dabei noch Gegenstand religionssoziologischer Kontroversen, doch der generelle Trend und die gegenwärtige Situation erscheinen klar: Religion als wesentliches, verhaltensbestimmendes Element menschlichen Bewußtseins ist, ungeachtet der nominellen Zugehörigkeit zu Kirchen und Denominationen, auf einen zahlen- und bedeutungsmäßig immer kleineren Kern verbliebener Kirchentreuer zusammengeschrumpft und in ein gesondertes Gesellschaftselement namens Kirche emigriert. Die generelle Relevanz des kirchlich bestimmten Restbestandes an Religion in der Gesellschaft ergibt sich dann durch ihre historisch und politisch zu erklärende Herrschafts- und Legitimierungsfunktion sowie durch die für bestimmte Gruppen nach wie vor notwendige Kompensationsfunktion. Das dort definierte religiöse

Wissen wird jedoch prinzipiell verzichtbar, eine Gesellschaft und eine individuelle Lebensführung ohne Religion erscheint als logische Konsequenz gesellschaftlicher Entwicklung und menschlicher Emanzipation. Religion hat allenfalls komplementär die Funktion des Trostpflasters für Randgruppen der Industriegesellschaft, dazu der Orientierungshilfe an biografischen Knotenpunkten und bei leidvollen Erfahrungen.

Zur Analyse der Prozesse der Sinnstiftung in der Industriegesellschaft reicht es jedoch nicht aus, diesen Rückzug kirchlicher Religion zu dokumentieren und Situationen zu analysieren, in denen das Sinnstiftungsangebot der Verwalter des "heiligen Kosmos" Gottes noch angenommen wird. Vielmehr ist danach Ausschau zu halten, wie die Grenzen der Lebenswelt ohne explizit kirchlichreligiöse Deutungen bewältigt werden, und wie sich die Strukturen der Transzendenz, die nicht-alltäglichen Sinnprovinzen und die Techniken des Übertritts in sie verändert haben. Dabei spielt der in der Einleitung angedeutete strukturlogische Wandel im Weltbild, die technologische Formierung von Natur- und Sozialwelt eine wesentliche Rolle, insoferne sie zum Fundament "magischer" Unsicherheitsbewältigung werden kann, selbst neue Formen der Transzendenz im Alltag durch die massenmedialen Techniken hervorbringt und als Postulat der Vernunft die Transzendenz einer Religion ohne Gott zum Ausdruck bringt.

Transzendenz durch technische Funktionalität:

Zur Magie der Technik

Unter Magie (= griech. 'Zauberei') kann zunächst die Beschwörung übernatürlicher Kräfte verstanden werden, die durch rituelle Handlungen verfüg- und beeinflußbar gemacht werden können. Im magischen Bewußtsein besteht damit ein grundsätzlich technisches Verhältnis zu einem 'übersinnlichen' Bereich, auf den handelnd bezug genommen werden kann. Im christlichen und später aufgeklärten Europa konnte dieses Bewußtsein nur ein mehr oder weniger untergründiges Schattendasein fristen, da einerseits die Unterwerfung unter (und nicht die Einflußnahme auf) den Willen und die Gnade Gottes Glaubenskern darstellt und andererseits die Natur wie die Sozialwelt ihrer 'übersinnlichen' Dimension entkleidet wurde. Als volkstümlicher "Aberglaube" und reiche Fülle von volksreligiösen Praktiken einschließlich der sich gerade heute wieder verstärkenden Inanspruchnahme okkulter und esoterischer Traditionen war und ist magisches Denken auch bei uns lebendig.

Wie insbesondere durch eine Fülle ethnologischer und religionswissenschaftlicher Forschungsergebnisse über außereuropäische und vorchristliche Kulturen erwiesen ist, unterscheidet das magischreligöse Bewußtsein sehr deutlich zwischen zwei Ebenen: einerseits der Ebene des Alltagshandelns, in der das empirische Wissen und die praktischen Verfahren der Menschen zur Deutung und zum erfolgreichen Handeln ausreichen, andererseits der Ebene eines über den Alltag hinausgehenden Zusammenhanges, die sich symbolisch konstituiert und dem Alltagswissen wie der Alltagspraxis entzieht. Dieses Umgreifende sucht der Magier mit Worten und Zeichen, mit Gegenständen und Riten, mit Musik und Tänzen etc. einzubeziehen, ohne zu vergessen, daß die andere Ebene des empirisch-praktischen Alltagshandelns ebenfalls der vollsten Anstrengung und Aufmerksamkeit bedarf. Diese Kompetenz im symbolischen Bereich der Bezugnahme auf den transzendenten Gesamtzusammenhang menschlicher Weltdeutung hat sich schon sehr früh in der Kulturgeschichte als Spezialistenrolle etwa des Schamanen, des Medizinmannes etc. ausdifferenziert und wird dann durch einen Magier stellvertretend ausagiert. Durch Kenntnis entsprechender Riten und Formeln, durch Aneignung und Anwendung eines meist esoterisch-okkult formulierten magischen Wissens kann jedoch jedes Gesellschaftsmitglied magische Kompetenz gewinnen und anwenden. Das wachsende Interesse am magischen Wissen der Menschheit, das u.a. das entsprechende Segment des Buch- und Zeitschriftenmarktes zu ungeahnter Blüte treibt, ist so auch als wachsendes Interesse an individueller magischer Kompetenz zu begreifen.

Woher kommt dieses Interesse? Für vorindustrielle Kulturen konnte insbesondere B. Malinowski nachweisen, daß magische Praktiken und Inanspruchnahme magischer Fachkompetenz dann vorkommen, wenn 1. Routine-Aktivitäten wie Jagd, Fischfang, Feldbestellung zu scheitern drohen, weil reale empirische Mittel für die erfolgreiche Durchführung nicht ausreichen, wenn 2. individuelle Lebensläufe mit Übergängen, Krisen und Bedrohungen konfrontiert sind, für die entweder keine realen empirischen Mittel existieren (Tod) oder ebenfalls nicht ausreichen (Krankheit, erfolgreiche Sozialbeziehungen etc.), und wenn 3. das Kollektiv (der Stamm) mit außergewöhnlichen Ereignissen und Situationen (Naturkatastrophen, kriegerische Auseinandersetzungen) als Ganzes konfrontiert ist.

Dabei existieren sowohl zur Bewältigung der Austauschprozesse mit der Natur wie für Unsicherheits- und Krisensituationen des individuellen und gesellschaftlichen Lebens "rationales" Wissen und technische Fähigkeiten. Diese alltägliche technische Kompetenz bleibt jedoch begrenzt. Und wo alltägliche Erfahrungen und Kenntnisse versagen, werden im symbolischen Kontext Kräfte, Wesenheiten, Götter, Geister, Dämonen, Heilige angesprochen, die einen gewünschten Erfolg herbeiführen können, weil sie unkontrollierbare Naturkräfte und schicksalhafte Zufälligkeiten lenken und beeinflussen können.

Mit Magie werden also die innerweltlichen Gegenstandsbereiche des Religiösen handlungsrelevant angesprochen: Unsicherheitsfelder, in denen Wissen und Erfahrung versagen oder zu versagen drohen, und wo zur Unsicherheit Handlungsdruck hinzutritt, der unmittelbare Handlungsprobleme aufwirft. In der modernen Gesellschaft ist diese Unsicherheitslage des Handelns durch Wissenschaft und Technik nicht dauerhaft und prinzipiell zu beseitigen. Mit wachsendem Wissen wächst die Komplexität des handlungsrelevant zu berücksichtigenden Wirklichkeitsbereiches ebenso wie die Reichweite möglicher Erfolgserwartungen. Hinsichtlich der praktischen Ziele und Erwartungen des einzelnen bleibt darüber hinaus jedes verfügbare Wissen unzureichend, weil es sich auf allgemeine Zusammenhänge bezieht, Handlungen aber individuelle, konkrete Situationen betreffen, die nicht voll in Wissen übersetzbar sind, und damit 'Schicksal' und 'Zufall' nicht ausschließen können. Zu diesen äußeren Unsicherheitslagen kommen die mit wachsender Individualisierung des modernen Menschen problematischer werdenen Innenlagen dazu, die Interpretation der eigenen Bedürfnisse, Antriebe, Handlungsmöglichkeiten und Gefühle.

Das Bedürfnis nach Magie wächst also eher. Der Akzent verschiebt sich allerdings mit der wissenschaftlichen Deutung der Natur und der arbeitsteiligen Delegierung des Umgangs mit ihr an Spezialisten auf den soziokulturellen Bereich, auf Fragen des Lebenslaufes, der sozialen Integration und der Identitätsbildung. Unter Beibehaltung der Grundstruktur magischen Denkens: Bezugnahme auf eine überempirische, 'übersinnliche', symbolische Ebene einer als Gesamtzusammenhang gedachten Wirklichkeit durch rituelle Praktiken vollzieht sich nun ein Prozeß, der diese Ebene religiöser Transzendenz zumindest bei der Bewältigung sozio-kultureller Unsicherheitslagen technologisch umformuliert. Dieser Prozeß hat folgende Komponenten:

1. Die Entwicklung der Technik des Umgangs mit der Natur, ihrer Nutzung und Kontrolle entfernt sich immer weiter von der Ebene des jedermann zugänglichen und begreifbaren Alltagswissens. Physikalische Zusammenhänge und ihre Umsetzung in technische Geräte bedürfen eines immer umfangreicheren Spezialwissens, das den Anwendern der verschiedenen Geräte immer fremder und unzugänglicher wird. Gewiß gab es auch in vorindustriellen Epochen technische Spezialisten, doch erst heute sind ihre Produkte Teil des Alltags breitester Bevölkerungsschichten geworden. Diese Produkte werden selbstverständlich genutzt, ohne daß über die Bedienungstechnik hinausgehende Kenntnisse über Funktionsweise und -grundlagen notwendig wären. Primäre Erfahrung und vorherrschende Erwartung gegenüber der Technik im Alltag ist das Postulat des Funktionierens. Wird eine Maschine dann einmal kaputt, kommt ein (teurer) Servicetechniker, der jedoch zumeist auch nur Fehlerquellen sucht und Bauteile austauscht, ohne in die Komplexität des technisch-funktionalen Gesamtzusammenhanges der Maschine direkt handelnd einzugreifen. Dazu kommt, daß insbesondere im Bereich der in den Alltag des Industriebürgers stark einbezogenen Elektrotechnik und Elektronik die zentralen technischen Abläufe immer mehr entsinnlicht sind, weder direkt greifbar noch direkt anschaulich ablaufen, der Sinneserfahrung des einzelnen immer mehr entzogen werden. In der Relation zum Alltagsleben der Menschen gewinnt Technik so eine Qualität, die sie in einem praktisch unzugänglichen Bereich komplexen Spezialwissens ansiedelt, das weder erfahr- noch nachvollziehbar ist, das aber von Spezialisten beherrschbar erscheint und bei der Bewältigung von Alltagsaufgaben durch Bedienung des richtigen Knopfes funktioniert. Funktionieren bedeutet immer auch Fehlerfreiheit des technischen Ablaufes. Dieser Ablauf kann zwar durch einen Defekt unterbrochen oder durch einen Bedienungsfehler falsch vollzogen sein, beides erscheint jedoch behebbar. Im Alltagsbewußtsein sind damit technische Funktionaliät und Fehlerfreiheit untrennbar verknüpft.

2. Diese Erfahrung technischer Funktionalität trotz praktischer Wissenslücken im Alltag wird nun auf die Bewältigung von individuellen und sozialen Unsicherheitslagen übertragen. Technik wird zum magischen Ritus, der dort Erfolg bringen soll, wo Krisen, Bedrohungen, Schicksalsschläge, Überraschungen und Hoffnungen der Bewältigung harren. Verstärkt wird diese Magie der Technik durch Strategien der Werbung, die genau diese

Problemlösungsqualität eines technischen Produktes auch jenseits rein technischer Funktionalität suggerieren. Dies zeigt sich z.B. schon in Bereichen, die traditionell an der Bewältigung individueller Unsicherheitslagen angesiedelt sind: Jeder Astrologe, der auf sich hält, verweist auf die Leistungsfähigkeit seines Astro-Computers und seiner Horoskop-Programme. Partnerinstitute versprechen mehr Erfolg durch die Anwendung von Computer-Tests bei der Prüfung von Harmonieaussichten. Durch Technik wird *Beherrschung* von Situationen erwartet: jeder, der im Vertrauen auf die Funktionsfähigkeit der Maschine Auto bei Nebel und Schneetreiben mit Tempo 130 in einen querstehenden Lastzug rast, erliegt der magischen Qualität der Technik ebenso wie jeder, der mit dem Kauf einer tollen Kamera schon glaubt, die Kunst des Fotografierens erlernt zu haben. Magisches Denken in bezug auf die Nutzung von Technik zeigt sich auch, wenn die Qualität der Rüstungstechnik mit Erfolgsaussichten der Friedenssicherung verknüpft wird.

Das Konzept der funktionierenden Maschine als magisches Ritual der Problemlösung zeigt sich auch im übertragenen Sinn: in der Entwicklung einer Psychotechnik, die in 100 Varianten und Schulen Rezepte der Lebenshilfe und Bedienungsanleitungen bei Identitätskrisen, Eheproblemen und Lernschwächen anbietet; in der Propagierung einer Soziotechnik, die Institutionen und Organisationen als Lösungsmechanismen sozialer Probleme entwirft und dabei Kriterien der internen Effizienz in den Vordergrund stellt.

Diese blitzlichtartigen Hinweise mögen genügen. Klar werden sollte, daß m.E. die überempirische Ebene als Bezugspunkt magischen Denkens sich im Alltag der Industriegesellschaft auch technologisch formiert, indem das Denkmodell technologischer Funktionalität in das zum Postulat technokratischer Problemlösungsgarantie verwandelt wird.

Transzendenz der Massenmedien und mediale Sinnstiftung

Die magische Inanspruchnahme technischer Funktionalität begründet sozusagen eine indirekte Transzendenz, indem die Technik selbst unüberprüfbare und unwiderlegbare Qualität bekommt bzw. bestimmten Handlungsstrategien diese Qualität verleiht. Transzendenz als Überschreitung des Hier und Jetzt des Alltagslebens wird durch die Magie der Technikanwendung nicht begründet. Die Überschreitung des Hier und Jetzt der heutigen Gesellschaft wird wesentlich durch den Konsum der *Massenmedien* vollzogen. Schütz und Luckmann verdeutlichen die "kleinen" Transzendenzen der Alltagswirklichkeit durch das "Außer-Reichweite-Sein" von Erfahrungsgegenständen, die "mittleren" Transzendenzen als "Außer-Reichweite-Sein" von Zeitgenossen und Generationen. Beides wird durch die massenmediale Vermittlung virtuell aufgehoben: Welten außerhalb meiner alltäglichen Reichweite werden via Radio, Fernsehen, Buch und Zeitung "frei Haus" geliefert, ich kann in Informationssendungen visuell weltweit dabei sein, Vergangenes vergegenwärtigen, in den Fiktionen der Serien und Spielfilme beliebige Handlungssituationen und -sequenzen miterleben etc. Insgesamt ergibt sich durch die Massenmedien eine spezifische Form der Überschreitung aller Transzendenzen der Lebenswelt: Auch die "großen" Transzendenzen einschließlich des Todes werden massenmedial "überschritten", indem Aufzeichnungen konserviert und jederzeit abgerufen werden können. Insgesamt wäre eine Theorie der Massenmedien als Theorie der Grenzerfahrung und -überschreitung in der Lebenswelt zu formulieren, wobei Schütz und Luckmann auf diese Dimension massenmedial vermittelten Symbolzusammenhangs nicht eingehen. Andeutungsweise wurde dies von H.J. Benedict (Benedict 1978) versucht, der "Fernsehen als Sinnsystem" thematisiert, ohne jedoch auf die "Strukturen der Lebenswelt" Bezug zu nehmen.

Insgesamt entsteht in der Rezeption von Massenmedien eine symbolische Sinnwelt, die als spezifische Form von Öffentlichkeit und Wissen die Komplexität gesellschaftlicher Strukturen in für die Rezipienten handhabbarer Weise reduziert. Hier wirken mehrere Faktoren zusammen (vgl. Benedict 1978, S. 125 f.).

a) Das spezialisierte Subsystem der Produktion bleibt weitgehend im Hintergrund; die Macher treten real kaum in Erscheinung, und die präsentierten Inhalte erhalten einen Anschein unmittelbarer Faktizität und Authentizität;

b) gleichzeitig wird so verschleiert, daß die komplexe Welt gesellschaftlichen Geschehens in spezifischer Weise selektiert wird, daß nur spezifische Wirklichkeitsausschnitte in spezifischer Weise präsentiert werden;

c) der Konsum der Massenmedien hat rituellen, den Alltag des Menschen strukturierenden Charakter (jeder erwachsene Österreicher z.B. sieht jahraus, jahrein im Schnitt über 2 Stunden täglich fern), wobei dieser Ritus neben der symbolischen Teilnahme am Weltgeschehen via Informationssendungen die symbolische Repräsentierung von alltäglichen Lebensproblemen beinhaltet: Familienserien, Filme, Quiz- oder Ratespiele mit "Menschen wie du und ich" geben Identifikationsmöglichkeiten und suggerieren eine trotz komplexer Weltstrukturen gleiche "existentielle Handlungswelt", die Autorität, Leistung, Recht, Ordnung oder Gehorsam als Bewältigungsstrategien in den Vordergrund stellt.

Der Medienalltag ordnet also für seine Konsumenten die Welt und hilft, sie zu bewältigen, indem die Grenzen der Alltagswelt virtuell überschritten werden: in den Medien wird Welt gespiegelt als geordnete, sortierte, in Sparten eingeteilte, überschaubare - "die Welt der Politik, der Arbeit, der Wirtschaft, des Sports, der Unterhaltung; die Welt der Hausfrauen, der Kinder, der Alten und Einsamen, der Gläubigen." (Benedict 1978, S. 132)

Die sinnstiftende Struktur des Fernsehens als dem zentralen Massenmedium beruht damit auf den Elementen:

- Ordnung der komplexen Welt durch "überschaubare Rubrizierung";
- Deutung ihrer Zusammenhänge durch Personalisierung und Schaffen von Symbolfiguren;
- Übertragung auf die individuelle Lebensführung durch Wiederholung stereotyper Handlungsmuster oder Wertorientierungen;
- "virtuelle" Partizipation durch Vermittlung eines Gefühls von Informiert-Sein und Bescheid-Wissen.

Aus diesen allgemeinen Bemerkungen zu den Massenmedien im allgemeinen und dem Fernsehen im besonderen als Form und Bewältigung von Transzendenzen wird auch verständlich, warum die Handlungsträger massenmedialen Geschehens ebenfalls ein "Charisma der Grenzüberschreitung" tragen, da sie als Person *ausagieren*, was der Konsument der Massenmedien nur virtuell, als Seher oder Hörer erleben kann. Dementsprechend werden die Akteure in den Medien zu charismatischen Idolen, die stellvertretend für ihre Verehrer Grenzen des Alltags überwinden: Schauspieler, Musiker, Sänger, Moderatoren, Quizmaster, sie alle erhalten ein

Mediencharisma, das dem religiösen Charisma strukturell und inhaltlich sehr ähnlich ist, da auch das Moment der alltäglichen Nicht-Überprüfbarkeit und Nicht-Widerlegbarkeit massenmedialen Geschehens dazu kommt. Sie überschreiten stellvertretend den Alltag und werden damit zu Subjekten eines Jenseits der Medien, das den Himmel und die Hölle christlicher Religion an Plausibilität schon längst übertroffen hat.

Darüber hinaus stellen in der komplexen Gesellschaft der Moderne die via Massenmedien ablaufenden Kommunikationsprozesse einen zentralen symbolischen Mechanismus dar, der die Systemintegration differenzierter Subsysteme untereinander und zugleich deren Verankerung in der Lebenswelt der Menschen leistet. Die Rezeption der massenmedialen Inhalte in der Alltagswelt der Gesellschaftsmitglieder verklammert die "symbolische Reproduktion" des Sozialsystems mit der symbolischen Reproduktion der Lebenswelt, indem ein diffuses und "fragmentiertes" (Habermas) Alltagswissen und Alltagsbewußtsein über die Gesamtgesellschaft vermittelt wird. Dies stellt sicherlich einerseits, wie Habermas notiert, auch eine "Kolonialisierung der Lebenswelt" dar:

"An die Stelle des falschen tritt heute das fragmentierte Bewußtsein ... Erst damit sind die Bedingungen einer Kolonialisierung der Lebenswelt erfüllt: die Imperative der verselbständigten Subsysteme dringen, sobald sie ihres ideologischen Schleiers entkleidet sind, von außen in die Lebenswelt ... ein und erzwingen die Assimilation." (Habermas 1981, Bd. 2, S. 522)

Gleichzeitig jedoch sind damit Strukturen einer Öffentlichkeit geschaffen, die kulturelle Identität und Partizipation für die Gesellschaftsmitglieder auf einer allgemeinen Ebene erst ermöglicht. Subsysteme und Gruppierungen innerhalb der Gesellschaft treten via Massenmedien in eine imaginäre Beziehung zueinander und können auf diese Beziehung hin reflektiert werden. Massenmediale Öffentlichkeit, täglich in den Wohnzimmern der Menschen präsent, ist für sie ein gemeinsamer Bereich, dessen gemeinschaftlicher Charakter gerade aus dieser für alle Rezipienten gleichermaßen imaginären Qualität erwächst. Identität wird außerhalb der realen Kommunikationsprozesse in verschiedenen Subsystemen sekundär konstituiert. Eine neue Form von Alltagswissen entsteht so, das nicht auf lebensweltliches Handeln in unmittelbarer Interaktion, sondern auf einen Horizont gemeinsamer Informationen über die Sozialwelt, auf ein gemeinsames Weltbild in mittelbarer Interpretation bezogen ist. Dieses neue Alltagswissen hat damit drei wesentliche Aspekte (vgl. Guizzardi/Pace 1983, S. 276 f.):

1. Es ist unspezialisiert, indem ein gemeinsames "Schaufenster" auf spezielle Wissens- und Kulturzusammenhänge geboten wird;

2. Es ist mehr als die Summe dieser Teile, indem ein Zusammenhang in der "Zusammenschau" sekundär erzeugt wird, d.h. es bekommt sinnstiftenden Charakter;

3. Es tendiert dazu, diese virtuellen Zusammenhänge zu personalisieren, indem Symbolfiguren als ihr Träger geschaffen und betont werden. Allgemein formuliert: die "subjektivische Tiefenstruktur" (Dux) lebenweltlichen Handlungswissens wird auf das intermediäre Informations- und Interpretationswissen der Massenmedien übertragen.

Diese Transzendenz der Massenmedien folgt unmittelbar aus ihrer Techno- und Produktionsstruktur. In ihr erfüllt sich auch eine Funktion des Religiösen, die mit Symbolisierung einer kollektiven Identität und damit verknüpfter sozialer Integration umrissen werden kann.

Von der instrumentellen zur normativen Vernunft: Universalistische Moral als Transzendenz einer gottlosen Welt

Soziale Integration durch Partizipation an den Massenmedien hat nun keinerlei handlungspraktische, die Gesellschaftsmitglieder verpflichtende, sondern lediglich eine kognitive Komponente. Indem die Idee der praktischen Vernunft als Konvergenzpunkt der Evolution religiöser Sinnsysteme und ihrer subjektivisch formulierten Transzendenz postuliert wird, wird ein transzendenter Bezugspunkt moralisch verpflichtenden Handelns formulierbar, der als Vernunftreligion "historischen Ballast" personaler Gottesvorstellungen etc. preisgeben kann und doch die Entwicklung zur besseren, humaneren Gesellschaft leitet. Diese Idee der Vernunft als entwicklungsleitendes Postulat einer herrschaftsfreien Gesellschaft wurde am konsequentesten von Jürgen Habermas und seinem Schüler Rainer Döbert ausgeführt. In ihrer Theorie wird sichtbar, welche Dimension von Transzendenz in einer technologisch formierten Gesellschaft überhaupt noch denkbar ist, die Gott nicht mehr denken braucht und doch Kriterien der Gesellschaftsgestaltung immanent formulieren muß.

Im Aufsatz "Zur Rekonstruktion des Historischen Materialismus" skizziert Habermas die evolutionstheoretischen Konsequenzen des historischen Materialismus. Dabei wird das "endogene Wachstum von Wissen" zu einer "notwendigen Bedingung der sozialen Evolution" (S. 162). Hier wird die Bedeutung evolutionären Lernens sichtbar. Habermas meint:

"... die Gattung lernt nicht nur in der für die Produktivkraftentfaltung entscheidenden Dimensionen des technisch verwertbaren Wissens, sondern auch in der für die Interaktionsstrukturen ausschlaggebenden *Dimension des moralisch-praktischen Bewußtseins*. Die Regeln kommunikativen Handelns entwickeln sich wohl in Reaktion auf Veränderungen im Bereich des instrumentellen und strategischen Handelns, aber sie folgen dabei einer eigenen Logik." (Habermas 1976, 162f.).

Die zentrale Rolle, die das moralisch-praktische Bewußtsein bei der *Ontogenese* von kommunikativer und Handlungskompetenz von Individuen spielt, legt es für Habermas nahe, dies auch für die Entwicklungsniveaus von Gesellschafen herauszuarbeiten. Gesellschaften können lernen, indem sie das in Weltbildern enthaltene kognitive Potential für die Umorganisation von Handlungssystemen nutzen. Welches kognitive Potential steckt nun in den Weltbildern von Religion und damit verknüpfter Moral?

Dadurch, daß im Prozeß der Säkularisierung die "ideologischen Fesseln" langsam zerfallen, wird das evolutionäre Potential von universalistischer Religion wieder sichtbar; die konsequente Ausformulierung universalistischer Gebote im Protestantismus, die Zersplitterung des Christentums in zahlreiche Denominationen, welche das Toleranz- und Freiwilligkeitsprinzip wieder zur Geltung kommen läßt, sowie die neuere Theologie, die die Heilsbotschaft z.T. radikal diesseitig auslegt, all dies bezeichnet eine Entwicklung,

"in der von den Universalreligionen, je reiner ihre Strukturen hervortreten, nicht viel mehr als der Kernbestand einer universalistischen Moral übrigbleibt" (Habermas 1976, 100).

Und genau dieses kognitive Potential der Religion ist dann auch die Bedingung für die Herausbildung von *Identität in einer erst im Entstehen begriffenen Weltgesellschaft*, in der Herrschaft durch kommunikativen Diskurs aufhebbar erscheint:

"Die neue Identität einer erst im Entstehen begriffenen Weltgesellschaft kann sich nicht in Weltbildern artikulieren; sie muß zwar ... die Geltung einer universalistischen Moral unterstellen. Aber diese läßt sich auf Grundnormen der vernünftigen Rede zurückführen; das kommt ... einer kollektiven Identität entgegen, die ... im Bewußtsein der allgemeinen und gleichen Chancen der Teilnahme an wert- und normbildenden Lernprozessen begründet ist". (Habermas 1976, 17)

Das Problem der Geltung der Grundnormen einer "vernünftigen Rede" als Kernbestand einer auf kommunikativer Rationalität beruhenden Gesellschaft führt Habermas dann in seinem Entwurf einer "Theorie des kommunikativen Handelns" (1981) immer wieder zum Problem der Fundierung einer solchen "Diskursethik" (Habermas 1983). Schon in der ideen- und theoriegeschichtlichen Herleitung der Theorie des kommunikativen Handelns als Theorie der Moderne betont Habermas deshalb wesentlich stärker als in früheren Arbeiten religionssoziologische Überlegungen klassischer Autoren. Breiten Raum (Habermas 1981, Bd. 1, S. 225 - 366) nimmt dementsprechend seine Auseinandersetzung mit Webers Rationalisierungsthese ein, die er als zu sehr an kapitalistischer Rationalisierung verhaftet begreift. Kern dieser kapitalistisch verkürzten Rationalität ist die rein "instrumentelle Vernunft", die die sinnstiftende Einheit methaphysisch-religiöser Weltbilder zerfallen läßt, ohne ein anderes Integrationsprinzip für soziales Handeln an deren Stelle treten zu lassen. Wissenschaftlich-rationale Weltdeutung kann Welt zwar erklären, aber keine "rationalen" Zieldimensionen, kein "Wozu" vorgeben, sodaß der Prozeß der Entmythologisierung letztlich zu neuer Irrationalität führt. Ausweg aus diesem Dilemma ist für Habermas sein Konzept der *kommunikativen Rationalität*, die das Prinzip der *Verständigungsorientierung* dem Prinzip der Erfolgsorientierung zur Seite stellt:

"Die Strukturen einer Vernunft, auf die Adorno nur anspielt, werden in der Analyse erst zugänglich, wenn die Ideen der Versöhnung und der Freiheit als Chiffren für eine wie auch immer utopische Form der Intersubjektivität entziffert werden, die eine zwanglose Verständigung der Individuen ... ebenso ermöglicht wie die Identität jenes sich zwanglos mit sich selbst verständigenden Individuums ... Das bedeutet einerseits einen Paradigmenwechsel in der Handlungstheorie: Vom zielgerichteten zum kommunikativen Handeln; andererseits einen Wechsel der Strategie beim Versuch, den modernen ... Rationalitätsbegriff zu rekonstruieren ... Der Fokus der Untersuchung verschiebt sich von der *kognitiv-instrumentellen* zur kommunikativen Rationalität." (Habermas 1981, Bd. 1, 524 f.)

Verständigung als auf gültiges Einverständnis abzielende Kommunikation hängt nun zentral von den Kriterien dieser intersubjektiven Gültigkeit ab. Diese Kriterien sind in den Dimensionen der Verständigung über Tatsachen, Normen und der *Subjektivität der Handelnden* zu entfalten und konstituieren sich für Habermas in der "gemeinsamen Lebenswelt" (Bd. 2, 192). Dieser notwendigen lebensweltlichen Sozialintegration über die Orientierungen der Handelnden steht eine immer weitere Entkoppelung von System und Lebenswelt in der Moderne gegenüber. Gleichzeitig wird auch die Lebenswelt insoferne rationalisiert, als das lebensweltliche Hintergrundwissen, auf dem Handelnde ihre Orientierungen aufbauen, mehr und mehr explizit und damit diskursfähig und kritisierbar wird. Dies führt zum Dilemma, daß Verständigung über die Kriterien gültiger Verständigung erzielt werden muß, daß also kommunikatives Handeln auf einer begründbaren Diskursethik beruht:

"...nur die Normen (dürfen) Geltung beanspruchen, die die Zustimmung aller Betroffenen als Teilnehmer eines praktischen Diskurses finden (oder finden könnten)." (Habermas 1983, 103)

Habermas konstruiert seine Diskursethik als letztlich *formale* Rationalität, die die materiale Rationalität von "zu individuellen oder kollektiven Lebensweisen integrierten Wertorientierungen" als "nicht moralisierungsfähigen Bestandteil" (1983, 118) ausklammert und der Lebenswelt selbst und ihren Kriterien eines sittlichen, "guten Lebens" zuweist.

Die Inhalte moralischen Bewußtseins bleiben jedoch in ihrer Gültigkeit rational nicht konstituierbar. Habermas sieht dieses Problem sehr wohl und setzt sich dementsprechend auch ausführlich mit den Klassikern auseinander, die die normative Geltung von Werten besonders betonen: Emile Durkheim und Talcott Parsons. Dabei gewinnt er aus der Betonung des Sakralen als Wurzel moralischer Verpflichtung durch Durkheim eine von drei *vorsprachlichen Wurzeln* kommunikativen Handelns; die *Obligation* einer kollektiven Identität, die religiös symbolisiert (aber sprachlich vermittelbar) ist (neben der Kognition und Expression). Mit Parsons konstatiert er dann, daß mit der Verweltlichung religiöser Werte ihr verpflichtender Charakter nicht verloren geht:

"... indem die religiöse Gesinnungsethik in der Welt Wurzeln schlägt, werden die moralisch-praktischen Gehalte nicht *entwurzelt*," (1981, Bd. 2, 429)

sondern teilweise entdogmatisiert und pluralisiert. Parsons' Konsequenz, daß trotz gesellschaftlicher Rationalisierung Sinnverlust und Freiheitsverlust des Individuums durch die Wahlmöglichkeit der moralischen Verpflichtung vermieden werden kann, teilt Habermas nicht. Sein Hauptproblem bleibt damit die Vermittlung von Moralität (Kriterien der Wahl und Anerkennung von Normen) und Sittlichkeit (Inhalt von Normen). Dies ist erst am Ende des langen Evolutionsprozesses einer Entfaltung von *kommunikativer Kompetenz* in Sicht, ein Prozeß, der auf dem "inneren" evolutionären Potential religiöser Vorstellungen beruht.

Am konsequentesten hat Rainer Döbert (Döbert 1973) dieses evolutionäre Potential von Religion herausgearbeitet, das unter den gegenwärtigen Voraussetzungen sich in den Konturen einer *Vernunftreligion* abzeichnet und die Prinzipien von Vernunft auf der Interaktionsebene sichtbar macht. Religion als Dimension evolutionären Lernens beinhaltet damit einerseits das Webersche Moment der Rationalisierung von Welterleben und Handeln, aber nicht als lediglich soziale Wirkung einer im Kern irrationalen und charismatisch strukturierten Art von Gemeinschaftshandeln, sondern als innere Logik von religiösen Vorstellungen selbst. Religiöse Deutungssysteme entfalten diese *innere Logik* in Richtung einer universalistischen Moral, die ein kognitives Potential in gesellschaftlichen Wandlungsprozessen darstellt.

Die Entwicklung religiöser Deutungssysteme läßt sich damit als Trend zu zunehmender Autonomie und Selbstverantwortlichkeit erfassen. Dieser Trend zeigt sich in der Dimension des religiösen Handelns ebenso wie in der Dimension der Gottesvorstellungen und der Dimension des religiös symbolisierten Selbstbildes des Menschen. Nachdem Religion letzte Bedingungen menschlicher Existenz im Jenseits thematisiert und symbolisiert, führt sie als Reflexionspotential der sozialen Bestimmungen des

Menschen zur Konzeptualisierung utopischer Gegenwelten und schließlich, da so diese Bestimmungen als manipulierbar erkannt werden, zur Forderung nach deren Realisierung im Diesseits. Die Autonomie des *Individuums* liegt damit nicht innerhalb der Bestimmungen der Sozialstruktur, sondern stellt diese durch Reflexion in Frage. Religion entfaltet damit die kommunikative Kompetenz des Individuums, indem die Fundamentalnormen einer herrschaftsfreien Kommunikation und damit einer zwanglosen und selbstbestimmenden Strukturierung der sozialen Wirklichkeit als letzte Bedingungen allmählich herausgearbeitet und realisierungsfähig gedeutet werden.

Die zwanglose und selbstbestimmte Strukturierung der Sozialwelt durch kompetente Individuen im vernünftigen Diskurs, dies ist das Ziel gesellschaftlicher Evolution, und in der Sichtbarmachung dieses Zieles haben die Religionen ihre Aufgabe erfüllt. In diesem Ziel ist auch der letzte Bezugspunkt einer universalistischen, d.h. alle Menschen in gleicher Weise betreffenden Moral gegeben. Damit ist wahrlich ein End- und Höhepunkt einer diesseitig formulierbaren Transzendenz und darauf bezogener Sinnstiftung erreicht.

Literatur

Benedict, H.J. (1978): Fernsehen als Sinnsystem? in: Fischer und Marhold (Hrsg.) 1978, S. 17-37

Berger, P.L. (1973): Zur Dialektik von Religion und Gesellschaft, Frankfurt/M. 1973

Berger, P.L., u.a. (1975): Das Unbehagen in der Modernität, Frankfurt/M. 1975

Berger, P.L., und Luckmann, Th. (1969): Die soziale Konstruktion der Wirklichkeit (am 1967), Frankfurt/M. 1969

Bergmann, Werner (1981): Lebenswelt, Lebenswelt des Alltags oder Alltagswelt? Ein grundbegriffliches Problem "alltagstheoretischer Ansätze", in: Kölner Zeitschr. f. Soziologie und Soz. Psych., 33. Jg., 1981, S. 50-72

Bukow, Wolf-Dietrich (1984): Kritik der Alltagsreligion. Ein Beitrag zu den Regulations- und Legitimationsproblemen des Alltags, Frankfurt/M. 1984

Döbert, R. (1973): Systemtheorie und die Entwicklung religiöser Deutungssysteme, Frankfurt/M. 1973

Dux, G. (1982): Die Logik der Weltbilder. Sinnstrukturen im Wandel der Geschichte, Frankfurt/M. 1982

Dux, G. (1986): Die Gottverlassenheit der Sozialwelt. Eine strukturlogische Analyse zur Entstehung der Neuzeit, in: Öst. Zeitschr. f. Soziologie, 11. Jg. Heft 3/1986, S. 6-11

Elias, Norbert (1978): Zum Begriff des Alltags, in: Hammerich/Klein (Hrsg.), S. 22-29

Fischer, W., und Marhold, W. (Hrsg.), (1978): Religionssoziologie als Wissenssoziologie, Stuttgart 1978

Freund, W. (1971): Religionssoziologie und sprachkulturelle Aspekte des Entwicklungsproblems in der islamischen Welt, in: Int. Jb. f. Relig. Soziologie, Nr. 7(1971), S 105-122

Freund, W. (1986): Überlegungen zur Dialektik zwischen "Rationalität" und "magischem Denken" in westlichen Industriegesellschaften, in: Österr. Zeitschrift f. Soziologie, 11. Jg. Heft 3/1986, S. 47-61

Grathoff, Richard (1978): Alltag und Lebenswelt als Gegenstand der phänomenologischen Sozialtheorie, in: Hammerich/Klein (Hrsg.), S. 67-85

Guizzardi, G., E. Pace (1983): Religion, Charisma and the Mass Media, in CISR (Conf. Int. Soc. Relig., Hg.) Religion and the Publik Domain, Paris 1983, S. 272-283

Habermas, J. (1968): Technik und Wissenschaft als Ideologie, Frankfurt/M. 1968

Habermas, J. (1976): Zur Rekonstruktion des Historischen Materialismus, Frankfurt/M. 1976

Habermas, J. (1981): Theorie des kommunikativen Handelns, Bd. 1: Handlungsrationalität und gesellschaftliche Rationalisierung, Bd. 2: Zur Kritik der funktionalistischen Vernunft, Frankfurt/M. 1981

Habermas, J. (1983): Moralbewußtsein und kommunikatives Handeln, Frankfurt/M. 1983, darin der Aufsatz gleichen Titels (S. 127-205) (1983a) und die Abhandlung Diskursethik - Notizen zu einem Begründungsprogramm (1983b)

Habermas, J. und Luhmann, N. (1971): Theorie der Gesellschaft oder Sozialtechnologie - Was leistet die Systemtheorie?, Frankfurt/M. 1971

Hammerich, Kurt/Klein, Michael (Hrsg.) (1978): Materialien zur Soziologie des Alltags, Sonderheft 20 der Kölner Zeitschrift f. Soziologie und Sozialpsychologie, Opladen 1978

Heine, W. (1985): Die Hacker, Reinbek b. Hbg. 1985

Heller, A. (1981): Das Alltagsleben. Versuch einer Erklärung der individuellen Reproduktion, hg. und eingel. v. Hans Joas, Frankfurt/M. 1981

Lefebvre, H. (1972): Das Alltagsleben in der modernen Welt, Frankfurt/M. 1972 (frz. 1968)

Lefebvre, H., Kritik des Alltagslebens, 3 Bde, Frankfurt 1974f. (frz. 1947, 1962, 1971)

Malinowski, B. (1948): Magic, Science and Religion, and other Essays, Boston 1948

Malinowski, B. (1960): A Scientific Theory of Culture, and other Essays (1944), Oxford 1960

Mörth, I. (1986): Lebenswelt und religiöse Sinnstiftung. Ein Beitrag zur Theorie des Alltagslebens, München 1986

Mumford, L.: Mythos der Maschine: Kultur, Technik und Macht, Wien 1974

Neidhardt, F., M.R. Lepsius und J. Weiß (Hrsg.) (1986): Kultur und Gesellschaft, Sonderheft 27 der Kölner Zeitschrift f. Soziologie und Sozialpsychologie, Opladen 1986

Schütz, A., und Luckmann, Th.: Strukturen der Lebenswelt, Bd. 1, Neuwied 1975 (1979 Frankfurt) Bd. 2. Frankfurt/M. 1984

Tenbruck, H. (1972): Wissenschaft und Religion, in: Wössner 1972, S. 217-244

Tenbruck, F. (1975): Das Werk Max Webers, in: Kölner Zeitschrift für Soziologie und Sozialpsychologie, 27. Jg., 1987, 677 ff.

Tenbruck, F. (1979): Die Aufgaben der Kultursoziologie, in: Kölner Zeitschrift für Soziologie und Sozialpsychologie, Jg. 1979, S. 399-421

Tibi, B. (1981): Die Krise des modernen Islams. Eine soziindustrielle Kultur im wissenschaftlich-technischen Zeitalter, München 1981

Weber, M. (1947): Gesammelte Aufsätze zur Religionssoziologie, 3 Bde., 4. Heft, Tübingen 1947